一般公共预算收入	57.64 亿元
一般公共预算支出	85.80 亿元
粮食总产量	25.83 万吨
规上工业总产值	485.60 亿元
固定资产投资	271.17 亿元
进出口总额	53.0 亿元
社会消费品零售总额	177.85 亿元
旅游收入	161.23 亿元
接待游客人数	1547.06 万人次
公路总里程	2376.62 公里
航道总里程	76.63 公里
铁路里程	63.08 公里
卫生机构总数	247 个
居民可支配收入	44497.3 元
城镇居民人均可支配收入	57253.4 元
农村居民人均可支配收入	28387.1 元

2022

总第19卷

句容年鉴

句容市史志办公室 编

JURONG NIANJIAN

江苏大学出版社
JIANGSU UNIVERSITY PRESS
镇 江

《句容年鉴（2022）》

编审人员

主　　审	周必松　束克之
副 主 审	贾云亮　赵树锋　郭　江　凌　华 闵　佳　景建国　徐　飞　张　凯 贾卫东
执行副主审	徐哲迅　高志祥
主　　编	张　俊
副 主 编	徐彬彬　许朝斌
编辑部主任	陈龙浩
编　　辑	陈东方　赵　霞　刘明亮　陈龙浩 朱　峰
编　　务	唐家亮

编辑说明

一、《句容年鉴》由句容市人民政府主办，由句容市史志办公室编纂，1996 年出版第 1 卷。第 2 卷于 2001 年编辑出版，系 1996—2000 年合编。第 3 卷于 2006 年编辑出版，此后每年一卷，《句容年鉴（2022）》为总第 19 卷。

二、《句容年鉴（2022）》以马克思列宁主义、毛泽东思想、邓小平理论、“三个代表”重要思想、科学发展观、习近平新时代中国特色社会主义思想为指导，坚持辩证唯物主义和历史唯物主义的立场、观点和方法。其宗旨是通过综合整理，全面、系统、翔实地记录句容市 2021 年经济、政治、文化、社会和生态文明建设的基本面貌和发展情况，为广大读者了解句容、研究句容提供准确可靠的信息资料和基本数据，为全市精神文明建设和各项社会事业协调发展服务。

三、《句容年鉴（2022）》设 35 个类目。类目下设立分目，个别分目下设立次分目，其标题前后加“·”表示。不同层次的标题，在字号、字体和版式设计上有明显标识。全书条目标题统一用黑体字加【】表示。附录中“组织机构及领导干部名录”中的“*”表示“兼职”。全书稿件按市政府批准的《句容年鉴》组稿大纲和撰稿要求，由各镇政府、各部门、各有关单位指定专人负责撰写，并经主要领导审定。所用统计数据，由于统计的来源、口径、方式、方法和时间不同而有一定差异，引用时以市统计局提供的“句容市国民经济和社会发展统计资料”数据为准。

四、人物入鉴标准：“市领导简介”收录年度内新任职者，介绍简历；年度内职务调整者，简历参见前鉴。“模范人物简介”收录获省委、省政府以上表彰者，各类比赛国际前三名、全国前二名、全省第一名，有重大贡献的新闻人物，介绍简历。省级以上各类荣誉获得者和集体以名录形式收录。

五、本书在排版上，双页书眉为书名，单页书眉为类目标题；同时，设目录、索引等，以便读者查阅。

六、为丰富内容，本书收集部分补白资料及随文图照，力求做到图文并茂，形象、生动地反映句容市的发展面貌。

句容市行政图

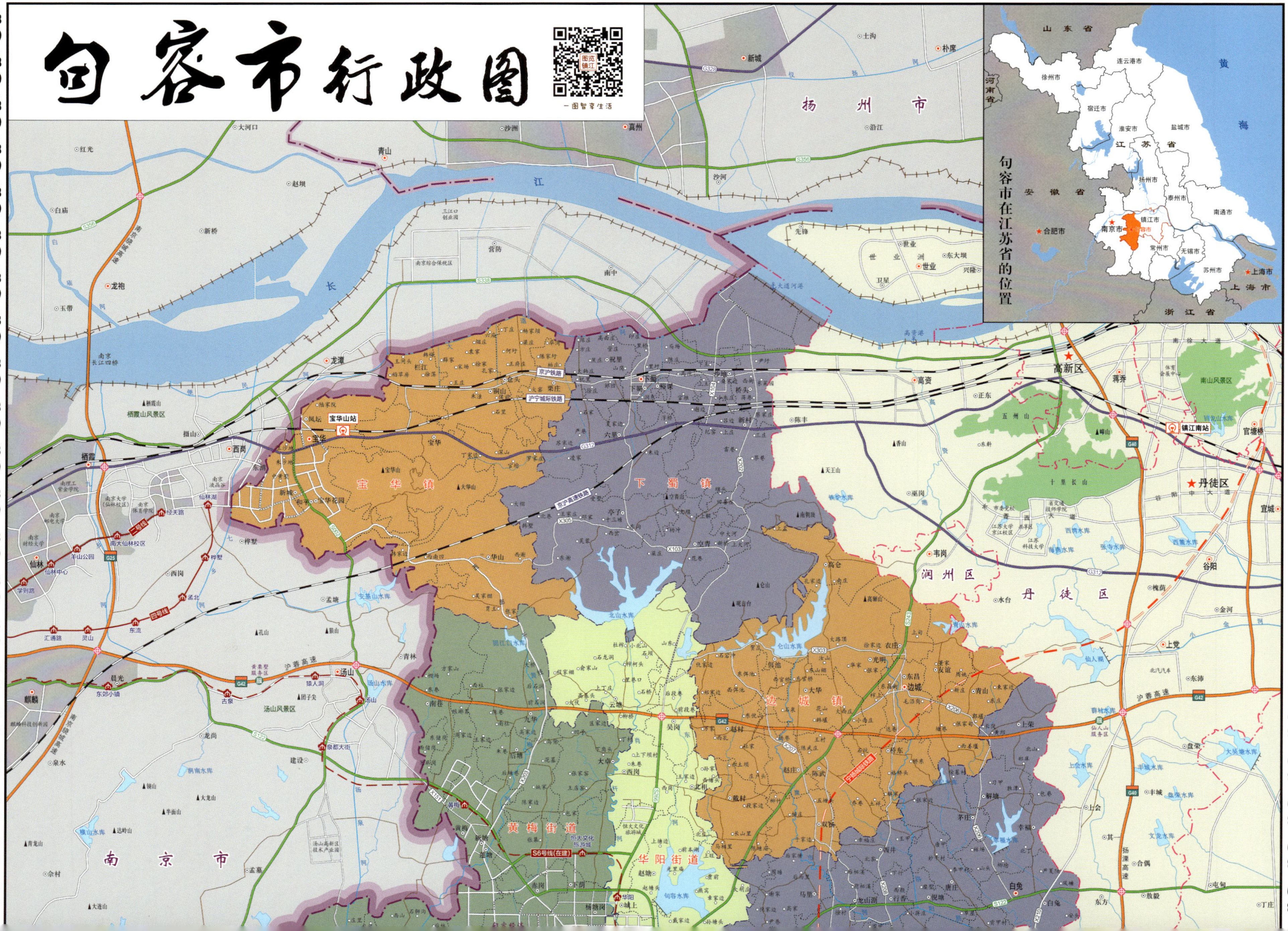

一图智享生活
扬州市
南京市
宝华镇
下蜀镇
边城镇
黄梅街道
华阳街道
润州区
丹徒区
高新区
丹徒区
宝华山站
镇江南站
京沪铁路
沪宁城际铁路
沪宁高速铁路
宁杭城际铁路
S6号线(在建)
沪蓉高速
句容市在江苏省的位置
山东省
安徽省
江苏省
浙江省
上海市
黄海

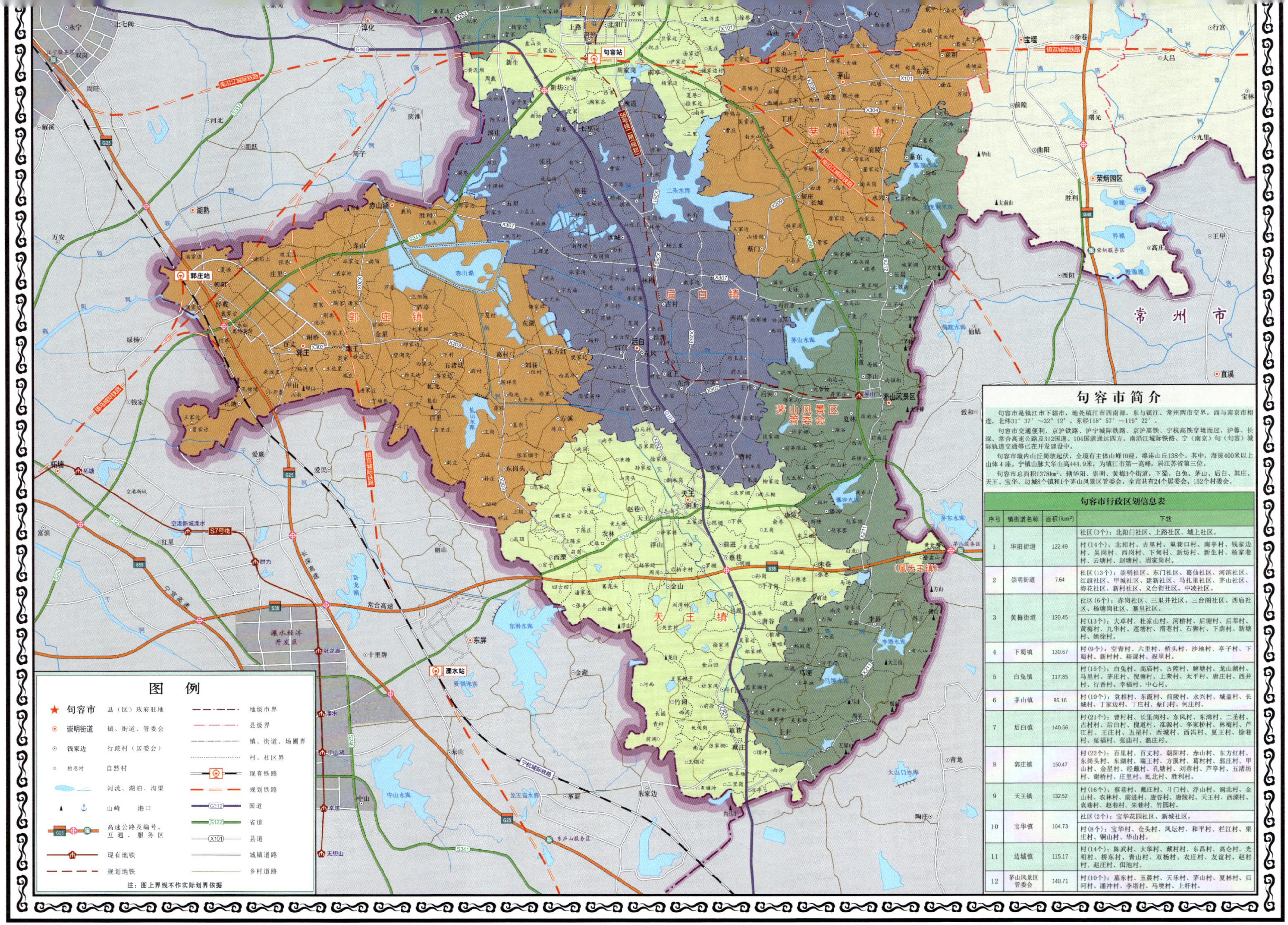

句容市简介

句容市是镇江市下辖市，地处镇江市西南部，东与镇江、常州两市交界，西与南京市相连，北纬31°37′～32°12′，东经118°57′～119°22′。

句容市交通便利，京沪铁路、沪宁城际铁路、京沪高铁、宁杭高铁穿境而过，沪蓉、长深、常合高速公路及312国道、104国道通达四方，南沿江城际铁路、宁（南京）句（句容）城际轨道交通等已在开发建设中。

句容市境内山丘岗坡起伏，全境有主体山峰10座，绵连山丘138个。其中，海拔400米以上山体4座。宁镇山脉大华山高444.9米，为镇江市第一高峰，居江苏省第三位。

句容市总面积1378km²，辖华阳、崇明、黄梅3个街道，下蜀、白兔、茅山、后白、郭庄、天王、宝华、边城8个镇和1个茅山风景区管委会，全市共有24个居委会、152个村委会。

句容市行政区划信息表

序号	镇街道名称	面积（km²）	下辖
1	华阳街道	122.49	社区（3个）：北阳门社区、上路社区、城上社区。 村（14个）：北相村、吉里村、里巷口村、南亭村、钱家边村、吴岗村、西岗村、下甸村、新坊村、新生村、杨家巷村、云塘村、赵塘村、周家岗村。
2	崇明街道	7.64	社区（13个）：崇明社区、东门社区、葛仙社区、河滨社区、红旗社区、甲城社区、建新社区、马扎里社区、茅山社区、梅花社区、新村社区、义台街社区、中凌社区。
3	黄梅街道	130.45	社区（6个）：赤岗社区、三里井社区、三台阁社区、西庙社区、杨塘岗社区、寨里社区。 村（13个）：大卓村、杜家山村、河桥村、后塘村、后莘村、黄梅村、九华村、莲塘村、南巷村、石狮村、下蓢村、新塘村、姚徐村。
4	下蜀镇	130.67	村（9个）：空青村、六里村、桥头村、沙地村、亭子村、下蜀村、新村村、裕课村、祝里村。
5	白兔镇	117.85	村（15个）：白兔村、高庙村、古隍村、解塘村、龙山湖村、马里村、茅庄村、倪塘村、上荣村、太平村、唐庄村、西井村、行香村、幸福村、中心村。
6	茅山镇	86.16	村（10个）：袁相村、东霞村、前陵村、永兴村、城盖村、长城村、丁家边村、丁庄村、蔡门村、何庄村。
7	后白镇	140.66	村（21个）：曹村村、长里岗村、东风村、东湾村、二圣村、古村村、后白村、槐道村、淮源村、李家桥村、林梅村、芦江村、王庄村、五星村、西城村、西冯村、夏王村、徐巷村、延福村、张庙村、泗庄村。
8	郭庄镇	150.47	村（22个）：百里村、百丈村、朝阳村、赤山村、东方红村、东岗头村、东湖村、端王村、方溪村、葛村村、郭庄村、甲山村、金星村、经戴村、孔塘村、刘巷村、芦亭村、五渚坊村、谢桥村、庄里村、虬北村、胜利村。
9	天王镇	132.52	村（16个）：蔡巷村、戴庄村、斗门村、浮山村、涧北村、金山村、农林村、前进村、唐谷村、唐陵村、天王村、西溧村、袁巷村、赵巷村、朱巷村、竹园村。
10	宝华镇	104.73	社区（2个）：宝华花园社区、新城社区。 村（8个）：宝华村、仓头村、凤坛村、和平村、栏江村、栗庄村、铜山村、华山村。
11	边城镇	115.17	村（14个）：陈武村、大华村、戴村村、东昌村、高仓村、光明村、桥东村、青山村、双杨村、衣庄村、友谊村、赵村村、赵庄村、佴池村。
12	茅山风景区管委会	140.71	村（10个）：墓东村、玉晨村、天乐村、茅山村、夏林村、后河村、潘冲村、李塔村、马埂村、上杆村。

句容市自然资源和规划局
镇江市勘察测绘研究院　编制

比例尺　1:10万

审图号：苏镇S（2020）10号　　2020年9月编制

句容市城区地名图

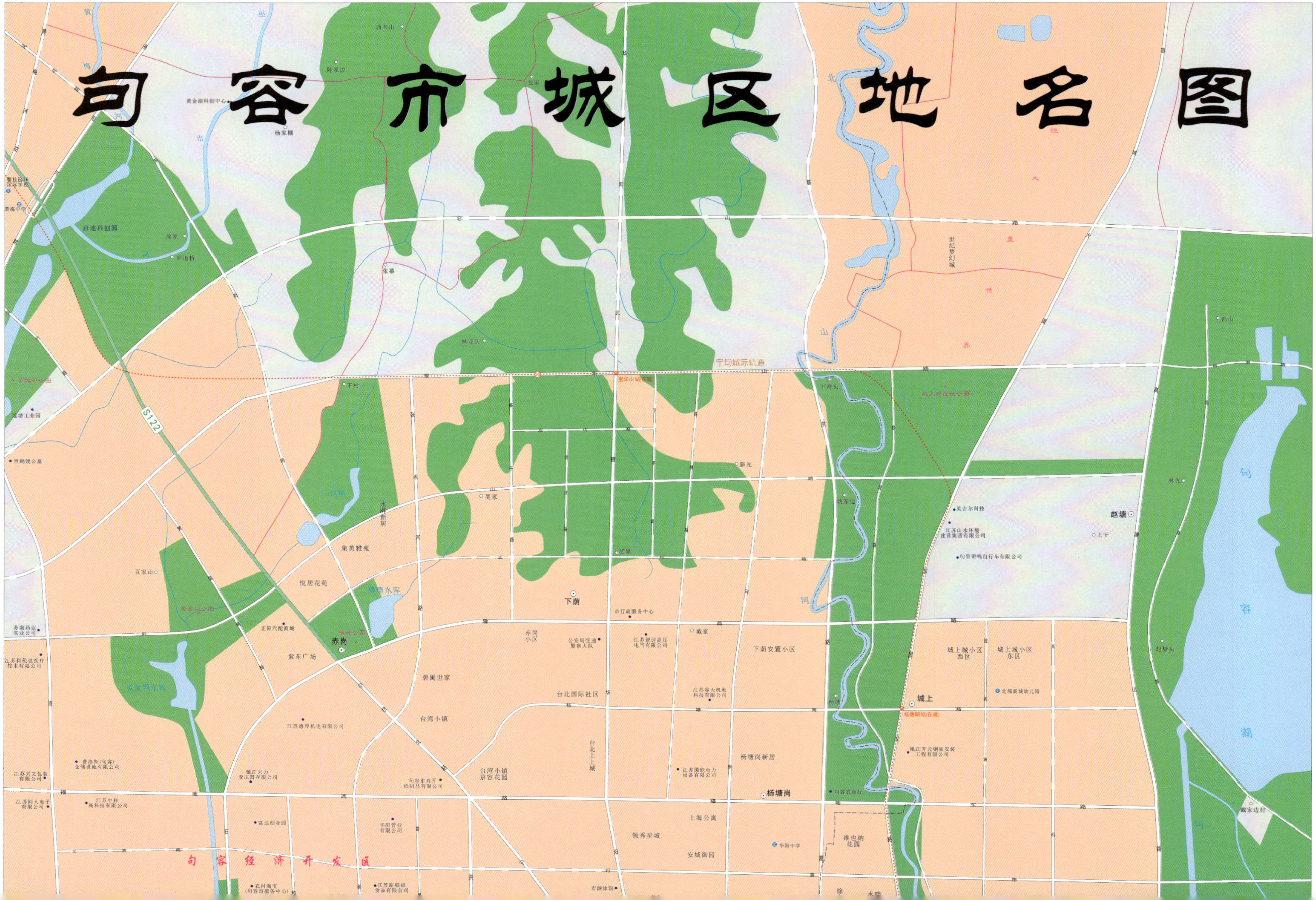

宁句城际轨道
S122
赵塘
城上
杨塘岗
下蜀
赤岗
城上城小区西区
城上城小区东区
下蜀安置小区
台北国际社区
台湾小镇
碧阑世家
紫东广场
悦居花苑
集美雅苑
杨塘岗新居
上海公寓
领秀星城
安城御园
台湾小镇京容花园
句容经济开发区
句
容
湖

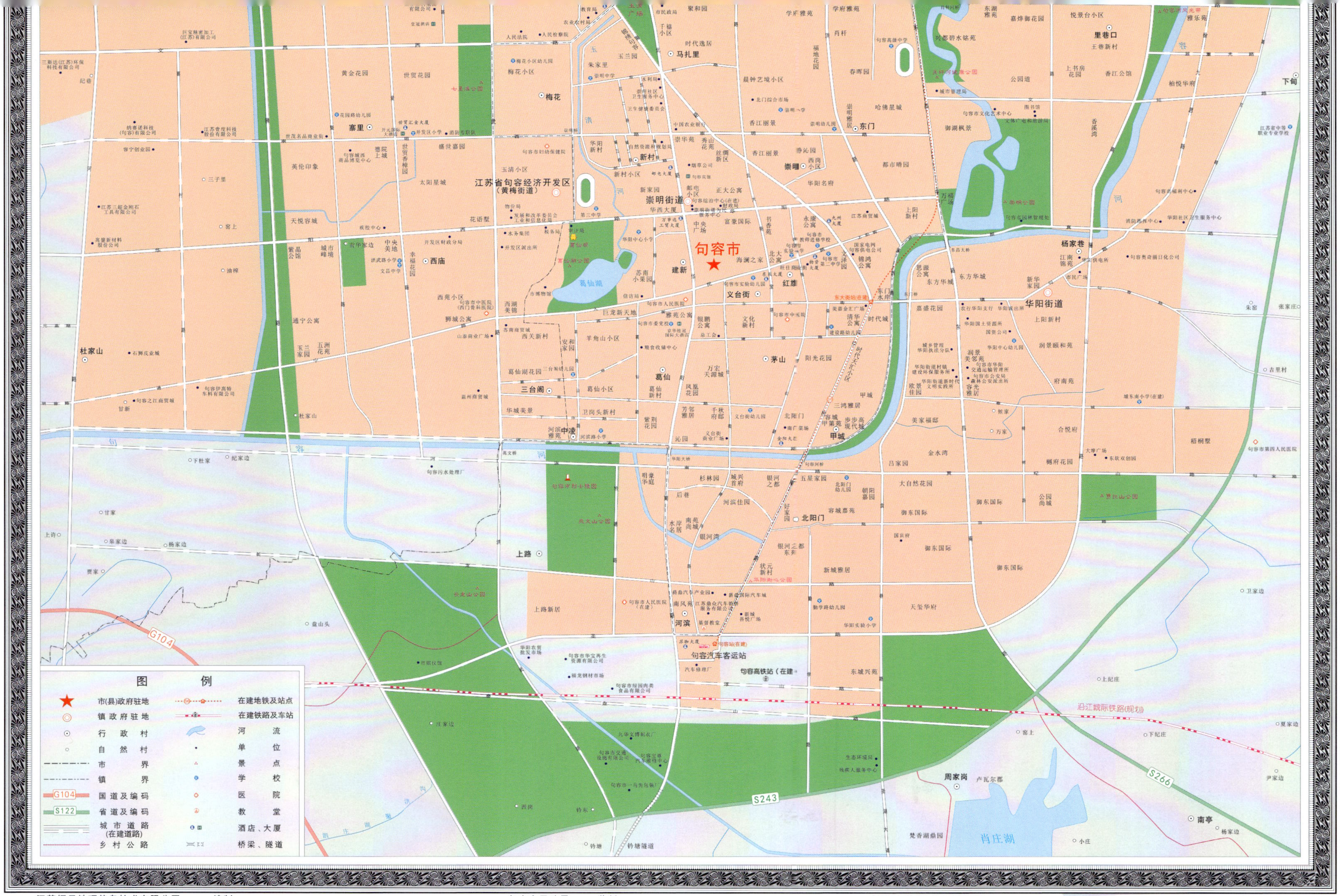
句容市
江苏省句容经济开发区
（黄梅街道）
崇明街道
华阳街道
下蜀
梅花
寨里
西庙
杜家山
马扎里
东门
崇明
新村
建新
红旗
文台街
茅山
葛仙
三台阁
中凌
甲城
北阳门
河滨
上路
周家岗
南亭
里巷口
杨家巷
葛仙湖
肖庄湖
句容汽车客运站
句容高铁站（在建）
沿江城际铁路(规划)
G104
S243
S266
S122
图　例
市(县)政府驻地
镇政府驻地
行政村
自然村
市界
镇界
国道及编码
省道及编码
城市道路
(在建道路)
乡村公路
在建地铁及站点
在建铁路及车站
河流
单位
景点
学校
医院
教堂
酒店、大厦
桥梁、隧道

1月4日，句容市创建全国文明城市工作表彰大会召开。会议强调，全市上下必须坚决摒弃“奖牌到手、创建到头”的懈怠思想，始终有“创建工作永远在路上”的认识，视加冕为加油，把创成当启程，推动文明创建在新的起点上向更深层次、更广范围迈进，让全国文明城市这一荣誉成为句容永不褪色的名片。

1月5日，江苏省句容高级中学异地新建项目开工仪式举行。新校区建设以“园校融合、实事求是、集约高效、资源共享”为原则，选址位于高骊山路以东、243省道以西、贯纪山路南侧、陆羽路北侧，计划总投资约11亿元，项目占地289亩，总建筑面积12.5万平方米。

2 月 12 日，全国脱贫攻坚总结表彰工作领导小组办公室发布关于全国脱贫攻坚总结表彰党中央、国务院荣誉称号拟表彰对象的公示，赵亚夫入选。

3 月 12 日，市委召开全市党史学习教育动员会议。市委书记潘群出席会议并讲话，强调要深入学习贯彻习近平总书记在党史学习教育动员大会上的重要讲话精神，认真落实中央、省委和镇江市委决策部署，迅速兴起党史学习教育热潮，突出学党史、悟思想、办实事、开新局，在学史明理、学史增信、学史崇德、学史力行中纵深推进“一福地四名城”建设。

7月1日，句容市庆祝中国共产党成立100周年座谈会暨市“两优一先”表彰会议隆重召开，热烈庆祝中国共产党成立100周年，回顾党的光辉历程，讴歌党的丰功伟绩，弘扬党的优良传统，激励动员广大党员干部不忘初心、牢记使命，跑出“争当表率、争做示范、走在前列”的新作为，在纵深推进“一福地四名城”建设新实践中再创新功佳绩。

7月26日，中国共产党句容市第十三次代表大会在市文化艺术中心大剧院开幕。市委书记潘群代表中国共产党句容市第十二届委员会向大会作题为“奋进新时代　开启新征程　把‘一福地四名城’美好愿景演绎成现实”的工作报告。市委副书记、市长周必松主持大会。

9 月 24 日，丁庄葡萄出口新加坡、马来西亚首发仪式在茅山镇丁庄葡萄分拣中心举行，这是江苏葡萄出口第一单，标志着丁庄葡萄迈开了走出国门、打开国际市场的重要一步。

11月5日，第八届全国道德模范座谈会和颁奖仪式在北京举行。句容市糜林被追授"第八届全国道德模范"称号（女儿糜蓉代为领奖）。

12 月 25 日，新句容市人民医院（江苏省人民医院句容分院）开始运营。

12 月 28 日，南京至句容城际轨道交通工程开通仪式在马群站站前广场举行。

赤山湖云海 王鹏飞（摄）

华阳余晖 汪 静（摄）

句容市委党史学习教育领导小组办公室邀请镇江市委宣讲团作党史学习教育宣讲报告

宝华镇党委书记、宝华山风景区管委会党工委书记开展书记讲党课活动

华阳街道新生村开展百姓名嘴学党史宣讲活动

市委统战部开展红色基地现场教学活动

华阳实验小学邀请市委宣讲团成员作党史学习主题宣讲

江苏省“三带”人才、句容市乡土人才、白兔镇致富果业专业合作社社长张奎峰在“田间课堂”讲党课

6 月 29 日，句容市举办庆祝中国共产党成立 100 周年文艺汇演

茅山风景区庆祝中国共产党成立 100 周年暨第五届百姓大舞台文艺汇演

句容市图书馆、华阳实小弘景校区举行庆祝中国共产党成立 100 周年长卷绘画活动

后白镇举办庆祝中国共产党成立100周年文艺汇演

6月29日，句容市举办庆祝中国共产党成立100周年党史知识竞赛

句容市城管局开展庆祝中国共产党成立100周年主题演讲比赛

句容市金融系统举办庆祝中国共产党成立100周年手绘团扇大赛

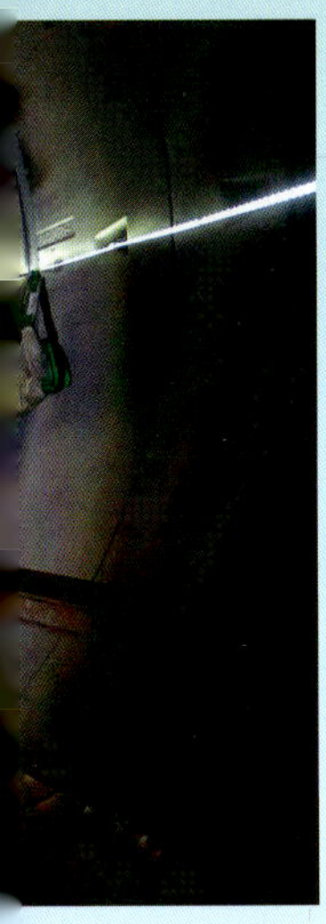

车辆运行　施工现场　南京至句容城际轨道交通工程开工仪式

车站建设　地下施工

车辆段全景　宁句城际句容市民乘车仪式

古村秋色　冯永生（摄）

目　录

特　载

大事记

句容概览

中共句容市委员会

句容市人民代表大会

句容市人民政府

政协句容市委员会

中共句容市纪律检查委员会
句容市监察委员会

群众团体

民主党派·工商联

法　治

军　事

自然资源和生态环境

综合经济管理

农业·农村

工　业

对外及对港澳台经贸合作

商贸流通

旅 游 业

金　融

交通·邮政·物流

信息化建设

城乡建设和管理

科学技术

教　育

文化·体育

大众传媒

卫　生

社会生活

人力资源和社会保障

开发区建设和管理

镇（街道）·管委会

人物·荣誉

附　录

索　引

句容市党史学习教育开展情况总结

党史学习教育开展以来，句容市坚持以习近平新时代中国特色社会主义思想为指导，坚定捍卫“两个确立”、增强“四个意识”、坚定“四个自信”、做到“两个维护”，认真贯彻落实习近平总书记重要指示和党中央、省、镇江市委决策部署，紧扣“学史明理、学史增信、学史崇德、学史力行”总要求，聚焦“六专题一实践”，精心谋划部署，强化组织推动，务求实际成效。充分发挥红色资源、亚夫精神和糜林事迹独特优势，创新“五四三”自选动作，打造“五心向党”品牌，全市广大党员干部坚守初心，砥砺奋进，从百年党史中汲取奋进力量，同广大人民群众想在一起、干在一起，努力将“学党史、悟思想”的丰硕成果转化为“办实事、开新局”的生动实践，为谱写“一福地四名城”现代化建设新篇章提供强有力的精神支撑。全市开展各类学习活动1000余场次，省级以上主流媒体用稿居镇江辖市区第一，推出各类报道2000多篇次，其中中央广播电视总台、《人民日报》用稿21篇次。相关做法在省级简报刊登8篇次。中央、省、镇江市巡回指导组多次到句容进行调研指导，对句容市党史学习教育做法及成效给予充分肯定。

一、坚持在“严”上求实效，把党史学习教育作为重要政治任务扛在肩上。句容市把党史学习教育作为贯穿全年的重大政治任务和“一把手”工程，系统谋划、周密组织、强力推进。

一是领导挂帅高位统筹。市委常委会专题研究制定《句容市委关于开展党史学习教育的实施方案》，明确总体目标、重点任务和组织保障办法。成立市委党史学习教育领导小组，市委书记任组长，市长、专职副书记、宣传部部长、组织部部长任副组长，相关部委办局主要负责人任成员，构建形成“抓领导、领导抓”的工作机制。围绕学习研讨、讲党课、办实事、专题组织生活会、专题民主生活会等各环节，制定《市委常委会党史学习教育任务清单》，细化具体措施和进度安排，以上率下、压茬实施，确保各项任务落到实处。

二是构建常态推进体系。成立领导小组办公室并集中办公，下设四个工作组，建立工作例会、项目策划、简报通报等工作制度，实行“挂图作战”，实现工作职责、重点任务、工作进度、新闻宣传“四个上墙”。先后召开动员会、领导小组办公室主任会、巡回指导培训会、党史学习教育座谈会、指导组会等专题会议，及时跟踪了解面上进展情况，加强工作统筹协调。领导小组办公室发挥牵头抓总作用，统筹推进各地、各部门党史学习教育开展，通过媒体、简报等交流展示学习教育阶段成果，浓厚比学赶超氛围。将党史学习教育内容纳入各级各类干部教育培训和党校主题班教学内容，在浦东干部学院开设“党旗红产业强”全市“一把手”专题培训班，切实提升换届后“一把手”综合能力素质。及时动态反映面上工作情况，编发市级简报72期。

三是严督实查压实责任。市级层面组建8个指导组，各镇（街道、园区）和党委部门成立指导组40个。市级指导组组长全部由正科级干部担任，对督导工作进行专题部署、专门培训，推行“听、看、问、测、评”五字督导法，对机关党组织、“两新”组织、国企、学校等开展分类指导，明确党史学习教育的具体任务和推进措施，力求做到精细精准，推动党史学习教育下实功、见实效。突出未成年人群体，专门成立青少年党史学习教育指导组，强化对全市青少年党史学习教育的协调指导。一年来，指导组开展各类指导1071场次，调阅材料3000余次，个别访谈、随机测试6000余人次，领导班子成员实现测试全覆盖。

二、坚持在“学”上下苦功，推动党史学习教育融入日常、抓在经常。始终坚持把学深悟透习近平总书记系列重要讲话精神及必读书目作为首要任务，引导全市广大党员干部自觉用新思想武装头脑、指导实践、推动工作。

一是以上率下领学，激发头雁效应。市委常委会带头开展专题学习，深入学习习近平总书记党史学习教育动员大会重要讲话精神、“七一”重要讲话精神和中共十九届六中全会精神。制定市委常委会学习清单，明确12项重点学习内容，通过自主学、集中学、体验学、交流学等方式，确保先学一步、深学一层。建立巡学、考学、赛学和评学机制，确保学习教育形式不走样、效果不打折。市委理论学习中心组举办集中学习16场次（专题读书班1次）、现场学习2次、交流研讨7次、闭卷考评3次。市领导撰写调研文章29篇次，在《句容日报》开设“一把手”谈党史学习教育笔谈栏目，刊发专题文章53篇次，形成学习热潮。

二是全面覆盖广学，做到一个不少。发放习近平《论中国共产党历史》等指定必学教材37538套，实现党员全覆盖。针对农村地区和大龄党员，编印发放《党史知识100条》口袋书7000余册。开通有线电视党建频道，用好“农村大喇叭”，打通党史学习教育“空中课堂”。上线“党史学习教育句容云课堂”，绘制党史学习教育“红色地图”，推出《党校公开课|学习习近平总书记“七一”重要讲话精神》，建成党史学习教育“指尖课堂”。“百年党史、红色句容”视频展播、福娃讲红色故事等创新做法，被省委党史学习教育简报刊载。挖掘培树建华建材、智达电气、山水园林等一批民营企业学党史先进典型，特别是建华建材连续16年主动深学党史，凝聚奋进力量的典型做法得到中央、省巡回指导组点赞。镇江市民营企业党组织书记党史学习教育座谈会在建华建材现场召开。

三是丰富载体活学，确保入脑入心。新建、扩建亚夫广场、糜林事迹教育实践果园、草莓棚里（葡萄架下）的党史课堂、白兔大支里党支部、铁军营、亚夫事迹馆等党史学习教育示范阵地58个。举办全国革命根据地红色文化研学大会，茅山成为省党史教育基地、省级机关党员教育培训基地。结合“四史”宣传教育，深入开展“永远跟党走”群众性主题宣传教育系列活动，“红心向党 ‘容’放光芒”文艺汇演、红色档案展、摄影展、书画展、主题征文、红色故事大赛、经典诗词大赛等百余场特色活动吸引万余人参与。组织1600名党员群众现场参观“百年征程初心永恒——中国共产党在江苏”大型主题展览，网上展馆浏览6万多人次。打造红色阅读空间、“图书漂流角”、阅读吧、党史知识展板等载体，让党史学习教育无处不在、随处可见、永不下线。

三、坚持在“宣”上出实招，推动党史学习教育直达基层、深入人心。针对不同群体党员特点，统筹运用红色资源等各类资源，全方位、多角度、立体式教育，引导全市广大党员干部从百年党史中深刻感悟“中国共产党为什么能，中国特色社会主义为什么好，归根到底是因为马克思主义行”。

一是统筹宣讲资源力量。组建市委宣讲团，围绕学习贯彻习近平总书记党史学习教育动员大会重要讲话精神、“七一”重要讲话精神和中共十九届六中全会精神等，推出“固定+点单”党史宣讲套餐，致力打造“宣讲成员全类型、宣讲对象全覆盖、宣讲方式全体裁”的“三全宣讲”品牌，按照全面覆盖、广泛覆盖要求，掀起专题宣讲热潮。选优配强劳模宣讲团、青年讲师团、“百姓名嘴”等多支宣讲队伍，依托新时代文明实践中心（所、站、点），进机关、进企业、进校园、进乡村、进社区，开展分众式、互动式、精准式宣讲，确保新思想直达基层、直抵人心、入脑入心。全市开展各类线上线下宣讲1600余场次，覆盖8万余人次，开展网络宣讲300余场次，覆盖40余万人次。发挥市融媒体中心主力军作用，建立“报、台、网、端、微”立体传播矩阵，推出各类宣传报道2000多篇次，其中中央广播电视总台、《人民日报》用稿21篇次，省级简报用稿8篇次，新华社等国家级新媒体平台用稿500余篇次，省级以上主流媒体用稿稳居镇江辖市区前列。

二是突出重点受众群体。面向中小学校，打造红色场馆实境课堂、红色主题初心课堂、红色善行联动课堂“三个课堂”，广泛开展“百年党史青春说”“马克思主义青年说”等系列宣讲活动，擦亮“童心向党”品牌。开展各类主题宣讲42场次，辐射带动2万余人。编排巡演舞台剧《永是勇士郭纲琳》，邀请郭纲琳、巫恒通等句容籍烈士后人进校园话党史、忆先烈。深化“三走进三寻访”课外教育实践活动，通过走进红色场馆、生态村庄，寻访时代楷模等活动，培养时代新人。推动全市一体化思政工作，构建“1+2+4+*N*”全大中小学一体化思政工作联盟，大中小学结合，学校、社区与家庭共建，切实增强党史学习教育的吸引力、感染力、说服力。获镇江市“手拉手学党史，心连心跟党走”青少年党史知识竞赛“家庭代表队”一等奖、思政联盟代表队二等奖和优秀组织奖。

三是抓实重要时间节点。认真挖掘重大节庆日、纪念日中蕴含的教育资源，策划开展丰富多样的主题活动，抓实抓好“节日里的党史教育”。线上线下联动开展“清明祭英烈”活动，市委理论学习中心组到苏南抗战胜利纪念碑举办纪念活动。围绕“五一”国际劳动节，组织开展“奋斗光荣、劳动最美”宣传教育活动，大力弘扬新时代劳模精神、劳动精神、工匠精神。围绕“五四”青年节，组织万名党、团青年走“乡村振兴”路线，号召青少年学亚夫、做亚夫，积极贡献青春力量。结合“六一”，开展“童心向党”“节日里的党史”等主题活动，引导广大青少年厚植家国情怀、树立远大理想、担当时代责任。

四、坚持在“干”上见真章，推动党史学习教育走深走实、富有成效。牢牢把握办实事这个根本落脚点，融合推进“两在两同”建新功行动与“我为群众办实事”实践活动，激励广大党员干部在党史学习教育的生动实践中守初心、强担当、善作为，用辛苦指数换取群众幸福指数，努力将实事办好、好事办实，不断提升群众获得感、幸福感、安全感。

一是紧贴民生重点精心选题。坚持问需于民、问计于民，铺设解社情民意“高速路”，畅通群众反映诉求“直通车”。深化双线联动，借助多种渠道广泛搜集社情民意，了解群众真实需求。线上方面，注重发挥新媒体平台作用，依托句容发布“微问答”、“啄木鸟在行动”、市政府热线“12345”等平台广泛搜集“指尖上的民情民意”。线下方面，党员领导干部主动走下去，通过个别访谈、专题座谈、电话沟通、发放民意征集表等多种形式，把社情民意带上来。深入开展“企业走访月”活动，走访全市规上工业企业228家，搜集各类问题292个并全部解决，受到一致好评。围绕“五个聚焦”，推动实施40项重点民生实事和126个重点民生项目，着力解决人民群众最关心最直接最现实的利益问题。针对疫情影响，举办句容葡萄助农大型公益直播系列活动，帮助800多位农户销售鲜果950余万斤，销售额近9000万元，“全国脱贫攻坚楷模”赵亚夫亲临直播现场助农促销；开展“一老一小一群体”关爱行动，办理相关实事项目538项，建成176个居家养老服务中心，解决各类低保、特困、临时救助等政策性问题42件；面向困难儿童群体建立“三帮一”结对帮扶关系，改造梦想小屋76间，为留守儿童、困境儿童购买人身意外伤害险，开通24小时12345儿童救助保护热线。

二是紧扣发展热点用心解题。江山就是人民，人民就是江山。句容以“关键少数”率先垂范，带动“绝大多数”广泛参与，着力解决群众身边急难愁盼问题，破解制约高质量发展的难题。深化“一人一重点、领办解难题”，推动科级领导干部每人身上都有考题、每个考题都有答卷。全市领导干部领办各类难题586个（其中，市级领导领办难题29个），全部办结，办结率100%。作为“亚夫精神”和“戴庄经验”发源地，句容市全面深化“学亚夫、做亚夫——把成绩写在大地上”先锋行动，组建151支“学亚夫、做亚夫”先锋团队，参与党员近8000名，确定821个帮扶项目，已全部完成。形成“周六不打烊”“午间值班制”“一企来”“句容市乡村振兴祥忠先锋团”“句满意”等“为民办实事”创新服务品牌。窗口单位擦亮“七心”优质服务金字招牌，转“被动服务”变“主动帮助”。市行政审批局推出“一企来”专线服务，解决“涉企”问题331件，办结率、满意率均达双百目标。市人社部门设立“午间值班”制度，开设“午间值班”窗口，午间值班窗口接受群众政策业务咨询1819人次，受理人社业务821件，得到中央广播电视总台关注报道。

三是紧抓关键节点同心答题。以“深扎根、大排查、抓落实、解难题”为重点，密切联系群众，真情服务群众，建立问题清单、任务清单、责任清单，并逐项加以解决。全市为群众办实事5500多项，其中民生实事1594件，惠及群众60余万人。推动270多个机关和企事业单位党组织与村（社区）党组织实行共建，近1.2万名党员深入社区开展各类新时代文明实践志愿服务活动2300多场。发挥“大数据+网格化+铁脚板”优势，组织1万余名党员志愿者下沉基层一线全力开展“敲门行动”，疫情防控继续保持“三零”重大战略成果。全面推进新冠病毒疫苗接种工作，组建6支“流动接种队”，派出“流动接种服务车”，推出“白+黑”“5+2”便民服务。全市接种疫苗122.3万剂次，覆盖55.5万人。投入300余万元，新建1000余平方米“秦淮灯彩”展示馆，升级改造国家级非遗文化“秦淮灯彩”基地，不断满足群众日益增长的精神文化生活需要。创成镇江市级以上优秀案例5个。

四是紧盯初心原点真心评题。始终将群众“表情包”作为工作“风向标”，把群众满意不满意、高兴不高兴、答应不答应作为衡量办实事效果的重要标准。建立健全“三单三表三员”机制，形成群众点单、群众监督、群众评判的闭环管理。用好“我为群众办实事”在线系统，对项目进行动态跟踪管理，确保随时查阅、随时推进、随时督办。市领导全部参加所在支部的专题组织生活会，带头开展批评与自我批评，各参学单位党组织召开专题组织生活会近100场，专题组织生活会真正成为强党性、砺初心、促提升的有效途径。举办“我为群众办实事”专题新闻发布会2场，将各地、各部门为民办实事情况“比一比”“晒一晒”，形成良好氛围。结合重点民生实事、企业走访月、帮办员、代办员等创新工作，积极探索构建“我为群众办实事”常态长效机制，充分发挥指导组督导指导作用，建立常态化督导机制，持之以恒推动实事实办，办好办实。全市各地、各部门建立各类长效机制192项。

五、坚持在“新”上谋深远，推动党史学习教育引领发展、开拓新局。强化以史为鉴，以伟大建党精神为引领，牢牢把握好开拓事业新局这个出发点和落脚点，立足新发展阶段，完整、准确、全面贯彻新发展理念，积极融入新发展格局，在“一福地四名城”现代化建设火热实践中将党史学习教育成果转化为推动高质量发展的澎湃动能。

一是坚定信心强发展底气。面对复杂严峻的外部环境和新冠肺炎疫情影响，句容坚持稳中求进总基调，统筹发展与安全，全面争先进位，奋力追赶超越，经济社会发展和党的建设取得新成就，在庆祝中国共产党成立100周年的重要历史节点，交出一份展现“一福地四名城”鲜明特质的高水平全面小康答卷，实现“十四五”和现代化建设的良好开局。预计全年实现地区生产总值740亿元，比上年增长8%；完成一般公共预算收入57.6亿元，比上年增长5%；全国综合实力百强县进位至第49位，列全国县级市基本现代化第36位，成为高质量推进基本现代化典型城市。

二是擘画蓝图明前进方向。市委召开十三届二次全会，精心描绘未来发展蓝图。动员组织全市上下以加快推进现代化建设为主线，全力以赴干产业、接续发力干交通、坚持不懈干美丽、久久为功干共同富裕，切实扛起“争当表率、争做示范、走在前列”的光荣使命，奏响产业强市最强音，奋力谱写“一福地四名城”现代化建设新篇章，以优异成绩迎接中共二十大胜利召开。

（宣传部）

宁句城际轨道交通工程建设综述

2021 年 12 月 28 日，南京都市圈首条跨市域轨道交通宁句城际线开通，64 万句容人民翘首以盼的“地铁梦”一朝实现，标志着句容市“融入南京、接力镇江”迈出历史性步伐，宁镇一体化取得重大战略成果，也为句容市乡村振兴打造了一条“快车道”。

一、十年谋划，筑梦轨道交通

十年奋斗、今朝梦圆，看似寻常最奇崛，成如容易却艰辛。宁句城际轨道寄托着宁句两地群众的夙愿，承载着打造区域一体化发展先行示范区的时代使命。从 2010 年 1 月宁句城际轨道句容段线站位方案研究开始，其间，交通人充分履行好“融入南京”的先行军职责，提前谋划，主动对接省市相关部门，获取第一手信息，为市委、市政府决策提供参考。

句容是打造宁镇扬区域一体化的重要节点城市。句容有着便捷的交通区位，处于长三角一小时经济圈；有着优良的生态环境、独特的丘陵地貌特征，使句容打造出了“一福地四名城”的魅力品牌。

宁句城际轨道起于南京东部综合换乘枢纽马群站，与既有 2 号线换乘，途径麒麟、汤山、黄梅、句容北部新城、句容城区，终于句容站，与在建的南沿江高铁句容站衔接。线路全长 43.590 千米，新设车站 13 座，其中地下站 7 座，高架站 6 座，车辆采用市域 B 型车，最高运行速度为 120 千米/小时（地下段 100 千米/小时）。宁句城际轨道项目作为省内首条跨市域城际轨道线路，承担着加强宁镇两地互联互通、提升南京省会城市功能和中心城市首位度、推动区域一体化纵深发展、打造“轨道上的长三角”的重要功能。

车辆段位于弘景路以南、104 国道以东、小南路以北、圣湖大道以西的地块内，南北长 1355 米，东西宽 328 米，占地面积约 459 亩，位于南京至句容城际轨道交通整条线路的最南端，句容市南郊。车辆段定位为线网大架修车辆段，承担本线、12 号线、13 号线配属列车大架修任务。主要建筑有综合楼、检修库、运用库、运转综合楼、物资总库、洗车机及污水处理房、材料棚、危险品储存间、牵引降压混合变电所、门卫室等 18 个单体，共 5 层，基础形式为桩基础或独立基础，结构形式为框架结构。室外工程主要包括试车线、室外轨行区、园林绿化、道路、围墙、室外管综等。

二、三年建设，架设振兴“桥梁”

2018 年 12 月 21 日，宁句城际轨道交通工程开工建设，“地铁从梦想照进了现实”，一张张图纸开始变为一段段铁轨、一座座车站。为保障项目的顺利推进，交通人充分发挥先锋模范作用，时刻以第一责任人的角色参与攻坚克难，提前与参建单位研究施工难点，全线排查可能存在的矛盾困难，攻克施工工法多、工程综合性强、建设管理组织难度大等问题，展现交通人“逢山开路，遇水架桥”的无畏精神。其间，中建八局句容段项目部创新施工工艺，获得第九届“龙图杯”全国 BIM（建筑信息模型）大赛一等奖。

这是句容的第一条地铁，意义重大！自工程开工建设以来，交通人按照“高标准、严要求、快节奏、求实效”的要求，精心组织、科学管理，积极主动化解矛盾和困难，竭尽全力推进工程建设，协调东大街拆迁、电力杆管线迁改、规划建设手续办理等事项，最终，宁句城际轨道历时 3 年建成，比原工期提前 1 年零 6 个月，展现了交通人特别能吃苦、特别能战斗、特别能奉献的良好精神风貌。

为满足多元化的出新需求，使群众出行更便捷，2020 年，交通人就开始谋划宁句城际沿线道路恢复、站点交通配套设施、黄梅站人行天桥、公共交通一体化规划等工作。为了确保配套项目与宁句城际轨道同步投入使用，交通人克服众多施工不利因素，迎难而上，精心部署，攻坚克难，把每一天都当作节点加快推进。在黄梅站人行天桥主梁架设过程中，交通人有时连午饭都是紧扒拉几口就去忙活，从职工到领导，都是这样的工作节奏。在上阳村、晴园公寓矛盾处理中，交通人超前谋划、精心组织，多次牵头召开处理推进会，并联合江苏宁句城际轨道交通有限公司、属地政府等部门成立工作专班，主动作为、强化协调，确保处理工作的加速推进。

“句容人太盼望地铁了，为了早日实现这个梦想，我们再拼也值得……”，交通人正是以这样的“交通速度”作承诺，一步一个脚印地推动着句容市轨道建设，不懈追求，勇于圆梦，创造历史。

宁句城际轨道项目突破以往站点研究视角，从城市规划发展及沿线产业提升层面，对全线进行战略定位，将宁句城际轨道定位为增强科创产业集群、培育新兴转型动能的活力科创线；展现最具生态旅游魅力、最聚人文荟萃灵气的魅力文旅线；引领品质社群典范、筑巢引凤福地的宜居康居线。

宁句城际轨道项目采取快车与慢车相结合的运营模式。车辆采用市域B型车，最高运行速度为120千米/小时（地下段100千米/小时）。据介绍，宁句城际轨道将首次在江苏省内采用快慢车相结合的运营模式，即“慢车”停靠每一座车站，“快车”在部分车站不停车。同时，在宁句城际轨道南京猿人洞站设置越行线，以供快车越过慢车，最大限度地满足乘客多元化出行需求。

宁句城际轨道交通根据各车站所处位置、周边人文环境、交通驳接等因素，13座车站被划分为标准站、重点站及特色站。同时，充分考虑与周边环境和谐相融的因素，因站施策，在车站装修风格上融入“纵情山水·回归自然”的设计理念。地下标准站在整体统一的设计模式下各个车站加以变化，利用局部的设计与整体空间主题色的变化进行区分，造型设计力求简洁，注重功能；地下重点站在统一化的指导下开展设计，结合全线文化特征及周边区域的文化属性，空间造型丰富，在现代感的基础下处理空间的综合效果，侧重文化艺术表现，体现城市特征与风貌；高架站不同于地下站，高架站内装设计应结合高架站外立面开展，结合外立面及周边区域的文化属性，空间造型内外结合，保证一体化设计，两者相互依存，相互统一。

三、一朝融入，续写幸福篇章

幸福生活，从来都是奋斗出来的。从零起步，从无到有，句容地铁梦的实现绝非一蹴而就，需要交通人发扬“钉钉子”精神，脚踏实地地辛勤付出，将规划蓝图一直干到底。

2021年9月10日，宁句城际轨道交通开始空载试运行。2021年11月10日开始进行运行图试跑测试。经过20天运行图试运行，各项指标均符合《城市轨道交通初期运营前安全评估技术规范第1部分：地铁和轻轨》、《城市轨道交通运营管理规范》（GB/T 30012—2013）、《城市轨道交通试运营基本条件》（GB/T 30013—2013）等相关要求。

2021年12月2日，江苏省十三届人大常委会第二十七次会议审查批准南京、镇江两市人大常委会分别提交的《关于加强跨市域轨道交通运营和执法管理若干问题的决定》，该决定于2022年1月1日实施。“此次协同立法是实质推进跨市域制度协同的务实之举，有助于进一步强化跨市域城市治理现代化的法治支撑，推动生产要素在都市圈内跨区域自由流动和高效配置，不断提升南京都市圈一体化高质量发展水平。”

2021年12月14—18日，句容市交通运输局委托南京市交通运输局按照交通运输部《城市轨道交通初期运营前安全评估管理暂行办法》、《城市轨道交通初期运营前安全评估技术规范第1部分：地铁和轻轨》、江苏省交通运输厅《关于切实做好城市轨道交通运营安全和运营服务管理的通知》等相关文件要求，牵头组织开展宁句城际轨道交通工程初期运营前安全评估工作。评估专家组通过现场实地查勘、系统功能核验、系统联动测试和研究讨论，提出需对影响运营安全的5个A类问题抓紧整改到位，江苏宁句城际轨道交通有限公司迅速按照要求全部进行整改。12月20日，评估专家组复查验收后认为：宁句城际轨道交通工程存在的问题全部完成整改，具备开通初期运营的基本条件。

2021年12月28日，宁句城际轨道开通，句容市民地铁梦开始“变现”，为了这一天，交通人连续奋斗十余年，句容轨道交通建设掀开划时代的一页。

根据两市共建协议精神，由南京市人民政府和句容市人民政府分别指定出资人代表共同出资设立宁句线项目公司，承担宁句线项目投融资、建设、运营及经营管理。江苏宁句城际轨道交通有限公司成立于2018年2月9日，公司注册资本为503850万元。南京市人民政府出资人代表为南京地铁集团有限公司（占比58.7%）、句容市人民政府出资人代表为江苏句容投资集团有限公司（占比41.3%）。

地铁来了，生活变了，宁镇两地互联互通将进一步加强，南京和句容间的功能布局将进一步优化。地铁的出现，惠及沿线群众，大大压缩市民出行的成本和时间。这对公共资源的公平分配、使用和商业资源的开发等都大有裨益。市民乘坐宁句城际列车往返于句容与南京，速度快了，成本低了，距离近了，不再为工作和生活的空间距离而感到担忧。地铁时代下的句容，正迎来焕然一新的美好生活。

这一刻的辉煌对交通人来说只是一个新的起点，根本来不及停下脚步喘口气，2022 年年底南沿江城际铁路将建成通车，句容枢纽将建成投入使用，扬镇宁马城际铁路即将开工建设，市域（郊）铁路句茅线正在开展前期研究……句容市民一定会早日享受到四通八达、一路畅行的交通新体验。

下一步，交通人将继续弘扬新时代“句容精神”，不忘初心、牢记使命，勇往直前、当好先锋，重点谋划城市公交多中心建设，推动轨道交通与城市公交、公共自行车等交通方式实现无缝衔接，不断提升群众出行便利度。全面构建“内聚成核、外联快通、城乡一体”的现代综合交通运输体系，服务好“站产城”一体化建设、枢纽经济区打造，以更加开放的姿态拥抱长三角，奋力谱写“一福地四名城”现代化建设新篇章！

附：宁句城际轨道交通工程大事记

2018 年 10 月 23 日，江苏省发展和改革委员会批复南京至句容城际轨道交通工程可行性研究报告。

2018 年 12 月 20 日，江苏省发展和改革委员会批复南京至句容城际轨道交通工程初步设计。

2018 年 12 月 21 日，宁句城际轨道交通工程在 122 省道宁句交会处举行开工仪式。

2019 年 3 月 17 日，宁句城际轨道句容段首根桩在土建 2 标三工区浇筑。

2019 年 5 月 14 日，宁句城际轨道句容段首片 U 梁在土建 2 标成功浇筑。

2019 年 6 月 1 日，宁句城际轨道句容段首个承台在土建 2 标成功浇筑。

2019 年 7 月 2 日，宁句城际轨道句容段首个墩柱在土建 2 标成功浇筑。

2019 年 9 月 12 日，宁句城际轨道句容段首个盖梁浇筑在土建 2 标二工区成功浇筑。

2019 年 10 月 26 日，宁句城际轨道句容段首片预制 U 梁顺利架设在宝华山路 JY65#—JY66#墩上，标志着宁句城际轨道项目进入上部结构施工阶段，为全线通车打下坚实的基础。

2019 年 11 月 23 日，进驻句容市首台“宁句先锋号”盾构机在宁句城际轨道项目胜利始发。

2019 年 12 月 25 日，宁句城际轨道首座高架车站——黄梅站封顶。

2020 年 7 月 17 日，伴随着东句盾构井右线最后一根桩的掘进完成，宁句城际轨道交通工程全线首个盾构区间（东句盾构井—句容站左线盾构区间）顺利双线贯通，也是全线首个实现双线贯通的区间。

2020 年 12 月 23 日，宁句城际轨道句容段首个地下车站——句容站主体结构在土建 2 标五工区封顶。

2021 年 4 月 11 日 23 点 50 分，随着盾构机巨大的刀盘从洞门掌子面破土而出，由中建八局承建的杨塘路—东大街盾构区间左线顺利贯通，代表着宁句城际轨道交通（句容段）全线盾构区间实现洞通。

2021 年 4 月 21 日，《句容市城市轨道交通运营突发事件应急预案》通过第十六届人民政府第 49 次常务会议审议。

2021 年 5 月 14 日，宁句城际句容段票价制定听证会召开。

2021 年 5 月 28 日宁句城际东青区间（暨全线）土建工程贯通仪式在宁句城际东郊小镇站举行，南京地铁集团有限公司党委书记、董事长佘才高与句容市委书记潘群等领导共同启动宁句城际土建工程全线贯通仪式。

2021 年 6 月 8 日，宁句城际轨道交通工程首列车接车仪式在句容车辆段成功举行。

2021 年 8 月 12 日，宁句城际正线冷滑作业开始。

2021 年 8 月 15 日，宁句城际电客车上线热滑，并取得成功。

继宁句城际工程全线实现“洞通”“轨通”“电通”，完成冷热滑，并于 2021 年 9 月 6 日顺利通过项目工程验收后，宁句城际全线 2021 年 9 月 10 日起开始不载客试运行。

2021 年 9 月 6 日至 11 月 10 日，全线实施系统总联调工作，开展系统与系统间调试、人与系统间的验证磨合。

2021 年 9 月 13 日，宁句城际线上平台宁句城际通上线测试。

2021年10月25日，句容段地铁保护中队相关人员到南京开展跟班学习。

2021年11月10日，宁句城际正线进入跑图阶段。

2021年11月24日凌晨2点零8分，宁句城际黄梅站天桥成功合龙。

2021年11月10日起，宁句城际开始开启20天“跑图”模式，标志着宁句城际进入开通试运营前的关键调试阶段。

2021年11月26日，南京地铁开展宁句城际线路试乘活动。

2021年12月11日，宁句城际工程顺利通过竣工验收。

2021年12月28日，宁句城际轨道开通。

（交通局）

宁句城际轨道交通工程线路图

1 月

1 日起 句容市城乡居民养老保险退休人员养老金再次上调，实现城居保待遇的“十一连涨”。

5 日 江苏省句容高级中学异地新建项目开工仪式举行。项目选址位于高骊山路以东、243 省道以西、贾纪山路南侧、陆羽路北侧，计划总投资约 11 亿元，项目占地 289 亩，总建筑面积 12.5 万平方米。

6 日 白兔镇致富果业专业合作社社长张奎峰获“全国优秀农民工”称号。

8 日 句容市举行智能制造重点项目集中签约暨国民新能源车项目开工仪式。

11 日 中国人民政治协商会议句容市第十届委员会第五次会议在市文化艺术中心举行。市委书记潘群到会并发表讲话。市政协党组书记、主席章壮钧代表政协句容市第十届委员会常务委员会向大会报告工作。会议于 13 日闭幕。

12 日 句容市第十六届人民代表大会第五次会议在文化艺术中心大剧院开幕。市长周必松代表市政府向大会作工作报告，市委常委、常务副市长宋飞雄作《句容市国民经济和社会发展第十四个五年规划和二〇三五年远景目标纲要（草案）》说明。会议于 14 日闭幕。

15 日 由中铁二十四局承建的江苏南沿江城际铁路全线唯一一座隧道——阳山隧道顺利贯通。

19 日 省应急管理厅副厅长杨旭峰一行到句容市检查春节前直管行业领域安全生产工作。市委常委、副市长贾云亮陪同检查。

22 日 市新冠肺炎疫情防控指挥部召开第十五次扩大会议。市长、市新冠肺炎疫情防控指挥部总指挥周必松出席会议并强调，要深入贯彻习近平总书记关于疫情防控和防范化解重大风险重要讲话和指示批示精神，全面落实中央、省、镇江市各项决策部署，坚决按照“五有一网格”要求，全力抓紧、抓实、抓细“外防输入、内防反弹”各项工作。

26 日 省市场监管局副局长王俊胜一行到句容市检查安全生产工作，市长周必松陪同。

是月 句容市人民法院民事审判第一庭副庭长李师柯获“全国法院办案标兵”称号，他是镇江市唯一获此殊荣的法院干警。

△ 句容市后白镇二圣村村规民约入选江苏省优秀村规民约。

2 月

9 日 句容市召开安全生产暨打好污染防治攻坚战“首季争优”专项行动工作会议。市委书记潘群出席会议并讲话。

19 日 市委、市政府召开“新春第一会”，聚焦打造最优营商环境和作风效能建设。市委书记潘群出席会议并讲话，市委副书记、市长周必松主持会议。

20 日 句容市召开 30 强工业企业座谈会，市委书记潘群出席会议并讲话，市委副书记、市长周必松主持会议。市领导为 30 强工业企业颁奖。

25日 全国脱贫攻坚总结表彰大会在北京人民大会堂举行。中共中央、国务院授予赵亚夫“全国脱贫攻坚楷模”称号。句容市农业农村局阮祥忠获“全国脱贫攻坚先进个人”称号。

26日 句容市举办江苏航科项目开工剪彩仪式。市委书记潘群、市长周必松为开工剪彩。该项目占地398亩，总投资32亿元，总建筑面积为170178.5平方米。项目主要从事环保监测走航车和负压方舱生化防护系统的研发、生产、制造和销售。

是月 句容市人民法院民事审判第一庭副庭长李师柯被授予江苏省“全省优秀法官”称号。

△ 句容市沈春雷入选2月“江苏好人”。

△ 句容市政务大厅获全省政务系统“最佳政务大厅”称号。

3月

3日 句容市省级水利科技项目“葡萄脉冲滴灌水肥一体化技术研究与推广应用”通过省水利厅组织的验收。

4日 省委副书记张敬华到句容市戴庄有机农业专业合作社、茅山管委会陈庄村、茅山镇何庄村等地调研“三农”工作。省委副秘书长赵旻，省委农办主任、省农业农村厅厅长杨时云随同调研。镇江市委书记、市人大常委会主任马明龙陪同调研。

△ 省政协调研组一行到句容市，就句容市“有事好商量”协商议事室建设工作进行专题调研。镇江市政协副主席朱开宝，句容市政协党组书记、主席章壮钧，副主席胡现龙陪同调研。

△ 江苏2021年度省重大项目清单出炉，句容航科专用汽车及负压换气系统、南京都市圈轨道交通工程入选。

10日 宁夏广播电视局党组书记、局长高瑞莉一行到句容市调研智慧广电建设工作。

12日 句容市委召开全市党史学习教育动员会议。

16日 省法院副院长、省委驻镇江指导组副组长刘媛珍一行到句容市检查政法队伍教育整顿工作。句容市召开工作汇报会，市委书记潘群汇报句容市政法队伍教育整顿工作情况。

18日 副省长赵世勇到句容市调研。镇江及句容市领导徐曙海、曹丽虹、潘群、徐飞陪同调研。

20日 边城镇举行2021年重点产业项目集中开工仪式，肯立通信、苏博特新材料、恒动金属制品等8个重点项目集中开工。

21日 “2021第八届句容樱花节暨天王乡村旅游文化节”在天王镇浮山樱花园开幕。结合第八届句容樱花节，句容天王乡村旅游文化节拉开帷幕。

22日 句容市全面启动新冠病毒疫苗普通人群接种工作。

△ 句容市召开农村工作会议，表彰农村工作先进集体、先进个人。

23日 江苏省农业农村厅发布《关于对2020年全省高标准农田建设成效显著单位表扬的通报》，句容市成为镇江市唯一受表彰单位。

26日 句容市农村产权线上交易业务培训班在江苏省农林职业技术学院举行，全市各乡镇、街道、园区相关负责人和市公共资源交易中心、市农业农村局相关部门业务站（科）相关人员参加培训。

26—28日 2021年“中国体育彩票”江苏省青少年阳光体育运动联赛——2021年江苏省少儿乒乓球冠军赛（第一站）在句容市崇明中学举行。来自全省13个地市的25支代表队，近300名运动员参加本次比赛。

30日 全国农业技术推广中心发布第二批全国农作物病虫害“绿色防控示范县”创建推评名单，句容市入选。

是月 句容市工业项目分幢分层登记首发仪式在边城镇举办，江苏省建筑工程质量检测中心有限公司句容分公司获颁句容市首张分幢分层不动产权证书。

△ 句容市建华建材（中国）有限公司获评首批省就业见习示范基地。

△ 句容市人民法院少年及家事审判庭获“全国巾帼文明岗”称号。

△ 句容农村人居环境整治工作评估被评为全省第一等次。

△ 句容市李财源工作室获评省级“乡土人才大师工作室”。

△ 白兔镇中心村入选第八批“全国民主法治示范村（社区）”。

△ 句容市深水水务有限公司化验班获“全国工人先锋号”称号。

△ 句容市茅山风景区管委会茅山村入选中共中央组织部、财政部2021年推动红色村组织振兴

建设红色美丽村庄试点。

△ 江苏省句容高级中学吴诺入选 2021 年江苏省中学生科技创新后备人才培养计划。

4 月

1 日 河南省信阳市政协副主席、光山县委书记刘勇，光山县委常委、办公室主任杨光平等一行到句容市调研乡村振兴工作。句容市委书记潘群陪同并介绍经济社会发展情况。

△ 句容市党史学习教育纪念活动在茅山苏南抗战胜利纪念碑广场举行。活动以“学党史、忆先烈”为主题，市委书记潘群、市长周必松等市领导，以及烈士家属、老战士代表和少先队员代表参加活动。

8 日 句容市召开“一山三湖”片区旅游发展总体规划专家论证会，规划通过专家组论证。

11 日 省旅游协会民宿客栈与精品酒店分会成立大会暨第一届会员大会在句容市举行。省旅游协会会长张卫国、中国旅游协会民宿客栈与精品酒店分会会长张晓军、镇江市副市长殷敏、句容市委书记潘群出席会议。

12 日 江苏兆鋆新材料股份有限公司与南京工业职业技术大学举行“企业新型学徒制”电气自动化培训校企合作签约仪式。

13 日 句容市制订长江禁捕举报奖励制度。

20 日 以“阅读红色经典 传承红色基因”为主题的市第七届文昌阅读节在福地广场启动。

23 日 以“阅读红色经典 传承红色基因”为主题的 2021 年第九届镇江文心阅读节开幕式在苏南抗战胜利纪念碑广场举行。江苏省委宣传部常务副部长、省新闻出版局局长、省全民阅读活动领导小组副组长焦建俊，镇江市委副书记、统战部部长巩海滨，镇江市政协副主席徐平，句容市委书记潘群，市委常委、宣传部部长查兆娣参加开幕式。

24 日 恒顺集团党委与句容市委合作共建签约仪式在天王镇戴庄村举行，双方以党建共建为纽带，强化政企联动，充分利用双方优势资源，实现互惠共赢。镇江市委副书记、统战部部长巩海滨，恒顺集团党委书记、董事长杭祝鸿，句容市委书记潘群参加仪式。

25 日 句容市与国家能源集团江苏电力有限公司举行合作签约仪式。

27 日 句容市深水水务有限公司化验班获评 2021 年全国工人先锋号。

△ 立邦新型材料华东区域生产基地建设项目一期奠基暨二期签约仪式在下蜀临港工业区举行。该项目位于下蜀临港工业区，总投资近 5 亿美元。

△ 江苏省安全生产第十一督导组到句容开展安全生产专项督导。市长周必松代表市委、市政府作工作情况汇报。

28 日 句容市召开“句品划算”区域公用品牌授权暨品牌渠道对接会，第一批 12 家区域公用品牌使用企业接受品牌使用授权。

△ 句容市餐饮烹饪商会一届一次会员大会召开，句容市餐饮烹饪商会挂牌成立。

△ 句容打造最优营商环境企业拎包开办仪式正式启动。

30 日 市委、市政府召开 2021 年庆祝“五一”暨劳动模范表彰大会，市委书记潘群出席会议并讲话，市长周必松主持会议。会议宣读和表彰 2021 年以来全国“五一”奖获得者、江苏省劳动模范和先进工作者、镇江市“五一”奖获得者及句容市劳动模范。

是月 句容 8 处入选江苏省不可移动革命文物名录（第一批）名单，其中，省级文物保护单位 1 处，市县级文物保护单位 7 处。

△ 江苏省林业局公布第一批“江苏省森林步道”名单，句容市赤山湖森林步道入选。

△ 白兔镇致富果业专业合作社社长张奎峰被授予“江苏省劳动模范”称号。

5 月

7 日 句容市举行句容市人民政府、江苏省环保集团有限公司合作签约仪式。

11 日 第二届东南大学全球校友创新创业大赛暨 2021 招才引智“镇江日”（句容—长沙）专场活动在长沙市举行。活动中，开发区与东南大学科技园签订合作协议；开发区与 5G 电调天线驱动器、基于生命体征检测的智能看护系统、金属基复合材料超薄结构连接技术及装备研发等 9 个项目方集中签约。

16 日 东方紫酒品鉴活动暨第八届桑果紫酒节在茅山镇丁家

边村开幕。

17日 市委书记潘群主持召开中共句容市第十二届委员会第十一次全体会议，研究市委换届有关事宜。市领导周必松、文雁才、高庆华、章壮钧、贾云亮、姚华、赵树锋、查兆娣、汪丹宁、侯华锋、蔡璟在主席台就座。市委委员、市委候补委员出席会议，市纪委委员列席会议。全会讨论通过《关于召开中国共产党句容市第十三次代表大会的决议（草案）》。

△ 省政协机关离退休老干部到茅山革命老区，以“回望百年路，助力新征程”为主题开展党史学习教育。省政协主席黄莉新、镇江市市长徐曙海、市政协主席李健，句容市委书记潘群，市长周必松，市政协党组书记、主席章壮钧陪同。

18日 句容籍中国科学院院士杨槱档案捐赠仪式在市档案馆举行。

20日 句容市举行慈善捐赠仪式。

21日 省市县铁路建设机构“三级联动·融创争先”党建联合体启动仪式在句容市举行。市长周必松参加启动仪式。

23日 “茅山长青 茶香国际”品牌推介会在第四届中国国际茶叶博览会活动中心举行。此次活动由市政府、市农业农村局、市茶叶协会联合举办。

24日 句容石砀山抽水蓄能电站项目在宝华镇签约。镇江市委书记马明龙，句容市委书记潘群、市长周必松出席活动。石砀山抽水蓄能电站项目总投资约50亿元，项目利用废弃露天采石宕口扩建为上水库，利用石砀山铜矿地下开采矿坑建设下水库，实现废弃矿坑的绿色开发再利用。

25日 2020年“感动中国·江苏年度人物”颁奖盛典在常州举行。镇江市农业科学院果树研究室原主任、研究员糜林入选。

26日 省统计局副局长费丽明一行到句容市考察农民专业合作社入库情况。

28日 宁句城际东青区间（暨全线）土建工程贯通仪式在宁句城际东郊小镇站举行，南京地铁集团有限公司党委书记、董事长佘才高与句容市委书记潘群参加仪式。

30日 “2021年全国百所技工院校校长镇江行活动”走进句容，来自全国24所技工院校的46名负责人就校企合作、产教融合等方面，与句容市企业面对面交流。

31日 镇江市医保定点零售药店统一刷卡结算平台运行，镇江市区233家，丹阳市242家，扬中市77家，句容市98家定点零售药店全部开通统一刷卡结算功能。

是月 句容就业扶持工作连续3年获省政府表彰。

△ 江苏省文化和旅游厅推出20条“永远跟党走”红色旅游线路和20个“永远跟党走”红色文化研学项目，其中句容“走进茅山抗日根据地，重温东进序曲”线路入选。

△ 句容市人民医院被授予“综合防治卒中中心”，成为镇江市首批通过国家脑防委认证的综合防治卒中中心医院之一。

△ 句容市档案馆馆藏中共茅山工委副书记洪天诚“和平、民主、团结”政策的亲笔信（1947年4月）、新四军茅山留守处江句分处《告民众书》（1947年6月）、中国人民解放军布告（1949年4月）和全国脱贫攻坚楷模赵亚夫档案（1978—2020年）入选“江苏省百件红色珍档”。

△ 句容新增11家医保协议定点医药机构。

△ 句容市举办首届“童真童趣”少儿书法大赛。

△ 江苏团省委联合江苏省青联共同颁授第16届“江苏青年五四奖章”，句容亚夫团队工作室科技兴农青年集体获“江苏青年五四奖章集体”称号。

△ 农业农村部、财政部公布2021年农业产业融合发展项目创建名单，句容市天王镇入选农业产业强镇创建名单。

△《小康》杂志、中国小康网发布“2021中国未来投资热点百佳县市”榜单，句容列第33位。

△ 句容市水利局获“2020年全省防汛抗洪工作先进集体”称号，句容市下蜀镇副镇长吴荣燕获“2020年全省防汛抗洪工作先进个人”称号。

6月

1日起 句容市结婚登记将施行“跨市通办”“跨省通办”工作。一方户籍在镇江市区市内的结婚登记当事人，可以凭双方户口簿、身份证，在镇江市范围内任一婚姻登记机关办理结婚登记业务。双方均非镇江市户籍的结婚登记当事人，可以凭一方居住证和双方户口簿、身份证，在居住证申领地住址所在区（县）婚姻登记机关申请办理结婚登记。

2—3日 句容市举办2021年“七一”文艺汇演合唱类、综合类节目决赛。本次活动自发动以来有62家单位92支队伍近5000人参加比赛，有48支队伍分别进入专场决赛。

3日 省民政厅、省委党史工作办公室等五部门联合举行新闻发布会，向社会发布江苏首批100个红色地名。句容戴庄村和茅山2处入选。

5日 句容市乡村振兴局挂牌成立。市委副书记贾云亮、副市长徐飞为市乡村振兴局揭牌。

△ 2021年东西部地区先进陶瓷产业发展论坛暨句容市先进材料产业对接会在句容市召开。

7日 邮政惠农有机大米基地揭牌仪式在句容天王镇戴庄白沙村举办。

8日 陕西省人大常委会党组书记、副主任刘小燕带队到句容市考察调研。江苏省人大常委会党组副书记、副主任陈震宁，镇江市人大常委会常务副主任孙晓南，句容市委书记潘群，句容市人大常委会主任文雁才陪同。

△ 句容农商行政银企战略合作签约仪式举行，市委常委、常务副市长赵树锋出席签约仪式，副市长徐飞主持仪式。

△ 宁句城际轨道交通首列车接车仪式在句容车辆段举行。

9日 河南省宜阳县县长张汉智率宜阳县代表团到句容市考察。句容市市长周必松陪同。

10日 仪征市委书记、市长孙建年带领仪征市党政代表团到句容市考察交流。句容市委书记潘群陪同考察。

11日 句容市组织开展2021年度“我们的节日”之“端午文化周”主题活动——“福地句容杯”红色经典诗词大赛（决赛）。

19日 作为全国革命根据地红色文化研学大会内容之一的红色文化研学论坛在茅山洲际假日酒店举行。

23日 副省长潘贤掌到句容市调研农业农村工作。镇江市委书记马明龙，镇江市委常委、市委秘书长陈可可，镇江市副市长曹丽虹，句容市委书记潘群陪同调研。

△ 宝华镇为民服务中心与龙潭街道为民服务中心共同签署《跨区域联办合作协议书》，本次签约是以解决宝华、龙潭两地企业群众异地办事“折返跑”为目标，建立“异地受理、属地审批、就近取证、优惠互享”的政务服务合作模式，进一步推进“省内通办”跨区域合作。

24日 句容市村（社区）党组织书记“红色句力·头雁领航”专题培训班开班。

△ 中共句容市政协委员联合委员会成立。市政协党组书记、主席章壮钧出席并讲话。

29日 庆祝中国共产党成立100周年“七一勋章”颁授仪式在北京人民大会堂举行。江苏省句容市天王镇唐陵村党委书记、村委会主任刘树安获“全国优秀党务工作者”称号。

△“红心向党 ‘容’放光芒”句容市庆祝中国共产党成立100周年文艺汇演在葛仙湖公园上演。

是月 句容市后白镇农产品质量安全监管服务站被评定为江苏省首批五星级乡镇农产品质量安全监管机构，在首批全省20家乡镇监管机构评定结果中位居第二，陈英豪被评为全省农产品质量安全监管员。

△ 农业农村部、国家发展改革委、财政部、水利部、国税总局、市场监管总局、国家林草局、供销合作总社关于公布2020年国家农民合作社示范社和全国农民用水合作示范组织名单的通知。句容市丁庄万亩葡萄专业合作联社、后白镇道兵农机专业合作社获评国家农民合作社示范社。

△ 镇江市农业科学院果树研究室原主任、第六党支部原书记糜林，句容市白兔镇倪塘村葡萄种植示范党支部书记、白兔镇致富果业专业合作社社长张奎峰，入选江苏省优秀共产党员。句容市委组织部副部长、市委“两新”工委书记阎艳齐入选江苏优秀党务工作者。茅山新四军纪念馆党支部入选江苏先进基层党组织。

7月

1日 句容市召开庆祝中国共产党成立100周年座谈会暨市“两优一先”表彰会。市委书记潘群出席会议并讲话。市委副书记、市长周必松主持会议。

1日起 句容市调整提高城乡低保、特困人员、困难残疾人以及困境儿童生活保障标准。

8日 江苏省旅游协会民宿客栈与精品酒店分会在宝华山国家

森林公园落户。

12 日 句容郭庄至江宁 236 跨区域公交线路开通仪式在郭庄镇客运站举行。

15 日 “千华汇聚”2021 年首届中国高校微电影邀请赛颁奖典礼在宝华山景区举行，同时“长三角网络视听创研基地”在宝华山国家森林公园挂牌成立。

△ 句容 1912 文化休闲商业街区项目奠基仪式在句容市人民路与北大街交汇处项目所在地举行。

16 日 “星聚不凡 创赢未来”2021 联想之星创业联盟理事年会暨镇江行活动在句容市举行。

△ 农业农村部发布 53 条夏季精品线路，句容市申报的“茅山长青”夏季红色茶旅线路入选。

20 日 市委书记潘群主持召开中共句容市第十二届委员会第十二次全体会议，研究市第十三次党代会有关事项。

21 日起 教育局办公地点由文昌中路 12 号搬迁至华阳西路 23 号（原农商行办公大楼）。

22 日 市长周必松主持召开市疫情防控指挥部第十六次（扩大）会议，强调迅速把思想和行动统一到省、镇江市最新决策部署上来，以对人民负责、对生命负责的态度，精准精细，抓紧抓实各项疫情防控工作。

24 日 市长周必松主持召开市疫情防控指挥部第十七次（扩大）会议，要求认清此次疫情的严峻性和复杂性，以高度的责任感迅速将各项防控措施落实到位。

26 日 句容市新冠肺炎疫情防控指挥部办公室发布关于进一步严格落实重点场所常态化疫情防控措施的紧急通知。

△ 句容市发布关于进一步强化小区（自然村）疫情常态化防控工作的紧急通告。

△ 中国共产党句容市第十三次代表大会在市文化艺术中心大剧院开幕。潘群代表中国共产党句容市第十二届委员会向大会作题为《奋进新时代 开启新征程 把“一福地四名城”美好愿景演绎成现实》的工作报告。周必松主持大会。会议于 28 日闭幕。

27 日 市长、市疫情防控指挥部总指挥周必松主持召开市疫情防控指挥部第十八次（扩大）会议，部署全市当前疫情防控工作。

28 日 句容市发布关于设立疫情防控公路查验服务点的紧急通告，自 7 月 28 日零时起，在沪蓉高速公路句容城区和边城出入口、沿江高速公路天王出入口、长深高速公路郭庄出入口，国省干线公路 312 国道、104 国道句容段以及 338 省道、122 省道、243 省道、340 省道句容段，设立疫情防控公路查验服务点，对驾乘车辆来往人员进行 48 小时核酸检测阴性证明及健康码查验。

29 日 句容市召开“拿地即开工”五证齐发座谈会。市委常委、常务副市长赵树锋向镇江森豊新材料有限公司负责人颁发建设用地规划许可证、建设工程规划许可证、不动产证（土地证）、审图合格证和施工许可证五本证件。

30 日 句容联盛网络梦幻空间入选江苏省首批网络文明素养实践教育基地名单。

是月 《句容市国民经济和社会发展第十四个五年规划和二〇三五年远景目标纲要》发布。

△ 茅山镇入选全国乡村旅游重点镇名录拟推荐单位名单。

△ 国务院残工委印发《关于表彰全国残疾人工作先进单位和先进个人的决定》，句容市人民政府残疾人工作委员会获“全国残疾人工作先进单位”称号，是镇江市唯一获奖单位。

△ 全国县域旅游研究课题组、北京华夏佰强旅游咨询中心在京联合发布第三届全国县域旅游研究成果《全国县域旅游研究报告 2021》暨“2021 年全国县域旅游综合实力百强县”“2021 年全国县域旅游发展潜力百佳县”名单。句容位列全国前 20 名，江苏省第 6 名。

△ 江苏省“最美森林医生”评选活动结果揭晓，市林业有害生物检疫防治站顾晓峰、市森林白蚁防治研究所谢勤入选。

△ 句容市引进 4 套移动方舱核酸检测实验室设备并完成安装调试，完全投入使用后，可新增日核酸混检量 35 万人份的能力。

8 月

2 日 茅山镇入选第一批全国乡村旅游重点镇（乡）名单。

2—9 日 句容市各镇、街道、园区分别开展全员核酸检测应急演练工作。

5 日 市疫情防控指挥部召开调度会，部署加快网格内全员核酸检测应急演练工作。

6 日 句容市 2021 年市政府民生实事项目文昌路主路面改造

工程开工。

7日 南沿江城际铁路句容段跨243省道连续刚构顺利浇筑完成。

17日 句容市残疾人运动员胡鹏入选东京残奥会中国体育代表团。

△句容市文化馆、句容市图书馆、边城镇综合文化站入选2021年度江苏省“最美公共文化空间”。

是月 句容市新增22家医保定点零售药店。

△平安城市文明句容智慧安防云平台项目入选省广电局、省工信厅联合评选的2021年度江苏省智慧广电示范项目。

△《句容市国土空间总体规划（2020—2035年）》发布征求意见。

△句容市行香中学校长顾世兵入选2021年江苏省卓越校长创新培育计划培养对象。

△2021年江苏省教育系统先进集体和先进个人名单公示，江苏农林职业技术学院农学园艺学院入选先进集体、句容市行香中学李兆云入选先进个人（优秀教师），句容市下蜀镇中心幼儿园杨华俊入选先进个人（优秀教育工作者）。

△江苏省农业农村厅发布2018—2020年江苏省农民合作社省级示范社名单，句容28家农民合作社入选。其中，8家入选2018年省级示范社，12家入选2019年省级示范社，8家入选2020年省级示范社。

△省农业农村厅公布2021年江苏省乡村休闲旅游农业“一园两基地”（主题创意农园、农耕实践基地和康美基地）推介名单，句容市浮山樱花主题创意园、花果原乡芝樱主题创意园、得撒豆腐村牡丹主题创意园3家单位入选主题创意农园；江苏茶博园、江苏禾木农博园2家单位入选农耕实践基地；茅宝葛园、容南风景生态园、丁庄葡萄小镇3家单位入选康美基地。

9月

1日 句容市人民政府与中电光谷联合控股有限公司战略合作签约仪式在湖北武汉举行。市委书记潘群，中电光谷联合控股有限公司执行董事、总裁黄立平出席签约仪式。

3日 中国·句容第十二届丁庄葡萄节暨“丁庄无所有，聊赠一捧甜——致敬最美逆行者”公益活动在丁庄葡萄专业合作联社举行。

6日 宁句城际工程顺利通过项目工程验收。

8日 镇江市民营企业党组织书记座谈会在句容市建华建材（中国）有限公司召开。

△2020年中国百强镇揭晓，宝华镇上榜，位列第71位。

10日 建设银行镇江分行与江苏农林职业技术学院签订战略合作协议。签约仪式上，建设银行句容支行与江苏农林职业技术学院、句容市乡村振兴局三方签订乡村振兴合作协议。

13日 市委书记潘群到蒲城县考察交流，并召开句蒲2021年第三次联席会议，蒲城县委书记张毅锋出席。

17日 句容市交通运输局“一大队四中心”即句容市交通运输综合行政执法大队、句容市公路事业发展中心、句容市港航事业发展中心、句容市综合交通事业发展中心、句容市交通工程建设管理中心成立。

△句容法院围绕涉民生执行案件在全市范围内开展“雷霆行动2021”专项执行。

18日 省政协副主席周继业一行到句容市，开展“送法律下乡”活动。镇江市政协副主席徐平，句容市政协党组书记、主席章壮钧出席活动。

24日 丁庄葡萄出口新加坡、马来西亚首发仪式在茅山镇丁庄葡萄分拣中心举行，这是江苏葡萄出口第一单。

△312国道宁镇段快速化项目开工，镇江市委书记马明龙、南京市副市长邢正军以及镇江市市长徐曙海等宁镇两市领导出席开工仪式。312国道宁镇段快速化项目东起镇江戴家门，向西沿312国道，经高资、下蜀、宝华至南京交界处，全长35.12千米，全线不设红绿灯，设计速度为每小时100千米。改造完成后，这条道路将成为宁镇主城间直接联通最便捷的快速通道。

28日 《光明日报》公布由中国中小城市高质量发展指数研究课题组、国信中小城市指数研究院联合发布的《2021年中国中小城市高质量发展指数研究成果》，句容名列全国综合实力百强县市49位，全国绿色发展百强县市61位，全国投资潜力百强县市40位，全国科技创新百强县市48

位，宝华镇位列全国千强镇70位。

30日 黄梅街道议政代表会成立暨第一届议政代表会第一次会议召开。市人大常委会主任文雁才出席会议。

△ 句容市在兆文山烈士陵园举行公祭活动。

是月 位于开发区的水畔新居幼儿园投入使用。幼儿园按照四轨设计，有12个班级，建筑面积接近6000平方米。

△ 农业农村部发布公告，全国72个县（市、区）列为全国农业科技现代化共建先行县，句容市入选。

△ 句容市国家医保谈判药品“双通道”管理定点医疗机构、定点零售药店、医保责任医师名单正式公布，106种国家谈判药品实行“双通道”管理落地。

△ 省农业农村厅公布新增省级示范家庭农场和家庭农场典型案例名单，句容市新增7家省级示范家庭农场，1个家庭农场典型案例被推荐。

△ 省住建厅发布关于第四批江苏省传统村落名录的公示，后白镇王庄村王庄入选。

△ 句容市14个土地征收成片开发方案获省政府批准。

△ 句容市融媒体中心《构建“一种声音、一支队伍、一个平台”新型网络安全管理体系》获评江苏省“网络信息安全管理”优秀案例。

△ 下蜀镇五保供养服务站陈俊获2021年度江苏省“最美养老护理员”称号。

△ 江苏华电句容发电有限公司和建华建材（中国）有限公司签订水权协议并完成交易费用结算，标志着江苏省首例地表水水权交易顺利完成。

△ 在第十七届中国（深圳）国际文化产业博览交易会主题活动全国生态旅游文化产业发展高峰论坛上，2021中国最美县域榜发布，句容市入选。

△ 江苏省交通运输厅关于发布2020年度全省城乡交通运输一体化发展水平评估结果的通知。句容市获评AAAAA级。

△ 江苏省科技厅公布第六批省级科技企业加速器和省级科技创业孵化链条试点名单，句容高新技术创业园科技企业加速器和江苏富达科技企业加速器入选，成为此次镇江市2家获批企业，实现句容市“省级科技企业加速器”零的突破。

10月

11日 句容市举办网络安全宣传周启动仪式暨应急演练。宣传周期间开展网络安全专题培训班、网络安全视频展播及答题、网络安全进校园、网络安全进社区暨“两用一心”志愿服务、网络安全主题读书会等系列特色活动。

12日 国家档案局副局长付华一行到句容市检查档案工作，实地查看句容供电公司智慧档案馆。市委副书记贾云亮陪同检查。

14日 由句蒲两地农广校共同承办的蒲城县2021年高素质农民培育开班仪式在蒲城县启动，全县192名学员参加培训。

16日 “颂歌献给党，永远跟党走，幸福舞起来”千人广场舞展演在市文化艺术中心广场举行。活动由江苏省体育总会、句容市文体广电和旅游局主办，句容市文化馆承办。

△ 宝钢—联博联合实验室签约、揭牌仪式在镇江市举行。

△ 由市委、市政府和北京绿色促进会、中国特色镇发展论坛组织委员会等单位联合主办的2021绿色设计与乡村振兴主题论坛暨第三届中国特色镇智库圆桌会议在北京举行。

△ 句容市第八届民间慈善晚会颁奖盛典举行。

17日 “美德之光”第八届江苏省道德模范颁奖仪式在荔枝大剧院举行，糜林被追授第八届“江苏省道德模范”称号。

19日 句容市启动新冠疫苗加强免疫工作。

20日 农业农村部发布2021年全国乡村特色产业亿元村名单公示，句容市白兔镇唐庄村、白兔镇白兔村、茅山镇永兴村、茅山镇丁庄村、茅山镇丁家边村、后白镇西冯村入选。

△ 句容市召开国家卫生城市复审迎检工作推进会。

25日 江苏大学与句容市人民政府共建全国农业科技现代化先行县签约活动在江苏大学举行。江苏大学党委书记袁寿其、副校长吴春笃，句容市委副书记贾云亮、副市长徐飞出席签约活动。

26日 句容市启用电子驾驶证。

△ 镇江市金融服务乡村振兴“金穗行动镇镇行”在茅山镇文化广场举办。

△ 镇江市涉农企业江苏股权交易中心集中挂牌暨融资对接走进句容专场活动成功举办，24 家涉农企业在江苏股权交易中心集中挂牌。10 家涉农企业分别与句容农商行等金融机构签订银企合作协议，授信金额 1.12 亿元。

△ 崇明街道党工委和中国农业银行句容支行党委党建共建签约仪式举行。

是月　句容市开展江苏省营养追踪监测工作，全面了解全市居民的膳食、营养、生活方式等情况，探索膳食营养、生活方式与慢性病的关系。

△ 省人力资源和社会保障厅、省教育厅公布全省教育系统先进个人名单，下蜀中心幼儿园杨华俊获江苏省“优秀教育工作者”称号，行香中学李兆云入选江苏省优秀教师。

△ 位于华阳街道下甸村山芋地自然村的秦淮灯彩基地升级改造项目完成。

△ 句容市公布第五届句容市文明家庭名单，有 35 户家庭入选。

△ 江苏省文化和旅游厅官网公示首批省级旅游休闲街区和省级旅游休闲街区培育单位名单。宝华山千华古村民俗文化街区入选省级旅游休闲街区培育单位。

△ 江苏省文化和旅游厅（省文物局）公示 2021 年第二批江苏省乡村旅游重点村名录拟入选单位名单。茅山管委会陈庄村、茅山镇丁家边村入选。

△ 句容市文旅局副局长王海明获“国家群众体育先进个人”称号。

△ 句容市成为全省首家开展林地生态葬复合利用市。

11 月

2 日　句容农商行与宝华镇商会预授信战略合作协议签约暨“商会+宝华小微企业融贷促进平台”揭牌仪式在宝华镇举行，双方签订合作协议，句容农商行向宝华镇商会预授信 10 亿元。

3 日　句容市文体广旅局与句容农商行战略合作签约仪式举办。

5 日　第八届全国道德模范座谈会和颁奖仪式在北京举行。句容市糜林被追授第八届“全国道德模范”称号。

10 日　省委、省政府公布全省脱贫攻坚暨对口帮扶支援合作先进集体和先进个人表彰名单和工作表现突出集体名单。句容市人民政府扶贫工作办公室、句容市茅山风景区管理委员会、句容市发展和改革委员会入选全省脱贫攻坚暨对口帮扶支援合作先进集体；句容市政府原副市长王华、句容市白兔镇党委书记陈斌入选全省脱贫攻坚暨对口帮扶支援合作先进个人；句容市对口帮扶渭南市蒲城县联络组入选全省脱贫攻坚暨对口帮扶支援合作工作表现突出集体、“三对”工作先进集体。

11 日　由渭南市委副书记、市长陈晓勇带领的渭南市政府代表团到句容市考察。镇江市委书记马明龙，镇江市委常委、常务副市长秦海涛，句容市委书记潘群，句容市市长周必松陪同考察。

△ 句蒲协作第五次联席会议在句容市召开。蒲城县代县长薛斌和句容市市长周必松出席会议，双方就充分发挥两地优势、推进对口协作进行深入交流，并现场签订《句容市—蒲城县 2021 年苏陕协作与经济合作协议》。

12 日　句容市开展“五级人大代表统一接待选民日”活动。667 名“五级人大代表”，深入 109 个选民接待点，围绕“民呼我应——听民声、解民忧、聚民心”主题，集中接待选民，面对面听取意见和建议。镇江市委书记、市人大常委会主任马明龙等镇江市和句容市领导以人大代表身份参加统一接待选民活动。

15 日　江苏开放大学及社会教育服务指导中心公布首批“江苏省社区教育领军人才”培养对象，句容市社区培训学院卜延斌入选。

16 日　市总工会职工（劳模）疗休养基地授牌仪式在茅山铁军教育学院举行，茅山风景区管委会基地获评句容市首家职工（劳模）疗休养基地。

17 日　江苏省农业农村厅、财政厅联合发文公布第四轮省农村改革试验区评定结果，24 个县（市、区）成为第四轮省农村改革试验区，句容市入选。

18 日　2021 年中国科学院院士增选院士名单公布，句容市后白中学校友朱敏当选。

△ 句容市欧美同学会（句容市留学人员联谊会）成立。

△ 句容市举办“十佳”美丽农民评选大赛决赛活动，省农业农村厅副厅长蔡恒，市委副书记贾云亮、副市长徐飞出席活动。

20 日　“百年‘句’风华

e心跟党走”2021年句容市第四届网络嘉年华在葛仙湖公园成功举办。

24日 中国少年先锋队句容市第五次代表大会举行。

25—26日 宿迁市政协主席王益一行到句容市，考察学习政协工作和“民宿经济”等方面的先进经验和做法。镇江市政协主席李健，句容市市长周必松陪同。

26日 市生态环境局与句容农村商业银行签署战略合作协议。

29日 省委党史学习教育第三巡回指导组组长葛平一行到句容市调研指导党史学习教育工作。镇江市委常委、市委宣传部部长、市委秘书长陈可可，句容市委书记潘群陪同。

是月 市教育局联合市妇联在城上社区举行全市家庭教育进社区推进会暨“孙建云家庭教育”省名师工作室揭牌仪式。

△ 句容市科技局原农村科技和社会发展科科长刘学平入选2021年10月“江苏好人榜”。

△ 句容台泥水泥有限公司基于5G专网的一体化无人矿山项目荣获工业和信息化部主办的第二届促进金砖工业创新合作大赛优秀项目奖。

△ 由市图书馆和市书画艺术研究会联合举办的全市第三届主题少儿绘画比赛落幕。本届绘画比赛自9月下旬启动，收到各类参赛作品800余件，评选出特等奖10名、一等奖47名、二等奖78名、三等奖118名。

△ 市人民医院《新型冠状病毒肺炎疫情防控工作手册》（第1版）发布。该手册基于县级医院疫情防控环节中内部感控管理的实际情况，以防控环节中各岗位工作程序为主线，从总则、防控体系建设、防控运行管理、日常诊疗管理等四个部分，总结出适用于县级医院运用的疫情防控经验做法。

△ 江苏省水利厅公示江苏省首批省级水利遗产名录，句容市的赤山闸、新四军水坝入选。句容市郭庄镇中心小学、行香中学入选2021年度省级节水型学校名单。

△ 句容市戴荣斌家庭获2021年“全国最美家庭”称号。

12月

1日 竞争力智库、中国经济导报社、北京中新城市规划设计研究院等机构在北京发布首届《中国城市基本现代化监测报告》，句容入围2021中国县级市基本现代化指数前100名，位列榜单第36位。同时，句容市跻身2021中国高质量推进基本现代化典型城市20个优秀城市之一。

△ 江苏省住建厅公示新一批省级传统村落名单，下蜀镇空青村范巷、华阳街道下甸村山芋地入选。

2日 全省公益性骨灰安葬设施建设现场会在句容市召开。省民政厅副厅长王小华出席会议。

△ 句容市工会第十三次代表大会召开。

△ 江苏省农业农村厅公布全省10家农民合作社典型案例和15家农业社会化服务典型案例推介名单，句容市润民食用菌专业合作社入选全省农民合作社典型案例，纪兵农业机械服务专业合作社入选全省农业社会化服务典型案例。

3日 下蜀镇君临天蜀安置小区交付。

7日 省人大常委会副主任、省总工会主席魏国强率领省人大农业农村专业代表小组，到句容市调研“三农”工作。镇江市委书记、市人大常委会主任马明龙及句容市委书记潘群陪同调研。

15日 全市乡村振兴暨富民强村帮促行动推进会召开。

16日 省统计局党组成员、副局长张明一行到句容市考察城乡建设情况。镇江市统计局党组书记、局长林海，句容市市长周必松陪同考察。

17日 句容市“最美退役军人、最美军嫂”发布仪式在市融媒体中心举行，选出10名“最美退役军人”和10名“最美军嫂”。

△ 句容市召开工商业联合会（商会）第十一次会员代表大会，镇江市政协副主席、工商联主席卢道富及句容市领导周必松、文雁才、章壮钧、贾云亮、高发巧、郭江、王道银出席会议。

△ 省林业局局长沈建辉到句容市考察宝华山国家森林公园发展情况。市人大常委会主任文雁才陪同。

△ 句容市召开2021年度全市基层党建“书记项目”集中评审会。评委分别对36个“书记项目”进行现场评分。

19日 市人民医院实施整体搬迁工作。新院位于二圣路66号，华阳南路与二圣路交叉处西北角（句容汽车客运站西北边），占地面积约150亩，建筑面积17万平方米。

22日 农业农村部农业生态与资源保护总站、中国农业生态环境保护协会线上举行的生态农场建设研讨会上公布首批全国生态农场名单，句容丁庄万亩葡萄合作联社、句容天王戴庄有机农业专业合作社入选。

25日 新句容市人民医院（江苏人民医院句容分院）运营启动仪式举行。市委书记潘群出席并宣布新医院正式运营。江苏省人民医院副院长朱根，市长周必松出席。

27日 省卫生健康委员会正式批准市人民医院为三级综合医院。

28日 南京至句容城际轨道交通工程开通仪式在马群站站厅举行。省委常委、南京市委书记韩立明出席并宣布工程正式开通。南京市代市长夏心旻主持。当日，宁句城际市民乘车仪式在宁句城际句容站站前广场举行，镇江市委常委、常务副市长秦海涛，句容市委书记潘群、市长周必松等出席活动。

29日 省政协副主席周继业带领参加全省政协“有事好商量”协商议事工作座谈会的人员到句容市调研。镇江市政协主席李健、句容市委书记潘群陪同。

△ 2021年正大食品第十八届中国江苏餐饮产业发展大会、2021年省餐饮行业协会年会、2021年中国江苏数字餐饮产业发展大会、2021年金茉莉美食盛典在句容市召开，近300家省内餐饮企业负责人参会。这是江苏省餐饮行业有影响力的峰会首次在县级市举行。

△ 国网句容市供电公司举行不停电作业中心基地启用仪式。句容不停电作业中心基地位于后白集镇，占地面积8亩，集办公生活楼、智能工具房、智能车库房、室外实训场地四大功能区为一身。

30日 由镇江市委网信办、人民日报社《民生周刊》新媒体事业部发起的“网眼看镇江 聚焦加速跑”活动走进句容。人民日报全媒体平台、光明网、中国日报网、新华网、央广网、中国新闻网、国际在线网等20余家中央、省级网络媒体及自媒体参加。

△ 中国共产党句容市第十三届委员会第二次全体会议在市文化艺术中心大剧院举行。全会由市委常委会主持，市委书记潘群代表市委常委会作报告。市委副书记、市长周必松作经济工作部署。

是月 位于杨塘岗408号的句容市首个社区老年人活动中心分馆面向居民开放。

△ 省工信厅、财政厅公布2021年江苏省智能制造示范车间名单。句容市3个智能车间名列其中，分别是句容恒嘉自动化设备制造有限公司高效光伏组件智能制造车间、江苏晶度半导体科技有限公司12寸晶圆金凸块工艺封装车间、句容宁武新材料股份有限公司低VOC绿色环保聚醚智能制造车间。

△ 省政府发布《关于表彰第三届江苏技能大奖获得者的决定》。来自后白镇江苏广兴集团有限公司首席技师、总工程师、高级工程师沈春雷获“江苏大工匠”称号。江苏农林职业技术学院汤茶琴获“江苏工匠”称号。

△ 中央文明办发布2021年11月“中国好人榜”，天王镇唐陵村党委书记、村委会主任刘树安被评为“敬业奉献好人”。

△ 江苏省交通运输厅公路事业发展中心公布2021年度农村公路品牌提升成效评选结果，句容市秦淮源大桥、固江口水库桥分别获“平安放心桥”“诗情画意桥”称号。句容市有机农业圈线、句容市金山线获2021年度江苏“美丽农村路”称号。句容市有机农业圈线获2021年度江苏“平安放心路”称号。

△ 句容市获“2020年度全国健康城市建设样板市”称号。

△ 郭庄镇获2021年江苏“味稻小镇”称号，成为镇江市唯一获此殊荣的镇区。

△ 市茶文化交流协会“千年文化守自信 一抹茶香促和谐”，中凌社区邻里守望队“邻里守望，温情中凌”获评江苏省社区社会组织高质量发展案例。

△ 城区新建20座公交站台投入使用。

△ 农业农村部办公厅公布《全国农村创业园区（基地）目录（2021）》，句容3家创业园区（基地）上榜，分别是句容市农村电子商务产业园、后白福源电子商务创业园、华东森林产品商品城。

△ 江苏省句容市强民稻米专业合作社“推进全程机械化服务 启动产业振兴引擎”入选第三批全国“全程机械化+综合农事”服务中心典型。

△“魅力江苏 最美体育”

2021江苏省最美跑步线路、最美乡村健身公园（广场）年度榜揭晓，茅山风景区跑步线路入选。

△ 江苏省住建厅公布第八批次江苏省特色田园乡村名单，下蜀镇空青村范巷入选。

△ 里巷口安置房街心公园建成对外开放，公园位于里巷口安置房南侧，紧沿文昌东路，面积约31000平方米。

△ 江苏省教育厅公示第十六批特级教师评选结果，江苏省句容高级中学夏春来、句容市下蜀镇中心幼儿园杨华俊入选。

△ 2021年澳门国际文化产业博览会举办，茅山湖旅游度假区受邀参加此次活动，有3个展位，分别是茅山湖旅游度假区展厅、得撒豆腐村的谭木匠展厅、茅山湖康缘中华养生谷展位。

△ 江苏省工信厅发布《2021年江苏省绿色工厂（第二批）（公示）》，句容台泥水泥有限公司入选，实现句容市省级绿色工厂“零”的突破。

△ 江苏省文化和旅游厅公布2021年江苏省工业旅游区认定结果，后白镇容酒文化旅游体验园入选。

△ 中国社会科学院财经战略研究院发布2021年全国营商环境百强县（市）排名，句容在百强榜单中排名第30位。

江苏省特色田园乡村范巷村

地情概要

【地理位置】 句容位于江苏省西南部，北纬31度37分至32度12分，东经118度57分至119度22分；地处长江下游南岸，东连镇江市丹阳、丹徒、润州和常州市金坛，西接南京市栖霞、汤山、江宁、溧水，南邻常州市溧阳、金坛，北隔长江与仪征相望。

（志办）

【土地面积】 句容地形南北向较长，约75千米；东西向较短，有40～50千米。全市土地总面积1378平方千米。 （志办）

【地质地貌】 句容境内地层出露齐全，化石丰富，岩浆岩发育，构造典型（属扬子古陆台褶带），是中国最早开展地质研究地区之一。

在距今约8亿年前的元古代震旦纪地区沉陷呈海相，直到距今约2.3亿年前的中生代三叠纪，地面或海或陆（以海为主）。在中生代三叠纪晚期，境内转为陆地。距今1.8亿年前的印支运动形成宁镇间连绵山脉的雏形。1.3亿到6500万年前的燕山运动开始形成扬子大断裂带，并逐渐发育成长江。同时，奠定宁镇山脉的基本轮廓。在距今6500万年到300万年前的新生代第三纪，逐渐形成低山丘陵、平原山谷、河溪沟涧等地貌。境内已探明的主要地层有古生界寒武系上统地层观音台组、古生界志留系高家边页岩等十余种。部分地名是国内许多标准地层命名地，如泥盆系茅山砂岩；石炭系高骊山砂岩、船山灰岩；中生界白垩系上统赤山砂岩；新生界第四系下蜀黄土等。地质构造有褶皱，如宁镇山脉区宁沪线背斜，以及茅山丘陵区浮山、赤山玄武岩覆盖区等地。较大的断裂带有4条：汤山—东昌—上会；茅山—高淳；溧阳—南京；铜陵—扬州。句容在中生代白垩纪时期岩浆活动十分活跃，特别是在宁镇山区的北部，大华山以东，仑山以北，空青山前后，多处有火成岩出露，其他地区火成岩分布较少。250年至1985年，发生较大地震24次，其中3次属中强地震。明建文元年（1399），方山发生5.5级地震（茅山—高淳断裂带）。明万历三十三年（1605），宝华山发生5级地震。明崇祯二年（1629），境北发生5级地震（铜陵—扬州断裂带）。

句容地貌形态主要有低山、丘陵、岗地、平原等四大类型。除长江、水库、河沟、池塘等各种形态的水域外，有低山、丘陵及峰、岗、墩、凹、坡地（陡坡地、斜坡地、缓坡地、平缓坡地）等多样形体，素有“五山一水四分田”之称。其中低山是海拔200～400米的山地，面积21.57万公顷，占全市总面积15.64%，主要分布在境北宁镇山脉和境南茅山山脉。近代地图上注明的山丘有159座，主体山10座，低山34座。境内最高山为大华山（海拔437.20米）。丘陵102座，一般海拔在50～200米，面积893公顷，占全市总面积0.65%，主要散处于市境中部。岗地面积98.32万公顷，占全市总面积71.29%，分布于全市各地，白兔、茅山两镇居多。平原面积 17.13 万公顷，占全市总面积 12.42%，主要分布于市境西南秦淮河流域和境北沿江冲积地带，以及东部太湖水系中白兔、茅山、边城等镇。

（志办）

【水系河流】　句容地处长江南岸、宁镇山脉中段与茅山丘陵交会处。南北环山，中部陇岗起伏，间以冲谷平原，西部低洼，东部向东南倾斜，是秦淮河东支、太湖西支与沿江 3 个水系的分水岭。境内河流分属秦淮河水系、太湖水系和沿江水系，有大小河道 44 条，总长 310.18 千米，其中流域性干河 14 条。市境北部宁镇山脉南侧和南部茅山山脉西侧属秦淮河水系，面积 951.3 平方千米，干支河道 18 条，其中句容河最长。境内太湖湖西水系面积 264.82 平方千米，主要河道有洛阳河、縻墅河。沿江水系面积 162.99 平方千米，有便民河、大道河 2 条干河。赤山湖是句容河流域的一片天然湖荡洼地，流域面积 520 平方千米（1975 年前为 806.13 平方千米），有大小支流 24 条，其中北河、中河、南河为一级支流，其流域面积均在 100 平方千米以上。赤山湖东西长约 4 千米，南北宽约 2 千米，面积 7.8 平方千米。句容全市建成在册中小型水库 57 座，湖泊 2 座，省名录骨干河道 13 条，镇级河道 62 条，管护名录范围内灌排泵站 382 座，干支斗农渠道 469.8 千米，各类水工建筑物 15986 座。

（志办）

【水文水情】　2021 年 1—10 月，句容市平均降雨量 1024.5 毫米，较多年平均（951 毫米）偏多近一成，与上年同期（1059.6 毫米）接近。汛前 1—4 月全市平均降雨量 177 毫米，比多年平均（239 毫米）少二成五，较上年同期（236 毫米）少二成五。汛期 5—9 月降雨量 757.7 毫米，与上年同期（766.2 毫米）基本持平，是多年平均（649 毫米）的 1.2 倍。

梅雨情况：梅雨期自 6 月 13 日至 7 月 10 日，入梅偏早，出梅正常，梅雨期 28 天，较常年偏长。全市梅雨期降水偏少，平均梅雨量为 183.2 毫米，比常年平均（220 毫米）偏少近二成。梅雨期间多次出现短时强降水、雷雨大风等局地对流天气。

7 月 25 日至 29 日，台风“烟花”过境，句容市普降暴雨到大暴雨，平均面降雨量 162.8 毫米，最大点降雨量 291.2 毫米，位于宝华镇，此轮降雨总体呈现出“北片大，南片小”的特点，降水量在镇江辖市区内最小，但短历时强降雨出现常态化。

2021 年汛期，句容市河湖、水库水位总体平稳。在第 6 号台风“烟花”过境期间，受风、暴、潮叠加影响，7 月 27 日，长江大道河最高潮位 7.70 米，超过警戒水位（警戒水位 7.65 米）0.05 米，7 月 28 日，长江大道河最高潮位达到 8.04 米，超警戒 0.39 米；7 月 28 日，句容市赤山闸闸上水位最高上涨至 11.99 米（警戒水位 11 米，超警戒 0.99 米），句容河水位最高上涨至 11.91 米（警戒水位 9.5 米，超警戒水位 2.41 米）。

（朱　力）

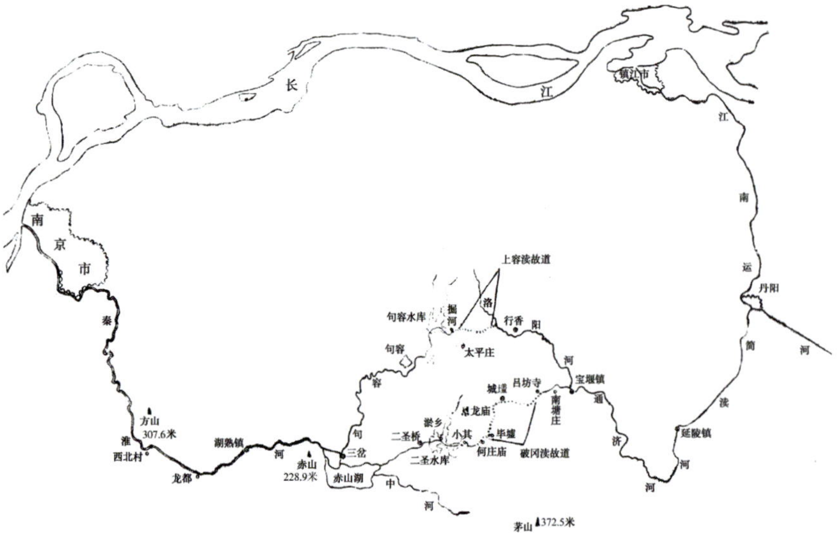

破冈渎、上容渎示意图

【气候】　常年特征：句容市属北亚热带季风气候区。根据 1991—2020 年气候资料统计，常年平均气温 16.0℃，年降水量 1172.9 毫米，年日照时数 1983.6 小时，年极端最高气温 41.1℃，年极端最低气温-14.8℃

2021 年气候概况：2021 年句容市平均气温为 17.1℃，较常年偏高 1.1℃，年极端最高气温

37.8℃，出现在7月15日，年极端最低气温-9.4℃，出现在1月9日。年总降水量1281.9毫米，比常年（1172.9毫米）平均偏多9%；年日照时数为2038.1小时，比常年多54.5小时，年日照百分率46%。无霜期230天，年极大风速18.6米/秒，出现在9月29日。

（气象局）

2021年度句容市气候资料统计情况一览表

表1

项目	平均气温（℃）		降水量（毫米）		日照（小时）		相对湿度（%）		平均风速（米/秒）	
	常年	今年	常年	今年	常年	今年	常年	今年	常年	今年
1月	2.9	4.0	55.2	25.3	131.6	164.2	76	67	2.0	1.8
2月	5.1	9.3	56.9	43.8	129.4	146.4	75	73	2.3	2.1
3月	9.6	11.5	81.5	60.5	154.7	126.1	73	78	2.5	2.2
4月	15.6	15.7	82.3	66.1	179.5	142.1	72	76	2.4	1.9
5月	21.0	21.7	91.0	160.3	189.2	181.1	73	78	2.4	1.9
6月	24.6	25.7	205.3	85.2	154.8	165.3	78	77	2.2	1.8
7月	28.1	27.8	214.2	452.3	199.8	163.9	81	83	2.1	2.3
8月	27.5	27.4	159.2	187.3	200.1	155.3	82	83	2.2	1.6
9月	23.2	25.8	76.5	53.8	173.2	198.3	80	78	2.0	1.9
10月	17.5	19.0	59.9	115.8	172.3	180.2	77	78	1.8	1.6
11月	11.3	11.9	54.3	27.2	152.3	205.1	77	70	1.9	2.0
12月	5.1	5.9	36.6	4.3	146.7	210.1	74	64	1.9	1.5
全年	16.0	17.1	1172.9	1281.9	1983.6	2038.1	77	75	2.1	1.9

注："常年"资料为1991—2020年气候资料统计。

（气象局）

附：重要天气气候事件及其影响

1. 暴雨（大暴雨）

2021年句容有4天暴雨日，其中大暴雨日1天，出现在7月28日，雨量为101.4毫米。

2. 高温

2021年句容市高温天气主要集中在7月。年高温日数10天，与常年平均的14天相比少4天，年极端高温达37.8℃。

3. 大雾和霾

2021年全年霾天数26天，大雾日数23天。

4. 梅雨

2021年6月13日入梅（常年平均6月19日），7月11日出梅（常年平均7月13日），入梅偏早，出梅正常略偏早，梅雨期29天，较常年偏长。梅雨量比常年平均（281.6毫米）偏少，雨量分布不均，句容本站梅雨量为266.9毫米，全市平均梅雨量为186.6毫米。

5. 大风

2021年句容市出现大风天气1次，9月29日受冷锋过境前激发的较强雷暴单体影响，句容市出现8级大风，西南偏西风18.6米/秒。

6. 台风

2021年有1个台风对句容市造成影响。

2021年6号台风"烟花"于2021年7月18日2时被中央气象台升格为热带风暴，7月21日11时被中央气象台升格为强台风，7月25日12时30分前后在浙江省舟山普陀沿海登陆，登陆时中心附近最大风力13级（38米/秒），7月26日9时50分前后在浙江省嘉兴平湖沿海再次登陆，7月30日20时被中央气象台停止编号。台风"烟花"7月25日凌晨开始影响句容市，29日上午基本结束，影响时间长、范围广，风雨强：句容市过程雨量181.9毫米，最大过程雨量为宝华镇291.2毫米。台风影响期间，最大风力普遍达6~8级。

7. 低温冰冻

2021年日最低气温小于等于0℃的日数32天，年极端最低气温-9.4℃，出现在1月9日。

（气象局）

【资源】 土地资源：句容地带土壤为黄棕壤。全市土壤分6个土类、13个亚类、17个土属、23个土种（变种）（土壤普查五级分类制）。其中，水稻土类主要分布在丘岗冲、圩区、湖区的高平原及江河一带低洼处，黄棕壤土类主要分布在茅山、宁镇山脉的低山丘岗、平缓坡地及山凹等地，紫色土类主要分布在茅山、赤山、红山、宝华山一带低山山脚处，石灰岩土类主要分布在宁镇山脉一些山脚处，红沙土类主要分布在一些低山山脚处，潮土类主要分布在长江南岸下蜀至宝华一带。据1985年《句容县综合农业区划》，境内5个区划土地资源总量为13.79万公顷。其中，宁镇丘陵区4.82万公顷，占土地总面积的34.93%。茅山丘陵区5.68万公顷，占土地总面积的41.17%。赤山湖平原圩区1.70万公顷，占土地总面积的12.35%。沿江圩区0.49万公顷，占土地总面积的3.58%。亭子山区1.10万公顷，占土地总面积的7.97%。

生物资源：市境有宝华山国家森林公园、省级宝华山自然保护区、省级茅山森林公园，有林面积达2.7万公顷，木材蓄积量80万立方米。市境地带性植被为北亚热带含有长绿树种的落叶阔叶林，现仅在宝华山隆昌寺西北、茅山华阳洞和大茅峰下的大洼尚有小片的落叶阔叶林。人工林木植被发展较快。赤山湖等湖荡、河道植被有水生植物和湿生植物群落，沿岸地区主要植被为芦苇和杂草，其他丘陵岗地有灌木、草本植物和菌类植被等。宝华山植被保存较好，自然保护区有148.7公顷，有“吃不尽的天宁米，烧不尽的华山柴”之说。植物有林木植物、灌木植物和草本植物、水生植物、菌类及多种农作物。宝华山植物124科352属529种。其中蕨类植物11科13属15种，裸子植物4科5属6种，双子叶植物88科261属480种，单子叶植物6科49属64种。宝华玉兰为特有珍稀树种，还有红豆杉、银杏、樟树、榉树、栎树等。国家和省级珍贵树种保护名录所列的古树名木有榉树、朴树、枫香、樟树、木瓜、黄连木、桤木、槭树、椴树、银杏、檀树、宝华玉兰、紫楠、珊瑚、青冈栎、冬青、四照花、江南桤木、铜钱树、桂花等。树龄在100～199年有139棵，200～299年45棵，300～399年21棵，400～499年13棵，500年及以上8棵，最老树龄有3棵达800年，全部列入重点保护树种。动物有鱼纲、哺乳纲、两栖纲、爬行纲、鸟纲等脊椎动物，毛足纲、瓣鳃纲、昆虫纲、甲壳纲、蛛形纲、多足纲等无脊椎动物，以及5个纲、120多种野生动物。

中药材资源：句容是江苏省药材重点产地。茅山有中草药750多种，仅《本草纲目》就收录有380多种，如茅苍术、太保黄精等。全市各类药材有754种，其中植物类药材153科460属705种，动物类药材32科44种，矿产类药材2种（人灵磁石和钟乳石），其他有人中白、优龙肝、百草霜等3种。全国重点调查的366种药材资源中，句容有157种，占总数的43%。江苏省增加的重点调查35种药材资源中，句容有26种，占74%。境内中药材蕴藏量丰富。据有关部门调查，重点药材品种年产量在

中国特有的生长于句容林场的国家一级保护植物——宝华玉兰

25000千克以上的有39种，20000千克左右的有39种，5000千克以下的有11种，2500～1000千克的有62种；不足1000千克的有32种。

天王镇磨盘山金蝉花

矿产资源：句容具备较好的成矿条件，矿产资源丰富。探明矿床30余处，矿种26种。其中金属矿8种、非金属矿15种、能源矿2种，水气矿产1种。主要有膨润土、铁、锰、铜、钼、石灰岩、煤、玄武岩等。矿床点分布广，储量大，易开采，具有投资少、见效快等特点。其中膨润土矿品位高，储量达1.5亿吨，被列为全国第二大储区。优质石灰石储量达20亿吨，且含钙量高达55%以上。宝华山发现江苏省内第一处大型红柱石矿。此外，还有储量可观的黄沙、红沙等。

水资源：全市水资源总量2.4亿立方米，正常年用水量2.0亿立方米。市境地表水径流总量5.18亿立方米，人均占有量869立方米。全市河道及中、小型水库和塘坝、浅井等水利工程的蓄量为2.47亿立方米。其中水库为1.25亿立方米。市境深层地下水资源主要分布在宁镇山脉南、北两侧和茅山丘陵区。（志办）

【建置沿革】 句容，春秋属吴，战国属越，楚并越遂属楚，秦属鄣郡。秦置江乘县，治所在今句容市北（三国吴废，晋复置，隋开皇初废），句容境北部属之。汉置句容县，隶丹阳郡。汉武帝元光六年（前129），封长沙定王刘发之子刘党为句容侯，元朔元年（前128）党死，复为县。治所即今句容市区。直至南北朝，均属丹阳郡。东晋大兴三年（320），句容琅琊乡、江乘金陵乡立为怀德县，安置琅琊国人，此为东晋最早侨县。咸康元年（335），侨置琅琊郡有实土、桓温为太守，治所在金城（今句容市西北宝华镇西）；南朝宋改为南琅琊郡，齐迁治于白下（今南京市金川门外），陈废。隋废郡置州，以州领县，句容属扬州。唐武德三年（620），以句容、延陵二县置茅州，武德七年（624），茅州废，句容属蒋州。武德九年（626），句容划归润州。天宝元年（742），句容属丹阳郡。乾元元年（758），昇州辖句容。上元二年（761），昇州废，句容复归润州。光启三年（887），复置昇州，句容重归其辖，直至唐末。五代时期，昇州先后改称金陵府、江宁府，均辖句容。宋初复置昇州，天禧二年（1018），置江宁府，辖句容。天禧四年（1020），改句容县为常宁县，寻复为句容。南宋建炎三年（1129），江宁府改称建康府，句容属建康府。元建省设路，建康府改为建康路，后又改名集庆路，句容归其领治。明改集庆路为应天府，句容属应天府。清改应天府为江宁府，句容属江宁府。太平天国时，句容直属天京。民国元年（1912），江宁府改称南京府，辖句容。民国3年（1914），废府设道，句容属金陵道。民国16年（1927），道废，句容直属江苏省政府。民国24年（1935），江苏省划分10个行政督察区，句容属第十行政督察区。抗日战争时期，句容属江南行署第一行政督察区。民国27年（1938），新四军进入茅山地区，建立以茅山为中心的苏南抗日根据地，先后成立“抗敌总会”和“抗日民主政府”，此间根据地和抗日民主政府归苏南第五行政区专员公署（后又曾与邻县地区建立过镇句、江句等县政府）。民国32年（1943）后为苏南行政公署，敌占区被日伪统治。民国34年（1945）抗日战争胜利后，句容重归江苏省第一行政督察区。民国38年（1949）4月23日句容解放，4月26日句容县人民政府成立，属苏南行政公署镇江专员公署。同年12月2日中共中央华东局决定将句容划归南京所辖，1950年1月仍划归镇江专员公署。1953年江苏建省后属镇江专区。1958年镇江专区改为常州专区，1959年改为镇江专区，句容仍属之。1983年3月，江苏省实行市管县后，句容属镇江市。1995年4月，经国务院批准撤县设市；6月，江苏省人民政府发文，句容撤县设市，实行计划单列，仍属镇江市管辖。

2009年12月26日，句容市委十届八次全委扩大会议提出“推进同城同建，打造南京副城——阔步迈向宁句一体化发展新时代”发展战略。10月30日，宁句一体化研究会成立，全面对接南京，承接南京辐射。2010年

4月4日，《南京日报》电子版郭之纲撰《句容与南京的历史认知和文化认同》一文：2138年间，句容作为茅州治所5年，隶属浙江安吉8年，隶属安徽芜湖11年，隶属扬州12年，隶属镇江321年，隶属安徽宣城391年，隶属南京1390年。（志办）

附：句容名称由来

一是以山取名。南宋《景定建康志》、明弘治《句容县志》、民国《今县释名》均注明：县内有勾曲山（即茅山），山形似"己"，勾曲而有所容，故名勾容，又名句曲。古代句、勾二字相通，因此逐渐写成句容。

二是以山、水取名。清乾隆《句容县志》转载明万历《句容县志》称："句容有句曲山，山形如'己'字。箕距三茅绛岭，襟带九曲秦淮，县治四面山水环抱，俨若城池。"清《茅山志》载：江水之东，金陵之左，右间有一小泽（今赤山湖），周时名其源泽，为曲水之穴。泽东为句曲山，形如"己"字，故名句曲。山源曲而有容，故其境为句容里。观《赤山湖志》：县境北、东、南三面环山呈"勹"形，"勹"上之水注入赤山湖，湖为"口"，四岸有所容，所以叫句容。还有一说，是以秦淮河取名的。境内宝华山东南侧系秦淮河发源地之一，山水由县城之东北绕经城南流向西南进赤山湖而入秦淮河，弯曲成"勹"状，县城为"口"处于"勹"中，为"句"字；县城有高地，古之称为"容山"，因而县名为"句容"。

三是以语音取名。南京大学语言学专业研究人员认为，句容在春秋战国时代是古越人居住的地方，他们说着一种与华夏语完全不同的语言。"句""勾"相通，在古越语中是"个""棵"的意思。"容"在上古时读"dōng"，与壮侗语译音"岽"字相同。而"岽"意为森林，壮侗语与古越语又密切相关。因此，两字合在一起就成为"一个森林"之意。事实上，古代"句容"这块土地上树木确实是很多的，与周围各县有明显区别。

【行政区划】　截至2021年年底，全市辖8个镇，3个街道办事处，1个管委会，24个社区，152个行政村。

（民政局）

句容市村（社区）情况一览表

表2

市、镇（驻地）	行政村数（个）	涉农社区数（个）	城市社区数（个）	行政村	涉农社区	城市社区
华阳街道	14	3		周家岗、南亭、吉里、下甸、新生、云塘、西岗、吴岗、北相、新坊、钱家边、里巷口、杨家巷、赵塘	上路、北阳门、城上	
下蜀镇	9			下蜀、祝里、六里、裕课、沙地、桥头、亭子、空青、新村		
宝华镇	8	1	1	宝华、铜山、栗庄、仓头、栏江、和平、凤坛、华山	宝华花园	新城
边城镇	14			东昌、友谊、衣庄、光明、青山、高仓、桥东、陈武、大华、佴池、双杨、戴村、赵庄、赵村		
白兔镇	15			白兔、上荣、解塘、茅庄、幸福、唐庄、行香、中心、古隍、太平、龙山湖、马里、西井、高庙、倪塘		

续表 2

市、镇(驻地)	行政村数(个)	涉农社区数(个)	城市社区数(个)	行政村	涉农社区	城市社区
郭庄镇	22			郭庄、端王、甲山、孔塘、朝阳、庄里、经戴、百丈、金星、葛村、刘巷、东岗头、五渚坊、东湖、东方红、方溪、虬北、百里、谢桥、赤山、芦亭、胜利		
后白镇	21			后白、芦江、曹村、淮源、古村、李家桥、夏王、东湾、东风、王庄、延福、西冯、二圣、徐巷、张庙、泗庄、五星、槐道、林梅、西城、长里岗		
天王镇	16			天王、赵巷、前进、西溧、农林、金山、朱巷、蔡巷、唐陵、浮山、唐谷、涧北、袁巷、戴庄、斗门、竹园		
茅山镇	10			城盖、丁庄、何庄、长城、永兴、前陵、东霞、袁相、丁家边、蔡门		
黄梅街道	13	6		黄梅、莲塘、后塘、九华、新塘、南巷、河桥、石狮、后荸、大卓、下荫、杜家山、姚徐	三台阁、三里井、杨塘岗、西庙、赤岗、寨里	
茅山管委会	10			茅山、夏林、玉晨、后河、天乐、墓东、潘冲、李塔、上杆、马埂		
崇明街道			13			东门、义台街、红旗、崇明、茅山、马扎里、中凌、葛仙、甲城、新村、建新、梅花、河滨
合计	152	10	14			

（民政局）

【城市性质及规划】 在打造“一福地四名城”的战略目标下，句容致力于发展成为长三角的山水公园城市、南京都市圈的副中心、宁镇一体化的先导城市。

长三角的山水公园城市：深刻践行“绿水青山就是金山银山”理论，依托优越的生态资源本底，激发生态资源动能，引领全域生产、生活方式绿色转型。构建生产和生态良性循环、生态经济品牌效应突出的生态文明发展之路，推动人类与自然和谐共生、全域功能与风景共融、创新链与产业链共进、福地韵和田园味共鸣，打造长三角的山水公园城市，争创“两山理论”实践示范区。

南京都市圈的副中心：句容应成为南京都市圈的生态绿色高质量一体化发展示范区，成为支持南京都市圈升级的副中心城市，具体职能为南京市同城化圈层上的次区域服务中心、南京枢纽经济的外溢承载区、南京创新带的延伸链、南京远郊的生态田园圈。

宁镇一体化的先导城市：句容是宁镇一体化发展的先行区，一体化发展初具框架，未来应聚焦一体化发展从量的扩展向质的提升转变，从公共服务的共享转向更多高品质公共服务的共建，从交通的单一联系转向多元便捷的立体综合交通互联，从产业的

城区道路

句容储运港

位于郭庄镇的宁杭高速铁路句容西站

简单承接转向创新功能的转化，从单一的远郊休闲旅游转向区域文旅品牌的共塑。

（自然资源和规划局）

【交通】　句容市境内国省干线公路包含42国道沪蓉高速、25国道长深高速、312国道沪霍线、104国道北平线、38省道常合高速、122省道宁张线、243省道扬禄线、266省道下茅线、002省道南京三环线、338省道宁镇线、340省道虞宁线。至2021年年底，全市公路总里程达2376.615千米（含312国道21.509千米、高速公路51.57千米），公路密度达171千米/百平方千米。高速公路共51.57千米，一级公路227.975千米，二级公路322.441千米，三级公路278.598千米，四级公路1496.031千米。公路客运站场5个。

航道里程为76.63千米，其中等级航道里程19.16千米，为句容河航道（东门电站—赤山友谊桥，现六级规划五级）。等外级航道里程57.47千米，为秦淮中河航道（后白农场—赤山湖）里程为10.58千米；秦淮南河航道（李家桥—赤山湖）里程为10.35千米；赤山湖航道（赤山闸—北河口—中河口—赤山湖口）里程为14.34千米；便民河航道（桂花庄—长江江口，规划五级），里程为5.2千米；大道河航道（栏江桥—长江江口，其中5.4千米规划五级）里程为17千米。

句容境内形成沪宁铁路、沪宁城际铁路、京沪高铁、宁杭城际铁路四条铁路干线，铁路里程达63.08千米，车站2个。其中沪宁铁路途经句容境内（下蜀、宝华两镇）17.8千米；沪宁城际铁路途经句容（下蜀、宝华两镇）境内20.22千米，设有宝华山车站；京沪高速铁路途经句容（下蜀镇）境内17.4千米；宁杭城际铁路途经句容（郭庄镇）境内7.66千米，设有句容西站。

（交通局）

【人口】 2021年，句容市常住人口64.08万人，比上年增加0.15万人，其中城镇人口41.83万人，常住人口城镇化率65.28%，比上年提高0.72个百分点。常住人口中，人口出生率为3.75‰，死亡率为8.74‰；自然增长率下降4.99‰。全市户籍人口58.19万人，比上年减少0.34万人，其中男性28.75万人，减少0.19万人；女性29.44万人，减少0.15万人。（统计局）

附一：句容先民移居崇明

据《句容县志》《崇明县志》等记载：崇明人的祖先于周万岁通天元年（696）最早到东、西两沙定居，为黄、顾、董、施、陆、宋六姓，大多来自句容一带。北宋建中靖国元年（1101），涨三沙，句容人朱、陈、张三姓定居。北宋末年，开封鲁惠公后裔施天寿先迁句容，后于明洪武、永乐年间亦迁崇明。明洪武二十七年（1394），本县无田农民500余户，迁昆山县定居。明永乐时宋杰的祖先，是从句容迁居崇明的。

附二：句容历史上的三次移民

第一次是在两晋交替时期。西晋末年，匈奴入侵中原，朝野的官僚和地主纷纷率家室与部属渡江南逃。晋室琅琊王司马睿在南京称帝后，在句容侨设“怀德县”，专门安置随他自山东琅琊一起出逃的亲朋故旧。不久，晋成帝司马衍在句容的北乡侨置琅琊郡，让琅琊逃来的普通百姓也定居于此。至今，黄梅镇仍有一个村子叫“琅琊界”。过了这个郡界往东，则是“南徐州”（镇江）的辖地，侨置的多是江淮一带的难民。

第二次是在南宋时期。句容民间流传“泥马渡康王”的故事。相传康王当年跑反时，曾被金兀术自江北一直追杀到句容葛村的短落桥，差点儿成了无头冤鬼。江北黎民不愿受异族暴政统治，迁往江南。就连居住在城里的民众，也遵循“大乱入乡”的规律，逃来避乱。宋太祖的七世孙赵伯珪，曾袭封为金陵（南京）的郡王，元兵南渡后，为了笼络这位王爷，特赐其地200顷，其中有20顷在句容境内。赵伯珪誓不与元兵合作，抛弃高官厚禄，隐居偏僻的句容南乡。天王镇赵巷村的赵氏村民，全是这位王爷的后裔。据史料载，南宋前期，句容约有10%的客民，而130年后，居民中有80%的客籍人。

第三次是在咸丰元年（1851）至同治三年（1864）年间。太平天国运动时期，清政府为绞杀农民革命运动，在石头城外筑起“江南大营”，以重兵进行包围。句容因此沦为两军恶战的主战场，历时长达11年之久。经过战乱、兵火、瘟疫、旱灾、蝗灾的重重洗劫，句容“荒榛满地、白骨撑天，数百里内无人觅食，村野为之一空”。战前约有50万居民的句容，人口锐减高达80%以上。

（志办）

民族村——边城镇侢池村

【民族】 句容市是汉族聚居、少数民族散杂居的地区，全市有35个少数民族，各镇、街道、园区均有分布，有回族、蒙古族、藏族、维吾尔族、彝族、壮族、布依族、朝鲜族、满族、侗族、瑶族、白族、土家族、傣族、黎族、傈僳族、佤族、拉祜族、水族、东乡族、纳西族、土族、达尔族、达斡尔族、仫佬族、羌族、仡佬族、阿昌族、鄂温克族、京族等。边城镇佴池村属全省39个民族村之一，是回族聚居的地方。

（统战部）

【宗教】　句容市是江苏省、镇江市宗教工作重点县（市）之一，境内有佛教、道教、伊斯兰教、基督教四大宗教，经批准登记的宗教活动场所29处，临时活动点1处，其中，道教2处，佛教4处，伊斯兰教1处，基督教23处（含临时活动点1处）。宝华山隆昌寺、茅山道院是全国重点寺观。全市设有爱国宗教团体4个，登记备案的宗教教职人员102人。

（统战部）

【方言】　句容市西北方言接近南京话，属江淮次方言；东部接近江淮方言与吴语的分界线，其中几个镇的语音、词汇有些接近吴语；南部乡镇由于历经战乱和灾荒，从河南、湖北等地迁进一批移民，他们的语言属北方方言，对当地有一定影响。语音方面：句容方言有阴、阳、上、去、入等5个声调，两个字或几个字连续时会发生变调。句容话两字组轻声一般发生在后字，后字的轻声调值主要取决于前字的声调，与后字原调有时也有一定联系。古入声在普通话中消失，分别归入新四调中。阴入字如“积、黑”等，阳入字如“国、绝”等，上入字如“塔、葛”等，去入字如“特、勒”等；声韵配合上，有很多发音没有什么规律，普通话无拼读关系的，句容方言有的却可以，但为数很少，如“去”读作kì，“峰”读作fōng，“回家”读成“嘎ki”，“好吃的”读成“好切的”，等等。鼻化元音中往往in、ing不分，en、eng不分。n、l不分且一律读作l，如“男、兰”等，鼻音n对句容人来说很“陌生”。zh、ch、sh一律读作z、c、s。卷舌音对句容人亦显困难，如“是的”读成“似的”，“人生”读成“人森”。j、g，r、y在个别字中相混，突出的如“讲、江”都读作gāng；rong发yong，比如说“句容”就发成“ju yong”，“毛茸茸”是“mao yongyong”。韵母方面，韵母in、ing相混且常读作in，丢失g，如“阴、英”“津、京”这样的字，在普通话中北方人是很容易分得清也读得准的。音节中韵母丢失现象严重，如“罗、堆”等字读作lō、dēi，丢失u。韵母ian读作in，

老子神像位于茅山印宫，高33米、重106吨，由226块特制紫铜板焊接而成，入选上海大世界基尼斯纪录

丢失 a，所以北方人听句容人念“天”字，常听成“厅”。

语法方面：句容方言构词特色一是有一些名词后加成分“家”，在词中读“ge”的轻声，习惯上写作“格”，表示强调，如男人格、女人格、往年格，“格”在口语中读“gā”；二是人体及动物名称，以及其他一些事物的名称，有一些词是用重叠法合成的，如大腿瓜瓜（大腿肚）。词汇方面：句容话和普通话之间有很多词是相同的，只是读音不同。句容话和普通话不同的词汇也很多，有些不能用适当的汉字写出来，而只能用同音字或字音相近的字来代替。（王　晓　蒋兆有）

素以“只闻钟声不见庙、宝华庙门独向北、和尚尼姑齐受戒、厨房大师烧‘荤菜’”“四怪”扬名的全国重点文物保护单位隆昌寺

首届“古越神韵”道教文化音乐节

附：句容方言录入国家语言资源有声数据库

2011 年 1 月 12—14 日，国家语言资源有声数据库调查组专家对句容 4 名方言发音人进行有声数据采集。采集分为个体数据采集和群体数据采集。个体采集时，发音人需读 1000 个字音、1200 个词汇、50 个句子，讲述包括“规定故事”和“自选话题”两部分约 20 分钟的话语；群体对话由 4 名发音人围绕句容地方文化特色、衣食住行改变等随机漫谈，对话时长约 40 分钟。有声数据采集过程运用录音、录像和摄影相结合的手段，相关数据在做技术处理后将进入国家语言资源有声数据库，实现在线点击。

【风景名胜】 句容是中国优秀旅游城市，市境旅游资源丰富，自然景观、宗教文化、红色文化、乡村生态、农业观光、休闲养生等皆有特色，主要景区有茅山（包括九龙山）、宝华山、赤山湖等。茅山是道教上清派发祥地，素称“第一福地，第八洞天”“秦汉神仙府，梁唐宰相家”。茅山道院为全国首批对外开放的 21 处重点道观之一。茅山是全国六大山地抗日根据地之一，茅山新四军纪念馆和苏南抗战胜利纪念碑为全国爱国主义教育示范基地。“碑下放鞭炮，碑上响军号”成为世界一绝，与高达 33 米的露天老子铜像一同被载入上海大世界基尼斯纪录。茅山风景区是江苏省甲级风景区、国家 AAAAA 级旅游区、国家有机农业示范区。宝华山风景区是省级自然保护区、国家森林公园、国家 AAAA 级旅游区，素有“林麓之美，峰峦之秀，洞壑之深，烟霞之胜”四大奇景，享有佛教“律宗第一名山”之美誉。隆昌寺古建筑群被列为全国重点文物保护单位。赤山湖风景区是著名的湿地公园，被誉为南京都市圈最大的“天然氧吧”，2017 年获批国家湿地公园。（志办）

【历史文化遗存】 句容是江苏省建县 2000 年以上的 13 个古县之

一，历史文化遗存丰厚。市境古遗址27处。青山鱼化石距今有2.25亿年。一种为江苏裂齿鱼，在全省是第一次发现；另一种叫句容鳞齿鱼，在华东地区也是第一次发现。放牛山旧石器遗址距今约30万年，是全省迄今为止发现的最早的旧石器早期遗址，填补了全省旧石器早期只有古人类化石没有古人类文化的空白。距今6500~7000年的丁沙地遗址是宁镇地区发现的最早的一处新石器文化遗存，是定居农业氏族聚落遗址。城头山新石器遗址上层为湖熟文化层、下层为良渚文化层，填补了良渚文化中晚期缺环。另有反映吴文化的土墩墓1000多处，获称“2005年全国十大考古新发现”。

城上村遗址是新石器时代至周代的古遗址，它与石狮、隆昌寺、春城土墩墓一起被评为全国重点文物保护单位。另有国家级文物94件。句容民俗文化丰富多彩，被列入国家级非物质文化遗产的有“秦淮灯彩”“茅山道教音乐”，省级非物质文化遗产的有“二龙戏珠”，镇江市级非物质文化遗产的有“芦江张家镗”，还有民间剪纸等。（志办）

苏南抗战胜利纪念碑

【历代名人】 明弘治《句容县志》序文称句容“名宦、人物、师儒、忠良、节义、孝烈比他邑多”。句容人才辈出，自唐至清，有进士117人、状元1人。《江苏艺文志镇江卷》记载，句容文史人物272人。西汉茅盈、茅固、茅衷至句曲修炼，始有茅山之称；三国时期，葛玄在吴国炼丹行医，被樟树市尊称为“药界鼻祖”；东晋葛洪是道教理论家、炼丹术家、医学家，著《抱朴子》等；南北朝时期陶弘景为“山中宰相”，宝志为“帝师”；唐代颜真卿归葬句容，《全唐诗》中有句容籍作者殷遥、沈如筠、樊晃、祝元（天）膺、樊珣、刘三复等6人存诗16首，刘邺官至宰相；五代时期周文矩为宫廷知名画家；宋代刘混康为茅山赢得“镇山四宝”；明代状元李春芳官至宰相，“青菜县令”徐九思“画菜辅官”，还有剧作家朱从龙、音乐家朱载堉等；清代笪重光书画兼长；近现代钱立三发现“湖熟文化”，革命烈士郭纲琳、巫恒通以身殉国。历代诗人皮日休、王伟、韩愈、李商隐、顾况、范仲淹、王安石、祝允明等，在句容留下诗文200多篇。（志办）

【历代军事】 句容地处南京东郊，军事战略地位重要，史称“石城左臂”。三国时，曹丕率水军攻吴之战是《中国军事史》上记载的句容建县后的第一仗。其后，东晋刘裕讨伐桓玄、唐时刘展兵败下蜀、南宋黄天荡截击之战，以及元代华山农民起义军击败数万元军进攻等均发生在句容。清代太平天国运动时期，清军与太平军争夺句容之战达11年，县境四乡百里范围皆战场。北伐战争期间，国民革命军于1927年8月与军阀孙传芳部在县境北部龙潭、仓头一带激战，史称“龙潭战役”。1932年，国民政府在句容城北建造飞机场，驻守空军，保卫南京。抗战时期，茅山是全国六大山地抗日根据地之一，抗日军民坚持7年多，直至取胜。其间，根据地人民有5万多人参加新四军，新四军7000多人为国捐躯，仅县团级以上军政干部就有近100人，句容革命烈士590多人。1949年4月23日，渡江战役胜利后，句容解放。（志办）

【市徽和市花】 1995年8月11日市第11届人大常委会第22次会

议通过。市徽：马宏峰设计。圆形环绕，JR（市名汉语拼音声母）居中。市花：月季花。（志办）

市徽

市花

国民经济和社会发展

【概况】 2021年，句容市坚持稳中求进工作总基调，激情奔跑、奋力争先，经济发展稳中提质，民生福祉显著改善，生态环境不断优化，转型升级稳步推进，“一福地四名城”现代化建设取得新进展。全国综合实力百强县排名上升至第49位，列全面小康指数百强县第37位、全国县级市基本现代化第36位。全年实现地区生产总值736.75亿元，按可比价计算，比上年增长9.3%。其中，第一产业增加值55.54亿元，增长4.0%；第二产业增加值313亿元，增长10.7%；第三产业增加值368.21亿元，增长9.0%。三次产业结构比重由上年的7.8∶42.0∶50.2调整为7.5∶42.5∶50.0。全市人均地区生产总值达114973元，比上年增加9314元，增长8.8%。全年实现一般公共预算收入57.64亿元，比上年增长5.1%。其中，税收收入48.38亿元，增长0.2%；非税收入9.26亿元，增长41.5%。从主要税种看，增值税增长0.6%；企业所得税下降32.2%；个人所得税增长2.9%。全年实现一般公共预算支出85.80亿元，比上年增长8.6%。其中，一般公共服务支出5.64亿元，增长9.7%；教育支出14.50亿元，增长5.8%；社会保障和就业支出10.86亿元，增长18.6%；卫生健康支出8.15亿元，增长14.1%。（统计局）

【农业】 2021年，句容市农林牧渔业总体平稳。全年实现农林牧渔服务业增加值60.70亿元，按可比价计算，比上年增长4.0%。其中，种植业41.0亿元，增长4.4%；林业2.94亿元，下降4.5%；畜牧业4.78亿元，增长3.2%；渔业6.82亿元，增长6.1%；农业服务业5.16亿元，增长4.5%。粮食产量小幅增长。全年粮食播种面积56.54万亩，比上年增加1.51万亩。粮食总产量25.83万吨，比上年增加0.06万吨。主要农产品生产稳定。全年生猪累计出栏6.22万头，比上年减少1.49万头；家禽出栏927万只，比上年增加241万只；水产品产量2.55万吨，比上年增加0.01万吨。现代农业加快发展。全年设施农业面积1.23万公顷，新型职业农民0.18万人。全年种植规模户1739个、畜禽养殖规模户191个、家庭农场1387个、农民专业合作社710个、农业产业园区8个。（统计局）

【工业】 2021年，句容市工业生产稳定恢复。全年工业用电量18.06亿千瓦时，比上年增长4.2%。实现规上工业总产值485.60亿元，增长19.1%，其中轻工业增长12.8%，重工业增长20.2%。30个行业中，实现增长的有23个，总量占比排名靠前的非金属矿物制品业，电力、热力生产和供应业，电气机械和器材制造业，金属制品业，计算机、通信和其他电子设备制造业，化学原料和化学制品制造业等6个行业增长分别为16.4%、26.0%、28.8%、13.6%、20.4%、30.9%。全年实现规上工业增加值142.31亿元，增长12.5%。制造业增加值占GDP比重为32%。（统计局）

【建筑业】 2021年，句容市列统资质以上建筑业企业116家，其中新增列统16家。实现建筑业总产值127.60亿元，比上年增长15.7%，其中建筑工程产值124.44亿元，增长18.5%。（统计局）

【固定资产投资】 2021年，句容市实现固定资产投资271.17亿元，比上年增长10.3%。其中，工业投资77.76亿元，增长31.4%；制造业投资61.19亿元，增长24.5%；高技术产业投资39.59亿元，增长52.6%。制造业投资、高技术产业投资占固定资产投资比重分别为22.9%、14.6%。房地产市场稳定发展。全年实现房地产开发投资120.09

亿元，增长 1.4%。房地产房屋施工面积 1028.49 万平方米，增长 13.4%。房屋竣工面积 117.37 万平方米，增长 61.1%。商品房销售面积 222.66 万平方米，增长 4.5%。商品房销售额 196.88 亿元，下降 2.4%。（统计局）

【服务业】 2021 年，句容市消费品市场运行稳健。全年实现社会消费品零售总额 177.85 亿元，比上年增长 16.5%。批发业商品销售额 247.54 亿元，增长 31.6%；零售业商品销售额 143.33 亿元，增长 20.7%；住宿业商品销售额 2.25 亿元，增长 13.9%；餐饮业商品销售额 26.83 亿元，增长 27.9%。批发零售业通过网络实现的商品零售额增长 34.0%。全年规上服务业实现营业收入 38.27 亿元，增长 16.5%。在限额以上批发和零售业零售额中，涨幅排在前三位的分别是：石油及制品类增长 43.0%；建筑及装潢材料类增长 34.9%；粮油、食品类商品增长 20.3%。（统计局）

【开放型经济】 2021 年，外资外贸较快增长。全年实到外资 14210 万美元，比上年增长 20.3%。进出口总额 53.0 亿元，比上年增长 25.8%，其中外贸出口 40.30 亿元，增长 21.6%。（统计局）

【交通运输】 2021 年，句容市交通客货量下降明显。全年公路客运量 296 万人，下降 18.7%。公路旅客周转量 9216 万人千米，下降 36.9%。公路货运量 942 万吨，下降 6.8%；水路货运量 252 万吨，下降 31.1%。公路货物周转量 145449 万吨千米，下降 3.7%。现代交通体系加速构建。全市公路总里程达 2376.62 千米，其中高速公路 51.57 千米。拥有公交线路 89 条，其中城市公交线路 15 条，城乡公交线路 22 条，镇村公交线路 52 条，年内新辟优化线路 1 条。拥有公共交通车辆 403 辆，其中城市公交 149 辆，城乡公交 110 辆，镇村公交 144 辆。重大交通基础设施加快推进，南沿江城际铁路句容段总工程量完成 70%，宁句轨道交通句容段建成并投入使用。（统计局）

【邮政电信】 2021 年，句容市邮政电信业发展较快。全年实现邮政业务收入 4.80 亿元，比上年增长 31.9%。电信业务收入 5.81 亿元，增长 4.5%。年末固定电话用户 73892 户，下降 4.8%；移动电话用户 623464 户，增长 4.0%；互联网宽带接入用户 301663 户，增长 7.9%。（统计局）

【金融】 2021 年，句容市金融存贷款稳步扩大。全年金融机构各项本外币存款余额 1062.89 亿元，比年初增加 12.67 亿元，增长 1.2%。其中，住户存款余额 518.54 亿元，增加 60.52 亿元，增长 13.2%。金融机构各项本外币贷款余额为 1454.80 亿元，增加 180.18 亿元，增长 14.1%。其中，住户贷款余额 744.55 亿元，增加 53.53 亿元，增长 7.8%。证券市场较快发展，新增 1 家国内主板上市企业，全市有上市企业 2 家，“新三板”挂牌企业 3 家，四板挂牌企业 64 家。保险业稳定发展，全市有财险公司 14 家，寿险公司 19 家。财险总保费 3.86 亿元，赔付 2.08 亿元；寿险总保费 11.68 亿元，给付 1.64 亿元。（统计局）

【科学技术】 2021 年，句容市科研投入力度加大。全年研究与试验发展（R&D）经费支出 13.77 亿元，比上年增长 15.1%，占地区经济生产总值的比重为 1.87%。财政性科技投入 1.54 亿元，占一般公共预算支出的 1.79%。科技创新能力增强。全年拥有高新技术企业 124 家，新增高新技术企业培育入库 43 家。拥有省级以上孵化器 6 家、省级以上众创空间 10 家，市级重点孵化器 1 家、市级众创空间 1 家。句容高新技术创业园和江苏富达创业园创成省级科技企业加速器，实现全市零的突破。全年专利授权量 2561 件，其中发明专利授权量 175 件。有效发明专利拥有量 1714 件，增长 4.0%；万人有效发明专利拥有量达 27.29 件，增长 4.0%。拥有国家知识产权优势企业 1 家，国家知识产权优势企业培育企业 8 家。（统计局）

【教育】 2021 年，句容市有普通高中 3 所，中专校 1 所，初中 11 所，小学 28 所，九年一贯制学校 2 所，特殊教育学校 1 所。在校普通高中学生 7506 人，初中学生 12369 人，小学生 30179 人，特殊教育学生 133 人，特殊学校为省特殊教育现代化示范学校。年末有幼儿园 56 所，其中公办园 42 所。在园幼儿 17278 名，其中流动人口子女 3322 人。（统计局）

【文化】 2021年，句容市文化服务体系不断完善。截至年末，有文化馆1个，公共图书馆1个，博物（纪念）馆2个，美术馆1个。拥有省级以上重点保护文物单位8处，其中全国重点保护文物单位4处。全年开展全民艺术普及活动1128场次。 （统计局）

【旅游业】 2021年，句容市旅游业加速发展。截至年末，拥有A级景区8个，其中AAAAA级景区1个，AAAA级景区2个，AAA级景区5个。拥有省级旅游度假区1个。“一山三湖”片区旅游发展总体规划编制完成，总投资5亿元的得撒迎客乡村酒店正式营业，“走进茅山抗日根据地”入选全省20条“永远跟党走”红色旅游线路，茅山镇入选第一批全国乡村旅游重点镇，伏热花海创成全国休闲农业与乡村旅游五星级园区，茅山风景区创成低碳景区。全年接待游客增长24.2%，实现旅游总收入增长32.9%。 （统计局）

【卫生】 2021年，句容市卫生事业稳步推进。截至年末，有各类卫生机构（医疗卫生机构）247个，其中医院8个、卫生院10个，社区卫生服务中心5个，疾病预防控制中心1个，妇幼保健机构1个，村卫生室118个，社区卫生服务站5个。有卫生机构床位2389张，其中医院1233张，卫生院569张，社区卫生服务中心206张。有卫生技术人员3522人，其中执业医师及执业助理医师1504人，注册护士1422人。接种新冠疫苗55.3万剂次，人群覆盖率达86.4%。全年引进2名医学硕士，建成2个省社区医院，新增6个国家服务能力推荐标准达标基层机构。 （统计局）

【城乡建设】 2021年，句容市城市功能品质加速提升。华阳西路、人民路沿街老旧建筑综合改造试点完成，文昌路、华阳北路延伸段路面升级改造全面完工，华阳街心公园、万家河、葛洪里等口袋公园投入使用。长江引水暨城区水厂土建主体施工完成，下蜀水厂工程建设过半。完成老旧小区改造13个，完成都市晴园等10个片区雨污分流工程，城市生活垃圾分类试点小区覆盖率达93.5%，农村生活垃圾集中收运处理率达100%。城市建成区绿化覆盖率达38.7%，人均公园绿地面积11.40平方米。成功通过国家卫生城市复审，获“全国健康城市建设样板市”称号。

（统计局）

【环境保护】 2021年，句容市生态环境质量显著改善。深入实施蓝天、碧水、净土污染防治攻坚行动，持续深化河湖长制、断面长制、排口长制，加快幸福河湖示范建设暨河长制主题公园建设，城镇污水提质增效，6个达标区建设完成，地表水国省考断面水质优Ⅲ比例达到省考核要求。长江经济带露天矿山生态修复工程全面完成，白兔上荣山工矿废弃地复垦项目通过省级验收。林长制省级试点成果进一步巩固深化，经验做法全省推广。$PM_{2.5}$年均浓度34.6微克/立方米，比上年下降4.7%；空气质量优良天数比率81.4%，比上年上升3个百分点，首次达到环境空气功能区二类标准。 （统计局）

【人民生活】 2021年，句容市居民生活不断改善。全年居民人均可支配收入44497.3元，比上年增长9.3%。其中，城镇居民人均可支配收入57253.4元，增长8.4%；农村居民人均可支配收入28387.1元，增长10.6%。新增城镇就业人数10200人，新增城镇失业人员再就业人数4700人，新增就业困难人员再就业人数2300人。城镇登记失业率2.5%以内。全年扶持成功创业2100人，其中引领大学生创业359人，扶持农村劳动力自主创业2264人。城乡劳动者职业技能培训12600人。 （统计局）

【社会保障】 2021年，句容市民生保障持续加强。全市职工最低工资标准为每月2280元，城乡居民基础养老金标准提高至每人每月210元，失业保险金最低标准提高至每人每月1230元，城乡低保保障标准提高至每人每月820元。全面开放社保补贴政策，发放资金1150万元，惠及7千余人。大力推广医保电子凭证，异地就医门诊费用直接结算率86.0%，重大疾病和住院医保待遇持续提升。开通12345儿童救助保护热线，完成特殊困难老年人家庭居家适老化改造150户，为全市近2.5万名80岁以上老人发放尊老金1694万元，80岁以上老人居家养老上门服务率达97.0%，60岁以上困难老人意外伤害保险政府统保实现全覆盖、参保率100%。

（统计局）

中共句容市委员会

责任编校：陈龙浩

综　述

【概况】　2021年，句容市始终坚持以发展为第一要务，顶住疫情多点散发、能耗“双控”等因素带来的不利影响，积极应对化解各类重大风险挑战，推动全市经济运行稳中有进、稳中向好。全年实现地区生产总值736.75亿元，比上年增长9.3%；完成一般公共预算收入57.6亿元，比上年增长5%；全国综合实力百强县进位至第49位，列全国县级市基本现代化第36位，成为高质量推进基本现代化典型城市。

深入实施产业强市“一号战略”，坚定不移抓项目、锲而不舍抓招商、持之以恒育产业，转型升级步伐不断加快，高质量发展基础不断巩固。产业布局持续优化。大力实施园区升级工程，积极推进园区整合。按照“启动区+核心区+拓展区”思路，扎实推进枢纽经济区建设，开展产业园区规划及城市设计编制，与中电光谷签署合作协议，枢纽经济核心区建设正式破题起步。积极开展工业企业资源集约利用综合评价，有序推进能耗“双控”，全年关停低端低效、“散乱污”企业52个，盘活存量土地近3000亩。项目建设扎实有力，组织开展链群招商、以商引商、“一把手”招商，全年新签约亿元以上项目55个，总投资50亿元的石砀山抽水蓄能电站、30亿元的立邦新材料等一批重大项目签约落户。深化招商流动红旗、目视化联审等推进机制，全年1亿元以上项目新开工30个、新竣工15个。边城抽水蓄能电站超额完成年度建设任务，协鑫4GW太阳能单晶硅切片项目投产达效，容泰半导体、晶度半导体部分投产。全年完成固定资产投资271.17亿元，比上年增长10.3%；实现工业应税销售625亿元，比上年增长2.8%。骏成电子成功登陆创业板，实现本土企业上市历史性突破。营商环境有效改善。制定“福地句才”新政，吸引90余名高层次人才在句容落

中国共产党句容市第十三次代表大会

户创业。制定优化营商环境“十条举措”，深入开展企业走访月、民营企业家座谈会等一系列暖企活动，全年减税降费18.8亿元，全市普惠金融领域贷款余额220.5亿元，比上年增长26.2%，制造业贷款余额74.1亿元，比上年增长12.5%。全面推广“拿地即开工”模式，实施企业开办“一次办结”，6个环节半日办结成为常态。“句满意”营商环境品牌不断擦亮，列全国营商环境百强县第30位。

围绕城市颜值与品质双提升，持之以恒推进美丽句容建设，全国文明城市建设成效持续巩固。基础设施扎实推进。坚持“多规合一”，国土空间总体规划形成初步成果，完成基础信息平台及“一张图”建设。宁句城际轨道交通全面开通运营，宁句同城化取得重大战略成果。全面启动立体综合交通枢纽建设，站前广场、市政道路等配套工程有序推进。南沿江城际铁路句容段率先完成“三电”改迁，312国道快速化改造征地拆迁任务基本完成。长江引水暨城区水厂土建主体施工完成、下蜀水厂工程建设过半。开展城市有机更新方案编制研究，强力推进征收扫尾工作，一批持续十年以上的历史遗留问题得到有效解决。城市形象出新出彩。持续推动城市战略品牌规划和建设标准体系精准落地，完成文昌路、华阳北路延伸段“黑改黑”工程，城市主干道文化护栏改造实现全覆盖，完成华阳西路、人民路沿街老旧建筑综合改造，城市品质不断提升。持续优化城市绿色空间，华阳街心公园、万家河和葛洪里等口袋公园投入使用，城市之美更加可观可感。生态环境持续改善。推进减污与降碳协同增效、颗粒物和臭氧“双控双减”，$PM_{2.5}$年均浓度34.4微克/立方米，比上年下降4.4%，空气质量优良率达81.1%，比上年增长2.4%，首次达到环境空气功能区二类标准。坚持以“排口长制”为抓手，持续深化河湖长制、断面长制，完成10个片区雨污分流工程，新建市政污水主管网8千米，国省考断面水质优Ⅲ比例达到92.3%。实施土壤污染防治行动，生活垃圾应急填埋厂主体完成，餐厨垃圾集中中转站、建筑垃圾资源化处置中心试运行。

牢牢把握“三农”工作重心的历史性转移，挂牌成立乡村振兴局，系统推进乡村“五大振兴”。试点改革创新示范。茅山何庄乡村振兴试点实现阶段性收官，9个组团1186栋民房建设完成，获全国乡村治理示范村，成为苏南丘陵地区乡村振兴的标志性工程。扎实推进农村集体产权制度改革，大力培育新型经营主体，新增国家级示范社2家、省级家庭农场7家，成功入选省第四批农村改革试验区，跻身全国农业科技现代化先行县共建名单。深入实施普惠金融助力乡村振兴，行政村金融服务点实现全覆盖。产业融合高质高效。新建高标准农田1.2万亩，粮食生产面积和产量实现双提升，有效筑牢粮食安全防线。深化拓展“戴庄经验”，全市绿色优质农产品基地达到33.2万亩，获全国农作物病虫害“绿色防控示范县”称号。大力培育发展高效精品农业，深化电子商务进农村项目建设，应时鲜果销售有效克服疫情影响，丁庄葡萄成功迈出国门，“抢滩”新加坡、马来西亚。深入推进农文旅融合发展，编制完成“一山三湖”旅游发展总体规划，迎客乡村酒店、清境农场民宿等项目正式营业，列全国县域旅游综合实力百强县第19位。乡村建设美丽宜居。全面实施乡村建设行动，完成93个自然村生活污水处理设施建设，新建农村中低压燃气管道149千米，全市农村生活垃圾集中收运处理率、无害化卫生户厕普及率均达到100%，新建成美丽宜居乡村30个，下蜀范巷村入选省级特色田园乡村。持续健全“四治融合”乡村治理体系，全市城乡社区民主协商议事会建成率达100%，扎实推进乡村文艺播种计划和农家小书屋建设。

始终坚持以人民为中心的发展思想，一批群众急难愁盼的问题得到有效解决，全市民生支出占一般公共预算支出比重达84.4%。民生保障更加有力。坚持以“首稳”促“六稳”，通过“线上+线下”招聘相结合、技能培训与创业扶持相促进，全力打好稳就业组合拳，全年城镇新增就业1.6万人，城镇登记失业率控制在2.1%以下。完成特殊困难老年人家庭适老化改造150户，建成黄梅街道省级示范农村留守儿童、困境儿童关爱之家。林地生态葬改革获民政部肯定并在全省推广。城乡居民基本养老金实现“十一连增”，企业退休人员基本养老金实现“十七连增”。公共服务更加优质。制定“十四五”

教育布局规划，省句中异地新建工程加快推进，水畔新居、贾纪山路幼儿园建成交付，句容中专校获批成立技工学校。全面落实“双减”政策要求，坚持完善课后延时服务与整顿校外培训乱象双管齐下。新市人民医院正式运营，通过三级综合医院验收。有序实施医疗保障市级统筹改革，群众异地就医直接结算率达到86%。国家卫生城市通过复审。完成安置房权证发放近3.5万本，具备发证条件的占任务总数93.5%。社会治理更加高效。坚持“以无当有”，众志成城打好疫情防控阻击战，持续保持“三零”佳绩。扎实推进政府隐性债务化解，制定政府投资管理实施细则，新增政府债券22.4亿元，在镇江三个辖市中率先完成债务风险等级“脱红转橙”目标。扎实推动“一年小灶”“三年大灶”无缝衔接，制定安全生产专项整治三年行动方案，开展交通运输、建筑施工、燃气安全等领域大检查，安全生产形势总体平稳。常态化开展扫黑除恶专项斗争，抓获犯罪嫌疑人83人，扣押黑恶资产2亿余元。破获电信网络诈骗案件468起，挽回损失2900余万元。围绕宁句城际轨道执法管理，推动宁镇在全国首创跨区域协同立法。建成市级网格化服务管理中心，市舆情监测及应急指挥中心高效运行，信访考核稳居全省前20。

市委常委会始终把抓好党建作为最大政绩，持续深入学习习近平新时代中国特色社会主义思想。示范开展“争先进位年”建设，组织市委理论中心组学习16次，开展十九届六中全会宣讲61次。积极践行新时代句容精神，赵亚夫获“全国脱贫攻坚楷模”，刘树安获评“全国优秀党务工作者”，糜林被追授为“全国道德模范”。统筹推进“我为群众办实事”、“两在两同”建新功、“学亚夫做亚夫”等实践活动，推出“周六我在岗”“午间值班窗口”等一系列便民利民新举措，办理为民实事近600件。创新实施现代农业产业党建联合体建设，打造合作社党建“升级版”。茅山村入选中组部建设红色美丽村庄试点。

（市委办）

重要会议

【全市打造最优营商环境暨作风效能建设大会】 2月19日，句容市召开全市打造最优营商环境暨作风效能建设大会。大会聘任优化营商环境监督员，相关部门作了表态发言。市委书记潘群出席会议，并要求全市上下从头紧起、从头严起，打好营商环境的“攻坚战”，啃下作风之弊的“硬骨头”，不断创造良好的发展软环境，助力纵深推进“一福地四名城”建设。（市委办）

【全市党史学习教育动员会】 3月12日，全市党史学习教育动员会召开，传达上级党史学习教育动员会精神，部署句容市党史学习教育工作。市委书记潘群出席会议，并要求全市上下以高度的政治自觉、强烈的责任担当抓好党史学习教育，汲取历史经验智慧，厚积前行磅礴动能，纵深推进“一福地四名城”建设，以优异成绩献礼党的百年华诞。

（市委办）

【全市农村工作会议】 3月22日，全市农村工作会议在市政务服务中心召开，总结上年全市“三农”工作成绩，研究部署今年“三农”工作任务，会议对先进典型进行表彰，相关板块部门作了交流发言。市委书记潘群出席会议，并要求全市上下大力发扬孺子牛、拓荒牛、老黄牛精神，凝心聚力、真抓实干，在句容农村这片充满希望的田野上，书写乡村振兴的精彩篇章，跑出“三农”工作加速度，为纵深推进“一福地四名城”建设贡献更多力量。（市委办）

【中国共产党句容市第十三次代表大会】 7月26日至7月28日，中国共产党句容市第十三次代表大会在句容大剧院召开。大会认真总结市第十二次党代会以来的工作，研究确定今后五年的指导思想、奋斗目标、工作思路和重点举措，选举产生中共句容市第十三届委员会和纪律检查委员会，动员全市各级党组织和广大党员不忘初心、牢记使命，坚决扛起“争当表率、争做示范、走在前列”的使命担当，奋力谱写高质量发展新篇章，为把“一福地四名城”美好愿景演绎成现实而共同奋斗。市委书记潘群代表十二届委员会向大会作题为“奋进新时代　开启新征程　把‘一福地四名城’美好愿景演绎成现实”的报告。（市委办）

中国共产党句容市第十三届委员会第二次全体会议

【市委十三届二次全会】 12月30日，中国共产党句容市第十三届委员会第二次全体会议在市文化艺术中心大剧院举行。全会高举习近平新时代中国特色社会主义思想伟大旗帜，深入贯彻中共十九届六中全会、中央经济工作会议精神，按照省第十四次党代会、省委经济工作会议和镇江市委八届二次全会部署，回顾总结今年工作，科学研判当前形势，全面部署明年任务，动员全市上下接续奋斗、加速奔跑，坚决扛起“争当表率、争做示范、走在前列”的句容使命，奋力谱写“一福地四名城”现代化建设新篇章，以优异成绩迎接中共二十大胜利召开。全会由市委常委会主持，市委书记潘群代表市委常委会作报告。市委副书记、市长周必松作经济工作部署。（市委办）

重要决策

【句容枢纽经济区建设】 2021年，句容市谋划推进建设句容枢纽经济区。依托立体综合交通枢纽，坚持“站产城”一体，系统谋划国土空间及专项规划、产业规划和配套设施建设，全力打造具备“城市形态、工业产出、枢纽优势”的枢纽经济核心区，加快把枢纽优势转化为发展胜势。

（市委办）

【“一福地四名城”建设】 2021年，句容市深入客观分析当前机遇挑战、发展形势，以“一福地四名城”引领现代化建设新征程。明确抢抓南京紫东发展战略“家门口的机遇”；高水平建设句容立体综合交通枢纽；高起点、高标准开展“一山三湖”整体规划编制“三件大事”。深刻分析当前发展形势，坚持在大局下思考问题、谋划工作，把握新机遇、应对新挑战，以“一福地四名城”建设精心描绘现代化建设的现实模样。坚持以重点突破带动全局提升，抓住主要矛盾和矛盾的主要方面。明确现代化建设全力以赴干产业、接续发力干交通、坚持不懈干美丽、久久为功干共同富裕“四个干”的路径要求。（市委办）

重要活动

【江苏省句容高级中学异地新建项目开工】 1月5日，江苏省句容高级中学异地新建项目开工仪式举行。异地新建的省句中校址位于句容市高骊山路以东，243省道以西，贾纪山路南侧，陆羽路北侧，占地近300亩，总建筑面积12.5万平方米，总投资约10亿元。江苏省句容高级中学异地新建将显著提升区域办学能力，对于推动句容教育内涵发展、协调发展和高质量发展具有重要意义。

（市委办）

【智能制造重点项目签约暨国民新能源车项目开工】 1月8日，句容市智能制造重点项目签约暨国民新能源车项目开工仪式举行。包括总投资50亿元的新能源电动国民车项目在内，当天开工项目21个，投资总额约117.3亿元，涵盖新能源汽车、储能材料、医疗设备等多个领域，呈现开工快、规模大、品质高的特点。7个新开工项目为上年句容“项目突破年”集中签约项目，开工率达70%；1亿元以上项目20个，占95%，10亿元以上项目4个，占19%；智能制造项目15个、半导体项目1个，占76%。（市委办）

【立邦新型材料项目一期奠基暨二期签约】 4月27日，立邦新型材料项目一期奠基暨二期签约仪式举行。该项目位于句容下蜀临港工业区内，总投资近5亿美元，

2021 年句容市智能制造重点项目签约暨国民新能源车项目开工仪式

项目分二期建设。（市委办）

【石砀山抽水蓄能电站项目签约】 5 月 24 日，句容石砀山抽水蓄能电站项目在宝华镇签约。石砀山抽水蓄能电站项目总投资约 50 亿元，项目利用废弃露天采石宕口扩建为上水库，利用石砀山铜矿地下开采矿坑建设下水库，实现废弃矿坑绿色开发再利用。

（市委办）

【乡村振兴试点工程何庄民房竣工交付】 12 月 26 日，句容乡村振兴试点工程何庄民房竣工交付仪式举行。茅山镇何庄村占地面积 10.3 平方千米，辖 21 个自然村，1200 余户，3183 人。何庄乡村振兴试点工程按照"以人文本、整体推进、空间重塑、系统再造"的工作思路，以农民生产生活需要为核心、以何庄村为实施单元、以深化"三块地"改革释放农业农村内部潜力为抓手，探索实践丘陵山区乡村振兴的战略路径。

（市委办）

【南京至句容城际轨道开通】 12 月 28 日，南京至句容城际轨道交通工程开通仪式在马群站站厅举行。当日，宁句城际市民乘车仪式在宁句城际句容站站前广场举行。工程起于南京东部综合换乘枢纽马群站，途经麒麟、汤山、黄梅、句容北部新城、句容城区，终于句容高铁站，全长 43 千米，设车站 13 座。列车自马群站、句容站双向对发，快车单程运营时间约 35 分钟，常规列车约 40 分钟。

（市委办）

组织工作

【概况】 2021 年，句容市组织工作守正创新、提质增效。全市组织系统坚持以习近平新时代中国特色社会主义思想为指导，紧扣市委和上级组织部门工作部署要求，突出问题导向、目标导向、效果导向，全市基层党建、干部、人才、公务员、综合考核等各项工作取得新进展、新成效。2021 年，全市组织部门号召各级党组织和广大党员积极参与疫情防控，现代农业产业党建联合体项目获评镇江市"十佳书记项目"和人民日报社全国"乡村振兴优秀案例"奖，完成 176 个村（社区）"两委"和 8 个镇党委换届，做好中国共产党成立 100 周年"两优一先"评选表彰工作，3 人分别获中央和省委表彰，《把成绩写在大地上》等多部电教作品在中组部、省委组织部大赛中获一等奖，《乡村振兴之路——亚夫精神》入选"全省干部教育培训好课程"。

（秦昌文）

【干部队伍建设】 2021 年，句容市组织部门紧扣市镇集中换届这一中心任务，围绕服务全市发展大局选干部配班子，坚持落实"五突出五强化"选人用人机制，提高选人用人质量。

完成党委换届工作。严格落实上级换届工作各项要求，研究制定镇领导班子换届、市党代会筹备工作总体方案及镇领导班子换届政策文件。强化组织领导，成立镇党委换届和市党代会筹备两个领导机构，确保各项工作依规按时落到实处。开展推荐考察，在换届拟新提拔干部中开展理论测能、联审查能、干部述能、单位评能、访谈听能、一线考能、组织判能"七法考能"综合评价工作，结合"干部甄别六法"，全面考准查实干部能力表现。广泛开展思想教育，市委书记与镇党委书记以及市委换届不再提名、新提名、新当选人选分类开展谈话，常委、组织部部长走访 12 个乡镇板块和重点市级机关部门，与领导班子见面谈心，了解干部思想动态。完成市委、市纪委、人大、政府、政协、监委主任及“法检”两长换届工作，选举产生11名市委常委、29名市委委员、6名候补委员，15名市纪委常委，35名人大常委，37名政协常委，59名出席镇江市第九届人民代表大会代表；完成镇党委、人大、政府换届选举工作，选举产生76名镇党委委员、40名纪委委员。

提升干部队伍整体素能。严格落实省市委对于换届人选的政策性、结构性要求，坚持政治硬、肩膀硬、作风硬、本领硬“四硬”标准，注重从“基层一线、工作一线、项目一线”“三个一线”选拔干部，推动机关、乡镇、街道、园区、企事业单位“五大领域”干部队伍整体联动、协调推进，统筹谋划镇党委、人大、政府“一盘棋”换届人事方案。坚持正职岗位科学适配、重要岗位重点选配、专业岗位应配尽配、结构性岗位针对性匹配，全力配出结构合理、功能优化、具有战斗力的好班子。

服务发展与干部培养同步推进。紧扣服务好“一福地四名城”建设“五大重点举措”，选派发改、交通、农业农村、文化旅游等12个部门14名副科级及以下优秀中青年干部到省、南京市级机关部门跟班，学习先进工作理念和优良作风。围绕助力乡村振兴，选派11名业务能力突出、行业经验丰富的金融系统中层以上党员干部到乡镇一线实地开展服务工作。持续加大农业项目帮扶力度，积极争取9名省级机关、高校院所干部人才到句容市挂职，推动解决企业人才引进、技术创新、产学研合作等难题。

加强干部教育培训，围绕全市重点工作，分期分批、分类别举办“党旗红·产业强·业务精·乡村兴·勇奔跑”等系列专题培训班。运用线上课堂形式创新打造“掌上培训平台”，开发线上教学“四型模式”，形成线上培训新形式。围绕全国脱贫攻坚楷模赵亚夫的先进事迹拍摄的攻坚克难案例课程《乡村振兴之路何以铺就——“戴庄经验”的生成逻辑与现实启示》，被省委组织部评为干部教育培训好课程，“五色”现场教学路线被纳入全省干部教育培训工作创新案例予以推广。

加强干部监督，落实上级严肃换届纪律有关要求，先后采取专题宣讲、学习教育、风险防控、“六类人员”谈心谈话和从严督导等措施，保障市镇两级换届圆满完成。开展乡镇机构改革选人用人专项检查，规范基层干部任用行为。抓实专项整治，严格干部到社会团体兼职审批，审批、备案科级干部38人次。掌握领导干部因私出国（境）信息，对新提拔的科级干部及时新增备案登记。开展管档单位档案专审督查20家次，完成干部人事档案专项审核“全覆盖”。

深化“四硬四好”评选内涵，增设“好搭档”、村书记类“好先锋”奖项，评选出好班子4个、好搭档2对、好班长4名、好先锋25名（领导干部类20名、村书记类5名）。发挥公务员调任靶向作用，将5名专业能力突出、工作表现优秀的年轻事业干部充实到国有资产管理、乡村振兴一线、财会审计、“一山三湖”规划等重要岗位。把好股级干部选拔程序关、资格条件关，全年累计受理中层干部调整请示50批次，审核审批股级干部任免433人次。对全市630名市管干部信息进行逐一核查核对，对市管领导干部基础信息进行重点更新维护。

（陆云松）

周末学堂——“产业强市”专题讲座

【基层组织和党员队伍建设】
2021年12月，句容市有基层党组织1910个，其中基层党（工）委97个，党总支216个，党支部1597个。全市建制村党组织152个（党委20个，党总支132个），涉农社区党组织10个（党总支10个），城市社区党组织14个（党委4个，党总支10个）。全市农村基层党组织1317个。有党员38073名，其中正式党员37101名，预备党员972名。全市党员中，农村党员23285名，城市社区党员2130名；大专以上文化程度的党员16706名，女性党员8818名。

2021年，基层党建工作聚焦“献礼党的百年大庆”这一主题，紧扣“提质增效年”这一主线，围绕“‘句’力争先”奋斗主题，实施基层党建“红色‘句’力”工程，重点推进“五红”行动，强化党组织政治功能，彰显党建引领作用，夯实基层基础，基层党建工作取得新的进展。

实施“筑牢红色堡垒”行动，提升组织力。推进农村基层党建标准化国家级试点工作，提升村、社区党群服务中心效用，推进各领域、多类型党群服务中心建设。实施“两新”党建“红色‘句’力”工程，推进党务工作者专业化建设，健全“两新”组织党建工作体系，推行“两新”组织党组织活动阵地建设规范，分领域重点打造28个“两新”党建样板，逐步建立以园区、商圈等区域型、综合型党组织为龙头，以党群服务中心为平台的工作体系。深入贯彻落实产业强市“一号战略”，实施“助力‘句满意’，服务先锋行”行动，60个机关部门联系帮办重点企业，12支“句满意”服务先锋队项目一线帮办，协调解决3大类32条问题，14个项目党支部开展“党员项目行”144次。

实施“育好红色先锋”行动，释放引领力。深化拓展村书记专职化管理，实施“名书记”培育工程，开办“雁之声”村书记论坛，优化年度考核评价办法，推动“头雁”队伍素能整体提升，1名村书记获“全国优秀党务工作者”，3名村书记提拔进入乡镇领导班子。实施村干部素质提升工程，组织开展各类专题培训13期、覆盖1400余人次，94名村干部加入学历提升计划。推进村级人才储备培育规范化、体系化建设，通过拓宽用人渠道、严把人选标准、规范选拔方式、搭建培育平台，定向发力夯实村干部梯队力量，全市新招“定制村干”15名，乡村振兴特聘岗落实率100%。启动新一轮第一书记选派工作，推动村级集体经济实现新提升、新发展。摄制的《云境课堂》等电教作品在省级大赛中获一、二等奖等5个奖项。

实施“淬炼红色初心”行动，增强凝聚力。围绕爱党爱国爱社会主义，开展“红心向党、献礼百年”系列庆祝活动。做好中央和省市县“两优一先”评选表彰工作，3名个人分别获中共中央、江苏省委表彰，37个基层党组织和个人获镇江市委表彰。开展百个红色堡垒晒党建、百名红色先锋展风采、百部优秀电教片展播“三个一百”系列活动。开展主题党日提质行动，列出4大类16项活动主题，评选出最佳主题党日案例10个并汇编成册。做好新形势下党员发展工作，坚持“两突出四倾斜”，创新发展党员材料联审机制，举办市级示范培训班2期次，从“源头”上确保发展党员质量。立足提升党内关爱温度，推动农村无收入老党员生活补助提标100元/人·月，走访慰问老党员、模范党员、困难党员575名，颁发“光荣在党50年”纪念章3487枚。

实施“建强红色基地”行动，彰显影响力。紧抓全国红色美丽村庄试点建设为契机，深挖本地红色资源和典型资源，融合推进铁军营、党史学习教育馆、党章苑、赵亚夫事迹馆等党员教育基地建设，打造10条红色经典教育路线，构建“20分钟党性教育圈”，放大红色培训品牌效应。借智借力周边农业科研院校力量，集聚整合农业产业培育实践资源，推进“亚夫学院”等农村干部和乡土人才教育培训基地建设，打造后白草坪研究院、唐陵“苗木课堂”、白兔“草莓课堂”、倪塘“葡萄课堂”等一批特色鲜明、布局合理、具有较强影响力的专业能力培训基地、创新创业实践基地。

实施“点燃红色引擎”行动，激发发展力。聚焦抓党建促乡村振兴，创新实施现代农业产业党建联合体建设，突出“三级贯通、覆盖到户”，以合作联社党委为核心，建立“党建‘句’力联盟—合作联社党委—合作社党支部”三级组织体系，38个村级合作社党支部按照稻米、葡萄、草莓三大产业链连点成线，实现391名从业党员管理全覆盖，带动3600余户农户抱团发展。突出“四联共促、抱团兴业”，制定助农“红8条”，打造“一站式”产业党群服务中心，提升党组织发展服务力。突出“党群同心、强村富民”，创新党员“先锋指数”评价体系，推广党员中心户、营农指导员“三领三帮”共富机制，

14 个主导产业村集体经济平均增收 46 万元、农户人均收入增加 1.5 万元，该项目被中国品牌论坛评为乡村振兴优秀案例。

（秦　川）

白兔镇草莓产业党群服务中心

2021 招才引智“镇江日”（句容—长沙）专场活动

【人才工作】 2021 年，句容市组织部门按照镇江市人才“镇”兴行动相关要求，结合句容市实际情况和现有政策，优化人才政策，拟定《关于推进 312 国道以及紫东相邻区产业创新走廊“福地句才”工程的实施意见》。同时，牵头财政、人社、发改、科技等相关部门，制定《关于高校毕业生来句就业创业若干政策意见》，为来句就业创业的高校毕业生提供生活补贴、租房补贴、购房补贴、见习补贴、创业资助等 15 项支持政策，21 年 9 月完成第一批高校毕业生生活补贴发放。点对点走访上海大学、东南大学等 10 余所高校，成功争取 9 名省级机关、高校专家组建句容第十四批科技镇长团。全面做好启明计划、省“双创”、镇江市“金山英才”计划申报，成功入选省“双创”人才 1 人，镇江市“金山英才”计划 13 人。开展“福地英才”计划综合评审，19 个项目成功入选，成功举办第七届“福地青年英才”创业大赛。完成镇江市第六期“169”工程申报，入选学术技术带头人 15 个，学术技术骨干 45 个和学术技术新秀 30 个。到上海、西安、长沙等高校集聚的城市开展双招双引活动，宣传人才新政，加强人才引进。举办“2021 招才引智”句容—长沙专场活动，推动开发区与东南大学科技园签订全面合作协议，在中南大学、湖南师范大学、湖南中医药大学等 9 所长沙高校建立人才工作站。组织市重点企业、教育局、卫健委等开展高校毕业生专场招聘会，近 100 名学生达成初步就业意向。

（陈　飞）

【公务员工作】 2021 年，句容市组织部门着力打造高素质专业化公务员队伍。贯彻落实全国公务员工作推进会和全省、镇江市组织部长会议精神，深入推进“践行三强三比争做奔跑先锋”主题活动，进一步做好公务员引、育、管、用各项工作。开展“强基固本”“三亮三争”“先锋引领”三项行动，强化全市公务员理想信念教育，筑牢思想之基。引导广大公务员明确工作职责，主动“亮身份、亮职责、亮承诺”，争当履职尽责标兵、争创群众满意窗口、争创优质服务品牌，提高履职能力和服务群众的速度、效度和温度。发挥先进典型的先锋引领作用，展示公务员的良好形象。突出招录、培训、选用三个关键环节，着力打造句容市高质量发展的中坚力量。通过强化平时考核、及时奖励和适时晋升“三时”管理制度，激励全市广大公务员积极干事创业、担当作为。

（杨　声）

【综合考核工作】　2021年，句容市贯彻落实省、镇江考核要求，始终围绕中心、服务大局，坚持抓平时、强调度，激发各地各部门干事创业的积极性、主动性。会同相关部门指导确定各板块指标年度任务目标值，让各板块工作更有方向、发展更有目标。深入开展板块差异化考核，更加突出产业项目建设、招商引资等核心指标权重，树立“产业强市、项目为王”的考核导向。完善激励机制，增设“争先进位奖”，鼓励各单位比拼争先、提档进位；实行“末位惩戒”，将指标排名与部门等次直接挂钩。严格考核任务“专班制”管理，对上级考核指标逐项明确挂钩市领导、责任部门，做到定期调度、动态研判。首次开展镇（街道、园区）半年评估、三季度预考核工作，绘制板块高质量发展质效图，帮助找准薄弱环节，引导各板块靶向发力、精准施策。深化“干、督、查”工作机制，会同督查办做好常态化挂旗通报，全年印发考核专报8期，督促各地各部门抓在平常、严在经常。贯彻落实“三项机制”要求，树立“以实绩论英雄”的考核导向，将考核结果与职级晋升、“四硬型”干部评选、干部年度考核直接挂钩。2021年，有4个镇（街道、园区）、27个市级机关部门获得年度考核“第一等次”，4个镇（街道、园区）、9个市级机关部门获得高质量发展“重要贡献奖”，10个市级机关部门获得服务高质量发展“十佳单位”称号。

（董　凡）

【市级机关党建工作】　2021年，句容市坚持围绕中心、建设队伍、服务群众，以庆祝中国共产党成立100周年为主线，以党史学习教育为重点，以党的政治建设为统领，全面推进机关党的各项建设，充分发挥基层党组织战斗堡垒作用和党员先锋模范作用，机关党建工作质量有效提升。面对新冠肺炎疫情，组织全市机关部门311名党员志愿者下沉村（社区）、交通卡口等开展志愿服务，组织65个机关部门与12个板块结成对子，开展“敲门行动”。常态化做好文明城市志愿服务工作，组织协调机关部门志愿者，完成全国文明城市复检工作。完成市委换届工作。完成机关工委党代表选举工作，选举产生56名出席市第十三次党代会的代表，并推选出省和镇江市党代表。以丰富的活动献礼中国共产党成立100周年大庆。高质量开展庆祝中国共产党成立100周年系列活动，组织参观红色教育基地、观看红色电影、重温入党誓词等103场次，为174位老党员颁发“光荣在党50年”纪念章，给45名困难党员送去组织关怀。深化机关党建标准化建设。65家单位完成标准化阵地建设，纪实管理系统持续优化升级，初步建立全过程记录、全流程管控、全方位保障的机关党建线上管理体系，“三会一课”、组织生活会、民主评议党员等制度得到有效落实。推进市级机关党组织与企业结对共建，上门送政策、送服务，帮助企业找问题、解困难，主动办活动、抓联建，在改善营商环境、推动产业强市上，充分展现机关党员有担当、善作为。70个机关部门（单位）党组织的800余名党员干部深入企业走访，每个部门（单位）为企业至少解决1个困难。高质量开展党史学习教育，认真贯彻落实习近平总书记在党史学习教育动员大会上的讲话精神，组织47个机关党组织征订党史学习书籍2083册，确保每名党员人手一册。举办党史学习教育专题讲座2场次，并邀请市委党史学习教育宣讲团成员王成军、冯义平作专题辅导。召开党史学习教育专题座谈会2场次，深入16个机关部门（单位）党组织开展调研，梳理解决12个问题。举办市级机关读书节。以创建学习型机关党组织为目标，举办“悦读与奋斗”第十一届市级机关读书节，开展“朗读者”比赛，全面提升党员干部学习能力和综合素质。提升机关支部建设质量。实施党支部质量提升工程，充分调动机关党员创先争优的积极性和创造性，基层支部政治功能不断强化，组织力凝聚力战斗力不断提升。开展“党员示范岗”创建，通过抓基础重规范、抓重点带一般，不断改进工作作风、提高服务质量，彰显共产党员的先锋模范作用和先进典型的示范带动作用。深入实施党员“先锋亮绩、积分管理”，不断完善管理体系、优化管理细则，提升党员教育管理水

平。坚持政治标准，注重在急难险重一线、青年业务骨干、高知识群体中发展党员，全年发展新党员37名。（顾连春）

句容市公务员“践行三强三比 争做奔跑先锋”主题活动部署会

宣传工作

【概况】 2021年，句容市委宣传部围绕庆祝中国共产党成立100周年这条主线，把握“举旗帜、聚民心、育新人、兴文化、展形象”使命任务，坚持内造氛围、外树形象，为纵深推进“一福地四名城”建设提供强大精神支撑。年内，糜林获第八届“全国道德模范”称号，刘树安入选“中国好人榜”。句容市获“2020年度全省基层党员冬训工作示范市”称号，省级以上主流媒体用稿继续位列全省县市区第一。（尹季璇）

【思想理论建设】 2021年，市委宣传部强化思想理论武装，以党史学习教育为主抓手，把学习贯彻习近平新时代中国特色社会主义思想作为首要政治任务。市委理论学习中心组开展专题学习16场次。组建市委宣讲团，专题宣讲习近平总书记“七一”重要讲话精神32场次。新建扩建亚夫生态富民示范稻田、糜林事迹教育实践果园等党史课堂等示范阵地58个。融合推进“两在两同”建新功行动与“我为群众办实事”实践活动。全市党员领导干部共领办各类难题586个，年内全部办结。深化“学亚夫、做亚夫——把成绩写在大地上”先锋行动，组建151支“学亚夫、做亚夫”先锋团队，参与党员近8000名，确定821个帮扶项目，年内全部办结。党史学习教育中央第五指导组对句容市党史学习教育工作给予充分肯定。（尹季璇）

【新闻宣传工作】 2021年，市委宣传部以高水平全面建成小康社会主题宣传为重点，着力营造“主旋律高昂、正能量充沛”的舆论环境。紧扣中国共产党成立100周年主题主线，线上线下开展“奋斗百年路 启航新征程”“三高一争”“产业强市跑起来”“一福地四名城”和“美丽句容”等10多个专题宣传和深度报道，刊发稿件2600余篇次，全网推送稿件3篇，省内推送稿件10篇。以市第十三次党代会的召开为契机，推出“福地名城这五年”系列报道，全方位展示“十三五”期间句容市经济社会发展取得的巨大成就。坚持移动优先战略不动摇，“句容发布”微信公众号在镇江辖市区首个实现“一日多推”，“看句容”App完成改版升级。全市官方新媒体粉丝总量近50万人。刊播“新冠肺炎疫苗接种”“感人瞬间”“我为群众办实事”等微视频，总播放量30

3月21日，句容市举行党史学习教育动员部署会

万余次。召开专场新闻发布会15场次，让句容好声音、好故事传得更远、更广。（尹季璇）

【意识形态工作】 2021年，市委宣传部全面巩固意识形态安全。紧盯重要时间节点，突出重点领域和关键环节，守好主阵地、唱响主旋律、打好主动仗，织密织牢意识形态安全防护网。突出清单明责，推动责任落实，市委常委会专题研究意识形态工作，切实加强党对意识形态工作的领导。注重发挥协调联动和情况沟通的作用，召开意识形态领域情况分析研判联席会议2次，通报工作情况，沟通研判风险，谋划有效举措，形成工作合力。对11家单位党组织落实意识形态工作责任制情况开展专项巡察，传递责任压力，发现问题短板，跟踪督促整改，持续压紧压实责任。围绕意识形态工作面临的新形势新任务，印发2021年全市意识形态工作《责任清单》《任务清单》，形成任务明确、共同参与、严督实查的闭环机制。突出阵地管理，防范风险隐患。开展“清源”“固边”“护苗”“秋风”“净网”五大专项行动，加大市场监管和对违法经营行为的查处力度。打击各类非法经营活动，净化文化市场。将“扫黄打非”工作融入新时代文明实践中心（所、站）建设，把“扫黄打非”纳入网格化治理体系；利用多种媒介向群众宣传“扫黄打非”知识，畅通举报投诉渠道，引导激励群众主动参与。加强报告会、研讨会、讲座讲坛备案管理，切实做到心中有数。在全市教育系统开展整治非法宗教活动，坚决杜绝校园传教。加强校园周边排查整治，杜绝非法出版物进校园，保障未成年人健康成长。突出综合治理，清朗网络空间。推进“网信+信访”融合，发挥7×24小时全时全网全程舆情监控处置机制效能，借助线上监测、信息通报、线下核查、处置回应“四步工作法”，形成“线上应对有力、线下可防可控、双线联动管控、规范高效创新”的舆情引导和联动处置新格局。严格落实网络安全工作责任制，对接镇江市网络安全一体化应急指挥中心和网络安全态势感知平台建设，提升预警、响应与处置水平。常态化开展网络安全检查，实施“网安2021”专项行动，举办专题培训和应急演练，持续净化网络空间。强化互联网执法，上报各类违规网站平台（账号）15个，关停网站1家，约谈网站2次，处置不良信息20多次。（尹季璇）

【文化事业发展】 2021年，市委宣传部坚持强供给、惠民生，文化事业产业提质增效。围绕庆祝中国共产党成立100周年，举办“红心向党 ‘容’放光芒”“七一”大型文艺活动，吸引92支队伍近5000人参加比赛。结合端午文化周，举办“福地句容杯”红色经典诗词大赛，吸引400多人参与。对全市文艺人才进行系统梳理，建成全市“三个一百”文艺人才库。建设国家级非遗“秦淮灯彩”展示基地，带动乡村振兴。建设句容市首个城市书房，制作城区阅读空间分布图，举办第七届“文昌阅读节”“机关读书节”“金秋诗歌朗诵会”“农家书屋阅读推广示范活动（茅山专场）”等品牌阅读活动，引导群众参与阅读、分享阅读。建成各具特色的“农家小书屋”300余个，进一步满足农村群众的阅读需求。紧盯围绕文化产业高质量考核指标，围绕文化产业营收、推进重点文产项目建设、培育规上文化企业等重点，强化目标导向，完善工作机制，推动文化产业高质量发展。（尹季璇）

“福地句容杯”红色经典诗词大赛

·精神文明建设·

【概况】 2021年，句容市以培育和践行社会主义核心价值观为根本，统筹推进更高水平全国文明城市建设，深化拓展新时代文明实践中心建设，深入实施公民道德建设工程，着力培育担当民族复兴大任的时代新人，着力弘扬共筑美好生活梦想的时代新风，着力提高社会文明程度。年内，糜林获评第八届全国道德模范，刘树安入选“中国好人榜”，戴荣斌家庭获评“全国最美家庭”。

（尹季璇）

11月，糜林获评第八届全国道德模范

【文明城市创建】 2021年，句容市突出常态长效，抓实文明城市创建工作。成立全国文明城市常态长效建设工作领导小组和指挥部，制定《句容市建设新时代更高水平文明城市三年工作规划（2021—2023年）》《文明城市建设常态长效机制实施意见》，强化文明城市创建“一把手”工程定位，将深化文明城市建设工作纳入常委会年度工作要点。市委、市政府召开全市建设新时代更高水平全国文明城市工作推进会议，市文明委先后多次召开文明城市建设专项工作会议，始终将文明创建抓在日常、融入经常，定期、不定期督查文明城市创建工作，对存在的问题逐一过堂、当面交办，把创建工作持续引向深入。抽调相关部门业务骨干组建创建办督查组，聚焦农贸市场、居民小区、背街小巷、主次干道等重要领域和关键点位，开展日常督查、专项督查。开展文明系列单位、文明窗口单位、乡风文明等定期测评工作。针对省文明办、镇江市文明办暗访反馈问题，召开专题工作会议，印发整改文件，细分问题清单，实施销号管理。实施新一轮集贸市场、背街小巷、居民小区、城乡环境等系列整治工程，加强城乡基础设施建设，开展“清洁家园”行动，巩固人居环境整治成果。完成16个小区、71栋居民楼改造工程，惠及2047户居民。完成文昌路、华阳北路延伸段“黑改黑”工程，实施华阳西路、人民路沿街老旧建筑综合改造。新建改建标准化公交站台20座、城区公共卫生间25座，新设非机动车停放车位8642个，设置便民疏导点3个、摊位85个，309个餐饮商户完成油烟净化设备安装。加强城市休闲公园广场建设，万家河体育公园、葛洪里公园2个口袋公园投入使用。推进美丽庭院、文明楼道建设专项行动，开展2021年度句容市“美丽庭院”示范村、示范户评选活动，35个楼道获评镇江市示范楼道。持续开展路段志愿服务和文明交通宣传引导行动，开展“一盔一戴”专项整治，强化市民文明出行意识。推行“大数据+网格化+铁脚板”工作模式，加强网格化管理，深化“啄木鸟行动”，不断提升数字城管运行效能。组织机关部门、文明单位结对社区小区，常态化开展文明共建、入户走访等活动。（尹季璇）

【社会诚信建设】 2021年，句容市持续开展失信突出问题专项整治，组织开展2021年度句容市“诚信之星”评比宣传活动。聚力营商环境建设，开展2021年度“文明示范窗口单位”创建行动，进一步提升窗口行业服务水平。组织开展第五届句容市文明家庭评选，6户获评镇江市第三届文明家庭。组织开展2018—2020年度镇江市文明系列单位和2019—2021年度江苏省文明系列单位推荐、评选活动。发挥文明系列单位示范引领带动作用，组织76家文明单位开展“城乡结对 文明共建”为群众办实事活动；组织24家文明单位结对24支城区广场舞队伍，丰富群众精神文化生活。组织城区文明单位32家单位、200余名志愿者参加崇明街道核酸检测演练志愿服务；组织11家文明单位开展“大爱护航 同心战‘疫’”结对关爱援扬医护人员家属活动。（尹季璇）

【新时代文明实践】 2021年，句容市探索推进新时代文明实践站标准化建设，重点抓好“阵地建设、制度管理、队伍建设、活动项目”，完成空青村、中心村、茅山村、林梅村等首批试点建设任务。建成新时代文明实践中心24小时城市书房和一批标准化志愿服务站点，依托新时代文明实践中心、所、站，设置“党史读书角”、党史知识打卡点，新增红色图书2.3万余册，将文明实践阵地打造成为党史学习教育新阵地。用好用活新四军纪念馆、茅山铁军营、白兔大支里党支部等红色资源，发挥新时代文明实践点阵地作用，开设红色情境课堂、红色体验教育，组织开展文明实践活动。通过“百姓名嘴”讲党史、农家书屋读党史、百姓舞台演党史、田间地头送党史、农村喇叭播党史等“永远跟党走”群众性宣传教育活动，引导群众学党史、知党恩、听党话、跟党走。结合传统节日、现代节日、重大纪念日等时间节点，组织开展“端午文化周红色诗词大赛”“七一文艺汇演”“永远跟党走 幸福舞起来”等文化惠民活动。推出“新时代文明实践+集成管理网格”新模式，下沉基层一线征集问题线索，组织开展志愿服务活动，持续壮大志愿服务队伍。开展“我为群众办实事 文明实践在行动”系列活动，引导各级文明实践志愿服务组织聚焦群众需求，推出服务“菜单”，把党史学习教育成果转化为办实事、解难事的工作成效。年内，赤山湖“绿梦”生态文明志愿服务项目、市妇联“萱草花”志愿服务项目入选第六届江苏志愿服务展示交流会参展项目。（尹季璇）

【公民道德建设】 2021年，句容市持续加强新时代公民道德建设，新增标准化善行义举榜55个、好人街区1个、好人工作室3个。依托文明实践所（站）、广场、公园、公共文化场馆等阵地，组织开展道德模范事迹展览。加强道德典型学习宣传，持续开展道德典型、劳动模范进校园、进社区、进企业、进乡村、进机关宣讲活动。邀请道德模范、身边好人、文明家庭参加“七一”文艺汇演、“重阳孝老 文明万家”等主题活动，组织慰问王秀燕、欧阳和林、郑达英等家庭困难的道德楷模、身边好人。出版人物传记《糜林》，创作以糜林事迹为故事原型的广播剧《金剪刀》，以榜样力量激励人、鼓舞人。组织开展“感动句容” “句容好人”“文明家庭”“新时代好少年”等评选活动，糜林获评第八届全国道德模范，刘树安入选“中国好人榜”，戴荣斌家庭获评“全国最美家庭”，2人入选“江苏好人榜”，3人获评“大爱镇江年度人物”及提名奖，7人入选“镇江好人”；2名学生入选“镇江十佳新时代好少年”，8人获评“镇江市新时代好少年”，“好人之城”效应不断放大。（尹季璇）

【未成年人思想道德建设】 2021年，句容市组织开展“童心向党”

3月11日，句容市崇明小学开展“寻党员公仆足迹 学时代楷模精神”寻访活动

系列教育实践活动，打造实境课堂、初心课堂、联动课堂“三个红色课堂”，组织参评“童心向党”征文大赛，获评省优秀组织奖，征集“福娃讲故事”优秀作品370篇，录制音频80余期。6余万学生参与寻访红色足迹和道德楷模、打卡红色阵地等活动。编排舞台剧《勇士郭纲琳》，在镇江市内进行巡演，组织开展“回信记心间 争做好少年”“请党放心 强国有我”系列征文活动，收集作品2300余篇。加强思政课建设，成立大中小学思政课一体化建设联盟，抓好立德树人关键课程。成立中小学校劳动教育联盟，系统推进中小学生劳动教育，实现以劳树德、以劳增智的教学目的。加强未成年人成长指导中心建设，组织开展心理健康教育主题宣传月活动，开通96111心理援助热线，构筑更为全面、立体的未成年人健康“防护网”。（尹季璇）

句容市“同心红”志愿者服务团座谈会

统战工作

·综述·

【概况】 2021年，市委统战部以贯彻落实习近平总书记关于加强和改进统一战线工作的重要思想为主线，以学习宣传贯彻《中国共产党统一战线工作条例》为重点，以进一步发挥新时代统一战线法宝作用为目标，开创句容市统战工作新局面。（张 薄）

【“同心红”志愿者服务联盟成立】 2021年，为进一步凝聚全市统一战线力量，动员社会各界积极行动起来投身公益事业，句容市成立“同心红”志愿服务联盟，设立“同心红”慈善专项资金，团结引导全市统战成员和社会各界人士开展同心助爱活动。“同心红”慈善专项资金账户自8月设立以来，接收广大统战成员和成员单位捐赠120余万元。重阳节前，组织“同心红”志愿者13个服务分团，走进句容各镇（街道、园区）12个敬老院五保供养服务站、社会福利中心、养老服务中心等，开展“同心红”慰问活动，发放慰问品1000余份。（张 薄）

【党外代表人士工作】 2021年，市委统战部结合“苏统云”平台建设，更新完善民主党派成员、非公有制经济人士、无党派知识分子、新的社会阶层人士、宗教人士、少数民族群众、留学生代表、港澳台侨人士等统战成员数据库。在全市范围摸排优秀党外年轻干部及优秀年轻统战对象，动态建立优秀党外年轻干部数据库，入库人员60余人。开展党外代表人士培训班、优秀年轻统战对象培训班各1期，100余人参训；年内，1名统战对象被提拔为科级领导，3名年轻民主党派成员被推选为民主党派镇江市委委员。3月，指导无党派人士联谊会换届，并于10月在无党派人士联谊会的基础上成立党外知识分子联谊会；10月，指导市台属联谊会换届；11月18日，句容市欧美同学会（句容市留学人员联谊会）成立大会召开。全年全市统战成员提交提案、议案95件。（张 薄）

【非公有制经济工作】 2021年，市委统战部加强非公有制经济人士理想信念教育，建设省、镇江市社会主义学院茅山教学基地，在民营企业建立同心党建阵地。动员各民主党派成员、无党派人士、新阶层人士组建“句满意”同心服务团，助力打造最优营商环境。通过市侨联、欧美同学会建立侨务联盟，开展海外人才创新创业大赛。依托镇江市唯一的“江苏大工匠”称号获得者、新联会副会长沈春雷，建立镇江市首家“江苏大工匠”工作室。支持市工商联常态化开展“春风送暖、助企发展”“五送五助”行动。建立非公有制经济服务中心，常态化、机制化开展“我为企业办实事”活动，促进民营经济“两个健康”高质量发展。（张　薄）

【统战阵地建设】　2021年，市委统战部持续深化实践创新，打造统战阵地，形成统战品牌。持续加强同心活动中心建设，新建句容市党外知识分子实践创新基地。在崇明街道中凌社区、甲城社区和茅宝葛园建设“侨之家”，打造句容华侨华人同心红创新创业实践基地；在后白镇、边城镇和开发区建设“红石榴家园”。围绕服务非公有制经济推进阵地建设，下蜀镇在台泥水泥有限公司打造同心红融合发展示范基地；宝华镇、下蜀镇、白兔镇开展银企对接，促进企业发展；后白镇建立同心之家统战工作室，开展“迎老乡、回故乡、建家乡”三乡活动，成功引进10家企业投资17.3亿元。围绕助力乡村振兴推进阵地建设，加强袁相村“同心工程”实验区建设，打造全市第二个同心工程实验区——同心红志愿服务林梅村实践基地；推进佴池民族村建设。截至2021年年末，建成各类型统战阵地20个，袁相“同心”工程实验区被评为江苏省百家统战基地。5月13日，镇江市首次统战阵地建设现场观摩会在句容市召开。（张　薄）

·民族工作·

【概况】　2021年，市委统战部学习贯彻落实中央民族工作会议精神，做好民族工作；围绕阵地机制化、管理法治化、治理网格化、人才专业化的要求，继续开展省级品牌创建工作和民族群众就业创业服务工作。（张　薄）

【民族团结进步宣传月活动】　2021年，市委统战部多措并举组织开展民族团结进步宣传月活动。在全市范围内主要交通要道悬挂横幅标语，举办民族理论政策知识讲座，组织开展“浓情粽香”系列活动。联合基层卫生院在镇、街道、园区开展少数民族同心义诊活动10余场，服务各族群众500多名，发放健康宣传资料千余份。上门为市域内少数民族群众送去党史学习资料，宣讲红色故事和国家民族政策。（张　薄）

【少数民族群众帮扶工作】　春节期间，走访慰问全市建档立卡的46户少数民族贫困户，发放慰问金4.6万元。8月，市委统战部与教育部门沟通协调，帮助5名外来务工少数民族家庭随迁子女解决本地就学问题。（张　薄）

【省级“红石榴家园”民族工作阵地创建】　2021年3月，开发区（黄梅街道）赤岗社区挂牌省级“红石榴家园”民族工作阵地；12月，开发区（黄梅街道）、后白镇和边城镇分别创成省级“红石榴家园”民族工作阵地。

（张　薄）

【“句容市民族团结进步创业就业示范基地”评选】　2021年4月，市委统战部联合市人力资源和社会保障局，在全市范围内开展民族团结进步创业就业示范基地的创建工作。通过综合评比，授予巨宝精密加工（江苏）有限公司和江苏京华电气有限公司2个规上企业“句容市民族团结进步创业就业示范基地”称号，并给予其招用就业困难人员社保保险补贴和小微企业富民创业担保贷款等优惠政策。（张　薄）

开发区创成省级“红石榴家园”民族工作阵地

·宗教工作·

【概况】 2021年，市委统战部学习贯彻全国宗教会议精神，巩固深化督查整改治理成效。健全三级宗教工作网络和两级责任制，将基层宗教事务纳入网格化社会治理。重视宗教人才培养，指导各宗教团体进一步完善教职人员评估考核体系。年内召开宗教工作专项会议3次，部署全市宗教领域相关工作。（张 薄）

【第五届国际道教论坛筹备工作】 2021年，市委统战部制定具体工作计划和措施，做好各项方案策划，推进论坛筹备各项工作。5月9日，中央统战部常务副部长张裔炯，省委常委、统战部部长杨岳，省委统战部常务副部长李国华到句容现场调研，对筹备工作予以充分肯定。（张 薄）

【宗教领域意识形态工作】 2021年，市委统战部制定《2021年度市委统战部落实意识形态工作责任制实施方案》，细化意识形态工作责任分解，明确目标任务。要求全市四大宗教团体拟定本团体内部意识形态工作清单，并落实各项工作。对全市宗教活动场所进行法治宣传海报全覆盖。开展2次《宗教事务条例》《江苏省宗教事务条例》培训学习。（张 薄）

【宗教领域安全整治工作】 2021年，市委统战部联合第三方安全机构对全市18个基督教活动场所进行专项安全检查。对全市宗教活动场所的古树名木和部分建筑设施的避雷设施进行2次检查。举办民宗领域安全生产技能提升培训班。全市宗教活动场所严格执行“双暂停一严禁”（暂停开放宗教场所，暂停一切集体宗教活动，严禁人员聚集）规定，确保各寺观教堂无疫情输入、无安全事故发生。指导宗教活动场所加强对场所安全、消防、文物保护和卫生防疫等方面的检查，做好有序恢复开放工作。（张 薄）

【宗教事务规范化管理】 2021年，市委统战部开展基层宗教工作巡查2次，逐条落实整改措施，巩固整改效果。完成全市29处宗教活动场所不动产调查摸底工作；完成宗教基础信息采集和报送工作。（张 薄）

·港澳台工作·

【概况】 2021年，市委统战部加强与句容籍在港、澳人士的联系交往，深化句容与香港、澳门的交流合作。参与2021镇江长三角台商投资推介会活动，深化句台交流交往，打造一流发展环境，落细落实惠台利民举措，为句容市经济社会和海峡两岸融合发展做出贡献。10月22日，句容市台属联谊会召开第六次会员大会。（张 薄）

【交流交往】 5月10日，江苏省台办原副巡视员、两岸企业家紫金山峰会办公室主任屠新，泰州市台湾同胞投资企业协会会长张博钧一行到句容市调研高效农业。7月18日，2021年台湾大学生镇江实习就业体验营成员到句容市参观学习。9月1日，全国台企联常务副会长陈锦龙一行到句容市考察。（张 薄）

【服务工作】 2021年，市委统战部继续推进镇江市“惠台56条”政策落地落实，妥善解决各类投诉求助，服务台企、台商、台胞。举办台商迎中秋话发展座谈会，开发区、茅山管委会等相关部门负责人及16名全台资企业代表参加会议。组织召开全市港澳台侨资企业安全生产培训会议，企业安全生产负责人40多人参加会议。（张 薄）

·侨务工作·

【概况】 2021年，市委统战部在全市开展侨情调查，完成省委统战部侨务进三区考评迎检工作；开展侨务工作联盟的探索和试点，打造一个具有示范性、代表性、可复制推广性和具有一定影响力的品牌。在崇明街道中凌社区、甲城社区建设“侨之家”，在东方紫酒业打造句容华侨华人同心红创新创业实践基地。（张 薄）

【“句贤锋”行动】 2021年，句容市成立乡贤人才工作领导小组，建立乡贤人才数据库。开展“迎老乡、回故乡、建家乡”系列活动，在后白镇建立乡贤人才创业基地，筹办句容市海外乡贤人才创业大赛和乡贤人才发展大会，建设乡贤人才创新创业阵地。开展“走出去、请进来”系列招商活动，举办在外乡贤家乡行、乡情恳谈主题活动及传统节日联谊交流活动等，吸引在外乡

贤回归。（张　薄）

【为侨服务】　春节前夕，市侨办、侨联集中走访慰问十余户侨眷属；在茅宝葛园开展“侨心向党迎新纳福”侨界新春联谊活动；4月，市侨联承办“志青春——传承红色基因　弘扬时代精神”主题实践活动；“七一”建党节期间，走访慰问侨眷中的老党员；中秋节，开展“月满中秋　情暖侨心”共绘同心圆活动；在重阳节前夕，开展同心红“走进敬老院”志愿服务活动。开展“党建带侨建，五星暖侨心”系列活动，吸引侨眷属、留学生亲属等40余名侨界群众参与。（张　薄）

【阵地建设】　2021年，市侨联以扩大侨联组织覆盖面、活跃基层侨联工作、服务基层侨界群众、营造支持基层侨联发展的工作体系为总要求，强化为侨服务阵地建设。在茅宝葛园打造句容市第二个“微侨家”，组织开展各类“微活动”，为侨眷提供新的活动场所，为基层侨界群众服务。（张　薄）

机构编制

【概况】　2021年，句容市有政法机关4个、党政群行政机关57家，其中党委系统（含人大、政协）行政机关11个、市级政府系统（含派出机构和派出机关）行政机关26个、群团系统行政机关9个、乡镇行政机关8个、街道行政机关3个。全市市镇两级党政机关核定行政编制2337名，实有在编人员2228人。全市有事业单位330家，核定事业编制11985名，实有在编人员10078人。

2021年，市农业农村局挂牌机构市政府扶贫办更名为市乡村振兴局，在市文体广电和旅游局加挂市文物局牌子，在市农业综合行政执法大队增挂市渔政监督大队牌子。（彭常磊）

【社会治理体系和治理能力建设】2021年，句容市重点打造郭庄镇基层整合审批服务执法力量改革示范试点，塑造郭庄镇基层为民服务品牌，按照“一窗收件、按责转办、一窗出件、评价反馈”的业务闭环，优化审批服务事项办事流程，创新开展24小时自助服务、特殊人群代办服务。同时根据郭庄镇自身特点，打造防汛、湿地、舆情、镇区、空气“五位一体”特色全景监测中枢，实现精准高效执法，着力构建“乡村有网、网中有格、格中有人、人尽其责”的基层治理新格局。

建立镇（街道）权力清单。围绕基层法治政府建设，以转变政府职能、提升基层治理能力为核心，根据《江苏省乡镇（街道）法定权力事项清单通用目录》，编制句容市《镇（街道）权力事项清单》，其中法定权力事项清单62项、赋权事项清单252项，进一步规范县、乡政府职责权限，推进依法行政水平和基层治理能力。（彭常磊）

【综合行政执法改革】　2021年，市委编办贯彻中央、省、镇江市推进综合行政执法改革的决策部署，通过抓好机构整合组建、“三定”规定印发、配套改革措施、人员编制划转，将执法职能相近、执法内容相似、执法方式相同的机构进行整合，成立市场监管、交通运输、文化市场、农业、安全生产、城市管理6支专业执法队，实现一个领域一支执法队伍。（彭常磊）

【机构编制管理】　强化重点领域机构编制保障，制定纪委监委、公安局、档案馆3个部门“三定”规定，强化部门内部职责和业务整合。理顺句容市给排水管理工作机制，加强住建部门对给排水行业的监督管理；调整句容市粮食领域管理体制，加强全市粮食业务管理、行业指导和监督检查等职责履行。保障民生领域，下达教师、医护事业计划188名；保障发展急需的经济领域，下达普通事业计划91名（含名校优选生计划10名），优化人才队伍结构；保障稳定优先的安全领域，核增市应急管理局、自然资源和规划局行政编制各1名，核增市水利局水情旱情监测调度中心事业编制6名。（彭常磊）

老干部工作

【概况】　2021年，句容市老干部工作着眼庆祝中国共产党成立100周年，围绕中心、服务大局、扎实奋斗，在新的起点上取得新进展新成效，为把“一福地四名城”美好愿景演绎成现实做出应有贡献。截至2021年年底，全市有在册离休干部54人，其中市管离休干部46人，垂直系统8人；14级以上离休干部和原市级领导23人。年内，句容市住建局老干部党支部获评省“百佳”离退休干部党支部，白兔镇、教育局等5家离退休干部党支部入选镇江市第三批离退休干部“六有一提升”示范党支部。（潘鸣鹤　邹　璇）

【老干部政治待遇落实】　2021年1月、7月，市委老干部局先后2次邀请14级以上离休干部和原市级领导参加市委全会，共同审议工作报告。4月和9月分别安排参观伏热花海、江苏省特色田园乡村陈庄村、下蜀镇范巷美丽乡村、健蜂园蜂业专业合作社，同时征求意见建议。10月，组织部分原市级老领导到常州张太雷纪念馆和上海中共一大会址参观见学。12月，组织老同志参加宁句城际线路试乘活动，全线实地察看地铁建设情况。

（潘鸣鹤　邹　璇）

【老干部走访慰问】　2021年2月5日，市领导分3组上门走访慰问14级以上离休干部和原市级领导。市委老干部局在元旦、春节前夕，分组上门走访慰问全体离休干部，在重阳节走访慰问原市级领导。　（潘鸣鹤　邹　璇）

【离休干部“三有一落实”工作】2021年，市委老干部局拓展就医绿色通道，从市区扩大至乡镇，在全市各家医院导医台、挂号、检查、付费、药房等处设置“离休干部优先”标识，保持离休干部看病就医“绿色通道”全覆盖，落实80%二次报销制度，做到家庭医生签约率100%。11月，江苏省委老干部局领导在句容市调研期间，对家庭签约医生工作给予高度肯定。　（潘鸣鹤　邹　璇）

【老干部作用发挥】　2021年，市委老干部局促进和引导离退休干部党组织把发挥作用放在重要位置。更新银发人才库，截至2021年年末，入库人员114人，比上年增加21人。审批通过26个“银辉闪耀”项目，收益2000余万元。先后在崇明街道建立“老年人才服务分中心”，在马扎里、义台街、东门等社区建立老年人才工作站，完善老年人才工作“总中心—分中心—工作站”三级体系。　（潘鸣鹤　邹　璇）

党校工作

【概况】　2021年，句容市委党校重视教师队伍建设，继续做好干部教育培训、理论宣讲、课题研究等工作。开展“党校姓党，红心向党”党史学习教育系列活动。利用句容红色资源新四军纪念馆、赵亚夫事迹馆、茅山铁军营、白兔大支里党支部等现场教学基地，在主体班中开展现场教学24次；开发激情教学课程《信仰的力量》；在全市范围内开展“学习党史，铭记党恩”庆“七一”灯谜大家猜活动。（孟宪忽）

【干部教育培训】　2021年，句容市委党校举办各类主体班24期，比上年增加120%；培训党员干部1950余人次，比上年增加345%。社会培训稳中有升，全年组织各类党性教育培训25期，培训1800多人次。开展“送教上门”到市级机关服务中心、华阳街道等单位12次。根据对培训学员的满意度抽样调查显示，课程设置契合度达100%，培训管理满意度达100%。　（孟宪忽）

【理论宣讲】　2021年，句容市委党校3名教师入选镇江市委党校党史学习教育宣讲团，11名教师入选句容市委党史学地8习教育宣讲团，12名教师入选句容市委学习贯彻习近平总书记“七一”重要讲话精神专题宣讲团和中共

句容市村（社区）党组织书记“红色句力·头雁领航”专题培训班

十九届六中全会精神宣讲团。全年完成宣讲近200场次，受众1万余人次。围绕“实现中华民族伟大复兴”主题，录制5集《党校公开课》，通过“句容发布”“句容日报”微信公众号、“看句容”App在全市范围内播出。

（孟宪恕）

【课题研究】 2021年，句容市委党校创新编撰《市情研究》期刊，第一期《培育新型农业经营主体 加快句容农业现代化建设》获市委、市政府分管领导批示。全年江苏省委党校课题结项2个；江苏省社科联课题结项1个；镇江市委党校课题结项8个（分别获一等奖1个、三等奖1个、优秀奖6个）；句容市科协课题结项2个。在镇江党校庆祝中国共产党成立100周年征文理论研讨会中，获二等奖2个、三等奖1个。在镇江市党校联盟学习贯彻党的十九届六中全会精神理论研讨会征文中，获一等奖2个、二等奖2个、三等奖1个、优秀奖2个。全年发表国家级期刊论文10篇，省级期刊论文6篇。（孟宪恕）

【教师队伍建设】 2021年，句容市委党校新调入3名专职教师、招录1名参公人员并纳入“青蓝工程”培养，新增高级讲师2名、讲师3名。1名教师入选江苏省委党校“三个一批”人才培养对象。选派教师参加省委党校、镇江市委党校和高校举办的各类师资培训班10期。（孟宪恕）

【茅山铁军教育学院挂牌】 2021年，句容市委党校增挂“茅山铁军教育学院”，深化与茅山管委会合作，制定《“红色课程”驻点调研方案》，安排3名专职教师前往茅山进行为期4个月的驻点调研，打造“铁军精神”“亚夫精神”等具有本地特色的红色精品课程。（孟宪恕）

档案工作

【概况】 2021年，句容市档案馆实施机构改革，制订新的“三定方案”，完善内设机构，明确职能配置，理顺工作关系，全面提高工作质量和服务水平。

（胡　伟）

【红色档案资源开发工作】 2021年，市档案馆利用“6·9国际档案日”和中国共产党成立100周年为契机，在全市举办“风雨兼程谱华章 红色珍档庆百年”主题展。举办红色档案走进村（社区）活动，现场展示100余件革命历史档案文献，让档案资源成为学党史的“实境课堂”。精选110件句容红色档案开发文创产品，制作“丹心谱华章，红档庆百年”限量版纪念邮册。拍摄制作“人民文艺为人民——句容籍著名剧作家、诗人骆文”和“永是勇士——郭纲琳”2部短视频，为党史学习教育提供素材。配合省档案馆拍摄《红色珍档——赵亚夫》《红色珍档——洪天诚‘和平、民主、团结’的信》和《韦岗战斗》3部专题片。年内，馆藏的4件红色档案成功入选“江苏省百件红色珍档”，分别是中共茅山工委副书记洪天诚宣传“和平、民主、团结”政策的亲笔信（1947年4月）、新四军茅山留守处江句分处《告民众书》（1947年6月）、中国人民解放军布告（1949年4月）和全国脱贫攻坚楷模赵亚夫档案（1978—2020年），入选数量列镇江档案系统之首。完成国家档案局“抗日战争档案汇编”重点项目《高彦文抗战日记档案汇编》第一卷至第四卷和第五卷、第六卷“馆藏民国时期句容抗战财产损失、人员伤亡、日军在句容罪行调查档案”的编纂工作，上报省档案馆审核。

（胡　伟）

【特色档案征集工作】 2021年，市档案馆通过上门征集、接受捐赠等方式再次征集句容籍105岁中国科学院院士、造船专家杨槱档案56件，时间跨度1964年到2012年，涵盖杨槱主编书籍、论文、题词、照片等，扩充馆藏名人档案全宗库。年内，市档案馆在整合全馆征集的各类名人档案的基础上，专门建立一个名人档案全宗群，包括中国科学院院士杨槱、有机化学家戴立信、上海交通大学桥梁专家张纪衡等一批句容籍名人，馆藏名人档案全宗群全部规范整理并数字化处理。

（胡　伟）

【档案信息化建设工作】 2021年，市档案馆高度重视馆藏存量档案的数字化工作，全年完成30万页档案扫描，馆藏数字化率达95%。在加快馆藏档案信息化建设步伐的基础上，市档案馆查档服务的查全率和查准率得到大幅提高，

全年查档利用服务2200人次，利用档案2450卷（件）。（胡　伟）

【档案服务工作】　2021年，市档案馆将新冠疫情防控、脱贫攻坚“两类档案”全部规范化进馆。联合市卫健委、市档案局制订《句容市出生医学证明档案管理实施方案》。启动新一轮《出生医学证明》档案规范进馆工作。4月，全市2013年7月至2019年3万余件出生医学证明档案实体和数据全部规范进馆。同时，全市2013年后婚姻档案5万多卷和退役士兵、优抚、安置档案也全部规范进馆。9月，市档案馆联合市档案局开展宁句城际S6号线建设项目档案初步验收工作，对验收中发现的问题及时进行反馈，为项目档案通过省级验收和S6号线全线顺利通车奠定基础。联合市发改委起草《句容市重点项目档案管理办法》，填补句容市重点项目档案管理制度的空白，压实项目建设各相关部门档案管理机构和人员的工作职责。（胡　伟）

史志工作

【概况】　2021年，句容市史志办完成年初预定的各项目标任务。《句容年鉴（2021）》出版发行，编纂出版2021年《句容大事记》2期。推进《中国共产党句容历史》（第三卷）编修工作。继续推进镇（街道、管委会）村志，以及名镇名村志编纂工作。指导帮助镇江市农业科学院农科所、句容监狱、边城监狱和市总工会、市财政局等单位开展部门志编修工作。年内江苏名镇名村志《下蜀村志》交付印刷。（陈龙浩）

【党史宣传教育】　2021年，市史志办以“永远跟党走、奋进新征程”为主题，开展“党史留声机”、党史进校园、党史进农场、党史进军营、红色歌曲赏析进社区等活动，面向全社会广泛开展党史宣讲。通过编印“党史知识100条”学习手册、免费赠送党史资料、参与中国共产党成立100周年资料档案征集活动和选派宣讲团成员等形式，有效发挥党史部门在党史学习教育中的作用。组织撰写《江苏地方志》“红色地名”专刊句容篇章。协助茅山管委会茅山村挖掘红色文化资源，打造红色美丽乡村试点村。参加在茅山举行的“全国革命根据地红色文化研学大会红色文化研学论坛”活动。（陈龙浩）

【红色资源调研普查工作】　10月，市史志办会同市老区开发促进会启动“红色资源普查”工作，集中力量对全市的红色资源进行全面挖掘整理，进一步摸清红色资源底数，为丰富党史史料，弘扬革命精神，传承红色基因奠定基础。（陈龙浩）

【《句容年鉴（2021）》出版发行】　2021年，市史志办根据市党政机关各部门工作职责，在《句容年鉴（2020）》条目重新调整的基础上，进一步完善条目设置，开展《句容年鉴（2021）》编纂工作。《句容年鉴（2021）》全书设34个类目，200个分目，组稿70多万字，于12月出版发行。（陈龙浩）

【镇（街道、管委会）志编纂工作】　2021年，市史志办平时对镇（街道、管委会）志编纂工作加强指导和督查，指导白兔镇和后白镇调整充实编纂人员，相关编纂工作稳步推进。年内《宝华镇志》《下蜀镇志》《天王镇志》等3部镇志出版。句容市在全镇江市率先实现镇（街道、园区）志编纂工作全覆盖。（陈龙浩）

《唐陵村志》审稿会

句容市人民代表大会

责任编校：徐彬彬

综　述

【概况】　2021年，句容市人大常委会围绕全市中心大局，依靠全体人大代表，依法履职尽责，主动作为，为促进句容经济社会高质量发展、保障改善民生和发展全过程人民民主做出积极贡献。2021年，市人大常委会把牢政治方向，在建设“四个机关”上坚持党的领导。全面贯彻市委人大工作会议精神，落实《关于加强新时代人大工作和建设的意见》，保证人大工作与市委目标同向、行动同步。综合运用视察调研、听取和审议报告、专项评议、执法检查、专题询问、督办审议意见等多种形式，聚力推动生态文明建设、产业强市、全面小康、疫情防控、文明城市创建等，全面行权履职，充分体现履职担当，保证市委重大决策部署在人大工作中得到全面贯彻和有效执行。创新推进新时期句容人大“五型机关”建设，切实提升人大干部队伍的能力和水平，打造忠诚干净担当的人大干部队伍，为人大工作高质量发展提供坚强组织保证。　　（翟伏雷）

句容市第十六届人民代表大会第五次会议

【助力城市建设】　2021年，市人大常委会立足城市定位，在助建“四个名城”上主动担当作为。聚焦创新创业，推动经济发展更具力度。对《句容市国民经济和社会发展第十四个五年规划和二〇三五年远景目标纲要》开展审议并作出决议。督办一批促进经济高质量发展的议案建议。聚焦宜居宜游，助力城市提升更具高度。围绕推进城市管理、城市功能提升，专题审议宁句城际轨道项目建设方案，抓好相关议案、重点建议督办，并积极参与跨市域轨道交通管理协同立法，推进首部宁句《关于加强跨市域轨道交通运营和执法管理若干问题的决定》顺利落地。围绕打造全域旅游，市人大常委会会议、主任会议分别听取全域旅游示范区创建工作和全市旅游产业发展工作汇报，并组织视察茅山、宝华山等重点板块的旅游项目建设现场；人代会把《加快推进“一山三湖”规划的编制和落地见效，大力打造句容旅游新高地》确立为大会议案，强化督办落实，市人大常委会会议作出《关于〈句容市“一山三湖”片区旅游发展总体规划（2020—2035）〉的决议》，提出5条建议，由政府修改完善后批准实施。聚焦养生养老，促进民生改善更具温度。坚持民呼我应，紧盯群众关切，重点抓好医疗、养老、健康等相关议案建议办理，推动各项惠民养老服务政策落实。关注医疗卫生，专项审议市政府关于城乡基层卫生服务体系建设情况的报告，视察人民医院、妇幼保健院异址新建等卫生重点工程。聚焦品质品位，彰显文化底蕴更具深度。加强视察调研、审议监督和执法检查，着力推动历史文化遗产保护和社会诚信、公益慈善等方面工作，切实推动历史文化的传承和创新，为市委、市政府科学决策提供参考，促进更好地守护和利用好文化遗存，提升城市的品质品位。

（翟伏雷）

【人大监督工作】 2021年，市人大常委会强化精准监督，在紧扣“四个重点”上取得明显成效。把握正确监督导向，深入实施依法监督、有效监督、刚性监督、持续监督，推动监督压实压细，切实增强人大监督的政治效果、法律效果和社会效果。重要议题依法监督。财政政策执行方面，将监督贯穿预算编制、执行和决算全过程，积极推进预算联网监督系统建设，构建闭环式联网监督机制。专题听取市政府科技专项资金、公共卫生专项资金等使用情况的报告，强化落实国有资产监督和国有资产清查，推进资产管理监督常态化。乡村振兴发展方面，推动乡村振兴落地见效，主任会议专题视察茅山镇何庄村打造乡村振兴“句容样板”现场，听取并审议市政府关于高标准农田建设和特色田园乡村建设的汇报，全面推进农业农村现代化发展。法治句容建设方面，积极配合上级人大做好立法调研，联动开展执法检查，依法对句容规范性文件开展备案审查；组织开展“七五”普法工作评估和审议“八五”普法规划编制，加大对“两院”工作的监督力度，支持和推进司法改革，专题听取公安机关办理危险驾驶案件工作报告。生态文明持续监督。把生态文明建设作为一以贯之持续关注的工作主线，从不同角度科学确定生态文明监督议题，推动问题解决。持续听取和审议市政府年度环境状况和环境目标完成情况，主任会议专题听取全市河湖治理与保护情况、土地复垦开发整治等工作报告，并以“持续推进生态文明建设”为主题开展专项评议，积极助力绿色发展。民生实事有效监督。坚持民有所呼，我有所应。持续关注教育、医疗、食品安全、住房、就业、社会保障等热点问题，组织开展视察调研、专题审议、询问。专题听取市政府关于突发公共卫生事件应急体系建设等情况的报告。组织召开政情通报会，直击民生焦点，回应群众关切。实行“两单式”监督，在镇江市各辖市（区）率先推行市级层面政府民生实事项目代表票决工作，实施代表联系督办、工委对口督办、领导现场督办，把民生实事真正办到群众的心坎上。议案建议刚性监督。始终坚持把代表议案建议工作作为提升履职实效的重要抓手，着力在议案建议“提得好、交得准、办得成”上下功夫。一方面，提高代表议案建议提出质量。围绕市委重大决策部署和人大重点工作，组织代表深入调研视察、掌握民情民意，引导代表着眼于事关发展大局、攸关群众利益的问题，优化议案建议选题，增强意见建议的针对性、可行性。另一方面，提高代表议案建议办理质量。完善代表议案建议处理工作机制，优化代表议案建议交办、督办、审议工作流程，全面推行“三见面”“三会商”，建立健全“四联督办”机制。 （翟伏雷）

【人大代表工作】 2021年，市人大常委会突出主体作用，在抓实“四个载体”上激发工作活力。深化履职载体建设，强化代表作用发挥，以发展全过程人民民主为重要抓手，坚持代表闭会期间履职“坐诊”与“巡诊”并举，全面激发工作活力，打响代表工作特色品牌。建好工作联络载体。对镇、村两级代表工作站进行全面提档升级，适应形势需求，全面推进人大代表履职信息化，所有工作站均达到“八有”标准，代表履职实现线下线上同步进行。打造特色创新载体。坚持“请进来”和“走出去”相结合，全面提升代表履职能力。一方面，以“人大讲座”为载体，邀请人大工作专家到句容对代表进行《中华人民共和国全国人民代表大会和地方各级人民代表大会代表法》

《中华人民共和国地方各级人民代表大会和地方各级人民政府组织法》《中华人民共和国全国人民代表大会和地方各级人民代表大会选举法》《中华人民共和国民法典》等法律法规、业务知识的系统培训；另一方面，组织人大常委会组成人员、人大系统干部、人大代表开展培训，拓宽工作眼界和工作视角。同时，充分发挥人大工作理论研究会“智库”作用，使之成为代表理论和实践交流阵地，搭建反映代表建议办理、展现代表履职风采、交流人大特色工作的有效平台。规范闭会履职载体。建立健全“双联”工作机制，规范有效开展闭会期间代表小组活动，明确“五个有”标准，不断创新形式、丰富内涵，参与重大事项监督，深入基层一线调研，着力增强代表小组活动主题性、规范性、实效性。严格换届选举载体。县乡人大换届选举是人民群众直接参与的社会主义民主的伟大实践。市人大常委会始终将坚持党的领导、充分发扬民主和严格依法办事有机结合，贯彻市委《关于做好全市市镇两级人民代表大会换届选举工作的意见》，及时作出相关决定，成立选举委员会，并召开换届选举工作会议，周密部署安排，压紧压实责任。代表选举过程中，通过举办业务培训、分段召开会议等形式，总结交流情况，指导面上工作。根据有关法律及省、镇江市人大要求，联合组织、纪检、统战等14个部门对所有代表候选人进行综合考察评定，分选区召开代表候选人与选民见面会，现场指导投票选举。市镇人大及选举机构充分发扬民主，严格依法办事，保障选民的民主权利，加强换届纪律教育和监督，保证选举风清气正，市镇两级人大换届选举工作稳步推进。（翟伏雷）

重要会议

【市十六届人大五次会议】 2021年1月12—14日，句容市第十六届人民代表大会第五次会议举行。大会应到代表240人，实到代表225人。会议先后听取和审议市政府、市人大常委会和市法院、市检察院工作报告，审阅计划、财政和民生实事票决候选项目书面报告，会议批准以上报告并通过相应的决议。大会选举高庆华、姚华为市人大常委会副主任，选举张虎、徐哲迅为市人大常委会委员。（翟伏雷）

【市人大常委会会议】 2021年，市十六届人大常委会举行7次常委会会议。

1月29日，市十六届人大常委会第三十三次会议审议通过市人大常委会2021年工作要点、市人大常委会各工作委员会组成人员调整名单、有关人事任免事项。

3月30日，市十六届人大常委会第三十四次会议听取和审议市十六届人大五次会议确定的《关于加快推进“一山三湖”规划的编制和落地，大力打造句容旅游新高地的议案》的办理意见，并作出决议。

5月27日，市十六届人大常委会第三十五次会议听取和审议市政府关于市第十六届人大《关于推进〈句容市生态文明建设规划〉全面落实议案的决议》办理情况的报告；听取和审议市政府关于贯彻落实国有资产监督和全面开展国有资产清查的报告；通过有关人事任免事项。

7月30日，市十六届人大常委会第三十六次会议听取并审议市政府关于2020年同级审计情况的报告；审查、批准2020年市本

句容市选举委员会第一次会议

级财政决算；听取并审议市政府关于2021年上半年国民经济和社会发展计划及财政预算执行情况的报告；听取并审议市政府关于十六届人大五次会议代表建议办理情况的报告；听取并审议关于突发公共卫生事件应急体系建设情况的报告；通过有关人事任免事项。

9月22日，市十六届人大常委会第三十七次会议听取和审议“一山三湖”片区旅游发展总体规划编制情况的报告；听取市政府关于代表议案、重点建议办理情况的报告；作出《关于全市市镇两级人民代表大会换届选举有关问题的决定》和《关于设立句容市市、镇两级选举委员会的决定》；通过有关人事任免事项。

11月30日，市十六届人大常委会第三十八次会议听取“一山三湖”片区旅游发展总体规划编制修改情况的报告，并作出决议；听取和审议市政府关于乡村振兴实施三年情况的报告；听取市政府“八五”普法规划编制工作的报告，并作出决议；听取规范性文件备案审查专项工作报告，通过备案审查办法；作出关于召开市十七届人大一次会议的决定；通过有关人事任免事项。

12月31日，市十六届人大常委会第三十九次会议审议通过市政府《关于提请批准2021年市本级财政预算调整的议案》；研究通过市政府民生实事项目人大代表票决制相关工作；研究通过《句容市人大常委会关于进一步加强审计查出突出问题整改情况监督的实施意见》；研究审议《市人大常委会工作报告（审议稿）》；审议通过市十七届人大一次会议有关筹备情况；通过有关人事任免事项。（翟伏雷）

【市人大常委会主任会议】 2021年，市十六届人大常委会举行13次主任会议。

1月29日，主任会议传达市新冠肺炎疫情防控会议精神，明确“五严格、五严禁”纪律要求；研究2021年度“五型机关”建设意见；研究市十六届人大五次会议代表议案、重点建议和一般建议督办分工。

2月25日，主任会议集中学习民法典；研究市人大代表联系监督2021年政府民生实事票决项目的分工。会议要求，加强学习，不断提高履职尽责的能力水平；统筹安排，抓好抓实代表联系民生实事工作；紧抓快干，有力有序推进议案建议办理。

3月24日，主任会议传达学习全国“两会”精神；研究市十六届人大五次会议重点建议办理意见。会议要求，抓好议案建议办理意见的交办和督办，始终以解决问题为工作的出发点和落脚点，切实增强办理意见的科学性和指导性；做好人大代表票决民生实事联系监督工作，科学有效跟踪督办民生实事，切实提升人民群众的幸福感、获得感和满意度；统筹安排好接下来的重点工作，强化责任意识，加强统筹协调，有序开展各项工作，确保党史学习教育与业务工作同谋划、同部署、同推进，做到两手抓、两不误。

4月30日，主任会议视察茅山镇得撒迎客乡村酒店、茅山风景区民宿客栈等现场，听取市政府关于全市旅游产业发展情况的报告。会议建议，切实提高认识，准确把握旅游产业战略地位；强化全域理念，全面推进地方旅游融合发展；坚持系统治理，不断强化旅游发展基础保障。

5月25日，主任会议视察边城青山村、开发区河桥村两个土地复垦现场，听取市政府关于土地复垦开发整治综合利用情况的报告。就进一步做好土地综合整治利用工作，会议建议，统一思想，全面认识土地综合整治利用工作是保护国土资源的必要手段，

句容市十六届人大常委会第三十八次会议

是开展新农村建设的重要抓手，是实现高质量发展的基础保障；多措并举，系统开展土地综合整治利用工作，提高土地综合利用效益；齐抓共管，注重规划统领、强化部门联动、加大资金投入，有效推进土地综合整治利用工作。

6月28日，主任会议视察下蜀镇天津达因建材有限公司、开发区江苏航科特种装备有限公司等现场，听取市政府关于全市重大产业招引、落地和建设情况的报告。会议建议，坚持战略思维，聚焦精准发力，攀登产业招引新高度；坚持底线思维，狠抓责任落实，跑出项目建设加速度；坚持系统思维，提升服务水平，点燃发展环境新热度。

7月23日，主任会议听取并审议市政府关于殡葬管理工作情况的报告。会议建议，深化认识，切实增强殡葬管理责任意识；综合施策，深入推进殡葬重点改革举措；强化保障，不断提升殡葬管理工作水平。

8月24日，主任会议视察交通事故一体化服务中心、大数据指挥服务中心等现场，听取市公安机关关于办理危险驾驶案件工作情况的汇报。会议建议，深刻认识危险驾驶入刑的立法意义；着力提升惩治危险驾驶的实际水平；不断增强防范危险驾驶的治理成效。

9月17日，主任会议视察茅山镇姚巴村、丁庄村两个特色田园乡村现场，听取市政府关于特色田园乡村建设情况的报告。会议建议，统一思想，全面认识特色田园乡村建设的重要意义；切口精准，高质量推进特色田园乡村建设；措施到位，切实强化特色田园乡村建设工作保障。

10月28日，主任会议视察下蜀镇空青村范巷、宝华镇宝华花园等现场，听取市政府关于《江苏省农村集体资产管理条例》（简称《条例》）实施情况的报告。会议建议，深刻领会，准确把握《条例》内涵要义；精准施策，着力推动资产管理落到实处；强化保障，切实促进管理工作持续发展。

11月19日，主任会议视察江苏华途数控、智研、金合能源等三家科技企业现场，听取市政府关于全市高新技术企业发展情况的报告。会议建议，思想上重视到位，充分认识高新技术企业发展的重要意义；工作上推进到位，以企业的集聚发展促高新技术产业的培育壮大；措施上保障到位，为高新技术企业蓬勃发展营造更加优质的环境。

11月30日，主任会议研究常委会会议相关事项。

12月23日，主任会议传达学习中央经济工作会议和省第十四次党代会精神；听取市政府关于全年代表议案、建议办理的工作情况汇报；研究加强人民当家做主制度保障考核和镇人大、街道人大工委“百分考核”情况；听取代表资格审查委员会关于代表资格审查情况的说明。（翟伏雷）

【政情通报会】 8月30日，市人大常委会召开政情通报会暨民生实事督办会，市长周必松通报上半年全市经济社会发展情况和2021年民生实事票决项目建设情况。刘宁、李晓军等人大代表分别围绕市人代会确定的目标任务、政府民生实事票决项目进展、老旧小区改造等群众关注的焦点、热点问题进行现场提问，与会市政府领导分别作了解答。

（翟伏雷）

重要工作

【副市长任免】 1月29日，市十六届人大常委会第三十三次会议决定任命徐飞为句容市人民政府副市长，决定免去王大金句容市人民政府副市长职务；5月27

句容市人大组织“人大讲座”专题党课

宝华镇人大代表视察调研水环境治理工作

日，市十六届人大常委会第三十五次会议决定任命赵树锋为句容市人民政府副市长，决定任命张凯为句容市人民政府副市长，决定免去宋飞雄句容市人民政府副市长职务，决定免去贾云亮句容市人民政府副市长职务，决定免去侯华锋句容市人民政府副市长职务；7月30日，市十六届人大常委会第三十六次会议决定任命郭江为句容市人民政府副市长，决定免去张荣海句容市人民政府副市长职务；12月31日，市十六届人大常委会第三十九次会议决定任命闵佳为句容市人民政府副市长，决定免去李永辉句容市人民政府副市长职务。（翟伏雷）

【统一接待选民日】 11月12日上午，句容市开展五级人大代表统一接待选民日活动，全市667名五级人大代表，深入109个选民接待点，接待选民2174人次，搜集意见建议和诉求1925件，现场重点解答群众民生问题956件，同时开展法律宣传活动。

（翟伏雷）

代表议案、重点建议工作

【概况】 2021年，市十六届人大五次会议期间，代表们提出各类建议118件。经大会主席团研究，将其中的22件并案为1件议案、4件重点建议，5件转交相关镇（街道、管委会）处理，其余91件作为一般建议办理。经大会主席团研究，将茅山风景区代表团高发巧等10名代表提出的《关于加快推进“一山三湖”规划的编制和落地，大力打造句容旅游新高地的议案》作为议案办理；将宝华代表团胥兴华等10名代表提出的《关于抢抓南京紫东发展战略机遇，协同推进宁镇特别合作区建设的议案》、郭庄代表团裔胜东代表提出的《关于建设句容智慧停车管理系统，规范车辆停放秩序的建议》、边城代表团吕长江等10名代表提出的《关于加强机关效能建设，进一步优化营商环境的议案》、天王代表团张世军代表提出的《关于坚持治理与保护并重，聚焦“美丽句容·乡村美”的建议》作为重点建议办理。年内所提议案、建议全部办结，代表建议解决率达72.5%，代表满意率和基本满意率达到100%。

（翟伏雷）

句容市人民政府

责任编校：陈龙洁

综 述

【概况】 2021年，面对复杂严峻的外部环境和新冠肺炎疫情影响，句容市坚持以习近平新时代中国特色社会主义思想为指导，坚持稳中求进工作总基调，坚定不移抓风险、抓统筹、抓协调，全面争先进位、奋力追赶超越，经济社会发展取得新成就，实现了“十四五”和现代化建设的良好开局。全年实现地区生产总值736.75亿元，比上年增长9.3%；完成一般公共预算收入57.6亿元，比上年增长5%；全国综合实力百强县进位至第49位，列全国县级市基本现代化指数第36位，成为高质量推进基本现代化典型城市。

2021年，全市上下深入实施产业强市“一号战略”，坚定不移抓项目、锲而不舍抓招商、持之以恒育产业，转型升级步伐不断加快，高质量发展基础不断巩固。围绕城市颜值与品质双提升，持之以恒推进美丽句容建设，全国文明城市建设成效持续巩固。牢牢把握“三农”工作重心的历史性转移，系统推进乡村振兴，农业强、农村美、农民富的成色更足。始终坚持以人民为中心的发展思想，一批群众急难愁盼的问题得到有效解决，全市民生支出占一般公共预算支出比重达84.4%。 （政府办）

赤山湖森林步道入选首批“江苏省森林步道”名单

重要会议

【市政府全体（扩大）会议】 8月18日，句容市人民政府召开全体（扩大）会议。会议以习近平新时代中国特色社会主义思想为指导，认真贯彻落实镇江市政府全体（扩大）会议和句容市第十三次党代会精神，坚持产业强市“一号战略”，坚持融入南京、接力镇江，全力推动园区整合优化提升。市长周必松指出，2021年，句容市统筹常态化疫情防控和经济社会发

市政府全体（扩大）会议

市政府第 49 次常务会议

展，特别是 7 月 20 日后，全市上下把疫情防控作为头等大事、重中之重，各项工作均取得新进展；市十三次党代会总结五年来的工作，对 2021 年上半年工作也进行总结，并就今后工作提出明确要求。

（政府办）

【市政府常务会议】 1 月 7 日，召开市政府第 44 次常务会议，会议学习习近平总书记在中央经济工作会议、中共中央政治局民主生活会及中央农村工作会议上的重要讲话精神；学习江苏省委十三届九次全会、镇江市委七届十二次全会及句容市委十二届十次全会会议精神；审议 2021 年《政府工作报告（讨论稿）》；听取关于《句容市国民经济和社会发展第十四个五年规划和二〇三五年远景目标纲要（草案）》编制情况的汇报；研究拟确定 2021 年句容市政府民生实事初步候选项目事项。

2 月 5 日，召开市政府第 46 次常务会议，会议学习习近平总书记在十九届中央纪委五次全会上和中共中央政治局第二十七次集体学习时的重要讲话精神；学习《法治中国建设规划（2020—2025 年）》；传达学习全省深化安全生产专项整治动员部署会精神并听取全市安全生产工作情况汇报；听取 2020 年句容市调度大气污染防治工作情况汇报；研究《关于规范设施农业用地管理　支持设施农业健康发展的通知》；讨论《关于鼓励在句外地人员留句过年的若干政策》。

3 月 2 日，召开市政府第 47 次常务会议，会议学习习近平总书记在党史学习教育动员大会和全国脱贫攻坚总结表彰大会上的重要讲话精神；学习《政府督查工作条例》；听取关于 2021 年全市主要指标工作目标分解情况汇报；审议《2021 年句容市招商工作方案》，听取全省农村工作会议精神贯彻落实情况汇报。

3 月 26 日，召开市政府第 48 次常务会议，会议学习习近平总书记在全国“两会”期间的重要讲话精神；学习《中共中央　国务院关于全面推进乡村振兴加快农业农村现代化的意见》；学习《镇江市人民政府关于进一步加强耕地保护工作的实施意见》；听取 2020 年法治政府建设情况汇报；听取 2020 年全市行政复议应诉工作情况报告；传达全国、江苏省、镇江市新冠病毒疫苗接种工作电视电话会议精神，研究句容市新冠病毒疫苗接种工作；听取关于全市 2021 年一季度“开门红”情况的汇报。

4 月 21 日，召开市政府第 49 次常务会议，会议学习习近平总书记在中央财经委员会第九次会议上和在福建考察时的重要讲话精神，以及对打击治理电信网络诈骗犯罪工作、职业教育工作作出的重要指示精神；学习《中国共产党组织处理规定（试行）》；

学习《镇江市政府投资管理办法》；传达镇江市经济形势分析会精神；学习《省安委会办公室转发国务院安委会办公室关于近期重大及典型事故情况的通报》；审议《关于进一步落实粮食安全责任制确保全市粮食安全的实施意见》；听取关于修改《句容市人民政府关于进一步完善城乡居民基本养老保险制度的意见》的情况汇报；听取2021年食品安全重点工作安排；审议《句容市城市轨道交通运营突发事件应急预案》。

4月27日，召开市政府第50次常务会议，会议学习习近平总书记在庆祝中国共产党成立95周年大会上的重要讲话精神；传达学习国务院第四次廉政工作会议、江苏省政府廉政工作会议精神，并研究部署句容市政府廉政工作；传达学习江苏省安全生产电视电话会议和江苏省安全生产第十一督导组到句容市督导精神，并研究部署句容市当前安全生产工作；听取全市新冠肺炎疫情防控工作汇报。

5月26日，召开市政府第51次常务会议，会议学习习近平总书记在广西考察以及在4月30日中共中央政治局会议、中共中央政治局第二十九次集体学习时的重要讲话精神；学习《地理标志产品保护规定》《地理标志专用标志使用管理办法（试行）》；听取关于2021年打好污染防治攻坚战重点工作推进情况的汇报；听取关于印发《句容市森林防火中长期规划（2021—2030年）》情况的汇报；听取关于贯彻落实人才“镇兴”行动、制定句容人才新政的汇报；听取关于句容市地理标志和农产品区域公用品牌创建工作情况的汇报；听取关于创建省级农高区工作进展情况的汇报；听取关于成立黄梅街道凤冠社区居委会的情况汇报。

6月29日，召开市政府第52次常务会议，会议学习习近平总书记在中央全面深化改革委员会第十九次会议、两院院士大会和中国科协第十次全国代表大会、5月31日中共中央政治局会议上以及在青海考察和中共中央政治局第三十一次集体学习时的重要讲话精神；学习习近平总书记关于统计工作的重要讲话、重要指示批示精神和统计方面法规；学习《中共中央关于加强对“一把手”和领导班子监督的意见》；学习《镇江市人民政府办公室关于印发2021年全市生态文明（低碳城市）建设九大行动任务的通知》；审议《句容市突发事件总体应急预案（送审稿）》；听取关于2021联想之星创业联盟镇江行活动筹备情况的汇报。

8月18日，召开市政府第53次常务会议，会议学习习近平总书记在中央全面深化改革委员会第二十次会议、党外人士座谈会、7月30日中共中央政治局会议上的重要讲话以及关于疫情防控工作、深入推进农村厕所革命工作的重要指示精神；传达学习镇江市政府全体（扩大）会议、镇江市经济形势分析会精神；听取关于修改《关于进一步规范财政性资金决策审批程序意见》的情况汇报；听取关于加快解决突出环境问题，迎接第二轮中央生态环境保护督察的情况汇报；听取句容市农村生活污水治理情况汇报；听取关于句容绿动公司飞灰处置的情况汇报；听取关于2020年度加快实体经济发展项目资金申报情况的汇报；听取关于残疾人居家托养服务工作的情况汇报。

9月6日，召开市政府第54次常务会议，会议学习习近平总书记在中央财经委员会第十次会议、中央民族工作会议、中央全面深化改革委员会第二十一次会议、8月31日中共中央政治局会议、2021年秋季学期中央党校（国家行政学院）中青年干部培训班开班仪式上的重要讲话精神；学习《中华人民共和国退役军人保障法》；传达学习省委十三届十次全会和镇江市委七届十四次全会精神；传达学习省长吴政隆9月3日在《镇江市新冠肺炎疫情防控应急演练总结报告》上的批示精神，研究部署句容市疫情常态化防控工作；学习《镇江市重大项目推进管理办法（暂行）》；听取全市18岁及以上人群新冠病毒疫苗接种工作情况汇报；听取2021年以来全市消防安全形势分析报告；听取全市食品安全工作情况汇报；听取关于政策性文件清理的情况汇报。

9月30日，召开市政府第55次常务会议，会议集中学习习近平总书记在陕西榆林考察、出席第七十六届联合国大会一般性辩论和中央人才工作会议时的重要讲话精神；学习中共中央办公厅、国务院办公厅《关于在城乡建设中加强历史文化保护传承的意见》；传达学习镇江市第八次党代会精神。会议研究《句容市贯彻落实市危化品使用安全治理第二专项巡查组反馈意见整改方案》

《既有建筑改变使用功能建设规划联合审查实施办法》和《句容市创建第三批省级居家和社区养老服务创新示范工作实施方案》；听取关于做好国庆期间疫情防控工作的情况汇报；研究能耗“双控”工作。

10月14日，召开市政府第56次常务会议，会议学习习近平总书记在纪念辛亥革命110周年大会上的重要讲话以及对粮食安全、老龄工作作出的重要指示精神；学习中共中央办公厅、国务院办公厅《关于深化生态保护补偿制度改革的意见》；传达学习10月13日省委第七巡视组对镇江市开展涉粮问题专项巡视工作动员会会议精神；传达学习镇江市迎接省统计督查工作会议精神。

11月2日，召开市政府第57次常务会议，会议集中学习习近平总书记在深入推动黄河流域生态保护和高质量发展座谈会上的重要讲话和《扎实推动共同富裕》重要文章精神；学习《江苏省信访条例》（2021年7月修订），听取全市信访工作情况汇报；传达学习镇江市经济形势分析会精神；听取全市秋冬季新冠肺炎疫情防控情况汇报；听取全市生态环境保护工作情况汇报；审议《句容市“十四五”水利发展规划》《句容市水系专项规划》和《句容市政府储备粮管理办法》；听取关于开展残疾人寄宿制托养服务工作的情况汇报。

11月17日，召开市政府第58次常务会议，会议集中学习习近平总书记重要文章《坚持用马克思主义及其中国化创新理论武装全党》；学习《中共中央　国务院关于深入打好污染防治攻坚战的意见》；审议《句容市“十四五”生态环境保护规划》；审议《句容市“十四五”教育布局专项规划》；听取全市四季度税收形势分析报告；听取关于句容市未成年人思想道德建设工作的情况汇报。

12月9日，召开市政府第59次常务会议，会议学习习近平总书记在第三次“一带一路”建设座谈会上和主持召开中央全面深化改革委员会第二十二次会议、中央政治局会议以及党外人士座谈会时的重要讲话精神；学习《中共中央　国务院关于完整准确全面贯彻新发展理念做好碳达峰碳中和工作的意见》；听取关于市金融生态建设情况的汇报；审议《句容市关于在公民中开展法治宣传教育的第八个五年规划（2021—2025年）（讨论稿）》《关于句容市法治宣传教育第八个五年规划实施意见（讨论稿）》《句容市“十四五”残疾人事业发展规划》。

12月30日，召开市政府第60次常务会议，会议学习习近平总书记在中央经济工作会议和主持召开中央全面深化改革委员会第二十三次会议时的重要讲话精神；传达学习全省安全生产会议精神，研究句容市当前安全生产重点工作；传达学习省新冠肺炎疫情防控工作电视电话会议精神，分析当前疫情形势以及部署句容市新冠肺炎疫情防控工作；研究拟确定2022年句容市政府民生实事初步候选项目事项；审议《句容市人民政府　江苏省青年商会战略合作框架协议》。（政府办）

重要决策

【句容市轨道交通场站及周边土地综合开发利用】 轨道交通是城市公共交通网络的核心组成部分，加快发展轨道交通是缓解城市交通拥堵、实现绿色低碳发展的客观需要，是引导产业结构转型与合理布局、有效利用资源引导城市开发的重要途径，是优化城市空间布局、提升城市功能、加速城市现代化进程的关键。推进轨道交通场站及周边土地进行综合开发利用，是进一步提高城市土地资源集约利用水平、缓解公共交通基础设施建设投融资压力和加强轨道交通运营收支平衡的有效途径，对提升轨道交通建设、运营管理水平具有重要意义。2月9日，句容市人民政府制定印发《句容市人民政府关于推进句容市轨道交通场站及周边土地综合开发利用的实施意见》，促进轨道交通与城市建设协调发展，进一步完善轨道交通投资建设机制。

（政府办）

【《句容市国民经济和社会发展第十四个五年规划和二〇三五年远景目标纲要》编制印发】 6月16日，句容市人民政府根据《句容市委关于制定句容市国民经济和社会发展第十四个五年规划和二〇三五年远景目标的建议》，编制《句容市国民经济和社会发展第十四个五年规划和二〇三五年远景目标纲要》，阐明“十四五”时期的发展思路、主要目标、重

点任务和政策取向，是政府履行职责的重要依据，是全市人民共同奋斗的行动纲领。（政府办）

重要活动

【专题培训专业化招商工作】 3月24日，句容市召开全市专业化招商工作专题培训会。市长周必松在会议上强调，坚持问题导向，把解决实际问题作为打开工作局面的突破口，全面落实产业强市“一号战略”，推动专业化招商再上新台阶。周必松从实际出发，结合自身工作经验，深入剖析句容市招商工作中存在的问题与不足。周必松要求，坚持“融入南京、接力镇江”不动摇，坚持产业强市“一号战略”不动摇，坚持专业化招商不动摇，坚持做强园区载体不动摇，在盘活存量、转型升级、科技创新上求突破，同时利用好国家级科技企业孵化器，为人才项目、科技成果转化项目服务；坚持双招双引不动摇，学习《句容市国民经济和社会发展第十四个五年规划和二〇三五年远景目标纲要》，在此基础上加强产才融合，以产聚才，以才兴产。（政府办）

【“老字号”食品企业走访调研】 9月18日，市长周必松带领相关部门负责人走访调研句容市“老字号”食品企业，表示要大力扶持和帮助“老字号”企业持续稳定发展。周必松指出，作为历史文化名城，句容市对“老字号”企业的保护和促进发展十分重要，要尽快建立相关支持政策，按照“认定一批、恢复一批、发展一批”的要求，重点支持具有自主品牌、市场认知度高、文化特色浓、生产技术先进、市场竞争力强的“老字号”企业。（政府办）

【《句容市—蒲城县2021年苏陕协作与经济合作协议》签订】 11月11日，句蒲协作第五次联席会议在句容市召开。蒲城县代县长薛斌和句容市市长周必松出席会议，双方就充分发挥两地优势、推进对口协作进行深入交流，并现场签订《句容市—蒲城县2021年苏陕协作与经济合作协议》。周必松代表句容市委、市政府对蒲城县代表团的到来表示热烈欢迎。周必松表示，做好对口协作工作责任重大，希望双方在农产品、产业发展、人才方面能够继续加深合作，全力推动协作各项工作向纵深发展。（政府办）

【金融服务产业强市座谈会】 11月24日，市政府召开金融服务产业强市座谈会。市长周必松强调要坚持金融为实体经济服务，持续优化金融生态，为推动句容高质量发展提供有力的金融支撑。周必松希望金融企业要对句容发展潜力充满信心，对句容市场主体充满信心，抢抓宁句同城化机遇，抢抓产业强市“一号战略”持续推进的机遇，积极参与进来，贡献金融力量。（政府办）

机关事务管理

【概况】 2021年，市机关服务中心围绕中心，服务大局，认真履职，夯实发展基础，拓展发展思路，在优化服务、助推发展、加快建设上做文章、下功夫，提高服务能力和保障水平，完成年度各项目标任务。（金　涛）

【物业维护】 2021年，市机关服务中心对院内部分区域进行定期冲洗，利用节假日对综合楼行车通道进行整体出新，对综合楼及档案馆安全通道、行政大楼电

句蒲协作第五次联席会议

梯间及部分楼层过道进行油漆修补，对大楼负二楼堆积的报废办公用品进行清理，对院内300多个停车位及道路标线进行划线。更换院内标识牌，对行政中心区域内的围墙栏杆、车棚、雨篷进行除锈出新，对院内鼠害进行灭杀、防治。（全　涛）

【会议保障】　2021年，市机关服务中心成立会务组，按照主办单位要求，做到会议全过程无差错、无疏漏，全年配合承办各类会议服务1276场次，总计服务4.8万余人次。（全　涛）

【安全保卫】　2021年，市机关服务中心对政府大院门禁系统进行升级改造，对进出车辆进行有效管理。与市公安局紧密合作，加强防范，积极处理应急事件、突发事件，配合信访部门做好疏导和解释工作，全年接访112起、1836人次。坚持政府大院内24小时值班和夜巡制度，加大夜间巡查工作力度，建立完善突发事件和重大事件信息上报制度，切实提高突发事件应急处置水平，维护机关的正常工作秩序，全年无重大安全问题。（全　涛）

【车辆管理】　2021年，市机关服务中心严格落实《镇江市党政机关公务用车管理办法》，进一步巩固党政机关公车改革成果，实现公车管理平台化、平台信息化、车辆标识化、运行节约化和管理科学化。按照上级统一部署，完成企事业单位车改工作。进一步细化市级机关公务用车、执法执勤用车使用管理办法等制度，切实做好党政机关、参公事业单位的车贴审批工作，实现公务出行保障既规范又高效。加强派驻单位公务用车的运行费用管理，定期联合市纪委监委、市委市政府督查室开展公务用车专项检查，加大12345政府热线投诉的查办力度。狠抓驾驶员安全行车教育，组织驾驶员进行安全教育，实现全年安全行车40余万千米无事故。（全　涛）

政务服务

【概况】　2021年，句容市行政审批局全力推进产业强市建设，深化“放管服”改革，全面打响“句满意”营商环境品牌。全年全市新登记法人企业数3874个，新增注册资本约123.66亿元；办理建筑工程施工许可项目95个；办理核准类项目40个，投资额320.25亿元，备案类项目159个，投资额123.34亿元，政府类投资项目74个，投资额73.21亿元。全年受理各类行政许可和服务事项120668件，办结率100%。完成公共资源交易项目158个，交易额63.77亿元，节约财政性资金2.02亿元；12345公共服务热线处理企业群众诉求和工单317件，办结率100%、满意率100%。（华　筝）

【企业服务】　2021年，句容市行政审批局设立企业开办服务专区，依托“全链通”平台，开展午间不间断服务、“拎包开办”服务，为企业开办提供“一站式”绿色服务通道。同时，推进企业员工参保登记和住房公积金缴存登记两个环节在企业开办服务专区内线下同步办理。全年全市新设企业3874家，设立登记、公章刻制、银行开户、申领发票、社保登记、公积金办理“6个环节”全部在0.5个工作日内办结的占比81.27%。句容市“如何实现企业开办‘6个环节’半日办结”的做法举措入围省发改委优化营商环境百问百答独创性做法。（华　筝）

【审批制度改革】　2021年，句容市行政审批局通过“一窗受理”、“一网通办”、分类型项目审批、联合审图、联合验收以及推广“拿地即开工”审批模式，完成省和镇江市工程建设项目审批制度改革任务。全面推行产业类项目“拿地即开工”审批模式。先行介入审查施工许可前置的质量安全监督、施工监理合同备案，施工图审查（消防）、建设工程规划许可证（简称“工规证”）等必要性审查条件，待土地公示期结束获得土地证的5个工作日内，依次为企业办理工规证、施工图审查合格证和施工许可证，实现“拿地即开工”。句容市下蜀森豊包装项目成为句容首个通过“拿地即开工”模式办理全流程审批事项的项目，获取土地证的当天同步获得施工许可证。（华　筝）

【公共服务】　2021年9月，句容市公安局出入境、治安、交管、禁毒、网安5个业务大队45个业务事项全部进驻办证大厅集中办理；11月，句容市税务局整合现有服务

准入窗口企业开办“一站式”服务

资源，将原本分散在税务局办税服务厅、人社局、住建局和政务服务中心4家单位办理的6大类8项涉税业务，全部整合进驻政务大厅，实现一个服务窗口对外办公。市行政审批局依托基层为民服务中心，推进基层“一件事”改革。梳理整合下放事项，闭环办理、并联审批，推出“食品经营许可一件事”“创业贷款一件事”“退休一件事”等系列“一件事”服务。（华　筝）

【公共资源交易】 2021年，句容市完成公共资源交易项目158个，交易额63.77亿元，节约财政性资金2.02亿元。采购推行“不见面开标”，实现全流程电子化。推进“一标一评”，规范评审工作；推进市域范围内或相邻县（市、区）专家资源共享，将本地项目专家抽取范围由句容市扩大到设区市和相邻县（市、区）。上线评标专家智能评标终端平台，推进电子保函应用。（华　筝）

【政府服务热线】 2021年，12345公共服务热线处理企业群众诉求和工单317件，办结率100%、满意率100%。定期梳理热、难点问题，组织召开疑难工单督办会，明确主办协办单位。全年组织召开督办会13次，成功协调解决预付卡退卡、恒大地产拖欠农民工工资、宝华镇恒大雅苑小区物业管理等疑难问题共计68件。10月25日，率先在镇江辖市区完成税务12366与12345的双号并轨运行。（华　筝）

政协句容市委员会

责任编校：陈龙浩

综　述

【概况】　2021 年，句容市政协坚持以习近平新时代中国特色社会主义思想为指导，深入贯彻落实习近平总书记关于加强和改进人民政协工作的重要思想、视察江苏重要讲话精神，忠诚捍卫“两个确立”，坚决做到“两个维护”，进一步增强“四个意识”，坚定“四个自信”，在中共句容市委坚强领导下，不忘初心、砥砺前行、守正创新，充分发挥专门协商机构作用，为推动句容市高质量发展和“一福地四名城”建设做出积极贡献。

（张明中　刘　浩）

【履职能力提升】　2021 年，市政协主动适应政协履职能力现代化建设的新要求，把强化委员主体意识、增强委员履职能力、激发政协组织活力作为政协的基础性工作。持续强化委员学习培训，实现委员培训全覆盖。建立市政协主席会议成员、专委会负责人走访联系委员制度，建设好委员活动之家、“有事好商量”协商议事室、社情民意联系点“三位一体”工作载体，真正成为党委政府好帮手、人民群众连心桥、委员履职新平台。规范委员年度履职考核，开通远程视频会议系统，成功上线“智慧政协”系统，推广“掌上履职”综合业务平台，赋能委员高效履职。注重发挥政协机关“枢纽”作用，积极探索创新，不断提升机关工作水平。修订《中共句容市政协党组“三重一大”事项决策实施办法》《市政协联络委员会和联络小组年度工作考核办法》等规章制度，深化机关作风建设，全力配合市委巡察工作，推动组织建设，加强廉政建设和作风建设。注重发挥专委会基础性作用，创新“微”调研、“云”协商、“掌”上评等工作机制，不断提升政协工作规范化、制度化、科学化水平。加强对政协委组的联系指导，建立市政协主席会议成员联系联络委组制度，主席、专委会主任参与小组和界别活动。实行城乡联络小组结对交流互动，组织城乡委员围绕工作性质相近、专业特色相仿、大家共同关心的课题，积极开展联合调研、联合协商、联合培训等活动，提升系统效能。紧扣全市高质量考核，量化目标任务和评价标准，引导基层政协联络委组整合资源、延伸触角，做到“助发展、解民忧、保稳定”。鼓励界别组广泛深入调研协商、及时传递各界呼声，用好话语权、扩大团结面，充分发挥政协在助推改革、服务群众、凝聚人心等方面的独特优势和重要作用。　（张明中　刘　浩）

重要会议

【市政协十届五次会议】　2021 年 1 月 11—13 日，市政协十届五次会议召开。听取并审议政协常委会工作报告和提案工作情况的报告；听取委员大会发言；列席市十六届人大五次会议，听取并讨论《政府工作报告》和其他报告；选举；听取并通过提案审查报

1 月 11—13 日，句容市政协十届五次会议召开

告；通过《政协句容市第十届委员会第五次会议决议》。

（张明中　刘　浩）

【市政协常委会】　2021 年 1 月 13 日，市政协十届二十三次常委会议召开。会议确定补选政协句容市第十届委员会秘书长候选人名单；确定大会选举办法（草案）和大会选举工作人员建议名单；审议市政协十届五次会议决议（草案）和提案审查报告（草案）。

2021 年 3 月 25 日，市政协十届二十四次常委会议召开。会议就中共十九大作出“我国经济正由高速增长阶段转为高质量发展阶段”的科学论断，十九届五中全会更是提出要加快发展现代产业体系，推动经济体系优化升级。此次会议的召开，让与会的政协常委进一步了解市委决心意图，更好地知情明政，为推动句容市产业强市、高质量发展积极宣传造势、踊跃建言献策。会议还传达全国政协十三届四次会议精神和镇江市政协相关会议精神；审议通过民主评议决定。

2021 年 8 月 31 日，市政协十届二十五次常委会议召开。会议听取市政府上半年全市经济社会发展情况通报和 2021 年政协提案办理情况通报；传达相关重要会议精神；审议人事任免事项。

（张明中　刘　浩）

【市政协主席会议】　2020 年 12 月 10 日，召开市政协十届三十二次主席会议。会议系统总结 2020 年工作，全面谋划 2021 年工作。

2021 年 3 月 3 日，召开市政协十届三十三次主席会议。会议研究讨论 2021 年政协工作要点；研究领导班子成员分工；研究常委会相关事宜。视察宁武新材料有限公司、江苏三超金刚石工具有限公司和天力变压器股份有限公司。

2021 年 4 月 15 日，召开市政协十届三十四次主席会议。会议专题视察推进“雪亮工程”建设。会前，集中视察北部新城警务室、智慧华阳指挥中心、市公安局指挥中心。

2021 年 5 月 11 日，召开市政协十届三十五次主席会议。会议专题传达学习习近平总书记在中共中央政治局第二十九次集体学习时的重要讲话精神；开展党史学习教育集中领学及“学党史 办实事”专题研讨。

2021 年 8 月 30 日，召开市政协十届三十六次主席会议。会议研究市政协十届二十五次常委会议议程；宣布市委有关干部人事任命决定。

2021 年 9 月 27 日，召开市政协十届三十七次主席会议。会议

9 月 27 日，市政协召开银企对接专题协商会议

就为搭建企业与金融机构对接的桥梁，推进产业与金融的深度合作，围绕如何优化金融机构对实体经济的支持开展对接专题协商。

2021年10月15日，召开市政协十届三十八次主席会议。会议就贯彻落实国务院、江苏省和镇江市关于健康城市建设的部署，加快推进健康句容建设，促进全市卫生健康工作高质量发展开展专题协商。7名委员代表分别结合工作实际，提出意见建议；市卫健委围绕主责主业作详细的说明和回应。

2021年12月10日，召开市政协十届三十九次主席会议。会议专题视察调研城区道路路面改造、农村安置房交付与办证两项重要民生工程。会议还审议“水资源保护管理和综合利用”“农村养老及残疾人托养工作”两个民主评议报告。

2021年12月22日，召开市政协十届四十次主席会议。会议研究讨论十届二十六次常委会议议程；审议《关于表彰2021年度先进联络委组、优秀政协委员和优秀提案的决定》《关于表彰提案承办先进单位和先进个人的决定》（讨论稿）。（张明中　刘　浩）

议政协商

【概况】　2021年，句容市政协围绕中心，服务大局，始终坚持与市委同心同向、合力合拍，把政协工作融入发展大局中思考谋划。年内，围绕富民增收、美丽乡村、特色小镇、鲜果产业、现代农业等课题开展调研，提出协商建议。主席会议专题视察“双铁”施工现场，听取建设推进情况汇报，开展深度协商讨论，从全局高度深入研究，从操作层面细致论证，形成“依托双铁建设，培育枢纽经济”委员建言报送市委、市政府。主动争取全国政协、省政协和镇江市政协支持，先后有全国政协领导、省政协领导、省政协和镇江市政协委员到句容市视察调研，为加快打造长三角地区最令人向往的“诗和远方”提供科学指导和有力支持。围绕全域旅游公共服务、畅通旅游交通专线、房地产健康发展、立体化信息化治安防控、建设精美城市等主题开展专题协商，坚持“协”以成事、“商”以求同、“专”以提质，深度剖析句容市文旅融合、房地产市场、平安建设等方面面临的现实情况，形成有效提升发展品质、广泛提高发展质态的思想共识，提出协商建议，促进城市品质和人居环境双提升。围绕构建城乡医疗共同体、精准救治与救助、宁镇定点医院双向转诊机制、全面推进健康句容建设等主题进行对口协商，深入分析基础设施、服务管理、体制机制等方面短板，在搭建“大健康”发展平台、加强医疗卫生人才队伍建设、推进智慧医疗等方面提出协商建议，推动养生养老服务和卫生健康事业发展。

（张明中　刘　浩）

12月10日，市政协十届三十九次主席会议专题视察调研城区道路路面改造、农村安置房交付与办证两项重要民生工程

【建言献策】　2021年，市政协通过聚焦激发民营经济发展新动能、银企对接等课题开展议政性常委会专题协商，围绕科技支撑特色小镇创新发展、新型政商关系构建、金融业支持实体经济发展等课题深入调研，建言献策，大部分建议被吸纳到市委、市政府《关于推进产业强市加快实体经济发展的若干政策意见》中。围绕新市民子女就学、高质量教

师队伍建设、校车运行安全等调研协商，助推教育安全均衡发展。围绕新建市人民医院、“三医三保联动”、全民健康等协商议政，促进健康句容建设。围绕推进医养结合、提升居家和社区养老服务水平等专题座谈，为应对老龄化社会出谋划策。充分发挥提案、社情民意作用。

（张明中　刘　浩）

5月17日，省政协机关离退休老干部来到茅山革命老区，以“回望百年路，助力新征程”为主题开展党史学习教育

【民主监督】　2021年，市政协坚持把民主评议作为政协民主监督的重要载体，发挥协商式监督的优势和特色，推动市委、市政府重大决策部署、重点项目和民生实事落到实处、取得实效。坚持围绕群众关心、社会关注的民生热点难点问题，通过专题视察、互动协商、问卷调查、民主测评等多种形式，既客观反映被评工作的现实状况，又对存在问题提出解决办法。围绕关于养老机构公建民营、财政资金绩效管理、水资源保护管理和综合利用、大气污染防治等工作的评议报告，得到市委、市政府的高度重视，主要领导和分管领导及时批示交办落实，促进相关工作的改进提升。　（张明中　刘　浩）

【提案工作】　2021年，句容市政协委员围绕市委、市政府中心工作和人民群众普遍关心的热点难点问题，深入调查研究，积极建言献策，提出提案189件，经审查立案157件，立案率83.1%，其中10件被确定为重点提案。截至2021年年底，提案全部办结，委员对提案办理的满意及基本满意率达100%。提案中的许多建议被市委、市政府和有关部门吸收采纳，在促进全市高质量发展和改善民生等方面发挥了积极作用。制定下发《提案立案审查办法》《重点提案遴选及督办办法》，从提案立案、审查、遴选、督办等方面，对提案质量进行全面把关。

（张明中　刘　浩）

【社情民意反映】　2021年，市政协加强社情民意渠道畅通。坚持用创新的理念谋划工作，不断拓宽履职平台，积极探索创新政协经常性工作的新思路、新举措，充分发挥提案、社情民意作用，邀请党政相关领导参加专题协商活动，为委员提供更多知情明政和平等交流的机会，提高委员建言的“有用性”。坚持落实季度协商制度，让协商活动更具计划性、规范性。坚持“开门”协商，常态化邀请部分委员参加专题视察协商活动，相关合理化的建议措施在《关于在句容主城区禁止燃放烟花爆竹的管理规定》《关于强化住宅小区物业管理工作的实施意见》《句容市市区犬类管理办法》等文件中采纳运用，助推城区噪音管控、小区物业管理、文明城市建设等一大批民生实事的解决。　（张明中　刘　浩）

【文史工作】　市政协坚持每年编撰“乡愁乡韵”系列丛书，先后出版《句容山水名胜》《句容味道》《句容非遗博览》《句容历史记忆》，多角度展现句容深厚的历史积淀和人文内涵。2021年，39万字的《记录葛洪》一书出版，该书通过对历史资料及民间传说的收集整理，编辑而成，是葛洪有关资料的汇集，分家族家世、生平经历、个人著述、史籍记载、历代诗画、民间传说、故里纪念7个部分。

（张明中　刘　浩）

综　述

【概况】　2021 年，在镇江市纪委和句容市委的坚强领导下，句容市纪检监察工作在务实中创新、在担当中奋进，先后获省、镇江市纪检监察系统先进集体等称号，在镇江市纪检监察系统高质量考核中连续四年获得第一，全市全面从严治党满意度达 95.26%，高于全省和镇江平均水平，实现四连升。年内，在从严从实中深化“四铁四硬”，持续深化“打铁必须自身硬”专项行动，打造忠诚干净担当的纪检监察队伍。

（市纪委监委）

【政治建设】　2021 年，市纪委监委坚持把政治标准放在首位，高标准推进机关党的建设，推动党建与业务深度融合。组织志愿者服务队参与疫情防控、文明城市建设等工作，让年轻干部在磨炼中锻炼才干，推动市纪委监委机关“清风护航”服务品牌建设向全系统拓展深化。

（市纪委监委）

【业务培训】　2021 年，市纪委监委先后开展政治研学、业务学习和实践培训 40 余次，以案代训、实战练兵 100 余人次。召开青年干部座谈会，双向征求岗位匹配意向，促进人岗相适。举办纪法践悟研学会，建立“践悟双导、素能双升”结对帮带工作机制，推动干部政治综合素质、核心业务能力“双提升”。

（市纪委监委）

7 月 15 日，市纪委监委召开青年干部座谈会

【规范化建设】　2021 年，市纪委监委强化全市监督办案规范化建设，加快大数据查询研判中心落地，发挥乡案县协审、派驻联合审制度优势，促进基层案件质量整体提升，《评查整改提升把关能力》在《中国纪检监察报》刊发。完善纪检监察干部廉政档案，充分发挥特约监察员作用，举办纪委监委“开放日”活动，主动强化内外监督。　（市纪委监委）

政治监督

【概况】　2021 年，市纪委监委紧扣“两个维护”，坚决扛起职责使命，在忠诚履职中诠释使命担

当，忠诚品质不断彰显，政治底色持续擦亮。（市纪委监委）

【理论学习】 2021年，市纪委监委把学习贯彻习近平新时代中国特色社会主义思想作为长期的首要政治任务，坚持和完善理论学习中心组学习制度，发挥领学促学作用，在学懂弄通做实上持续深化、巩固拓展，不断增强全面从严治党政治自觉。

（市纪委监委）

【主题教育】 2021年，市纪委监委坚持主题带动、大事驱动、节点联动，通过“专题党课+专题宣讲+专题研讨”“主题党日+主题征文+主题竞学”等模式，推动党史学习教育步步深入。举办“清风向党·思享会”系列活动，推动学习教育向广度延伸、向纵深拓展。

（市纪委监委）

【“两个责任”落实】 2021年，市纪委监委协助市委制定“两个责任”清单，建立“清单管理+动态督查”履责督责机制，试行全面从严治党主体责任落实监督保障机制，通过“四反馈、三比对、两督查、一约谈”，切实推动全面从严治党主体责任落细落实。健全领导干部廉政档案，坚持建管并举，摸清干部“廉情底数”。加强换届风气监督，严把政治关、廉洁关。充分发挥派驻“探头”作用，不断增强监督的深度、锐度和力度，全年立案52件，持续净化部门政治生态。

（市纪委监委）

中心工作保障

【概况】 2021年，市纪委监委将履行监督第一职责与服务发展第一要务紧密结合，始终与中心工作同频共振，在正风护航中汇聚发展动能，以高质量监督促进高质量发展。（市纪委监委）

【决策部署落实】 2021年，市纪委监委健全清风护航专项监督机制，围绕疫情防控、安全生产、防范化解重大风险等决策部署，紧盯农村乱占耕地建房、公共停车收费等重点任务，查处不担当、不作为、乱作为等问题21起34人，做到中央有决策、党委有部署、纪委有保障。（市纪委监委）

【营商环境维护】 2021年，市纪委监委制定政商交往“十不准”“负面清单”，为政商交往立规，为企业减负。定期公布营商环境服务满意度“红黑榜”，引导政务服务争上游、登“红榜”。紧盯涉企服务开展营商环境专项监督，深化运用“一企来”问题线索督办移送召回查处工作机制，查处破坏营商环境问题3起8人，给予党纪政务处分6人。

（市纪委监委）

【容错纠错机制落实】 2021年，市纪委监委细化落实容错纠错机制，对因出以公心、担当敢为而出现失误偏差的6名党员干部实施容错纠错，主动为7名党员干部进行失实举报澄清，以良好干事氛围促进干部担当作为。

（市纪委监委）

【“四风”纠治】 2021年，市纪委监委持之以恒纠治“四风”，查处违反中央八项规定精神问题43起63人，通报典型问题9批22

9月22日，市纪委监委开展公车管理专项督查

起。深化纠治敷衍塞责、作风不实、履责不力等形式主义和官僚主义问题11起26人。深入开展公车管理专项治理，查处8起8人，推动制定《句容市党政机关公务用车管理办法》，严防“车轮上的腐败”继续“滚下去”。进一步规范党员干部操办婚丧喜庆，印发告知单和“十问”解答，以党风政风好转带动社会风气好转。

（市纪委监委）

4月14日，市纪委监委协助市医疗保障局召开全市医疗保障基金监管工作会议

专项监督治理

【概况】　2021年，市纪委监委坚持从群众最需要的事做起，从群众最不满意的事查起，积极开展“我为群众办实事”，在靶向纠治中维护民生福祉，查处群众身边腐败和作风问题57起87人，全市检举控告量比上年下降13.4%。

（市纪委监委）

【医保基金专项治理】　2021年，市纪委监委推动监管部门以打击假病人、假病情、假票据“三假”为重点，严肃查处违规开药、欺诈骗保等问题10起15人，给予党纪政务处分9人，追回医保基金470余万元。　（市纪委监委）

【养老惠民专项治理】　2021年，市纪委监委深化养老惠民专项治理，紧盯高龄失能失独等困难老人的养老惠民资金发放，严查挤占伙食费、冒领尊老金、克扣生活补贴等问题7起14人，确保每一分养老资金都用在老人身上。

（市纪委监委）

【村集体资产专项治理】　2021年，市纪委监委针对农村集体“三资”群众反映集中的情况，实施村集体资产租赁交易、农民专业合作社等专项治理，推动升级村级小微权力清单，查处22起38人，有力促进基层权力规范运行。

（市纪委监委）

【政法队伍教育整顿】　2021年，市纪委监委建立常态化“打伞破网”工作机制，查处涉黑涉恶腐败和“保护伞”9人、留置3人；从严推动政法队伍教育整顿，查处13起58人、留置3人。此外，充分发挥监察员办公室在农村基层治理、乡村振兴战略中的功能作用，立案85件，2项经验做法入选首批全省典型案例汇编。

（市纪委监委）

反腐工作

【概况】　2021年，市纪委监委始终保持严的主基调，以精准办案为抓手，努力查处一类案件、总结一类规律、治理一个领域、教育一批干部，在系统施治中凸显综合效应。　（市纪委监委）

【腐败惩治】　2021年，市纪委监委立案292人，其中科级干部22人，给予党纪政务处分246人，采取留置措施17人，移送检察机关9人，挽回直接经济损失1209万元，严肃查处夏祖明、苏安定等一批严重违纪违法党员领导干部，同步推进减存量、遏增量、提质量。　（市纪委监委）

【以案促改】　2021年，市纪委监委将正风肃纪反腐与深化改革、完善制度、促进治理贯通起来，从具体人、具体事的“小切口”入手，推动以案释纪、以案促改，制发“两个建议”30份，推动有关单位落实整改措施35条，新建或修订制度19项。其中，非法采矿领域以案促改经验做法在中央纪委国家监委网站及“清廉江苏”宣传推介。　（市纪委监委）

【警示教育】 2021年，市纪委监委运用监督执纪“四种形态”处理541人次，前两种形态占比达92.4%。先后对74名受处分干部开展回访教育，帮助“出错”干部放下包袱、轻装前行。协助市委召开全市领导干部警示教育大会，分层分类组织观看警示教育片《贪欲罪途》，强化以案示警。打造“一网一号”宣传阵地，用好句容特色清廉文化、红色文化和家规家训等优秀传统文化资源，讲好廉洁句容故事，涵养清正廉洁价值理念。（市纪委监委）

巡察工作

【概况】 2021年，市纪委监委牢牢把握政治巡察定位，坚持发现问题与整改落实并重，震慑、遏制、治本作用不断彰显。

（市纪委监委）

【政治巡察】 2021年，市纪委监委扎实开展十二届市委第十二轮巡察和巡察“回头看”，发现问题320个，移交问题线索14条，实现十二届市委巡察高质量收官和十三届市委巡察高标准起步。全力配合做好省委涉粮问题专项巡视和镇江市委涉粮问题专项巡察，实施全市粮食购销领域问题“大起底”，形成上下联动合力。

（市纪委监委）

【镇村巡察】 2021年，市纪委监委坚持对市级机关部门和镇、村（社区）巡察统筹结合，采取“一托二”“巡镇带村”模式，同步对边城、天王镇党委及其所辖村党组织开展十三届市委第一轮巡察，点面结合，实现对板块和部门巡察同步推进、相互促进。

（市纪委监委）

【巡察整改】 2021年，市纪委监委深化巡纪联动，建立巡察“联合会商”“双移双查”机制，对巡察发现的重要问题先行会商，做到既移问题线索又移问题清单，既查问题又查责任。试行“巡察专报+约谈督办”机制，针对涉及全局性、领域性、普遍性情况，形成巡察专题报告，市委主要领导主动约谈被巡察党组织主要负责人3名，进一步压紧压实被巡察党组织特别是“一把手”的整改责任。（市纪委监委）

句容市总工会

【概况】 2021年，句容市总工会广泛动员各级工会组织和职工群众投身发展、建功立业，为推动全市经济社会稳定发展做出积极贡献。推进以农民工为主要群体的“八大群体”入会工作，全年新建工会15家。推进全市工会组织和会员实名制的信息采集工作。年内与陕西省蒲城县总工会签订全面合作框架协议、劳模（职工）疗休养合作协议，在推动就业、职工交流、干部培训、业务协作、促进消费等方面开展交流与合作。2021年，句容市深水水务有限公司化验班获评全国工人先锋号，全市5人获评江苏省劳动模范，2人获镇江市五一劳动奖章，8人获选首届句容工匠。

（市总工会）

【产业工人队伍改革建设】 2021年，句容市新增下蜀镇总工会等4个单位为新一轮的镇江市级产改试点单位，产改工作稳步推进。联合开展争做“职业健康达人”活动，组织移动公司业务技能、茶叶制作技能、渔业技能等市级层面的职业技能竞赛7场，推进技能型人才培育工作。深化“安康杯”竞赛，组织开展送安全进企业、安全隐患“随手拍”活动，高温慰问职工500人次。举办全市产业工人队伍建设改革业务培训班，指导产改试点单位推进产改激励项目建设。组织产改试点单位积极参加“产改沙龙”。

（市总工会）

【工会服务工作】 2021年，市总工会开展“留句过年　群团送福”系列活动，为20家企业留句过年职工发放慰问礼包300份，发放疫情防控宣传册200余份。7月，立足“劳模+葡农”模式，主动助力地产葡萄销售，助销葡萄91.3万余元。持续推进、落实小微企业工会经费全额返还工作，全年为786家小微企业返还经费378.2万元。举办4场农业劳模“传、帮、带”培训班，参训农民达400余人。组织50人次劳模、农民参加优质农产品直销会，实现销售额40余万元。借力茅山管委会“康养项目”打造，建成句容市首家职工（劳模）疗休养基地。“两节”期间，为全市323名困难职工送去慰问金45.2万元。为在档特困职工发放生活补助84万余元，为特困职工争取到每月免费使用15千瓦时电量和免费乘坐公交车福利。加强职工（农民工）就业创业服务，评定5家创业示范基地和6名创业先进个人。推进互助互济保障工作，为175名职工申领慰问金127.4万余元。组织83名职工（劳模）到蒲城县、淮安市开展疗休养。开展“永远跟党走·劳动谱赞歌”职工摄影比赛，评选优秀作品58幅。坚持文化普惠，开设瑜伽、太极拳培训班，提升职工综合素养。

（市总工会）

【句容市工会第十三次代表大会】 12月2—3日，句容市工会第十三次代表大会召开，大会选举产生句容市总工会新一届领导机构，表彰20个“句容模范职工之家”、30名“句容市优秀工会工作

12月2日，句容市工会第十三次代表大会开幕式

者”、30名“句容市优秀工会积极分子”。（市总工会）

共青团句容市委员会

【概况】 2021年，共青团句容市委员会（以下简称“团市委”）聚焦主责主业，围绕中心大局，服务青年发展，全面从严治团，全力推动句容共青团和青少年事业发展。推进基层组织建设，加强对镇、村（社区）团组织集中换届指导，高标准完成全市8个镇、176个村（社区）团组织换届工作，优化充实街道、园区团工委班子。推进“青马工程”（青年马克思主义者培养工程）农村班、企业班试点工作，探索构建部门联动、分层分类、机制健全、保障有力的“青马工程”培养体系。推动全市“两新”组织建立团组织，新增非公有制企业团组织80个、社会组织团组织8个。年内，团市委获评“2021年度全省共青团工作先进单位”，句容亚夫团队工作室科技兴农青年集体获第16届“江苏青年五四奖章集体”称号，隋泽华获评“全国乡村振兴青年先锋”，2名青年被评为“江苏省我们身边的好青年”。（汤佩丽）

【青少年教育工作】 2021年，团市委围绕青少年党史学习教育这一主题，开展“百年党史青春说”系列活动，召开第五次少代会和“请党放心 强国有我”主题队日活动。全市各级团组织开展“学党史 强信念 跟党走”主题团日活动903场次，参与团员22500余人。开展“党团队员手拉手，沿着红色教育实践地图寻访”“百年足迹奋斗路”红领巾寻访实践等活动。组建青年讲师团、红领巾讲师团队伍开展宣讲活动42场次，实现全市学校团队组织全覆盖。推进“青年大学习”网上主题团课学习，参学青少年18万余人次。打造茅山“铁军之旅”青年学习社线路，获评省级青年学习社线路。创作《永是勇士——郭纲琳》情景剧，在镇江市范围内演出15场次，推出《马克思主义·青年说》网络视频，观看近3万人次。（汤佩丽）

【青少年服务工作】 2021年，团市委以“联青服务站”活动为纽带，推进“我为青年做件事”实践活动。实施“梦想改造+”关爱计划，全市范围内建成交付75间“梦想小屋”，构建“1+3+6”关爱服务体系，对困境青少年群体常态化开展结对关爱活动。开展希望工程“圆梦行动”，全年资助困境大学生20人，筹集资金17.7万余元。在郭庄镇平安希望小学，举办惠基金雏鹰运动会，通过体育支教公益项目，促进青少年身心健康发展。（汤佩丽）

【青年发展工作】 2021年，团市委组织动员广大团员青年建功立业，全面助推句容高质量发展。依托市青企协组织青年企业家开展高层次企业管理培训4场，推动青企协与句容农商行战略合作。开展“一线有我 号队出列”青春建功行动，组建重大项目建设青年突击队36支，开展项目攻坚青年先锋寻访活动，创成镇江市青年文明号4家。聚焦“福地句才”工程，举办第九季“回乡看发展，梦是故乡圆”暨大学生暑期双选会，提供实习岗位61个，吸引句容籍在校大学生近100人报名参加。开展青年安全示范岗创建，举办“安全生产青年在行动”集中服务日活动。实施“新农菁英贷”项目，为68名农村创业青年发放贷款8633万元。通过“团团直播间”平台，疫情期间推广销售本地葡萄、黄桃等应时鲜果。（汤佩丽）

第九季"返家乡·学党史"大学生暑期社会实践活动

【青年志愿者工作】 2021年，团市委深化"句小志 成大事"志愿服务品牌，组织青年志愿者参与文明城市建设、茅山全国革命根据地红色文化研学大会、"七一"文艺汇演等重大活动志愿服务。网络化、社会化招募防疫青年志愿者预备队，动员各级团组织积极组建青年突击队，参与社区防控、交通卡口检查、核酸检测应急演练、疫苗接种等志愿服务，参与青年志愿者2000余人次。（汤佩丽）

句容市妇女联合会

【概况】 2021年，句容市妇女联合会（以下简称"市妇联"）以引领服务联系妇女儿童为工作主线，开创妇女工作新局面。年内，指导完成全市176个村（社区）妇联组织换届工作，新建"两新"组织妇联15个。升级改造句容市妇女儿童活动中心，配套建立"萱草花"志愿服务中心、女性社会组织孵化基地、综合培训室等8个专用活动室。打造典型妇女微家，发挥妇女微家凝聚、教育、服务妇女群众的功能和作用。全年创成全国"巾帼文明岗"1个、省级"巾帼文明岗"1个。（王 莹）

【妇女儿童帮扶工作】 2021年，市妇联深化"萱草花"志愿服务品牌。187名"萱草花"志愿者利用节假日开展"益路童行 相伴成长""结对儿童集体生日会"等志愿服务活动203场次，帮助106名结对困境儿童。开展"萱草花"圆梦"童心愿"活动，向300名孩子每人赠送价值500元的"童心愿"礼品。"六一"期间，开展"福地童心 圆梦微心愿"活动。开展"学党史颂党恩 守护安全伴成长"暑期儿童关爱活动173场，走访困境儿童228人。组建市镇村3级巾帼志愿服务队，全市各级妇联组织有巾帼志愿服务队伍49支，志愿者1814人，全年开展巾帼志愿服务2000余场次，惠及群众1.4万余人次。推进妇女"两癌"检查及救助项目、家庭教育指导服务示范社区建设项目、困境儿童关爱保护项目、单亲困境母亲帮扶项目。举办"单亲困境母亲"慈善帮扶金发放仪式，向150名单亲困境妇女发放慈善帮扶金15万元。推进妇女"两癌"防治知识进村（社区）入户，177个村（社区）举办"两癌"防治知识宣传培训182场次，受益妇女10104人推动低收入"两癌"患病妇女救助，2名贫困"两癌"妇女获得全国妇联救助。（王 莹）

【妇女儿童权益保障】 2021年，市妇联推动"木兰家事"公益律师团的律师进村庄（社区）、进校园、进电台，全年开展线下专题普法宣讲10场，线上专题普法6场。开展"维权助她 共筑芳华"主题普法宣传系列活动。联合市司法局、句容山水网举办"三八"维权专题网络知识问答活动。组织全市各级妇联开展国际反家暴日专题普法宣传170余场次。开展社区妇联工作者和网格员婚姻家庭矛盾纠纷调解技巧专题培训。新创成2家省级社区标准化家事调解室，充分发挥家事调解室和"康乃馨"婚姻家庭调解室作用，探索人文关怀和解决婚姻家庭纠纷的新路子。与检察院、公安局等多家单位联合建立侵害未成年人案件强制报告制度，创新妇儿法治教育手段。探索构建"社区全域、父母全程、家庭全类型"的"三全"社区家庭教育指导模式，建立10个省级、5个县级"三全"社区家庭教育支持行动实施点。（王 莹）

【妇女就业创业】 2021年，市

妇联完善妇女创业典型、村级后备干部人才、各行各业优秀女性信息库，创成电商新业态创业女党员示范岗 2 个，推荐申报省级优秀巾帼家政服务师 2 名、巾帼家政职业经理人 2 名，推荐省巾帼家政联盟成员 2 家、省巾帼文创产业联盟成员 1 家。与江苏农林职业技术学院妇联联合举办“校地巾帼农人行”结对共建，促进高校科技成果向田间地头转化。2 个创意类项目（草坪梦工厂和茶苗悦色）入围“慧创她时代”——2021 年江苏巾帼科技创新大赛晋级赛，其中草坪梦工厂项目获得最具市场潜力奖项目，项目负责人张晶晶被评为十佳新锐女性创业人物。入选省级乡村振兴巾帼行动案例 2 个，创成省级巾帼示范基地 3 家、镇江市级巾帼示范基地 12 家、“美丽家园”省级示范点 2 个、“美丽乡村”（社区）镇江市级示范点 3 个、“镇有一手”“田妈妈”2 家，举办“田间课堂”28 期，惠及妇女 2309 人次；4 个电商示范岗直播带货 30 场，销售 66 多万元，培训 12 期 614 人次。

（王　莹）

句容市科学技术协会

【概况】　2021 年，句容市科学技术协会（以下简称“市科协”）完成年度各项工作目标。组织申报省市级的各类人才推荐选拔工作，1 人申报省青年科技人才托举工程。搭建高端学术平台，促进产学研用合作。年内，获 2021 年全国科技活动周暨第 33 届江苏省科普宣传周优秀组织单位、第 33 届江苏省中小学生金钥匙科技竞赛青少年科技教育先进单位。“科技强农　助力抗疫　直播培训”和“科普进校园”2 项活动被中国科协表彰为“全国科普日优秀活动”。

（科　协）

【科普宣传】　2021 年，市科协成立“科普金牌讲师志愿服务队”，全年开展田间指导 160 余次，技术培训观摩交流 20 余次。在科普宣传周、全国科普日期间，举办科普进农村（社区）、进企业、进机关等科普活动 45 场次。开展“惠安行动”，围绕防灾减灾、公共安全、群体安全、食品安全等领域开展科普宣传。实施 2021 年度基层科普行动计划，联合市农业农村局、团市委等单位开展句容市“十佳”农民评选活动。组织镇江市科普惠农优秀人物张奎峰、方应明，面对面地向当地种植户传授葡萄专业知识，指导葡萄种植技术。

（科　协）

【科普阵地建设】　2021 年，市科协打造科协系统的科普示范教育基地，落实“党建+科普+基地”建设。年内着重打造 2 个基地，8 月，赐福火龙果生态农场获得全国 100 个“优秀农民教育培训田间学校”称号。实现城区社区科普益民服务站全覆盖，每年服务站开展科普大讲堂、省科协院士专家科普社区行活动不少于 2 次。发挥市科普馆阵地堡垒作用，用好科普大篷车等流动科普设施。5 月，句容市蓝天消防职业技能培训学校揭牌成立，全年开展消防应急类宣传教育 6 次。

（科　协）

【科技服务】　2021 年，市科协摸排 312 国道沿线特色农业、智能制造、医疗器械、电力能源、数字经济等领域 20 家规上企业技术需求，对接相关省级学会，邀请专家到企业调研座谈，促成 4 家企业与省级学会签订项目合作协议。推进海智计划，加强海智平台建设。引进现代农业产业链相关技术和经营理念，推动国际交流合作由农业技术领域拓展到农业经济领域。对接海智活动，促进海外高层次人才交流。新建 10 家企业科协工作站，搭建服务企业科技工作者平台。建立科技人才激励机制，申报江苏省创新方法大赛 2 人，组织 60 家企业科技工作者开展企业专利应用工程师培训。

（科　协）

【青少年科技教育】　2021 年，市科协组织参加省青少年科技创新大赛、“金钥匙”科技竞赛等活动。青少年科技辅导员协会（青科辅协会）组织相关学生参加镇江市第 16 届运动会学生航模比赛并获得团体二等奖。青科辅学会承办镇江市第 32 届创新大赛；组队参加镇江市第八届青少年机器人科技竞赛。全国科普日，对接省农学会，联合开展科技志愿服务活动，在 15 所学校开展“科普进校园活动”，2000 多名学生参与。

（科　协）

句容市文学艺术界联合会

【概况】　2021 年，句容市文学

艺术界联合会（以下简称“市文联”）围绕庆祝中国共产党成立100周年主线，策划系列文艺活动，推进文艺惠民服务，团结和引领广大文艺工作者推动句容文艺事业高质量发展。（王镇容）

【文艺主题活动】 2021年，市文联开展中国共产党成立100周年诗词征文活动、“学百年党史 诵红色经典”金秋诗歌朗诵会、“百人百影”摄影展、京剧名家名票演唱会、句容原创声乐作品展播、“新苗杯”少儿器乐大赛，承办“喜迎国庆 学史力行 民呼我应”优秀书法作品提名展、“美丽中国 福地句容”书画艺术作品展和“学百年党史 传廉洁清风”主题书画展。开展首届“美丽句容”风情写生创作展、首届妇女绘画篆刻作品展、首届“童真童趣”少儿书法大赛、首届中老年人篆刻技能大赛、“美丽句容 精彩瞬间”摄影展、“乡村振兴”美术采风、“红色诗词话党史，不忘初心新征程”进社区等形式多样的主题活动。（王镇容）

【文艺惠民服务】 2021年，市文联积极承接、主动参与镇江市文联开展的“文艺轻骑兵”文艺惠民活动，在全市广泛开展“深入基层、扎根人民”主题活动，结合新时代文明实践工作要求，全年开展文艺志愿服务活动近百场。“艺联百姓”志愿服务队20余名摄影志愿者免费为全市131名获得“中国人民志愿军抗美援朝出国作战70周年”纪念章人员和解放战争期间复员军人拍摄照片。开展书法家送福送春联下基层、廉政建设主题书法作品进基层、文艺“战”疫主题创作下基层等活动。（王镇容）

【文艺推广】 2021年，市文联成立“学亚夫、做亚夫”先锋团队——“艺联百姓”文艺志愿者服务队，组织书法、美术、音乐、舞蹈、摄影、戏曲等50余名文艺志愿者在各村（社区）开展“乡村文艺播种计划”，结对辅导一批乡村文艺团队，分层分类培训一批乡村文艺骨干。开展“我为群众办实事”实践活动，加强义台街社区文化建设，开展书法、摄影等传统文化知识公益讲座。与江苏一马先包装有限公司结对共建，开展“听红色故事 做时代新人”读书分享会、“名师讲堂”进企业等活动，加强企业文化建设。开展书法、戏曲、传统印章篆刻艺术进校园活动，市书协全年在崇明小学、开发区、石狮、郭庄、行香、二圣等学校开设30余场青少年书法公益讲坛；市戏协全年在洪武路小学、崇明小学文昌校区等学校开展“戏曲进校园”8场，配合相关学校做好戏曲社团活动；篆协在春城实验学校、茅山中心小学开设篆刻兴趣班，全市每周开设篆刻课的学校达18所。举办3场公益讲座，先后邀请省文联副主席刘旭东、全国知名书法家夏碧波、省京剧名家王少生授课。（王镇容）

【文化交流合作】 2021年11月，在仪征市文化馆举办“学党史、颂党恩”“美丽句容、仪征”优秀书画作品联展，100余幅展示句容“一福地四名城”风采的书画作品参展，推进文化跨江融合发展。（王镇容）

句容市残疾人联合会

【概况】 2021年，句容市残疾人联合会（以下简称“市残联”）以规范基层残疾人组织建

句容市首届少儿童真童趣书法大赛

设为基础，做好“残疾人之家”规范化运营示范点建设、残疾人托养服务、个性化精准康复服务和持证残疾人状况调查等重点工作。年内获评全国残疾人工作先进单位、2020年公益助残网络募捐工作突出贡献奖、2020年度公益助残项目推进奖等荣誉。

（王梦竹）

【残疾人康复服务】 2021年，市残联转介121名残疾儿童接受康复训练，投入220余万元。帮助19名肢体残疾人及9名残疾儿童免费安装假肢和矫形鞋，为170名残疾人发放辅助器具。制定《句容市贫困人口白内障复明手术费补助暂行办法》，白内障患者根据自身需求自行采购晶体，手术费用经医保报销后，市残联另给予2000元费用补助，最终有43名患者获得手术补助。进一步丰富社区康复示范点服务承载，持续推进个性化康复服务进家庭，全市持证残疾人家庭医生签约率和个性化康复服务签约率均达100%。 （王梦竹）

【残疾人就业服务】 2021年，市残联以残疾人需求和就业现状为导向，举办插花技能、家电维修、聋人理财和薄壳山核桃种植等培训班。各下级残联将技能培训嵌入特色农产品种植、销售等环节，联合劳动所、农经站等开展抖音带货、电子商务、手工制作等培训班。年内新增实名制培训201人。4月，举办残疾人春季就业招聘会，10家爱心企业提供50多个岗位，吸引近160余名残疾人参与应聘，有27人与用人单位达成就业意向。全年完成残疾人新增实名制就业75人。

（王梦竹）

【残疾人民生服务】 2021年，市残联推进实施居家托养服务工作，落实省“为民办实事”工程，联合财政局制定《句容市残疾人居家托养服务工作实施方案》，完成服务对象筛选、服务公司招标、监管平台建立等工作。为全市170名需要长期照料和专业性支持服务的16周岁至59周岁低收入家庭重度智力、精神和肢体残疾人提供生活照料、助洁服务、康复服务、精神慰藉等6个方面居家托养服务。 （王梦竹）

【残疾人证“跨省通办”】 2021年，市残联做好“跨省通办”系统学习、平台对接等工作。至6月28日，完成残疾人证新办、换领、迁移、挂失补办、注销、类别/等级变更6个事项“跨省通办”的试运行，全年完成4个“跨省通办”申请。

（王梦竹）

句容市红十字会

【概况】 2021年，句容市红十字会聚焦核心业务，创新实干，打造工作品牌，较好地完成全年目标任务。年内，新建寨里社区和梅花社区两家博爱家园，传播和弘扬红十字精神，并以博爱家园为中心开展常规性活动和一系列大型活动，扩大红十字会在社区影响力。年内，获评镇江市应急救护培训工作优胜单位。句容市红十字会“救在身边”应急救护培训志愿服务项目被评为2021年度镇江市学雷锋活动最佳志愿服务项目。与市融媒体中心合作制作的世界红十字日主题宣传片，获得省红会微视频评选优秀奖。开展红十字故事会征文征稿活动，征集红十字故事会31篇，征集发表88篇，申报的“捐献医学　生死相随”图文故事，获得省红十字会中国共产党成立100周年主题宣传好图片评选二等奖。

（孔灵清）

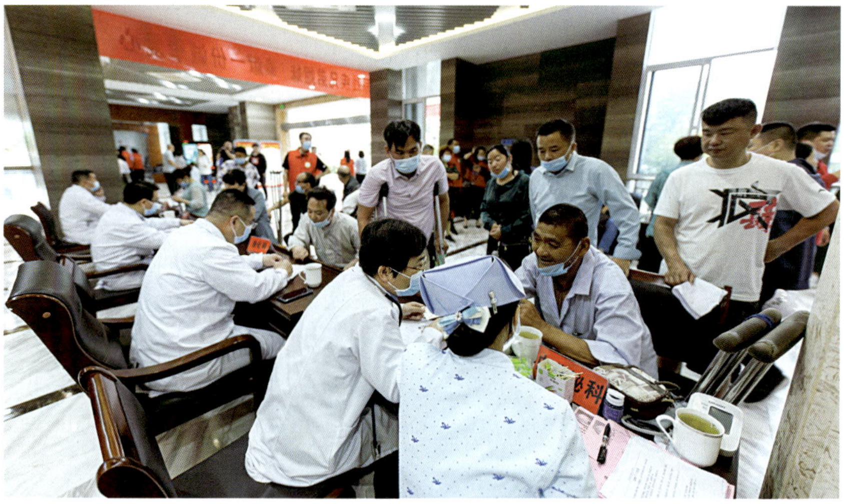

全国助残日期间，市残联开展“爱心义诊　为爱同行”大型公益义诊活动

【救护培训】 2021年，开展培训61场，其中普及性培训40场，培训15332人；初级救护员培训21场，培训1251人。实施公益性应急救护培训工程，持续推进“五进”工作，通过“救在身边”急救普及项目，结合不同群体需求，推动红十字急救知识进学校、进机关、进社区、进村居、进企业等，在全社会深入宣传普及红十字急救知识。2021年年初，完成师资注册20名，同时选派7名志愿者参加师资初训班。与市教育局联合行动，确定应急救护培训为句容大中小学校教职工和学生的必学课程，全年开展培训32场，培训在校师生1.6万人。

（孔灵清）

【“三献”工作】 2021年，中华骨髓库志愿者登记127人，登记入库1701人。遗体捐献新增登记9人，累计登记139人，完成捐献1人，累计捐献12人。截至11月底，无偿献血4327人次，献血总量139万毫升。组建“生命接力”宣讲团，邀请专家担任主讲师，在全市范围内的学校、机关、企事业单位、社区进行巡回宣讲，全年开展30场生命接力宣讲活动。9月，句容市第9例造血干细胞捐献者管旭东到泰州捐献，借此案例组织大型广场主题宣传活动，现场采集登记入库血样27人份。通过在各种活动现场、在救护培训书籍中夹置等方式，向市民发放“三献”宣传折页。“5·8”世界红十字日活动周期间，召开生命接力座谈会，邀请“三献”捐献者及其家属参加，现场发放慰问金。年内，组织参加遗体捐献志愿者缅怀活动，开展“三献”志愿者联谊活动、志友团活动等。

（孔灵清）

句容市第9例造血干细胞捐献者管旭东（右一）

【人道救助】 2021年春节期间，开展“博爱送万家”等活动，走访慰问困难群众和救助帮扶司法涉案困境儿童，总受益户数537余户，惠及约1849人。定向援助蒲城县红十字会10万元。“六一”前后，与爱心企业合作开展慰问活动，走进博爱学校，向博爱学校定向捐赠1.12万元物资。端午、中秋期间，与爱心企业合作开展慰问敬老院活动，赠送1.37万元物资。与急救站联合开展敬老院义诊活动，并赠送食用油、大米等物资。与结对企业签订捐赠协议，每月定向捐助1名贫困儿童至18周岁。向华阳社区医院、天王中心卫生院、白兔中心卫生院分别定向捐赠118万元、42万元、54万元医疗检测仪器。协助乐乐助学、百姓互帮网等公益团体在句容市开展博爱助学活动，资助困难学子13.4万元。组织红十字医疗机构开展“博爱送健康”活动，全年开展义诊咨询等活动16次。为2位白血病患儿申请中国红十字基金会“小天使”救助款。

（孔灵清）

民主党派·工商联

责任编校：徐彬彬

中国民主同盟江苏农林学院支部

【概况】 2021 年，中国民主同盟江苏农林学院支部在思想政治建设、参政议政、组织队伍建设和岗位建功等方面发挥积极作用，为江苏农林职业技术学院的发展和句容市经济社会的发展和进步，为和谐社会的建设做出了积极的贡献。截至 2021 年年底，支部有 11 名盟员。

（民盟江苏农林学院支部）

【支部活动】 3 月上旬，民盟江苏农林学院支部召开全国“两会”精神专题学习报告会。3 月下旬，围绕民盟省委下发的调研课题意向召开座谈会讨论交流，并确定本年度的重点调研课题为“长江流域水生态现状”。4 月上旬，召开座谈会讨论科技帮扶的合作对象和合作方向，并开展相关调研。4 月下旬，全体盟员教师参与学院党委统战部特别策划开展的“追溯建党初心，共话百年辉煌”专题培训学习。5 月下旬，组织盟员到杨凌职业技术学院调研交流，双方就建言献策、服务社会作用发挥、民主党派基层组织建设等方面进行深入交流。6 月上旬，开展“学党史、忆盟史，庆祝中国共产党成立 100 周年”主题教育学习活动。7 月上旬，支部组织全体盟员教师开展学习“七一”重要讲话精神专题座谈会。

（民盟江苏农林学院支部）

【社会服务】 5 月上旬，开展科技帮扶对接座谈会，并组织盟员到常州溧阳大兴镇进行技术指导和新型职业农民培训。9 月下旬，组织盟员到句容市后白镇开展草坪产业技术培训。11 月上旬，组织盟员到句容市后白镇开展草坪建植工培训。12 月下旬，组织盟员到常州市武进区丁塘河湿地公园开展草坪养护工培训，向草坪生产专业户详细介绍草坪工业化生产技术及优良乡土草坪草种质资源的创制等，为当地草坪产业技术水平的提高和乡村振兴贡献力量。（民盟江苏农林学院支部）

中国民主同盟句容支部

【概况】 2021 年，中国民主同盟句容支部开展“活力支部、温馨之家”建设，打造“盟友开讲”社会服务品牌，履行参政议政和民主监督职能，为推动地方经济社会发展、打造“一福地四名城”做更大的贡献。截至 2021 年年底，民盟句容支部新增盟员 2 人，总计盟员 36 人。6 月 8 日，民盟江苏省委召开庆祝中国民主同盟成立 80 周年大会，吴小香、苏红获先进个人表彰。

（民盟句容支部）

【支部活动】 4 月 2 日，民盟句容支部召开全体会议，通报 2020 年支部工作总结暨 2021 年工作计划，表彰 2020 年度先进个人，进行中共党史专题学习。5 月 14 日，民盟句容支部在支部活动中心开展题为“学党史、悟思想、办实事、开新局”的支部党史学习教育

3 月 30 日，民盟句容支部联合崇明小学文昌校区开展庆祝中国共产党成立 100 周年百米长卷颂党恩主题活动

活动。9 月 24 日，民盟镇江市委主委杨晓勤一行到句容市调研。

（民盟句容支部）

【社会服务】 1 月 15 日，民盟句容支部部分盟员走访句容市盲人按摩培训中心和句容市残疾人服务中心，慰问残疾人。3 月 23 日，民盟句容支部盟员、句容市人民医院内分泌科主任陈继芳带领爱心医护团队，到句容市崇明街道义台街社区为居民作“认识糖尿病”健康知识普及讲座并开展义诊咨询。3 月 30 日，民盟句容支部联合崇明小学文昌校区组织五年级全体师生和部分盟员 400 多人在苏南抗战胜利纪念碑广场开展“童心绘红色、画卷言传承”——庆祝中国共产党成立 100 周年百米长卷颂党恩主题活动。9 月 14 日，民盟句容支部盟员陈继芳医疗团队携手句容市崇明小学文昌校区的“太阳鸟”志愿者，到逸仙养老院开展慰问。10 月 9 日，句容支部部分盟员到郭庄镇社会福利中心逸仙颐养老院走访慰问。10 月 25 日，支部盟员张震到句容高级中学，作题为“眼中有人，心中有爱”的写作专题讲座。11 月 12 日，盟员陈继芳医师的医疗团队到句容水厂送健康，杨俊霞等盟员参加活动。12 月 17 日，民盟句容支部到后白镇林梅村开展“同心红”捐助活动。

（民盟句容支部）

【参政议政】 2021 年，民盟句容支部盟员主动履行参政议政职能，提出提案和议案 19 件（议案 3 件，提案 16 件），其中 1 件提案被列为市政协重点提案。

（民盟句容支部）

中国民主促进会句容支部

【概况】 2021 年，中国民主促进会句容支部依照民进镇江市委会与句容市委统战部的工作部署，贯彻落实党史学习，积极转变思想观念，主动工作。截至 2021 年年底，支部共有会员 24 人，其中 2021 年新发展会员 1 人。年内，支部获评民进江苏省“反映社情民意先进集体”，主委裔胜东当选民进省第十一次代表大会代表；会员王六生的企业获得“中国装饰优质工程奖”和“中国装饰百强企业”称号；会员夏春来获“江苏省特级教师”称号；会员陈正喜被评为“江苏民进社会服务暨脱贫攻坚工作先进个人”；会员蔡郡被评为民进江苏省“虚拟机关”建设工作先进个人。

（民进句容支部）

【参政议政】 2021 年两会期间，支部通过政协委员、人大代表共提交提案、建议 30 多件，其中主委裔胜东与会员韩强关于“建设句容智慧停车管理系统”的建议被作为重点建议，并由政府多部门开展调研，制定实施方案。

（民进句容支部）

【支部活动】 3 月 22 日，会员丁志春到句容市崇明小学作《西游记》阅读指导讲座。3 月 25 日，会员肖婷为来自兴化市的 100 多位葡萄种植户及农技人员开展题为“葡萄病虫害绿色防控技术”的主题讲座。4 月 17 日，会员丁志春、朱莉在句容高级中学举行《红楼梦》阅读指导讲座。4 月 23 日，会员杨莹到宝华中学作关于句容地域文化的讲座。5 月 13 日，主委裔胜东为句容市郭庄中学师生作中考作文指导讲座。5 月 21

日，会员夏春来在省句中作关于“新高考背景下英语书面表达的备考建议”的主题讲座。8月初，支部联合句容市图书馆、山水句容网、句容热线网举办“民师大讲堂”线上导学公益活动，会员陈正喜、夏春来、孔德静、杜亭、赵荣华、邢容兵、邵华、步文萍、裔胜东参与主讲。

（民进句容支部）

中国农工民主党句容支部

【概况】 2021年，中国农工民主党句容支部新增党员和入党积极分子各2名，截至年末，有党员及入党积极分子18名，涵盖农工党“医药卫生、人口资源和生态环境”三个主界别。

（农工民主党句容支部）

【社会服务】 2021年7月，江苏省遭遇以南京禄口机场为源头，蔓延至扬州的疫情小波动，以医药卫生为主界别的农工党句容支部积极参与疫情防控工作，5名党员主动报名进入句容市新冠疫情隔离病房及集中隔离点参加诊疗工作；3名党员多次参加句容市全民核酸采集工作；1名党员在人民医院内分管核酸检测能力建设工作。

（农工民主党句容支部）

【参政议政】 2021年1月，在句容市政协十届五次会议上，刘丽华以农工党员身份作《紧抓医保改革契机，促进县域医疗发展》的大会发言。10月，在市政协“全面推进健康句容建设”专题协商会议上，王丽和刘丽华分别作《打造整合型医疗服务体系，提升全民健康服务水平》和《完善全民医保，促进全民健康》的会议交流发言，为健康句容的建设从“医疗、医保”两个维度建言献策。

（农工民主党句容支部）

九三学社句容支社

【概况】 2021年，九三学社句容支社有21名成员。支社增选副主任委员、委员各1名，加强支社队伍建设。姜宽舒获第一届全国人工智能应用技术技能大赛江苏省二等奖；蒋其友获2021全国大学生物联网设计竞赛华东区一等奖和全国总决赛一等奖。

（九三学社句容支社）

【支社活动】 2021年，支社组织社员参加九三学社镇江市委开展的庆祝中国共产党成立100周年象棋选拔比赛活动，到茅山新四军纪念馆对全体社员开展爱国主义教育，开展《中国共产党简史》《论中国共产党历史》等党史资料学习交流座谈活动。重阳节，支社组织社员到白兔无保户服务站慰问30多位低保老人。

（九三学社句容支社）

【社会服务】 2021年，许能俊开展书法公益讲座。倪卫东先后到白兔上荣村、黄梅赤岗小区、黄梅社区卫生院、句容市公交集团开展健康讲座和义诊。姜宽舒对周边种田大户及合作社进行无人植保机、高速无人插秧机、无人收割机、无人水产养殖船等应用推广及科学用药培训推广服务，其“智慧兴农　丰收无忧——九三学社句容支社组织水陆空并行的‘智农无忧’科技助农公益活动”的事迹被九三学社中央委员会宣传报道。

（九三学社句容支社）

【参政议政】 2021年，支社围绕市委、市政府中心工作，紧扣社会关注的热点和难点问题，在省“九三论坛”、重大社情民意和信息报送、政协履职等方面取得一定的成绩。成大君《关于从招商源头开始构建句容特色产业体系的建议》和林兴芳《关于“多措并举，提升我市创业服务质效”的建议》被列为句容市2021年重点提案。　（九三学社句容支社）

句容市工商业联合会

【概况】 2021年，句容市工商业联合会（以下简称“市工商联”）紧紧围绕句容“一福地四名城”发展战略，贯彻落实《工商联所属商会改革和发展实施方案》，打造值得依赖、可以依靠、感受温暖的“民营经济人士之家”，为优化营商环境、推动句容高质量发展做出积极贡献。年内，被全国工商联评为2020—2021年度全国“五好”县级工商联。全年成立异地商会1个（句容市江西商会）、行业商会1个（句容市餐饮烹饪商会），新增团体会员2个（句容市电子商务协会、句容市

市工商联民营经济人士能力提升班

建筑行业协会），在册会员 2302 人。年内，梳理修订商会内部管理制度 16 条，完成 17 个所属商会换届工作。结合镇（街道）商会实际情况，创新提出商会组织建设“三双制”，即商会会长和执行会长“双会长制”；秘书长体制内、外各一人的“双秘书长制”；营商环境护航员、党建工作指导员“双员制”。12 月，句容市赵亚夫事迹馆、唐陵新四军秘密交通站创成镇江市“民营经济人士理想信念教育基地”。（祝震宇）

【句容市工商业联合会第十一次会员代表大会】 12 月 17 日，句容市工商业联合会（商会）第十一次会员代表大会召开，会议选举产生第十一届市工商联执委 61 名，并选举产生新一届市工商联（商会）执委会主席（会长）、副主席（副会长）、秘书长。

（祝震宇）

【企业服务】 1 月，市工商联调研江苏天工科技股份有限公司和江苏圣象木业有限公司。2 月，联合市文联、书法家协会开展“迎新春·送春联”文化惠企志愿服务活动。3 月，组织女企业家到茅山镇和天王镇参观何庄新农村示范基地、市退役军人就业创业示范基地。4 月，与税务局联合启动便民办税春风行动，召开“税悦容”品牌发布会，并依托各商会“纳税人之家”开展减费降税宣传，培训 400 余人次。同月，举办第五期“容商讲坛”，聚焦自媒体运营，开展抖音点视频及网红直播技巧培训。5 月，带领句容市东方紫酒业有限公司、江苏好味稻生态科技有限公司参加“学史力行乡村振兴推进会暨中国礼赠品企业 100 强（镇江）峰会”。6 月，向镇江市工商联推荐 5 名企业家，加入镇江市工商联中小微企业委员会。9 月，联合句容市发改委举办“企业信用管理与修复”专题政企沙龙。10 月，开设 3 批民营经济人士能力提升班，对商会会长、秘书长、小微企业负责人进行专题培训，提高民营企业的业务能力。（祝震宇）

【对外交流】 2021 年，市工商联组织民营企业与友好工商联（商会）共享发展。3 月，组织 8 名干部与民营企业家到常州市武进区考察学习。4 月，常州市武进区工商联率考察团到句容市工商联交流学习，实地参观下蜀镇商会并开展座谈活动。7 月，会同句容市餐饮烹饪商会到宁波市镇海餐饮行业协会考察调研。10 月，组织 23 家商（协）会会长、执行会长到南京文化企业商会和南京市红花街道商会参观交流。同月，带领 23 家商（协）会秘书长、党建指导员到镇江市安徽商会和镇江市南通商会交流学习。

（祝震宇）

【社会服务】 2021 年，市工商联副主席、副会长开展“走进敬老院”活动，慰问黄梅敬老院，同时推动各商会组建“同心红”志愿服务队，广泛开展各项公益活动，向句容市慈善总会捐款 10 万余元。广告产业商会、花木商会、江西商会、下蜀镇商会、白兔镇商会等开展慰问困难群众、困难党员活动。后白镇商会、江西商会会员企业参加“爱在后白·助学圆梦”捐赠活动。姚锁平、季浩、肖庆朋、鲁平才、虞育号、刘树安 6 人获评第三届镇江市非公有制经济人士优秀中国特色社会主义事业建设者。

（祝震宇）

句容市无党派人士联谊会

【概况】 2021 年，句容市无党派人士联谊会（以下简称“市联谊会”）切实履行学习教育、培养人才、建言献策、服务社会、联谊交友等职责，着力加强自身建设，为全市经济社会高质量发

展做出积极贡献。截至2021年年底，有会员121人，新发展会员11人。（唐家亮）

【无党派人士联谊会第三届会员大会】 3月30日，句容市无党派人士联谊会举行第三届会员大会。会议听取并审议通过联谊会二届理事会所作工作报告；审议并通过联谊会章程修订；选举产生联谊会会长、副会长、秘书长、理事；表彰2019—2020年度联谊会先进联谊小组和优秀会员。（唐家亮）

【联谊会活动】 2021年，市联谊会承办“扬帆启航新征程，同心共筑中国梦”庆祝中国共产党成立100周年文艺晚会。到茅山熊果公社考察，调研茅山景区墓东村民宿、联盛网络，参观实践创新基地。到崇明街道市志愿者之家调研建设实践创新基地事宜，接待镇江市委统战部领导和镇江党外人士培训学员调研。各联谊小组全年开展敬老助学、扶贫帮困、企业调研、抗“疫”慰问、诗文笔会、教师培训等各类活动30多次。（唐家亮）

【参政议政】 2021年，市联谊会会员参加市政协界别讨论发言、“我为群众办实事”协商议事、市政协银企对接、“全面推进健康句容建设”专题协商会，以及全国“两会”意见征集。会员提案41件（含3件重点提案），1件提案被表彰为优秀提案，1名会员被聘为市优化营商环境监督员。（唐家亮）

【社会服务】 2021年，市联谊会主办“生命接力——造血干细胞捐献知识”科普讲座30余场次，参加“红十字博爱周”慰问8名造血干细胞捐献者，组织义务献血活动。到后白镇“残疾人之家”和市“阳光家园”开展“端午粽香飘，浓情一家亲”主题活动。参加“结对城市小区，共建文明楼道”新时代文明志愿服务活动。参加践行“两在两同”建新功行动，走访慰问三台阁社区老干部和留守儿童，重阳节走访慰问天王敬老院老人。到开发区三台阁社区联系点、郭庄镇慰问抗疫一线工作者，募集“同心红”公益慈善资金4万元。扶贫帮销袁相大米、蒲城水果。（唐家亮）

综　述

【概况】　2021年，句容市政法系统把党史学习教育、政法队伍教育整顿与庆祝中国共产党成立100周年、中共十九届六中全会安保维稳等重大工作紧密结合，把学习教育成果转化为激励政法干警担当作为、干事创业的精神动能和实际成效，推进防风险、保安全、护稳定各项工作任务，为全市高质量发展做出积极贡献。全年政法系统获集体荣誉72项，165人次受到表彰，其中市检察院被评为“全国检察宣传先进单位”、市法院少年家事审判庭被评为“全国巾帼文明岗”、市司法局获评“全省‘七五’普法先进集体”、市公安局交警大队被评为“全省超限超载运输治理工作优秀集体”。涌现出“全国普法工作先进个人”徐光云、“公安部抗击新冠肺炎疫情突出个人”张元祥、“江苏省优秀法官”李师柯、“江苏省先进工作者”易善智、“江苏省法治督察先进个人”张传军等先进典型。　（徐佳楠）

【平安建设】　2021年，句容市围绕“打、防、管、建”四项任务，推行重大决策社会稳定风险评估，推动新时代政法工作高质量发展。政法委推动维护国家政治安全，政法各单位常态化开展扫黑除恶斗争，推进四大行业领域整治，营造平安和谐社会环境。市公安局及各地、各部门采取集中开展网络宣传、深入推进社区宣传等多种形式，持续深化打击治理通信网络诈骗犯罪，年内破获电诈案件468起、追赃挽损2400万元。　（徐佳楠）

【社会综合治理】　2021年，句容市委成立平安句容（社会治理现代化）建设领导小组，下设5个专项工作组全面进行实体化运作，建设更高水平平安句容。5月，镇江市新一代雪亮技防建设应用暨社会治安重点地区排查整治现场推进会在句容市召开，相关工作获得一致肯定。市综治中心发挥“网格+”优势，市级网格化服务管理中心按照标准建设完成，城市社区专职网格员配备率100%，网格服务满意率达99.06%。华阳街道、边城镇等3家单位获评镇江市首批社会治理现代化先进镇（街道）。全市863名网格员全力投入疫情防控工作，坚决落实“敲门行动”，保障人民群众的生命财产安全。　（徐佳楠）

【法治建设】　2021年，句容市政法各单位加快推进执法司法制约监督体系改革和建设，提升人民群众获得感、幸福感和安全感。政法委开展队伍建设专项督察和案件评查工作，推动政治督察、执法监督、纪律作风督查巡查等制度落地见效。市公安局打造“萃智工程”，推进创新警务，聚焦政务服务建设、智慧警务改革等方面，落实公安改革创新工作。市法院持续完善司法制约监督体系，推行类案检索，深化繁简分流。市检察院加强执法司法规范化建设，促进新时代检察机关法律监督工作，以“四大检察”监督机制全面维护公平正义，进一步促进严格执法、公正司法。市司

茅山风景区智慧指挥中心

法局聚焦法治政府建设，牵头制定法治句容、法治社会两个五年建设实施方案，推进行政执法“三项制度”，完成行政复议体制改革，并由市政府统一行使行政复议职责，进一步提高决策法治化水平。（徐佳楠）

【民生保障】 2021 年，句容市政法系统聚焦群众和企业发展“急难愁盼”，推进“我为群众办实事”、“三官一律”进网格等实践活动，让群众更有安全感、办事更便利、真正得实惠。市公安局深化“蓝天碧水净土保卫战”和食品药品安全保卫战，有力守护人民群众“舌尖”安全、健康安全和环境安全。同步提供“新生儿一件事一次办”特色服务，让群众只需跑一次即可办成所有事。市法院推动教育整顿与审判执行工作相互融合、相互促进，全年收案 15984 件，8 项主要审判质效指标中 6 项高于省法院平均值。市检察院打造“12309 阳光检务”服务品牌，建成“一站式”便民中心；制发社会治理类检察建议 13 件，推动困扰帕提亚广场周边居民 17 年之久的消防栓无水等问题有效解决。市司法局提升依法治市水平，推进“八五”普法，助推执法监督效能建设，探索推进宁句城际轨道交通南京、镇江协同立法，高质量培育行业性专业调解员队伍，着力把矛盾纠纷化解在基层。（徐佳楠）

公　安

【概况】 2021 年，句容市公安局做强做优合成维稳联动指挥体系，重大不稳定因素预警率、重大风险化解率保持 100%，完成中国共产党成立 100 周年、中共十九届六中全会、省党代会等系列重大活动安保维稳任务。积极应对多点多源暴发的新冠肺炎疫情，不断完善防控机制、细化稳控措施，全域覆盖 708 个社区网格，完成南京入境分流、宁扬隔离分流等防控任务，社防、外防取得“双胜利”。以法治警、以情感警、从优待警，完成 103 名民警岗位交流、36 名民警职级晋升。举办“人民在我心中”主题报告会，集中展示公安工作和队伍建设成效。26 个集体、74 名个人获市级以上表彰，看守所第 16 次获评“全国一级看守所”，风景区派出所创成镇江市公安局廉政示范点，同时涌现出全国公安监管部门抗疫突出个人、江苏省先进工作者、镇江最美警察等一批新典型。（杨　光）

【扫黑除恶专项斗争】 2021 年，为进一步推动扫黑除恶斗争常态化工作，市公安局根据中央、省、市有关要求，始终把常态化开展扫黑除恶专项整治工作作为一项重要工作来推进，加强组织领导，健全工作机制，广泛宣传发动，强化行业整治，加大打击力度，全面推动常态化扫黑除恶斗争向纵深推进。年内，立九类涉恶案件 102 起，破 30 起，破案率 29.4%；抓获犯罪嫌疑人 92 人（刑拘 48 人，移送起诉 47 人，公诉 35 人，判决 25 人），侦破拟黑社会组织 1 个、恶势力犯罪集团 1 个，“打财断血”战果 1.45 亿元。（杨　光）

【打击违法犯罪】 2021 年，市公安局统筹绩效、质效两大指标，将传统与现代侦查手段有机融合，做到涉黑线索 100%办结，83 名黑恶犯罪分子相继落网，查扣资产 2 亿余元，市域治安环境持续优化提升。深化蓝天碧水净土保卫战和食品药品安全保卫战，严打食药环类违法犯罪，以“山水警务”守护田园福地，连续侦破非法采矿、非法狩猎系列案件，共抓获犯罪嫌疑人83人，有力守护“舌尖”安全、健康安全和环境安全。坚持整体联动、合成侦查，不断做精专案攻坚模式，高效侦办“207”“506”等重大案件，成功抓获潜藏22年杀人逃犯，“净网”“断卡”“闪电”等系列专项行动多点发力，全面开拓网络战场，维护全市治安秩序持续稳定。
（杨　光）

【打击诈骗犯罪】　2021年，市公安局先后侦破“冒充领导诈骗案”（公安部挂牌）、“汤某被骗案”（公安部挂牌）、“赖某辰等人掩饰、隐瞒犯罪所得案”（镇江市公安局挂牌）等重大案件，破获电信网络诈骗案件576起，打掉通信网络诈骗犯罪团伙18个，捣毁网络平台32个，抓获犯罪嫌疑人143人，止付冻结涉案资金8000万元，查扣涉案银行卡1050余张、手机卡1520余张、涉案资金3200余万元，手机、电脑、POS机等其他设备455余部。推送电话网络预警8.6万余人，发送短信200余万条，有效劝阻5.9万余人，劝阻金额2500余万元。
（杨　光）

【治安防控】　2021年，市公安局完成户口审批15951份，审核签发身份证21761份、居住证6504份，下发居住证5420张，接待来电来访1830人次。全年社区民警入户走访71960户，录入流动人口信息66933条，变更流动人口信息46076条，注销流动人口信息115382条；登记私房出租户3593家，注销出租房屋信息8655条。年内，全市采集标准地址561973条、实有房屋信息438879条、生成二维码182714个，实有单位信息151521条，独立建筑物标准地址制作进度71.03%；户室牌制作进度55.68%。检查涉危单位800余家次，发现整改治安隐患34余处；组织督查检查3轮次，督促整改隐患6条，全市涉危案事件继续保持零发生。　（杨　光）

市公安局开展高考安保工作

【交通管理】　2021年，句容市发生一般程序道路交通事故298起，死亡98人，一般事故较2019年同期的307起，下降2.93%；死亡人数较2019年的135人，下降27.41%。全年查处交通违法行为38.2万余起，现场处罚14.4万余起，其中查处酒驾醉驾1074起，非机动车不戴头盔31317起。年内，市交警大队事故处理中队被省公安厅表彰为“江苏公安交警标杆单位”；易善智被评为“江苏省先进工作者”“江苏好人”“江苏最美抗疫先锋”。（杨　光）

检　察

【概况】　2021年，句容市检察院抓实政法队伍教育整顿，以正规化、专业化、职业化为方向，持续推进司法规范建设。全面落实《中共中央关于加强新时代检察机关法律监督工作的意见》要求，坚持“讲政治、顾大局、谋发展、重自强”，各项检察工作在务实中创新、在创新中发展。坚持“全面、依规、从严”治检，严格防止过问、干预或插手案件的“三个规定”落实，加强内部办案监督。全年有56个集体和个人获各级表彰，被最高人民检察院表彰为全国检察宣传先进单位，蝉联江苏省文明单位，连续10年被表彰为先进基层检察院。　（钟　海）

【刑事犯罪打击】 2021年，市检察院受理审查逮捕、审查起诉案件711件1118人。持续保持扫黑除恶高压态势，坚持司法办案与机制建设同步推进，对涉黑涉恶案件提前介入全覆盖。积极应对新型网络犯罪，参与“断卡”行动，起诉电信网络诈骗等犯罪30人。落实关于加强和完善监察执法与刑事司法衔接机制工作要求，受理市监委移送职务犯罪案件9件10人，起诉9件9人，提前介入9件9次。依法保障人大换届选举工作，开展涉诉人员选举权专项检察，依法对1名在诉人员停止行使选举权。（钟　海）

【民事和行政检察】 2021年，市检察院持续加大民事检察投入，加强民事执行监督工作，受理民事生效裁判监督案件11件，审判违法监督案件6件，民事执行监督案件6件，提出各类检察建议15件并均获采纳。强化诉讼矛盾纠纷化解，对不支持监督案件申请开展公开听证，推动案结事了人和。坚持把行政检察工作放在推进市域治理体系和治理能力现代化的全局中考量，办理各类行政检察监督案件7件。深入开展行政非诉执行监督专项活动和“加强行政检察监督促进行政争议实质性化解”专项活动，发出检察建议5件并均获采纳。

（钟　海）

【公益诉讼检察】 2021年，市检察院积极投入蓝天、碧水、净土保卫战，起诉破坏环境资源类案件3件7人，督促清理固体废物300吨，治理被污染水源地2处。

市检察院联合相关职能部门开展专项安全检查

坚持把诉前实现维护公益目的作为最佳司法状态，通过检察建议等方式督促行政机关依法履职51件，诉前整改率100%。（钟　海）

【法律监督】 2021年，市检察院依法监督立案、撤案7件，纠正漏捕、漏诉30人，督促行政机关移送立案6件。维护刑罚执行的严肃性，纠正刑期计算错误3件3人，监督暂予监外执行1人，监督收监执行1人。落实检察长列席法院审判委员会会议制度，与审判机关共同维护司法公正。深化运用“案—件比”质效评价标准，持续提升认罪认罚从宽制度适用率，确定刑量刑建议采纳率，速裁程序适用率。2件案件分别获评省、市检察机关监督典型案例。（钟　海）

【未成年人司法保护】 2021年，市检察院全面推进未成年人检察业务集中办理，依法从严从重打击侵害未成年人权益犯罪，批准逮捕12件13人，提起公诉12件15人；坚持“教育、挽救、感化”原则，对涉罪未成年人依法决定不起诉6件6人，主动为未成年犯罪嫌疑人申请法律援助10次、进行心理辅导16次，开展社会调查17次和落实帮教68次，制发《督促监护令》3份。探索延伸未检职能，开展校园及周边环境整治、校外培训机构安全检查15次；举办各类普法教育讲座、知识竞赛等30余场次，受益师生、群众1万余人次。联合民政、教育、团委、妇联等部门构建未成年人社会多元救助体系，营造全社会共同保护良好氛围。

（钟　海）

【民营企业服务】　2021 年，市检察院充分发挥护航民企工作专班优势，服务民企发展。全力防范和化解重大金融风险，起诉“套路贷”、虚开发票等金融犯罪 49 人。落实少捕少押慎诉刑事政策，不捕率 75%，不起诉率 54.5%；对涉案企业制发法律风险提示函 9 份，探索开展企业合规 2 件。（钟　海）

【检察为民服务】　2021 年，市检察院持续做好民生实事，为因案致困家庭发放国家司法救助金 25 万余元，帮助农民工追回欠薪 18 万余元。扎实开展精准普法月月行活动，用好检察普法中心，“走出去、请进来”开展精准送法进校园、进社区、进企业等活动，所拍摄普法微电影被评为第二届省政法系统关工委青少年法治教育创新成果微电影三等奖。做好人民信访工作，群众来信来访 7 日内回复率 100%。自觉接受人大监督、民主监督、社会舆论监督，50 余名人大代表、政协委员、律师、群众代表参与 12 场检察听证，促成 5 件轻微刑事案件实现和解，1 件轻微民事公益诉讼案件被告人适用《江苏省人民代表大会常务委员会关于加强检察公益诉讼工作的决定》以劳务代偿形式修复公益损害。紧盯民生热点，针对非法加油点、消防安全、健身器材设施等方面提出诉前检察建议 12 件，推动取缔非法加油点 6 个，修复消防设施 1 处。主动担起社会治理检察责任，制发社会治理类检察建议 13 件。（钟　海）

法　院

【概况】　2021 年，句容市人民法院打造高质量司法，服务保障全市经济社会发展大局，加强诉源治理，开展“政法队伍教育整顿”，提升审判质效，各项工作取得新成绩。年内，市法院少年庭被全国妇联授予“全国巾帼文明岗”，刑事审判庭被镇江中院授予集体三等功，1 人获评全国法院党建先进个人，1 人获评全省法院党建先进个人，1 人获评全省优秀法官，3 人立个人三等功。（刘清源）

【刑事审判】　2021 年，市法院受理刑事案件 530 件，审结 474 件，判处罪犯 677 人；审结故意杀人、故意伤害、强奸等严重暴力犯罪案件 27 件 31 人；审结抢劫、盗窃、诈骗等多发性侵财犯罪案件 127 件 197 人；审结危险驾驶、交通肇事等危害公共安全犯罪案件 226 件 229 人；积极参与“净网”“断卡”专项行动，审结电信网络诈骗等网络犯罪案件 8 件 45 人；审结重大责任事故等犯罪案件 4 件 6 人；审结贪污贿赂、渎职犯罪案件 6 件 6 人；审结涉未成年人犯罪案件 15 件 18 人。（刘清源）

【民商事审判】　2021 年，市法院贯彻新发展理念，服务保障产业强市等战略部署和打赢“三大攻坚战”，妥善审结合同纠纷 5296 件，标的额 22.33 亿元，审结金融借款合同纠纷 421 件。推动市场主体优胜劣汰，通过破产清算使 17 家企业有序退出市场，清理破产资产和债权债务 5.6 亿元，盘活闲置土地 120 余亩，妥善安置职工 100 余名。深化破产处置府院联动，推动建立全市企业破产处置协调联动机制，设立破产管理人费用基金，协调各方力量促进市场出清和优化整合。（刘清源）

【案件执行】　2021 年，市法院执结案件 5235 件，执行到位 7.18 亿

市法院开展公开庭审

元。开展涉民生、涉金融专项集中执行17次，强制搜查23处，强制搬迁清空7次，拘传被执行人100余人次，拘留10余人次。邀请公证机关参与执行4次，以抖音平台直播执行行动3次，通过淘宝网直播拍卖3次。进一步开展“执转破”工作，全面移送执行转破产案件17件。开展企业信用修复工作，摸排企业434家，为175家修复信用。全年网上拍卖资产316件，成交金额约1.8亿元，案拍比达到3.31%。（刘清源）

【乡村振兴】 2021年，市法院发挥人民法庭“前沿阵地”作用，审结案件3563件，比上年增加32.16%。通过进企业、进社区、进乡村开展巡回审判等方式，广泛开展普法宣传、风险排查、结对帮扶等活动。加强与党委政府、基层调解组织沟通协调，构建“第一调解”防线，诉前成功调解涉土地纠纷50余起。开展“家门口式”诉讼服务，推进“和风送暖”“旅游法庭”等法庭品牌建设，后白法庭法治教育馆获评省级法治文化建设示范点。（刘清源）

【审判监督】 2021年，市法院接受各界监督，结对联络走访代表委员72人次，邀请代表委员视察法院、旁听庭审、见证执行15次，办理人大常委会转办信件3件，邀请检察长列席审委会4次。推进政法大数据平台应用，所有刑事案件均通过政法业务协同系统推送出庭通知、判决书等法律文书，逐步实现刑事案件协同办理由线下向线上转变。启动审判风险监督、流程风险防控和裁判文书纠错等系统运用，实现监管全程留痕。（刘清源）

【诉讼服务体系建设】 2021年，市法院推动诉讼服务模式转型升级，新诉讼服务中心和24小时自助立案服务区投入使用，全年为群众提供诉讼服务2.79万件次，跨域立案30件。加强智慧诉讼服务建设，不断推进在线调解、在线保全等诉讼服务平台搭建与应用。建成集中送达中心，实现邮寄送达、电子送达、公告送达等一站式综合送达，完成对5179件案件18051人次送达诉讼材料，送达成功率91.35%，平均送达时长1.75天。（刘清源）

【纠纷化解】 2021年，市法院将一站式建设作为高质量司法的“亮点工程”。坚持关口前移，完善诉源治理机制，促进矛盾纠纷源头化解、就地解决。把非诉讼纠纷解决机制挺在前面，提高诉前调解比例，民事条线司法辅助人员全面参与和指导诉前调解，提高诉前调解率和成功率。整合人民调解、律师调解等非诉解纷资源入驻非诉讼服务中心，会同司法行政机关选任人民调解员10人驻院调解，协调7名律师提供驻院法律服务。全年诉前调解案件8965件，比上年增长104.87%，诉前调解分流率1110.11%，成功率31.95%。（刘清源）

司　法

【概况】 2021年，句容市司法局聚焦法治政府，着力提高决策法治化水平，制定《法治句容建设规划（2021—2025年）》。着力规范行政执法过程，持续推进行政执法“三项制度”。增强全民守法观念，启动“八五”普法。优化法律服务、提升服务质量。把矛盾纠纷化解在基层，着力将安全稳定各项措施落地见效。做好规范性文件管理，制定2021年度句容市政府重大行政决策事项目录。（汤　倩）

【行政执法监督】 2021年，市司法局依据政策规定，履行重大行政决策程序。制定权责清单，明晰基层执法权责分界。制定《句容市镇、街道承接执法事项责任清单》《句容市镇、街道承接执法事项责任清单》，并提交市政府常务会议讨论通过。加强县乡两级执法监督体系建设，将司法所执法监督职能发挥纳入基层高质量发展考核指标。推行包容审慎柔性执法，推行“涉企免罚轻罚清单”制度，进一步优化法治化营商环境，坚持依法监管、过罚相当、程序正当、处罚与教育相结合。（汤　倩）

【行政复议应诉】 截至2021年11月5日，句容市收到行政复议申请25件，受理20件。审理行政复议案件26件（含旧存6件），审结21件（含旧存6件）。办理以市政府为被告的行政诉讼应诉案件14件（含旧存4件），审结11件（含旧存4件）。（汤　倩）

【法治宣传】 2021年，市司法局开启句容市“八五”普法。建立健全常态化普法宣传机制，推动普法联动机制。围绕乡村振兴、扫黑除恶专项斗争、依法防疫和“三大攻坚战”等重点工作，开展“送法八进”系列普法活动300余场次。持续“法润句容”系列“法律十进”、“德润心灵、法助成长”的青少年传统文化大赛、“美好生活、法典相伴”走基层、“法企同行”服务民营企业等品牌推进活动。打造“红色茅山”法治文化集群，获评省第二批“法治文化特色园”。视频作品《宪法一分钟》获得全省宪法公益广告征集评选活动视频类作品二等奖。（汤　倩）

【法律服务】　2021年，市司法局受理法律援助案件1092件，为受援人挽回或避免经济损失1200余万元。开展“法援惠民生·拓展工程”，拓展法律服务领域和服务范围，不断提高法律援助服务质量。在各镇（管委会）司法所、部分律师事务所、基层法律服务所设立法律援助代办点，在市劳动人事争议仲裁院、市城管局建立法律援助工作站。开展法律援助知识宣传，发动各街道司法所开展“助力农民工”专项宣传活动。与劳动监察大队、劳动仲裁委员会、人民法院等部门建立联动机制，简化农民工讨薪案件申办手续，缩短农民工法律援助案件办理周期，实现快审快结，减少农民工维权成本。健全“零门槛受案、一站式援助、常态化维权”机制。组织园区公共法律服务律师公益服务团，开展企业法律咨询、法治体检活动。在市公共法律服务中心设立企业免费法律咨询专门办公场所。（汤　倩）

【律师工作】　2021年，市司法局强化律师队伍管理，完成律师年检工作。完善律师值班制度，采取自愿报名的方式，安排30余名律师分别在检察院、看守所、12348法律服务热线、法院和社会管理服务中心值班，全年接待咨询群众3500多人次。（汤　倩）

【公证工作】　2021年，市司法局打造“句满意，容E办”公证服务品牌，全年办理各类公证3277件。拓宽公证领域，提升公证服务能力，优化办证流程，做好延伸服务。针对服务对象需求，主动提供公证建议、定制公证服务指南；主动提供代写法律文书、代办认证、邮寄等服务。提供上门服务、工作日延时服务、节假日预约办证服务。（汤　倩）

【社会矛盾化解】　2021年，句容市调解成功22575件，调解成功率为100%。各司法所不断开拓创新，主动对接3个基层人民法庭，邀请法官参与镇村矛盾化解。成立个人（老兵）调解室18个，成立“宝华镇仓头村赵显财乡贤调解工作室”“白兔镇仲华好人调解工作室”等特色调解组织。新设立“律师调解工作室”，聘请10名律师担任专业调解员，专门负责复杂疑难矛盾纠纷的调解。在12家公安派出所设立派驻调解工作室，在市检察院12309检察服务中心设立人民调解工作室，在市法院及3个基层法庭设立人民调解工作室。9月，在市公共法律服务中心新设立市非诉服务中心，在市人民法院、信访接待中心、交警事故中队、人社仲裁分别建立4个分中心，在12个司法所全部建成镇级非诉讼服务站，在176个村（社区）依托村级调解组织开展非诉服务。（汤　倩）

【社区矫正帮扶】　2021年，句容市新接受矫正对象351人，解除矫正332人，在矫矫正对象313人，没有一起脱管、漏管、重新犯罪现象。年内，市司法局开展全市社区矫正案件评查，完成跨市交叉评查重点案件工作。对辖区内5名未成年社区矫正对象进行教育帮扶；做好重点刑释人员“必接必送”工作，完成率保持100%。将市级安置基地江苏盛邦家具制造有限公司申报为省级基地。（汤　倩）

信　访

【概况】　2021年，句容市信访工作围绕中国共产党成立100周年安保维稳工作，主动化解信访矛盾和信访积案，实现经济社会持续发展、信访总量持续下降的工作目标。年内，在全市信访系统深入开展“争创人民满意信访干部和人民满意接访窗口”活动，全市4人被镇江市信访联席办表彰为人民满意信访干部，10个镇（街道）被镇江市信访联席办评为人民满意接访窗口。2021年，信访工作综合考核列江苏省辖县（市）第5名，被江苏省信访工作联席会议授予江苏省信访工作示范县（市）。（王仕健）

【矛盾纠纷排查化解】 2021年，市信访局把矛盾纠纷的排查化解作为维护社会稳定的基础性、常态性工作，坚持重心下移、关口前移，做到“小事不出村（社区）、大事不出镇（街道）、矛盾不上交”。通过定期排查、专项排查、滚动排查、联合排查，及时调处重大矛盾隐患，使所有矛盾纠纷都处于可控状态。及时妥善处置、疏导和化解小区物业纠纷、土地流转、拆迁补偿、投资理财等集体上访、越级上访事件。

（王仕健）

【信访处理】 2021年，市信访局把群众来信来访的办理作为群众工作的重要内容，每周召开一次情况汇报分析会，对信访事项分工到人，建立日常工作局长值班、局长联系点等制度，建立健全“日交办、周通报、月倒查”工作机制，跟踪交办信访事项办理情况，推进信访问题及时解决，确保不发生重复上访。对跨地区、跨部门及重大群体性信访事项，以信访摘报形式及时向市委、市政府主要领导和分管领导汇报，报送《信访摘报》11件。

（王仕健）

【领导干部接访包案】 2021年，市信访局以市、镇两级领导干部和与群众切身利益密切相关的职能部门领导干部为重点，开展领导干部接访活动，做到信访问题排查村（社区）全覆盖、信访积案领导全包案、群众合理诉求全解决。2021年，上级交办的10件“四大重点”攻坚标识案件全部化解；省交办的168件城乡建设领域信访问题化解162件。

（王仕健）

赤山湖畔白鹭飞

句容市人武部

【概况】 2021 年，句容市人武部从严正风肃纪强保证，全面建设呈现新气象、展现新作为。坚决落实党管武装原则，组织市领导到驻句部队开展军事日活动，体验军营生活，接受国防教育，进一步增强全市领导干部国防观念，强化党管武装意识。强力推行基层人武部量化考评制度，从党管武装、战备训练、民兵整组、征兵“五率”、基层建设和专武干部考评 6 个方面 98 个指标对乡镇武装工作进行量化打分，树立基层人武部始终紧跟军事机关的工作导向。年内，着重提升改造办所场规范化建设，全市 12 个乡镇人武部均达标建成“三室一库”（办公室、资料室、活动室、器材库），176 个村（社区）大多数建成“二室一家”（办公室、器材室、青年民兵之家）。2021 年，市人武部党委被省军区表彰为先进团级党委。 （叶欣欣）

民兵接受省军区点验

【民兵训练整组】 2021 年，市人武部组训民兵 1235 人次，在开展日常轮训备勤和常规训练的同时，以参加省军区“四会”教练员比武竞赛为契机，突出基本技能和实战化运用教学，全市民兵取得“四会”教学第二名、教案编写第三名的成绩；在军分区“四会”教练员比武中，取得第一名；同时，选派的 5 名民兵教练员均被军分区评为优秀教练员。完成基干民兵整组任务，编建的市属民兵应急连队伍退伍兵比例达到 90%、党员比例达到 40%、专业对口率达到 90%。协调推进整组工作落实，编兵方式逐渐向企业编组转变，依托交通局昌达养护公司编建的工程抢修分队和依托工信局通信公司编建的通信保障分队作为全省首家接受省军区民兵整组检查考评，成绩优秀。 （徐 涵）

【兵役征集工作】 2021 年，市人武部围绕常态化疫情防控形势下征兵工作新特点、新要求，周密组织役前教育。对照征兵“五率”考评标准，坚持以兵源质量为核心，着力提升大学生征集比例。全年大学生征集比例达94%，大学毕业生征集比例达55%。

（徐　涵）

人民防空

【概况】　2021年，句容市人防办围绕省、市人防办的部署要求，抓好重点工程建设，推动人防建设与国防需求相适应、与经济社会发展相协调，实现人防高质量发展。（戴一平）

【战备工作】　2021年，市人防办认真做好人防专业队整组工作，组织相关机关、企事业单位完成12支人防专业队组建任务。组织机关干部到省人防训练基地开展军事技能训练。组织开展军事技能训练，夯实专业队干部骨干的训练基础。到宿迁、淮安开展人防机动指挥所跨区机动，进行指挥所联合通信训练，在茅山地域参加宁镇防护区联合训练。新安装防空警报器2台，组织城区和乡镇进行“9·18”防空警报试鸣，编组人防志愿者流动警报车队参加试鸣活动，在住建局机关、石狮小学和梅花小区幼儿园组织开展防空袭紧急疏散演练。

（戴一平）

【人防工程】　2021年，市人防办对4个自建人防工程维修出新，重点对工程内部通风井、水泵房、

人防机动指挥所跨区机动

消防控制室可能存在的高空跌落、雨水倒灌等安全隐患进行维修整改。推进“江苏省人防工程质量监督管理系统”线上报监工作，自3月1日起，全市所有人防工程建设全部实现网上申报、网上审核，全过程可视，全过程留痕。解决一批老旧人防工程未竣工验收的问题，协调建设方按照相关验收要求，重新整改，并办理相关验收备案手续。（戴一平）

退役军人管理

【概况】　2021年，句容市退役军人事务局围绕“让军人成为全社会尊崇的职业”总目标，牢固树立以退役军人为中心的工作导向，推动退役军人工作高质量发展。年内，全市安置军队转业干部11人，符合政府安排工作退役士兵（转业士官）31人，接收秋冬退役士兵202人，发放退役士兵一次性经济补助金1600余万元，组织退役军人专场招聘会两场。推进退役军人服务保障体系建设，近3年实现随调随军家属100%就业安置、驻军子女100%就近入园入学。组织开展退役士兵专场招聘会，职业技能培训率达100%。（退役军人事务局）

【退役军人权益维护】　2021年，句容市建成9个示范型退役军人服务中心（站）。推动300人以上村、社区退役军人服务站保障体系建设。全市县镇村三级退役军人服务站“三星”及以上比例达100%，“四星”以上不低于70%，“五星”不低于50%。对政策落实情况开展督查，全年走访慰问服务对象720余户，慰问资金120余万元。排查信访矛盾问题21个，形成调研报告6篇。对下岗失业转业志愿兵（士官）、首批进藏兵等重点群体开辟再就业“绿色

组织支援地方核酸检测演练

通道”，积极帮助就业。

（退役军人事务局）

【优抚优待】　2021年，句容市退役军人事务局加强优抚系统日常维护和动态管理工作，全年新申报的各类优抚对象身份确认率100%。落实优抚对象各项补助经费和发放各类优抚资金6150万元。年内，全市组织开展重点优抚对象1批次70人到丹阳红叶疗养院进行短期疗养。做好优抚对象城市交通卡申报和发放工作，组织开展优抚对象免费体检2665人次，做好优抚对象“八一”建军节、春节等节日慰问工作。2021年，全市完成烈士纪念设施数据采集校核工作，做到散葬烈士墓“应迁尽迁，集中管护”，并为22户散葬烈士墓进行维护。

（退役军人事务局）

【双拥共建】　2021年，句容市成立由市委书记、市长任双组长的工作领导小组，落实党委议军会、双拥联席会等制度，定期开展军政座谈会，定期走访慰问驻句部队，将双拥工作纳入经济社会发展规划、年度重要议事日程和干部考核内容。组织开展“阅读进军营”“法律进军营”等活动。挖掘利用红色资源，拓展双拥载体、内涵，先后建成茅山双拥主题公园、“八一”双拥广场，并投入500万元对市烈士陵园进行提升改造。2021年，全市开展“烈士纪念日”公祭仪式、“最美退役军人”“最美军嫂”评选等各项活动。各相关单位组织“军地鹊桥会”“送法进军营”“书画进军营”等系列活动。驻句部队官兵全力参与抗洪救灾、冬季除雪、重大任务保障等各项工作，开展多种形式的扶贫帮困，不断巩固发展军政军民团结良好局面。

（退役军人事务局）

自然资源

【概况】

2021年，句容市自然资源和规划局推进生态文明建设，高效利用土地资源、林业资源，进一步摸清自然资源“家底”，全速推进生态修复工作，严抓自然资源监督管理，为“一福地四名城”建设构筑良好的生态屏障。（董　婧）

【自然资源调查和确权】

2021年，市自然资源和规划局推进全市农村不动产权籍调查确权登记发证工作，全市农房经省自然资源厅进一步核减后为77352万宗，年内完成全市50%以上的确权登记。（董　婧）

【地理信息测绘和管理】

2021年，市自然资源和规划局按照自然资源部的统一部署，全面启动基础测绘“十四五”规划编制工作。为全面落实全省自然资源从严管理工作会议精神，完成句容市基础测绘“十四五”规划编制工作并发布句容市“十四五”基础测绘规划。（董　婧）

【耕地保护】

2021年，市自然资源和规划局按照《国务院办公厅关于防止耕地“非粮化”稳定粮食生产的意见》要求，从严保护耕地，层层落实耕地目标考核责任，加强耕地用途管制。结合“国土三调”数据，根据《自然资源部国土空间规划局　自然资源部耕地保护监督司关于加快推进永久基本农田核实整改补足和城镇开发边界划定工作的函》要求，开展永久基本农田整改补划工作。（董　婧）

【林业管理】

2021年，市自然资源和规划局完成句容市312国道快速化改造工程项目（涉及省级公益林调整工作和林地报批工作）并获得许可。完成江苏省句容市高级中学异地搬迁，以及贾纪山运动公园体育中心、白兔镇农高区、开发区冯岗片区等林地报批工作并获得许可。根据国家、省、市统一部署，在句容市森林资源“一张图”上根据全市森林资源年度变化情况，完成全市

自然资源部调研句容市基础信息平台和“一张图”系统建设

2021 年度森林督查及林地“一张图”年度变更工作；通过对下发的 28 个样地复位实测和其他样地的图斑监测，完成句容市 2021 年度林草湿综合生态监测工作。

（董　婧）

【林长制工作推进】　作为江苏省首批林长制改革试点地区，2021 年，句容市不断推进林长制工作走向深入，全面构建起市、镇、村三级林长责任体系，实现山绿林彩、林农共富。（董　婧）

【国土绿化行动】　2021 年，市自然资源和规划局深入贯彻落实“非农化”“非粮化”政策，全市完成成片造林总面积 615.5 亩，其中新增造林面积 231 亩，更新造林面积 383.5 亩，推进长江两岸造林（大道河段）补植和管护工作。打造省级绿美村庄 5 个，通过省林业局、镇江市自然资源和规划局验收。完成 5428 亩森林经营项目内外业工作，其中退化林修复 2379 亩、森林抚育 3019 亩、林相改造 30 亩。开展全市古树名木保护普查工作，完成 160 余株古树建档体检工作；重点开展宝华山森林公园、青山村古树的修复、救治工作。2021 年，全市森林覆盖率为 26.76%，林木覆盖率为 30.06%。（董　婧）

【野生动物监测】　2021 年，市自然资源和规划局推进野生动物疫源、疫病、疫情监测工作。全年开展野外巡护 76 人次、244 千米，监测野生动物种类 222 种、数量 47196 只。对美国白蛾等 14 种林业主要病虫害有序测报。

（董　婧）

【森林防灭火工作】　2021 年，市自然资源和规划局全面开展森林防灭火基础建设、火源管控、林火监测、火灾扑救、林火阻隔、通信指挥等六大体系建设，森林防灭火能力有效提升。全市新建防火道路 3.2 千米，提档升级改造防火通道 3 千米，修建工程隔离带 3.5 千米，新建“以水灭火”上山工程 100 吨以上水池 3 个、10 吨水池 108 个，改造水泥水池 6 个，新挖改造水池 8 个，铺设消防管道 1 千米，新建泵房 1 座，集中招标采购 124 余万元防灭火器材，及时更新、添足、储备森林防灭火器材与装备，完成全市森林防灭火通信系统定位并定期维护。建成全市森林防灭火指挥系统，与省、镇江市森林防火指挥平台联网，改造升级靠近林区视频监控探头 33 个点位，新建视频监控探头 68 个和国有林场防火值班视频监控室 3 个，与市森林防灭火指挥中心联网。（董　婧）

【矿产资源管理】　句容市有露天采石矿山 2 个（台泥、康泰膨润土）、井下矿山 3 个（宝源、仙人桥、金拓）。2021 年，市自然资源和规划局按照自然资源部、省、市“矿业权人勘查开采信息公示”要求，完成全市境内符合要求的 5 个采矿权、2 个探矿权的信息公示工作。（董　婧）

【地质灾害防治】　2021 年，市自然资源和规划局编制《句容市 2021 年度地质灾害防治方案》，对全市 69 处隐患点进行深入排查，进一步细化责任，落实到人，健全群策群防网络。完成 16 个地质灾害隐患

句容市秋冬季森林防灭火工作会议

2021 年句容市农林场圃情况一览表

表 3

名称	所在镇	法人代表	经营项目
句容林场	下蜀镇	翁行良	林木、茶叶
磨盘山林场	茅山风景区管委会	朱树林	林木、茶叶
东进林场	茅山风景区管委会	张明	林木、茶叶

点的自动化监测预警。宝华南北通道大型地灾隐患点主体工程竣工。完成17个地质灾害隐患点的工程治理核销。（董　婧）

【自然资源行政执法】　2021年，市自然资源和规划局落实国家关于坚决制止耕地“非农化”、防止耕地“非粮化”要求，加强违法用地管控、整改，坚决遏制新发生的违法用地行为。继续推进违法用地综合整治三年行动，完成第二年度整改要求，整改率达到90%。开展并完成耕地保护督察暨2018年例行督察遗留问题整改工作。落实2020年土地例行督察违法违规问题整改工作，全面完成整改任务。按要求做好2021年耕地保护督察迎检工作，完成414个图斑的举证工作。按照省级要求开展违法用地“清零”行动，完成第一年度40%的整改任务。全年抓获非法盗采11件，抓扣机械12台，并全部处理到位。同时，联合公安部门办案4起，刑事拘留25人；侦办涉林刑事案件3起，查处林业行政案件13起。（董　婧）

【土地市场】　2021年，句容市出让土地80宗，面积3326.12亩，合同收取土地出让价款999906万元。其中，经营性用地出让71宗，面积2990.58亩，合同收取土地出让价款990559万元；工业用地出让9宗，面积335.54亩，合同收取土地出让价款9347万元。办理划拨97宗，面积3985.93亩。办理集体建设用地使用6宗，面积177.68亩。（董　婧）

【生态修复】　2021年，市自然资源和规划局完成长江经济带露天废弃矿山的生态修复，62个图斑顺利通过省级验收，修复面积约3496亩。年内，完成沪宁城际铁路沿线青龙山片区地质环境治理项目，总投资7479万元，治理区总面积473亩；完成宝华乌鸦山片区地质环境整治工程，整治区总面积745亩。（董　婧）

城乡规划

【概况】　2021年，市自然资源和规划局贯彻落实中共中央、国务院《关于建立国土空间规划体系并监督实施的若干意见》，制定《句容市国土空间规划编制工作方案》并据此开展句容市国土空间规划双评估及前期重大问题的专项研究，整体谋划句容市国土空间开发保护格局，提升国土空间治理能力，实现“多规合一”。（董　婧）

【城市总体规划】　2021年，句容市规划形成“一圈两廊、一主两副”的空间格局。“一圈”为南京都市圈新兴功能拓展圈，是句容打造“宁句一体化”的核心载体，重点打造科创先导、智造主导、文旅引导的核心功能承载区。“两廊”为承接句容城市重大战略功能的主要载体，是未来人口增长、空间拓展、功能集聚的核心区域，其中312国道宁镇科创走廊协同仙林、宝华、下蜀、高资形成以创新、创业为主题的功能发展带，旨在承接南京创新科教资源外溢。S6市域综合发展走廊在区域上重点对接紫东核心区、汤山风景区、句容中心城区、茅山风景区，在走廊内配置轨道交通、高等级道路、区域绿道，通过复合交通走廊支撑轴线发展。“一主”为中心城区，协同紫东核心区、汤山片区建设句容发展核心区。“两副”为赤山湖新区和茅山生态客厅，其中赤山湖新区为科创副中心，以郭庄和赤山湖为空间载体，发挥赤山湖生态资源优势和郭庄高端制造优势，建设集创新研发、创新转化、高端制造为一体的城市新区。茅山生态客厅为文旅副中心，以长三角地区生态大花园为目标，注重园内生态系统和生物多样性的保育，优化园内公共交通便利程度，强化存量农民住宅的保护利用，形成生态价值凸显的魅力新经济空间。（董　婧）

【市政规划】　2021年，市自然资源和规划局完成《句容市国土空间总体规划综合交通专项规划》《句容市中心城区道路交通专项规划修编》《句容市中心城区地下管线综合规划修编》编制工作。（董　婧）

【村镇规划】　2021年，为推动乡村振兴战略落地见效，句容市以优化全市镇村布局规划为主抓手，引导城乡空间优化整合，改善农村基本公共服务，增强乡村特色风貌建设，提高乡村产业发展与生态宜居水平。规划通过构建“1中心城区-9田园城镇-5田园社区-N田园乡村”的现代田园城乡体系、划定类型化空间单元、制定分单元的村庄布局引导原则，将全市1426个自然村调整形成149个集聚提升类村庄、45个特色保护类村庄、13个城郊融合类村庄、184个搬迁撤并类村庄、1022个其他一般村庄。规划发展村庄占现状自然村总数的比例为14.52%，其中，集聚提升村比例为10.45%，特色保护村比例为3.16%，城郊融合村比例为0.91%。特色保护村占规划发展村庄比例为21.74%。近期（至2022年）规划建设集聚提升类村庄41个、特色保护类村庄29个、城郊融合类村庄8个，搬迁撤并类村庄24个。

2021年，句容市上报12个行政村的村庄规划编制计划，按照“建设量大的和有产业需求的村优先安排编制”和“应编尽编”的原则，结合村庄规划编制底数，实际编制16个行政村村庄规划，分别为白兔镇茅庄村、倪塘村，茅山管委会上杆村，下蜀镇空青村，边城镇东昌村，后白镇槐道村、张庙村、西冯村，华阳街道下甸村、赵塘村，开发区（黄梅街道）九华村，天王镇戴庄村，宝华镇华山村、栗庄村，茅山镇何庄村、丁庄村。年内16个行政村村庄规划全部完成专家论证。

（董　婧）

环　境

·综述·

【概况】　2021年，句容市围绕“生态领先、特色发展”战略，从服务高质量发展大局和人民群众对优美生态环境的需要出发，发挥生态禀赋优势，突出“美丽句容”建设，按照“源头治理，减污降碳”的总体思路，深入打好“水、气、土”保卫战、攻坚战，推动全市生态环境质量持续稳定向好。（方雯雨）

·环境质量·

【空气环境质量】　2021年，句容市空气环境质量实现“双达标”。$PM_{2.5}$年均浓度下降到34.6微克/立方米（比上年下降4.68%），臭氧浓度比上年下降1.7%，优良天数比率达81.4%，比上年上升3个百分点，完成年度目标任务。（方雯雨）

【水环境质量】　2021年，句容市国、省考断面水质优Ⅲ比例分别达到100%和92.3%的考核目标，集中式饮用水水源地水质达标率也稳定在100%。（方雯雨）

【土壤环境质量】　2021年，句容市158个产废单位全部纳入系统申报备案，38个重点行业企业用地土壤污染状况调查完成19个，土壤环境风险基本可控。全市自然村农村生活污水治理设施建设覆盖率达到35.5%。农村生活污水治理与黑臭水体整治效果显著，完成“十三五”农村污染防治攻坚战成效评估。（方雯雨）

【声环境质量】　2021年，句容市环境噪声均达到功能区噪声标准。（方雯雨）

·环境监测·

【概况】　2021年，镇江市句容生态环境局做好水、气、声环境质量例行监测，加强对污染源的监测，提高环境监测能力，开展应急能力建设，助推全市生态环境质量持续稳定向好。（方雯雨）

【污染源监督性监测】　2021年，镇江市句容生态环境局根据镇江市生态环境局《2021年生态环境监测工作实施方案》要求，完成对全市10个气环境重点污染源、6个水环境重点污染源、3个土壤环境重点污染源和1个重点排污单位的监督监测，以及其他各类污染源的监督监测，全年提供监督监测报告近百份。（方雯雨）

【长江经济带入河排污口监督监测】　2021年，句容市长江经济带入河排污口计10个。年内，按时保量完成入河排污口的监督监测并及时上报监测结果。（方雯雨）

【水、气、声环境质量例行监测】　2021年，镇江市句容生态环境局制订2021年度句容市例行环境监测工作计划，对监测项目、频次和内容进行严格的组织和实施，完成境内降水、地表水、饮用水、噪声等例行监测任务。对句容市范围内的9个市控地表水考核断面进行采样监测。完成区域内1个降水点位、1个“千吨万人”饮用水源地、121个区域噪声点位、20个交通噪声点位、8个功能区噪声点位的监测工作，并按时上报相关数据。完成《句容市“十三五”环境质量报告书》编

制，为管理部门提供及时、准确的环境质量信息。（方雯雨）

【农村环境质量监测】 2021 年，镇江市句容生态环境局对天王镇戴庄村、后白镇槐道村和华阳镇南亭村 3 个村庄开展环境质量专项监测工作。通过优化监测方案，组织安排人员穿插、协助开展监测，完成 3 个村庄的空气质量、地表水、饮用水和土壤监测。同时，开展全市 142 个 20 吨以上的农村污水处理设施的监测工作，通过实地调查监测，掌握农村污水处理设施的进水、出水状况。全年完成 193 个污水处理设施的监测工作，监测数据上报省数据管理平台。（方雯雨）

【环境质量自动监测】 句容市建有 2 座空气自动监测站、1 座地表水水质自动监测站和 3 座饮用水源地水质自动监测站。其中，2 座空气自动监测站和 2 座饮用水源地水质自动监测站由省生态环境厅上收运行，句容市仅负责二圣水库、华仑桥水质自动监测站的运行工作。2021 年，2 座水质自动监测站考核结果基本符合要求。（方雯雨）

【应急能力建设】 2021 年，镇江市句容生态环境局定期对应急设备、防护装备等进行维护保养，保证应急设备随时都处于正常状态，从而保护监测工作人员自身安全，保障监测工作顺利进行。定期组织应急监测小组成员进行模拟应急演练培训，熟悉应急监测工作流程，随时准备应对突发应急事件。11 月 29 日，句容市与镇江市环境应急中心联合开展环境应急演练，检验句容市水污染突发事件应急响应、应急监测和应急处置能力。（方雯雨）

大气环境走航监测

【实验室建设】 2021 年，镇江市句容生态环境局加强现场采样质量检查、全程序空白样考核、密码样、室内平行样和加标回收样等质控措施。对日常监测工作的质量控制，每月除例行检查之外，增加随机抽查工作，增加现场采样和室内分析全过程监督检查频次，通过现场密码样、平行样和室内加标，加强质量控制，确保监测数据准确、可靠。年内，市生态环境局环境监测站通过实验室资质认定复评，取得实验室资质认定证书。（方雯雨）

【水质自动监测站建设】 2021 年，镇江市句容生态环境局根据《江苏省水质自动站监测质量管理暂行规定》要求，加大对水质自动站的检查力度，每季度进行质控盲样考核和水样比对，提升自动监测数据的有效性。全年获得手工监测数据 13570 个，手工监测质量控制数据 8104 个，质控数据合格率为 96%；获得自动监测数据 84548 个，完成标样考核、加标回收和水样比对数据 88 个，合格率为 90%。（方雯雨）

·环境卫生整治·

【概况】 2021 年，句容市推进大气污染防治、水污染防治、土壤污染防治，抓好农村环境整治，加强环境监测，城乡环境质量得到持续改善。（方雯雨）

【挥发性有机物治理】 2021 年，镇江市句容生态环境局推进涉 VOCs（挥发性有机物）排放企业排查整改，完成大气污染源头替代、挥发性有机物储罐治理项目 13 个，完成挥发性有机物重点监

管名录企业“一企一策”方案的编制和评估4家。（方雯雨）

【工业锅炉、炉窑综合整治】 2021年，镇江市句容生态环境局实施华电燃煤锅炉超低排放改造“回头看”，完成台泥水泥、绿色动力烟气超低排放、巨宝精密加工机加工废气提标改造、中容电气VOCs（挥发性有机物）废气治理系统改造。（方雯雨）

【工地、道路扬尘治理】 2021年，镇江市句容生态环境局加强渣土车整治，投入使用147辆新型智能渣土车，开展夜间渣土运输集中整治12次，查处各类渣土违规运输行为86起。与公安等部门推行“绿色车轮计划”，落实《报废机动车回收管理办法》，登门动员车主主动履行报废手续，全年共强制报废机动车300辆。开展在用柴油车等各类机动车监督抽测，抽测柴油车425辆、非道路移动机械80台，实现超标排放汽车检测与维护闭环管理。秋冬季监督抽测柴油车数量达20万辆/次（包括遥测数量）。（方雯雨）

【秸秆禁烧】 2021年，镇江市句容生态环境局结合实际，强化责任，严格管理，科学部署，多管齐下，抓好秸秆禁烧工作。通过白天巡回检查、夜间布点督查、重点区域重点检查，实现秸秆“零火点”。（方雯雨）

【水质保护】 2021年，句容市严格落实“河长制”“断面长制”“排口长制”，针对水质不稳定断面，坚持“一断面一方案”原则，编制实施水质限期达标方案，确保国、省考断面水质优Ⅲ比例分别达到100%和92.3%的考核目标，集中式饮用水水源地水质达标率也稳定在100%。（方雯雨）

【长江、太湖流域排口排查溯源整治】 2021年，镇江市句容生态环境局排查长江排口28个，太湖流域、骨干河道排口44个，开展溯源整治，严防污水入河入库。编制并实施《汛期防范水质下降应对预案》，调查梳理国、省考断面所在流域沿岸排涝站排口30个，并开展例行水质监测。（方雯雨）

二号彭桥断面整治概貌

【水污染防治重点项目建设】 2021年，镇江市句容生态环境局针对二号彭桥断面污染情况，坚持专班运作，抓牢排口，在8月实现消劣。在边城、白兔等太湖流域，实施流域水污染防治重点项目5个，茅山镇率先实施生态缓冲区建设。同时，根据《南京市与镇江市跨界水体水质提升合作协议》，针对句容市跨界水体（阜东水库、七乡河）存在的问题，编制整治提升方案，按时间节点推进各项整治工程。（方雯雨）

【固体废物污染防治】 2021年，镇江市句容生态环境局对危险废物实行全生命周期管控，全市133家产废单位全部纳入系统申报备案，实现绿色动力全生命周期监控系统（AR分析）与省生态环境厅联网。（方雯雨）

【土壤污染防治】 2021年，镇江市句容生态环境局完成2017—2019年关闭退出企业土壤隐患排查、舜园和长宁化工污染地块暂不开发利用风险管控、全市砖瓦窑厂回填场地及复垦地固体废物排查等工作。（方雯雨）

【生活垃圾处理】 2021年，镇江市句容生态环境局进一步推动城乡生活垃圾分类，白兔镇、后白镇、茅山镇、茅山风景区管委会等4个镇（管委会）开展农村

垃圾分类工作，建成3座易腐垃圾处置中心，全年生活垃圾无害化处理率达100%。（方雯雨）

【医疗废物处置】 2021年，镇江市句容生态环境局安全、妥善地处置医疗废物，加强对船舶医疗废物处置监管力度。镇江新宇固体废物处置有限公司与江苏华电句容发电有限公司签订港口疫情医疗废物处置合同，做到日产日清。（方雯雨）

【一般固废资源化利用和危废协同处置】 2021年，台泥水泥有限公司年协同处置飞灰15500吨项目运行，生活垃圾应急填埋场主体完工，建筑垃圾资源化处置中心建成试运行。（方雯雨）

·环境管理·

【概况】 2021年，镇江市句容生态环境综合行政执法局出动执法人员7049人次，检查企业1698厂次，发现环境问题475个、环境违法行为124个，下达行政处罚决定89件，罚款金额430余万元，移送倾倒固危废案件2件，查封扣押2件。巩固“散、乱、污”企业整治成果，通过夜查、“锦囊式”执法等形式查处危废、废水偷排等违法行为，联合其他部门取缔、关停“散乱污”企业174家。

（方雯雨）

【工业园区管理】 2021年，镇江市句容生态环境局跟进省VOCs治理部署，推进$PM_{2.5}$和臭氧协同整治，摸清园区和集群污染物排放情况并管控。对遥感监测高值区域加强监管，重点督巡查，对新能源替代企业提供上门帮扶。

（方雯雨）

【企业帮扶督查】 2021年，镇江市句容生态环境局对非法洗砂轧石点进行突击检查，责令非法加工点拆除设备设施。对金德顺碳素企业、金牛搅拌站、金宁建材公司、赤山防水材料厂、茅山镀锌厂等问题企业上门帮扶指导，落实整改督查。对省生态环境厅督办的6家碳素企业推进“绿书包”跟踪督报，落实“两断三清”（断水、断电、清原料、清设备、清场地）。（方雯雨）

【环境信访工作】 2021年，镇江市句容生态环境局通过各类途

台泥水泥有限公司

镇江市句容生态环境综合行政执法局对防水建筑材料厂开展执法检查

径受理环境信访856件，与上年相比下降10.55%。城区西部异味问题得到较好解决，投诉量下降。对辖区内9件重点信访、48条拟查处环境问题线索进行梳理研判，对环境违法行为依法立案调查。组织夜间督查和节假日突击检查，对新希望生猪养殖场异味扰民、句容市殡仪馆等重复、重点环境信访问题进行跟踪调查，督促企业加快整改。（方雯雨）

【排污许可证管理】 2021年，句容市以“三线一单”（生态红线、环境保护底线、资源利用上线、生态环境准入清单）成果为抓手，把好项目建设的环境准入关口，严格重点行业项目生态环境准入与管理。全面推进排污许可证“一证式”管理工作，加强“持证排污、依法排污”的证后监管。2021年，证后监管初见成效，全市发放排污许可证162份，156个持证排污单位2020年度排污许可执行报告提交率与审核率均达100%，完成“双百任务”（3年内排污许可证质量审核率100%，1年内执行报告审核率100%）。（方雯雨）

【安全隐患排查】 2021年，镇江市句容生态环境局对生态环境监管职责范围内的安全隐患保持高度敏感，落实“三管三必须”的安全生产责任。排查“散乱污”企业，开展固体废物、危险废物环境隐患排查整治及医疗废物处置等专项整治工作。对全市208家“散乱污”问题企业清查整治建册，取缔、关停、搬迁117家。固体废物、危险废物环境隐患排查涉及108家企业，对排查出的428项环境隐患督促立查立改、即知即改，其中部分隐患线索移交相关职能部门，其余隐患全部整改完成，整改率达100%。89家危险废物重点监管企业全部实行网上申报，安全处置危险废物10371.2吨，医疗废物445.9吨。全年未发生等级以上环境安全事故。（方雯雨）

发展规划管理

·综述·

【概况】 2021年，句容市抓好“六稳”“六保”工作，统筹疫情防控和经济社会发展，主要经济指标韧性彰显。全年实现地区生产总值736.75亿元，比上年增长9.3%；完成一般公共预算收入57.6亿元，比上年增长5.1%；固定资产投资271.2亿元，比上年增长10.3%；社会消费品零售总额177.9亿元，比上年增长16.5%；城乡居民可支配收入增长与经济增长保持同步。全国综合实力百强县排名上升至第49位，列全国小康指数百强县第37位、全国县级市基本现代化第36位。2021年营商环境便利度11个考核指标中有7个位列镇江市第1名，营商环境列全国县（市）第30位；城市综合信用最新排名列全国第29位，镇江市第1位。

（陈　尧）

·区域融合发展·

【概况】 2021年，句容市立足“融入南京、接力镇江”城市定位，深入实施长三角、宁镇扬一体化等重大战略，区域融合发展加快推进。年内，南京都市圈首条跨市域轨道交通宁句城际S6号线正式开通运行；南沿江城际铁路句容段率先完成“三电”改迁，312国道快速化改造征地拆迁任务基本完成。（陈　尧）

【枢纽经济区规划】 2021年，句容市坚持“站产城”一体，依托立体综合交通枢纽，高标准谋划推进句容枢纽经济核心区建设，管辖面积为5.8平方千米。按照“核心区+辐射区”的思路加快完善产业空间布局规划和园区基础设施配套，推动中电光谷项目落地建设。年内，句容市枢纽经济区被纳入《镇江市重点片区发展战略规划》。（陈　尧）

【城乡融合发展】 2021年，句容市绿色新能源小镇、丁庄葡萄小镇顺利通过省级特色小镇年度考核。全面开展农村公共基础设施管护体制改革工作，并同步制定行动方案

句容市推进农村基础设施建设、村庄风貌整治

以及相关配套政策措施，明确2021年到2035年间5个阶段行动目标，建立农村公共基础设施明细台账近3000项。（陈　尧）

·产业强市·

【概况】　2021年，句容市坚持“一切围绕项目干”的理念，紧扣镇江市“四群八链”和南京市“五大地标产业，八大产业链”，大力实施“产业强链”行动，加快形成智能制造、新能源、新材料、绿色建材四大百亿级产业集群，持续推动产业链条做大规模、做优质效、做强动能。（陈　尧）

【产业布局优化】　2021年，句容市按照整合优化一批、转型发展一批、淘汰撤销一批、创建打造一批“四个一批”的实施路径，和构建“一区四园一片区”［即以开发区作为“一区”（主体园区），以下蜀临港产业园、郭庄新能源科技产业园、边城新材料产业园、宝华凤坛创新社区为“四园”，以华阳枢纽经济区为“一片区”］集约发展格局要求，将全市14个产业园区整合优化成9个。实施长江饮水工程，新建餐厨及污泥协同处置厂、建筑垃圾资源化处理厂、开发区工业污水处理厂等重点项目，以优质的基础设施配套助力园区项目招引。（陈　尧）

【数字赋能升级】　2021年，句容市将产业数字化、数字产业化作为主攻方向，加强传统产业转型升级，促进数字经济与实体经济深度融合，晶度科技、恒嘉自动化、宁武新材料创成省级示范智能车间，协鑫光伏科技等3个企业获江苏省两化融合管理体系（升级版）贯标试点企业称号。（陈　尧）

【项目建设】　2021年，句容市打造产业项目“双百工程”，截至12月底，全市124个重点项目完成投资119亿元，完成年度计划的102%；已开复工项目117个，占比94%，38个续建项目全部复工，复工率达100%，86个新建项目开工79个，开工率为92%。其中，1个省重大项目——开发区航科专用汽车及负压换气系统项目开工建设并顺利完成年度目标任务。（陈　尧）

【优质企业培育】　2021年，句容市建立“四上”企业工作专班，全年新增规上企业147家、净增103家。兑现2020年度扶持实体经济发展资金项目216个，扶持资金近5000万元。协助联博精密成功申报并获批省级战略性新兴产业发展专项资金1600万元。组织兆鋆新材料成功申报国家重大技术装备攻关项目，争取资金4756万元。争取中央预算内投资0.22亿元，地方政府债券22.4亿元，助推实体经济发展。（陈　尧）

·深化改革·

【概况】　2021年，句容市立足精准施策，持续聚焦市场主体关切，坚持市场化、法治化、国际化方向，扎实推进简政放权，优化项目建设全生命周期管理服务，全力支持实体经济发展。印发《句容市2021年现代化建设实施方案》，梳理汇总全市现代化建设典型案例。（陈　尧）

【营商环境优化】　2021年，句容市深化“放管服”改革，全面推行“一窗受理、集成服务”审批模式，其中企业开办实现6个环节0.5个工作日一次办结的审批速度。打造“句满意”服务品牌，制定《句容市打造“句满意”服务品牌优化营商环境十条举措》《句容市“拿地即开工”实施方案（试行）》等政策，在下蜀镇森豊包装项目完成五证齐发的基础上，“拿地即开工”模式实现常态化开展。（陈　尧）

【信用建设】　2021年，句容市拓展信用分级分类监管，在39个领域制定分级分类监管相关政策。组织146个规上企业开展信用体检，119个企业参加信用修复培训班。组织开展贯标创建工作，全年有37个企业获得市级贯标，3个企业获得市级示范。强化信用便企惠民，为4381个企业和个人出具信用查询和审查报告；帮助企业修复失信记录66条。加强信用信息归集，截至2021年年底，双公示成功入库信息77757条，归集各类信用信息581.5万条，“双公示”信息归集入库率及覆盖率达100%，迟报率和瞒报率清零。开展严重失信专项治理，制定《句容市优化诚信营商环境专项行动工作方案》，编制失信主体“退出清单”“帮扶清单”“约束清单”，共清退失信企业261家，发布诚信“红黑榜”五期，依法全面降低严重失信占比。（陈　尧）

·统筹安全与发展·

【节能降耗】　2021年，句容市落实能耗“双控”和“双碳”工作要求，加大节能监察力度，坚决遏制“两高”项目盲目发展。推进屋顶光伏建设，全年全市备案企业投资屋顶光伏发电项目31个，总装机容量7.9兆瓦。强化重点用能企业监管，华电句容发电厂二期投入2800万元建设烟气碳捕集EPC工程，句容台泥水泥有限公司共投入5亿元实施节能降耗、减碳降污技术改造，北新建材实现“煤改气”。开展塑料污染治理，制定《关于进一步加强塑料污染治理的实施方案》，聚焦“生产、流通、使用、回收、处置”等重点环节，突出源头减量与回收处置。全力提升城镇绿色建筑占新建建筑比例，全市比例达100%。（陈　尧）

【安全生产】　2021年，句容市开展电力及长输油气管道行业领域安全生产大排查、大整治工作，排查隐患70处，整改完成率100%。对全市能源及粮储行业4家危化品使用单位开展安全专项治理工作；督促江苏华电句容发电有限公司于5月底完成液氨罐区尿素替代改造工程；开展“安全生产月”“百团进百万企业千万员工”活动。（陈　尧）

【粮食安全】　2021年，句容市推进涉粮问题专项巡察整改工作，制定《关于进一步落实粮食安全责任制确保全市粮食安全的实施意见》《句容市粮食系统开展粮食购销领域腐败问题专项整治工作方案》等，开展粮食安全监管各类执法检查40次；认真落实粮食安全责任制考核，拟定《句容市人民政府储备粮管理办法》，深化粮食储备制度改革，制定《超标粮收购方案》，推动秋粮收购工作有序开展。（陈　尧）

【稳价保供】　2021年，句容市发改委制定《句容市市场价格调控联席会议议事规则》《句容市2021年市场价格调控目标责任制实施方案》，确保全市居民消费价格运行在合理区间，努力实现全市年度价格总水平预期调控目标，优化完善物业服务收费管理政策，公布句容普通住宅物业公共服务等级和前期物业公共服务费基准价，以及句容市住宅小区车位租金和普通住宅小区前期汽车停放费标准等，并于2021年12月1日起施行。制定宁句城际S6号线句容段轨道交通票价标准，对全市出游出租汽车进行运价机制改革和运价调整。对污水处理成本进行监审，明确句容市深水水务有限公司等三家企业的污水处理成本分别为0.83元/立方米、3.59元/立方米、1.38元/立方米。进一步强化涉案物品、涉税财物价格认定，完成涉案物品价格认定193件，总金额660万元，结案率100%，零复核、零投诉；完成涉税价格认定269件，总金额5.5亿元。坚持疫情防控常态化，强化物资保障，全年采购口罩5000个，防护服2000套，手套11000双，防护面罩4100个，隔离衣10221套，帐篷600顶等，保障防护物资供应并及时有序发放至乡镇和疫情防控一线单位。（陈　尧）

国有资产管理

【概况】　2021年年初，句容市国资总公司更名为句容市市属国有资产管理中心。年内，国资管理中心坚持稳中求进的工作总基调，以深化国资国企改革创新为动力，以推进“求规范、试运营”的国资管理职能转变为主线，以构建“规范管理年”为契机，以防范资产风险为抓手，以强化党的建设为保障，践行新发展理念，深化改革、夯实监管、防控风险。落实应对疫情影响支持企业健康发展减免房租相关文件精神，对符合减免条件的中小微企业（租赁户）按程序和要求进行减免，全年减免租金35万元。（国资管理中心）

【国有资产改革】　2021年，市属国资管理中心着手建立系统资产全息表、租赁资产动态信息表、存量资产信息表，做好承租户信息采集工作。建立资产档案、绘制资产分布平面图，对房屋土地资产进行编号管理，建立资产图片和视频影像档案资料，并做好动态跟踪，定期更新数据。加快资产出租招商工作。落实乡镇资产托管工作，签好托管协议。对资产进行优化组合，对不同资产进行归类整理。推进落实巡察和审计整改，完成对两个主体整合前各个主体负责人的离任审计。完成商业公有资产管理中心和容汇资产管理有限公司两个主体单位的重组整合和资产运营。创新管理模式，通过公开招标程序，在东门农贸市场和纺织协会生活区推进第三方服务管理新模式，以专业队伍管理专业事务。创新巡查方式，运用无人机对资产进行巡查，确保资产巡查制度落实到位，同时投入资金设置监控，对资产实行全天候实时监查。闲置资产方面，通过巡查盘清资产总量，建立详细的台账资料，积极谋划闲置资产的保值增值，结合乡镇振兴战略，解决乡镇资产地域偏远、管理难度较大的问题，并促使资产保值增值。妥善解决原绿园公司改制遗留问题；成功收回大卓食品站资产。配合市政府重点工程，完成“双铁”拆迁扫尾工作。（国资管理中心）

【国有资产监管】 2021年，市属国资管理中心推进系统资产巡查，各资产责任单位做到定期全领域巡查，管理中心资产部不定期全面巡查资产情况，重点注意资产安全性和完整性方面的问题。对经营性资产和闲置资产进行全面梳理，对经营性资产到期进行重新评估和公开招租，及时将闲置资产转为经营性资产，最大限度提高国有资产经营收益，确保国有资产保值增值。全年实现资金收入603万元，新增10处标的，新增租金26.39万元。安全生产方面，按照“党政同责、一岗双责、齐抓共管、失职追责”的要求，抓好亚细亚商场、东门农贸市场、蓉江菜场、纺织协会老职工宿舍、危化品仓储运输等重点区域、重点承租户、关键部位的安全生产排查工作，登记造册，根据隐患和问题特点制定专项整治工作方案，实行“隐患排查、制订方案、整改实施、监督检查、现场验收、后期管理”的全程闭环体系。年内，完成临街商住综合楼、东门农贸市场与矿业宝华山铜矿等7处危房维修加固，并依据省生态环保厅的政策要求，对宝华三家碳素厂进行“两断三清”（断水、断电、清原料、清设备、清场地），以治理环境污染、整治安全隐患。在与租赁户签订租赁合同时另外签一份安全生产责任状，层层落实责任。全年接待来信11件，来访35件67人次；受理“12345”热线16件，处理“镇江阳光信访平台”信访事项27件，运用法律解决历史遗留问题1件。（国资管理中心）

·江苏句容投资集团有限公司·

【概况】 2021年，江苏句容投资集团有限公司（以下简称“句投集团”）坚持贯彻落实产业强市“一号战略”，以国企改革三年行动为抓手，以“板块+公司”战略布局为核心动力，推动房地产、环保以及文旅板块的实体化运营，形成一个母公司、六个实体化运营子公司的运营新格局，业务范围覆盖基建、房地产、供水、物业、金融、环保以及文旅服务等。年内不断拓宽融资渠道、强化资金管理、发掘投资项目，为句容市重点项目及重点工程建设提供有力的资金保障。（张　洁）

【经营发展】 2021年，句投集团持续推动市场化运营工作，提升旗下子公司实体化程度。水务集团以服务民生为宗旨，全力保障用水高峰期供水需求，用“水+互联网”的理念构建智慧水务平台，促进服务品质迭代升级。容华建设公司聚焦城市建设主责主业，初步建立品牌效益，实现产值业绩稳步提升。尚元资产公司用市场化竞争的方式经营资产，实现高质量的服务品质。弘盛开发公司定位“做句容及周边有影响力的房地产开发企业”，主动“造血”，盘活资产，服务集团发展战略大局。弘源环境公司以“创新”为发展动力、“绿色”为发展目标，积极引进人才、完善制度，推进全市环保类民生工程的建设工作。尚元文旅公司不断探索“党建+市场”“农业+市场”“文化+市场”的道路，运营好葛仙湖公园、赵亚夫事迹馆以及茅山长青品牌。（张　洁）

【民生重点项目建设】 2021年，句投集团完成高质量考核任务中的污水管网（6千米）建设任务；完成长江经济带国土空间修复工作；完成葛仙湖中心应急避难场所建设，并通过省级验收；完成新人民医院建设和移交，协助人民医院整体搬迁；完成城北垃圾填埋场封场、天王垃圾填埋场永久封场，飞灰（应急）垃圾填埋场通过省级环保销号。701工程顺利完工并交付。序时推进福地路小学、福地路幼儿园、省句中异地新建项目、妇幼保健院工程。安置房项目中何庄、后白、郭庄康居竣工，天王、茅管、葛村安置房项目序时推进。推进义台街、雨润中央广场、碧桂园时代城项目回购以及思源公寓等安置房办证工作。（张　洁）

【自主开发项目】 2021年，句投集团与南京地铁共同投资的宁句轨道交通线顺利通车。招商引资中电光谷与市政府签订框架协议，该项目在句容市的投资公司、运营公司开始落地。长江引水暨城区水厂土建主体施工完成、下蜀水厂工程建设过半。句容市厨余（餐厨）集中中转站、句容市建筑垃圾资源化处置中心项目即将试运行。开展全市污水处理厂日常监管工作、开展玉清河道整治工作。推出首个改善型住房项目——隽澜轩项目。（张 洁）

民营经济管理

【概况】 2021年，句容市民营工业企业继续保持健康快速发展的良好势头。全年净增规上工业企业14家，总数达235家，其中民营企业占84.7%；30强工业企业中，民营企业达19家，比上年增加3家。从工业应税销售来看，2021年规上工业企业销售额为466.24亿元，其中民营工业企业销售额为223.4亿元，比上年增长15.9%，占规上工业企业销售额的50.1%。（工信局）

【民营企业资金支持】 2021年，句容市工信局为39家企业申请"1+X"资金1326万元，涉及技术改造、融合发展、行业标杆、转型升级4类项目，比上年增长45%。（工信局）

【民营企业培育认定】 2021年，句容市帮助联博精密通过国家两化融合管理体系评定；协助协鑫光伏科技等3家企业获省两化融合管理体系（升级版）贯标试点企业称号。年内，建华新型墙材获省级企业技术中心认定；海川新材料获镇江市专精特新产品认定；三超金刚石、联博精密、和正特种装备3家企业获镇江市科技小巨人认定；联博精密、南瓷绝缘子2家企业获江苏省专精特新产品认定；天晟药业、三超金刚石2家企业成功复核省制造类小巨人企业。推动华君电力等4家企业获评绿色工厂；晶度半导体等8家企业获得省级上云企业认定。（工信局）

【民营企业融资服务】 2021年，句容市开展专精特新"小巨人"企业融资调查，组织企业参加镇江市重点产业链融资对接会，天晟药业等3家企业现场签约，获得授信额度13.09亿元。（工信局）

【民营企业创新发展】 2021年，句容市推动企业走"专精特新"发展之路，组织"新环境下企业的精益效率解码之道""镇江市专精特新'小巨人'企业申报培训指导会""工业企业数字化转型"和"走专精特新之路——信息化篇"4场专题培训活动，200余人参会。通过邀请专家深入浅出地解读政策、传经送宝、答疑解惑，帮助企业实现数字化、网络化、智能化迭代升级。（工信局）

【公共服务体系建设】 2021年，句容市推进中小企业公共服务示范平台与小微企业创新创业基地建设。每月组织平台网络建设单位在中小企业大数据平台填报中小微企业服务情况；积极引导各平台、基地为中小企业开展服务，在"中小微企业日"和国家"双创周"期间积极开展公益活动。各平台、基地全年举办各类活动37次，服务中小微企业368家（次）。（工信局）

财 政

【概况】 2021年，句容市完成一般公共预算收入57.64亿元，位列全省第17位，比上年增长5.1%，税收收入占一般公共预算

12月30日，句容市举办"走专精特新之路——信息化篇"专题公益讲座

收入的比重为83.9%，位列全省第10位，实现质的稳步提升和量的合理增长。2021年，全市一般公共预算支出85.8亿元，其中民生支出72.37亿元，占一般公共预算支出的比重达84.35%。（黄　威）

【支持经济发展】　2021年，句容市财政局完整、准确、全面贯彻新发展理念，持续加大对全市高质量发展的财政支持力度。支持产业优化升级，统筹安排4900万元落实市委“1+X”文件，加大先进制造业集群培育和产业链强链补链等领域的投入力度，积极向上争取资金和政策，支持新能源汽车、新材料和新医药等战略性新兴产业发展。支持创新驱动发展，印发《句容市重点研发计划项目及资金管理办法》，统筹加大科技投入，做好专项资金申报，全年支持申报高新技术企业101家，新增高新技术企业培育入库43家，国家科技型中小企业评价入库297家。支持营商环境优化，强化财政金融政策融合，整合普惠金融发展风险补偿基金，“苏科贷”“小微贷”等7个资金池为中小微、科技型等企业发放贷款5.7亿元。支持“福地句才”工程的实施，参与制定《关于高校毕业生来句就业创业若干政策意见》，通过公积金贷款提额、生活补贴、创业担保贷款等15项扶持政策支持招才引智。

（黄　威）

【民生保障】　2021年，句容市财政局坚持以人民为中心的发展理念，强化财政投入保障和财政政策功能，全年全市民生支出72.37亿元，占一般公共预算支出的比重达84.35%。围绕就业优先战略，“富民创业贷”全年发放贷款2.87亿元，拨付就业补助、职业技能提升等资金4100万元，支持国家和省市各项就业创业扶持政策落到实处。围绕乡村振兴发展，投入2024万元巩固拓展脱贫攻坚成果并与乡村振兴有效衔接，投入2190万元建设高标准农田1.2万亩，落实农产品稳产保供各项优惠政策，持续做好粮食能源安全保障工作。围绕基本民生兜底，发放各类困难群众基本生活保障资金1.26亿元，城乡低保、城市特困、农村特困等群体基本生活保

财政局法治财政宣传进校园

2021年句容市一般公共预算收入完成情况表

表4

项目	1—12月情况			
	本年累计（万元）	同期累计（万元）	增长（万元）	增幅（%）
一般公共预算收入合计	576403.67	548479.44	27924.24	5.09
税收收入小计	483766.55	483018.62	747.94	0.15
非税收入小计	92637.12	65460.82	27176.30	41.52

2021年句容市一般公共预算支出执行情况表

表5

项目	累计支出			
	上年同期（万元）	当年实绩（万元）	增长（万元）	增幅（%）
一般公共预算支出合计	789999	857999	68000	8.61
民生支出小计	666180	723721	57541	8.64
民生支出占比	84.33%	84.35%		0.02

障标准分别提高至每月820元、1705元、1070元，城乡居民、企业退休人员基本养老金分别实现"十一连增"和"十七连增"，实现企业职工基本养老保险基金省级统筹的首年平稳运行。围绕公共服务优化，及时拨付疫情防控、核酸检测经费5100万元。投入1.46亿元支持公立医院和基层医疗卫生综合改革。基本公共卫生服务财政补助标准提高至每人每年88元。新市人民医院正式运营，成功转设三级综合医院。积极推进居家和社区养老服务。进一步完善教育经费保障机制，推动教育优质均衡发展，支持省句中异地新建项目有序推进。公积金中心实现"跨省通办"和异地提取，全年发放住房公积金贷款3.14亿元。围绕"美丽句容"建设，投入13.8亿元支持南沿江城际铁路句容段、宁句城际轨道交通、312国道快速化改造句容段和综合交通枢纽工程等。支持保障性安居工程、老旧小区改造等城市功能品质建设。支持减污降碳、国省考断面水质提升、长江流域禁捕退捕、城市垃圾处理等生态环境改善工程。（黄　威）

【社会事业财政投入】　2021年，句容市财政局巩固拓展减税降费成效，及时落实降低增值税税率、增值税留抵退税等制度性减税政策，加强涉企收费源头管理，继续实施政府性基金和行政事业性收费项目清单制度。落实常态化财政资金直达机制，全市收到直达资金近3.9亿元，资金100%分配下达，支出进度达99.1%，确保资金落实到位、规范使用。用好地方政府债券，在省财政厅下达的2021年度政府债务总限额内，全年发行新增债券22.4亿元，用于支持公路交通、水利建设、安置房保障、养老及教育等领域。（黄　威）

【财政管理】　2021年，句容市财政局加强系统谋划，着力多点突破，实现财政可持续发展。深化预算管理改革，坚持"三保"（保障基本民生、工资发放和机构运转）在预算支出中的优先顺序，切实兜牢"三保"底线。预算管理一体化系统正式上线运行。推动重点领域改革，实施国企改革三年行动方案，完成三年改革总任务的80%，完成21家全民所有制企业改革。开展全市行政事业单位、国有企业房屋土地及对外投资等经营性资产、安置房存量清查工作。在政府采购领域开展履约保证保险试点。加快推进非税收入收缴电子化改革和财政电子票据管理改革。实现会计专业技术资格考试和疫情防控"双安全"。强化依法规范管理，严控"三公两费"等一般性支出。牵头做好句容市清理规范公务员工资津贴补贴工作。加强财政"大监督"机制建设。全年财政投资评审项目126个，预算（含概算）核减率为6.8%，工程结算核减率为16.1%。（黄　威）

【公积金管理】　2021年，句容市财政局多措并举推进归集扩面，提前超额完成任务。大力推广线上汇缴、提取公积金业务，全力深化智能化、多层次的"互联网+公积金"平台改革，为企业提供"一站式"服务体验。提高公积金提取效率，提升服务效能。设立"跨省通办"专窗，深化"不见面审批"改革，通过"全国住房公积金"微信小程序即可实现"账随人走、钱随账走"。深化"放管服"改革，优化贷款发放工作。接入"长三角住房公积金一网通办"平台，满足职工异地办事需求；为符合"商转公"贷款条件的职工办理贴息业务，2021年1—11月，句容分中心共计发放贴息贷款79笔，贴息贷款金额2336.7万元，贴息金额36.5万元；深化按揭楼盘合作，扩大贷款受惠面，2021年公积金中心新增4家合作楼盘，与34家楼盘签订合作协议、与10家银行签订合作协议。优化营商环境，助力房地产发展。实施"福地聚才"公积金政策，提高公积金贷款限额，放宽公积金提取政策。（黄　威）

税　务

【概况】　2021年，句容市税务局坚持依法治税、全力推进税收改革，严格落实各项税收政策，大力提升税收服务水平，各项工作取得显著成效。（卢腾跃）

【税收征管】　2021年，句容市税务局紧抓组织收入工作，发挥税收职能作用。精准做好税源预测和分析，强化收入质量管理，严格落实税收票证、账户管理规范，稳定落实税费收入。全年共组织各项税费收入103.59亿元，比上年增长1.51%；其中税收收入

77.81亿元，比上年下降5.07%；社保非税收入25.78亿元，比上年增长28.33%；完成地方公共财政预算收入48.39亿元，比上年增长0.15%。加强增值税发票风险监管工作，依托发票智能审核系统对增值税发票的受理、案头审查、实地调查、发票发放等各个环节做出具体规定，同时加强异地协作平台各项工作。突出对纳税人发票开具、纳税申报、发票代开的分析监控工作。加强成品油消费税、土地增值税、环保税等具体税种的管理工作。开展成品油专项整治工作，对4家生产企业、95家经销企业以及2家用油企业开展检查，取消18家不符合条件的经销企业资格，自行补正补缴增值税34万元。土地增值税方面，对全市248个土地增值税项目登记基础信息进行梳理排查，实行全流程、全链条精细化管理，组建土增税清算审核专业团队，提升清算审核工作质效，根据年初制定的清算计划对12个项目进行复审并出具报告，其中补税项目6个，补税金额31641万元，退税项目6个，退税金额10236万元。加强与不动产交易中心、自然资源局等部门的联动合作，组织开展房土两税税源核实工作。全年房产税税源核查企业463家次，城镇土地使用税税源核查企业543家次。增加房产原值1273.75万元，补缴房产税23.08万元；增加租金收入1038.30万元，补缴房产税116.33万元。做好欠税管理工作，建立欠税管理动态反馈机制，保持与欠税纳税人的联系和沟通，实时了解欠税人的生产经营情况，同时加强对纳税人当期申报税款的关注，及时提醒各分局进行催缴。（卢腾跃）

【税收改革】 2021年，市税务局深化税收征管改革工作，推进进一步深化税收征管改革先行先试，完成组织保障架构优化和人力资源优化配置，全面推进税费服务一体化、税务执法规范化、税务监管精准化。推进税费服务一体运行、便捷高效。构建一体化税费服务新体系，纳税服务股与第一税务分局合署办公。建立健全“一口进、一口出”运行机制，税费服务事项集约化办理、闭环运转，有效解决纳税人缴费人“多头跑、多次跑”问题。建成办税服务厅“1主+1专”集中式服务格局，实现“同城通办”。12366和特服号热线整体入驻12345热线场所，在镇江市率先完成“双号并行、合并办公”。税务执法任务统一扎口管理，落实税务执法“一个口子”的工作要求，强化任务的统筹管理。实施分类分级税务执法管理，落实征管职责清单，推行提示提醒前置新方式。明确各税费种、专业事项主管部门承担落实监管主体责任，风险管理部门负责税务监管任务的统筹协调、集中管理，强化上级税务监管任务的实施到位。精选专业骨干组建多个专业团队，保障支持监管任务和职责的落实。统筹优化调整各分局职能、内部组织架构及岗责配置，机关部门对应职能牵头成立实体化运行专业团队，调优配强一线税费服务和税务执法力量。完成相关非税收入划转工作，市税务局主动与水利、人防、生态环境、财政等部门对接，自2021年7月1日起，土地闲置费、城镇垃圾处理费划转至税务部门征收。2021年9月，句容市政府转发《镇江市城市生活垃圾处理收费管理办法》，就征收范围、征收标准等进行明确。（卢腾跃）

【减税降费】 2021年，句容市税务局持续严格落实国务院、省、市关于减税降费的各项工作部署。加大税收优惠政策宣传力度，加强与句容市融媒体中心、《句容日报》、句容发布、山水句容网等平台的合作，组织开展送政策入企进村、专题讲座等系列活动，扩大税收优惠政策知晓面。开展出口退税系统整合培训3场，新办纳税人线下培训10场。实行政策精准推送，通过短信、微信、镇税通“税企沟通群”等进行相关税收政策宣传、热点问题解答，推送各类宣传辅导提醒信息42338条。推动政策执行流程和手续简化工作，如落实出口退税“容缺办理”政策，暂缓企业部分资料报送，采取台账登记、后期核实的方式让企业尽早享受政策红利。抓实具体优惠政策落实，做好留抵退税相关工作，每月定期发布符合退税条件的纳税人名单，由税源管理分局通知到位，全年为62家企业办理留抵退税业务，退税4.3亿元；做好出口退税各项政策落实，办理出口退税4亿元，落实企业申报享受研发费用加计扣除金额3.87亿元，煤电保供和制造业中小微企业缓税约0.9亿元。（卢腾跃）

【纳税服务】 2021年，句容市税务局聚焦利企惠民，不断优化税收服务，坚持把优化税收营商环境工作列为“一把手工程”，成立工作领导小组，细化落实指标职责，组建工作专班。将分散的契税、社保费、车购税和自然人及建安发票代开等业务整合，统一进驻政务服务中心；推行“咨询+辅导+预审+引导”的导税分流模式，升级自助办税服务，落实“好差评”制度，缩短办理时长、等候时长，纳税人满意率达100%；实行集约管理，退税时长压缩至2分钟内。宣传引导网上办、自助办、邮寄办多元化办税，编制69项高频办税指南，“非接触式”办税比例达97.30%，“江苏税务”App企业覆盖面达98.82%，推广购票邮寄免费达1700余次。开展“我为纳税人缴费人办实事暨便民办税春风行动”，推行“税悦容”服务品牌15条服务新举措，依托“纳税人之家”与市工商联联合举办税费政策培训，依需开展进企业、进农户宣传辅导活动。成立“税小希”税费服务工作室，为纳税人缴费人提供税收宣传、政策解读、纳税咨询、培训辅导等个性化、精细化服务。 （卢腾跃）

市税务局联合不动产登记中心在宝华泰达青筑小区开展“交房即发证”工作

【税收执法】 2021年，句容市税务局聚焦依法治税，稳步提升税收治理水平，抓好税费管理，推进所得税汇算清缴，企业所得税汇缴补税8.56亿元，个人所得税汇缴申报率超过90%，稳步推进两个所得税“核改查”工作。加强土地增值税自主清算，完成清算项目12个，入库税款2.14亿元。做好电子专票推广工作，核定户数3266户、核定率97.32%。落实城镇垃圾处理费、土地闲置费等非税收入划转工作。加强风险应对团队化运作，突出税费风险的深度分析和精准应对，完成综合应对任务350户，总成效2.07亿元。强化执法规范，深入推行行政执法“三项制度”，严格落实执法辅助人员相关制度，严格执行长三角“首违不罚”清单。强化内控监管，开展现金税费征缴专项整治“回头看”，自查追责10人次，围绕减税降费等重点加强执法督察，构建一体化防控机制，排查管理类风险点。强化司法协作，加强涉税资产拍卖及破产企业涉税债权申报工作，完成28起，入库税款893.35万元。税费协同共治，强化部门联动，与江苏银行加强“税易贷”等税银项目合作力度，开展年度纳税信用评价，推动企业纳税信用转化为信贷信用。加强对涉税中介信息完善规范，做好机构、人员、协议登记信息采集工作。建立投诉举报处理制度，对投诉举报处理程序进行进一步规范，全年受理并解决12345热线工单331件、12366热线工单129件，均在限期内处理完毕，满意率100%。 （卢腾跃）

审　计

【概况】 2021年，句容市审计局完成审计项目24个，查出主要问题金额（管理不规范）21592万元；发现非金额计量问题54个；出具审计报告和专项审计调查报告31篇。审计处理处罚金额757万元，其中应上缴财政752万元、应调账处理金额5万元；移送司法机关、纪检监察机关和有关部门处理事项3件，移送处理人员7人，移送处理金额16.71万元。审计促进整改落实有关问题资金16.71万元；审计促进拨付资金到位 3900 万元；审计后挽回（避免）损失 780.93 万元。审计提出建议 50 条，被采纳 50 条；促进被审计单位建立、健全规章制度 15 项。向社会公告审计结果 4 篇。获评 2019—2021 年度江苏省文明行业，句容市审计局实施的江苏句容新农控股集团有限公司 2019 年度资产负债损益审计项目获得镇江市审计局优秀项目三等奖。

（审计局）

【重大政策措施落实情况跟踪审计】 2021 年，句容市审计局积极运用融合式审计方式开展审计，将 6 个审计项目依据《镇江市审计机关 2021 年重大政策措施落实跟踪审计要点》，融合重大政策措施落实跟踪审计事项，准确把握审计着力点，集中审计力量，优先保障上级统一组织实施的地方政府隐性债务化解和全省土壤污染防治专项审计等项目，并从句容市经济社会发展实际出发，按照“政策跟踪审计+”模式，围绕“六稳”“六保”，加强各专业审计与国家重大政策措施有效对接，积极统筹融合 2021 年政府工作要点，重点关注积极财政政策、保障和改善民生、优化营商环境、生态环境保护、政府隐性债务化解、乡村振兴战略实施、国资国企改革、政府过“紧日子”等国家重大战略和政策措施落实情况。

（审计局）

【财政预算执行审计】 2021 年，句容市审计机关积极提升宏观系统思维，运用大数据对一级预算单位实现全覆盖，部门预算审计延伸至整个部门行业系统，加强与经济责任审计统筹衔接，重点关注一般性支出压减、存量资金和闲置资产盘活，以及遵守中央八项规定及其实施细则等情况。坚持树立“查防治结合”的科学审计理念，注重及时揭示部门系统运行中的潜在风险隐患，促进严格预算约束，提高公共资金和国有资产使用绩效。7 月，受市人民政府委托，向市人大常委会作句容市 2020 年度市本级财政预算执行和其他财政收支的审计工作报告。

（审计局）

【民生审计】 2021 年，句容市审计局继续将民生类资金作为专项审计的重点，鉴于专项资金使用范围广、规模大、延伸长，具有极强的政策性，在审计中循着资金流向选择重点单位进行延伸，找准项目“相关资料”“实际建设和运转情况”两个支撑点，强化审计机关上下联动和横向协作。积极构建绩效评价指标体系，在完善共同遵循的共性评价指标和标准基础之上，根据项目实施、管理目标、工作要求的差异，审查资金使用是否讲究效率、是否实现目标等，建立一套比较健全、完善的评价指标体系，提供具有可参考、可操作的工作规范。

（审计局）

【经济责任审计】 2021 年，句容市审计局对 6 名市管干部开展经济责任审计，审计过程中坚持统筹融合，加强与政策跟踪、财政审计、专项审计的统筹融合，融合事项审计按统一要求实施，科学配置审计资源。坚持实事求是，聚焦权力运行和责任落实，客观反映问题，准确界定责任，审慎作出评价，促进权力规范运行和反腐倡廉。

（审计局）

【国有企业和国有资本审计】 2021 年，句容市审计局贯彻落实省政府年度重点工作中关于国有企业深化改革和国有资本做强做优做大的相关要求，积极开展国有企业和国有资本审计。突出企业混合所有制改革、国有企业资产管理、领导人员履职尽责等内容，以加快国有企业改革创新、促进国有资本保值增值为目标，开展句容市平台公司融资情况跟踪审计，重点关注国资委、发改委等主管部门推进企业改革引导和监管所采取的措施及效果，国有资产管理运营和风险防范方面存在的问题，以及党和国家重大方针政策，市委、市政府决策部署的贯彻执行，企业发展战略规划，“三重一大”制度执行，企业法人治理结构及内控制度的建立、运行及效果。

（审计局）

【政府投资审计】 2021 年，句容市审计局开展宁句城际轨道交通项目跟踪审计项目，统筹制定独立实施投资审计的项目计划。坚持“以绩效促发展”的理念，加快投资审计从“单纯审价”向注重“提绩增效”转型，重点做好“三个转变”。严格按照全国人大法工委关于“以审代结”司法解释和市政府《关于政府投资项目投资控制部门职责的通知》要求，划清管理与监督界限，做到既不越位也不缺位，规避审计风险。

（审计局）

【内部审计】 2021年，全市内审机构完成审计项目1144个，其中财务收支审计项目83个，绩效审计项目6个，经济责任审计项目61个，内部控制评审项目964个，基本建设审计项目35个，其他交办审计项目30个。审计发现问题金额7685168万元，其中调整会计账面1857468万元，提出审计建议被采纳311条。市审计局按照中央和上级审计机关要求，持续强化对内部审计工作的指导和监督，利用内部审计成果和内部审计力量，形成政府审计和内部审计的监督合力。对内部审计程序、审计计划、审计方案、审计实施及编制审计工作底稿、出具审计报告、审计整改、审计档案等方面作出全面梳理，让内部审计工作开展有章可循，形成有效闭环，促进全市内审工作规范化开展。采取集中培训、上门指导、以审代训、以赛代训等方式，培养高素质专业化内部审计队伍。创新推动信息技术与内部审计业务深度融合，调动内审人员掌握新知识、运用新技能的积极性，切实提升内审人员的综合能力。

（审计局）

统　计

【概况】 2021年，句容市统计局紧扣市委、市政府中心工作，聚焦“一福地四名城”建设，聚力“高质量发展”要求，强化责任担当，创新作为，建言献策，增强统计服务能力。年内获评全省“县级统计基层基础规范化建设”先进单位。（张元军）

【人口普查】 2021年，句容市统计局做好第七次全国人口普查数据的汇总、利用、开发和2021年人口变动情况抽样调查工作。在规定时间内，完成普查户籍人口、居住人口、出生、死亡人口基础数据的登记工作。开展普查全程检查、督查、管控工作，确保普查数据高质量。开展2021年人口变动情况抽样调查工作。做好人口普查主要数据公报工作。市统计局、句容市第七次全国人口普查领导小组办公室在《句容日报》、“句容市统计局”公众号、句容统计网站等媒体发布《句容市第七次全国人口普查公报》。（张元军）

【高质量评价监测】 2021年，句容市承担37项江苏省和镇江市高质量发展绩效评价考核指标。年内，句容市统计局会同有关部门建立完善高质量发展及经济运行监测工作机制，加强指标监测，按时提供考核指标数据和分析材料，增强评价工作时效性，做好绩效评价与绩效考核的衔接。强化监测预警，发挥高质量绩效评价考核指标体系的导向作用。

（张元军）

【统计规范化建设】 2021年，句容市统计局强化四上单位入库工作，全年净增四上单位103家，支撑统计数据质量。做好统计法制宣传工作，进一步提高党政领导统计法制思想。开展统计执法检查。全年开展统计“双随机”执法检查4次、44家企业，涵盖工业、服务业、贸易和投资四个领域，基本达到乡镇全覆盖；完成“四上单位”100%核查，进一步提高统计数据质量。强化统计业务培训，全年组织开展统计专题培训15场次，不断提高市、基层、企业三级统计人员依法统计的业务水平。做好统计信息网络建设，完成二级信息安全等级保护测评工作。（张元军）

【统计服务】 2021年，句容市统计局规范统计信息发布，及时权威发布全市经济运行新情况新特点，推进统计公开透明。策划重要时点宣传活动，组织统计系统开展庆祝中国共产党成立100周年宣传活动和第十二届“中国统计开放日”系列活动，提升统计形象。通过交汇点、《句容日报》、“句容发布”和“句容市统计局”公众号等新闻媒体予以宣传。强化对前瞻性问题的跟踪分析，汇编2021年每季度《句容经济运行简析》，为党政领导提供快、精、准的统计参考。全年编发完成句容统计分析21篇和统计信息50多篇。完成2020年度统计年鉴发行工作。（张元军）

市场监督管理

【概况】 2021年，句容市市场监管局推动高质量发展考核工作、抓好疫情防控工作、维护市场秩序稳定、推进“放管服”改革、强化服务和消费领域监管、持续优化营商环境、严守“四大安全”底线，在实际工作中践行初心使命。（孙正瑜）

【疫情防控期间市场秩序维护】 2021年，句容市市场监管局发挥零售药店疫情“前哨”作用，及时督促辖区内药店认真执行疫情防控要求相关规定，并适时开展专项督查。对未严格执行防控措施的零售药店，责令其停业整顿。开展餐饮场所疫情防控。常态化开展拉网式排查，推行即知即改。强化进口冷链食品安全监管，对进口冷链食品从业人员和一线监管人员落实“应检尽检”。坚持常态化精准防控和局部应急处置的有机结合，加强对重点经营户的巡查力度。（孙正瑜）

【“放管服”改革】 2021年，句容市市场监管局全面实施“标准化+”行动计划，新立项10个省、市地方标准，发布6个省、市地方标准。《实施综合标准化 打响乡村产业品牌》入选市场监管总局“国家农业标准化示范区典型案例”。承办“加强地理标志保护，助推产业经济高质量发展”全国研讨会，与南京师范大学签订《句容市争创国家地理标志产品保护示范区》合作项目。年内，句容市顺利通过江苏省知识产权强省建设区域示范工作验收，开发区管委会被列为江苏省知识产权示范园区创建单位。（孙正瑜）

【服务和消费领域监管】 2021年，句容市市场监管局受理投诉举报5623件，其中通过12345热线转办受理投诉举报2926件，办结2926件，办结率100%；市场监管局来信来函及信访投诉举报128件；通过全国12315平台受理投诉举报2569件，办结2569件，办结率100%。2021年，接待处理上门咨询和投诉约328人次，挽回消费者损失约450万元。截至2021年年底，全市建立消费维权服务站58家，省级消费维权服务站1家。参加线下无理由退货承诺单位13家，句容5家企业产品被镇江市评为2021年“名城福地 镇江好礼”。（孙正瑜）

【食品安全】 2021年，句容市市场监管局完成食品安全监督抽检5520批次，查办食品类案件206件，其中食品大要案1件并被省市场监管局挂牌督办。创成镇江市规范化农贸（农批）市场10家，18家农贸市场快检室完成提档升级。6家小作坊被评定为省级“名特优”食品小作坊。年内，组织开展“校园及周边”等15项专项整治行动，对全市所有学校食堂进行全覆盖式检查。完成“春节”“两会”等重大活动期间食品安全保障工作。（孙正瑜）

【疫苗和药品安全】 2021年，句容市市场监管局开展全覆盖的疫苗质量安全和检测试剂的专项检查。强化企业主体责任，督促全市220家药械经营企业实行质量管理责任制。加大药品监督检查覆盖面，检查零售药店815家次，责令整改68家次。开展疫苗、美容院和小诊所药械等专项检查，检查市场主体312家次，责令整改27家次。（孙正瑜）

【特种设备安全】 2021年，句容市市场监管局做好国家、省、市安全生产巡查督导工作，做好特种设备日常监管，开展电梯安全、涉危化品企业等专项检查。全年发现及消除特种设备安全隐患125处。（孙正瑜）

【产品质量监管】 2021年，句

市场监管局排查特种设备安全隐患

容市市场监管局加大流通领域质量抽检，开展电动自行车、非标三四轮车、燃气灶具及配件专项整治工作。（孙正瑜）

【信用监管】 2021年，句容市市场监管局推进“一次检查、全面体检”的监管方式，制定下达302项双随机抽查工作任务。推进市场监管信息平台建设，归集各类信息44119条。办理经营异常名录1297户次，清理吊销营业执照434户。（孙正瑜）

【依法行政】 2021年，句容市市场监管局制定《执法决定信息公开发布撤销更新制度》《重大行政执法决定法制审核目录清单》，完成规范性文件的定期清理工作。整合行政执法队伍，成立综合行政执法大队。落实案件法制审核制度，审核重大行政处罚案件105件，移送8件行政处罚案件。全年应对行政复议案件15件，行政诉讼案件6件。加大食品药品等关系群众切身利益的重点领域执法力度，办理食品类案件206件、药品类案件8件。（孙正瑜）

【市场秩序规范】 2021年，句容市市场监管局推进国家卫生城市、文明城市复审工作，开展“六小”（小餐馆、小美容美发店、小澡堂、小旅馆、小歌厅、小网吧）整治行动。年内开展涉企收费和“长江禁捕”“打黄扫非”等专项整治行动。立案查处324件，罚没收入172.74万元。（孙正瑜）

赤山湖国家湿地公园内苍鹭聚集

综　述

【概况】　2021年，句容市粮食亩产456.8千克，总产25.83万吨，全市粮食种植面积37693.33公顷（约56.54万亩），比上年增加1000公顷（1.5万亩），蔬菜播种面积7073.33公顷（约10.61万亩）。全市生猪饲养量12.8083万头，出栏5.6731万头；大牲畜饲养量0.1513万头；羊饲养量1.9984万只，出栏0.8399万只，与2020年相比，略有下降；家禽饲养量增长明显，为1668.7161万羽，其中出栏1283.353万羽，蛋禽存栏量119.7万只。全市水产养殖面积3460公顷（5.19万亩），其中特种水产养殖面积2770公顷（约4.16万亩），占水产养殖面积比例逾80%；全年实现水产品产量2.545万吨，实现渔业产值16.5亿元；实现渔业增加值9.5亿元。全市获得绿色食品认证主体75家，138个产品，面积7246.67公顷（10.87万亩）；获得有机农产品认证主体10家，24个产品，认证面积1573.33公顷（约2.36万亩，其中种植业0.91万亩、水产品1.45万亩）；获得农产品地理标志认证2个（茅山长青、丁庄葡萄），“白兔草莓”通过部级评审；获得绿色优质农产品基地认定面积22173.33公顷（约33.26万亩）；全市绿色优质农产品比重68.96%。新型农村经营主体蓬勃发展，截至2021年年底，句容市有农民合作社710个、家庭农场1387个；获得省级财政奖补项目的家庭农场25个；2021年全市新培育农民合作社25个、家庭农场95个。

（唐　明　杨　杨　巫爱军　刘　勇　王丽娟）

农村工作

·乡村建设·

【概况】　2021年，句容市按照

省级家庭农场典型案例——茅山镇赐福火龙果家庭农场

国家、省、市要求，全面实施乡村建设行动，把公共基础设施建设的重点放在农村，在推进城乡基本公共服务均等化上持续发力，注重加强普惠性、兜底性、基础性民生建设。重点抓好农村改厕、污水、垃圾处理等工作，接续推进农村人居环境整治提升行动。句容市2020年度农村人居环境整治工作被省人居办评为第一等次，2021年3月获通报表彰。

（沈顺忠　许庭霞）

【农村厕所革命】　截至2021年年底，句容市农村无害化卫生户厕普及率达99.99%，基本实现全覆盖，建有农村公共厕所217座，A级乡村旅游厕所32座。2021年，制定《句容市农村户厕问题摸排整改工作实施方案》，对农村户厕开展新一轮问题摸排工作，实行“回头看”，对在摸排中发现的问题及时进行整改，确保每个农户用上卫生户厕。

（沈顺忠　许庭霞）

【农村生活垃圾治理】　2021年，句容市按照“组保洁、村收集、镇转运、市处理”的模式，持续加强农村垃圾收运体系建设，全市农村生活垃圾集中收运处理率达100%，所有行政村均配置农村生活垃圾收集、转运设施；配置专职保洁人员1800余名，对农村生活垃圾进行清扫、收集、转运；垃圾中转站运转良好，做到垃圾日产日清。白兔镇、后白镇、茅山镇、华阳街道、茅山风景区管委会等5个镇（街道、管委会）开展农村垃圾分类试点工作，建成3座易腐垃圾处置中心。

（沈顺忠　许庭霞）

【农村生活污水治理】　2021年，句容市需实施生活污水治理的自然村总数为1239个，农户数为124954户，截至2021年年底，有441个自然村建有污水治理设施，自然村覆盖率达35.59%，农户覆盖率达39.36%，农村生活污水治理设施正常运行率达81.63%。

（沈顺忠　许庭霞）

【农业废弃物资源化】　2021年，句容市秸秆综合利用实施“六化”举措，即机械化还田、肥料化、饲料化、原料化、基料化、燃料化，综合利用率达96%以上；规模养殖场污染治理主要采用“三分离+农牧结合”的模式进行治理，因地制宜采取农牧结合、工程治理和生物处理等方式，不断提高畜禽粪污综合利用水平，有效改善畜禽养殖环境和生产生活环境。全市规模、小规模养殖场粪污处理设施装备达到全覆盖，整治提升率和治理率均达100%，畜禽粪污综合利用率达95%以上；废旧农膜回收利用率达90.6%。

（沈顺忠　许庭霞）

【村容村貌提升】　2021年，句容市全面开展以“四清一治一改”“四个专项行动”“乡村公共空间治理”为重点的农村人居环境整治提升行动，启动村庄垃圾、河塘、农业废弃物、生活污水、农村厕所、无保护价值的残垣断壁清理整治等工作。各地以打造特色田园乡村和美丽宜居村为抓手，大力实施村庄环境整治。2021年，全市编制完成12个行政村实用性村庄规划，建成5个省级绿美乡村、1个省级特色田园乡村、2个省级生态文明示范村；保护和建设省级传统村落3个；建成30个美丽宜居村庄。

（沈顺忠　许庭霞）

全国乡村治理示范村——茅山镇何庄村

·扶贫工作·

【富民强村帮扶】 2021年，句容市为了更好地开展富民强村帮促行动，接续推进乡村全面振兴，制定《句容市富民强村帮促行动“六个一”挂钩帮促方案》，按照“帮促到镇”的原则，重点突出三方面帮促内容：一是逐步完善经济相对薄弱村发展长效机制。依托村镇资源禀赋，积极发展壮大村级集体经济，提升经济相对薄弱村经济活力和发展后劲。二是逐步完善农村低收入人口增收长效机制。分层分类实施帮促，积极引导勤劳致富，关心关爱特殊群体，提高农村低收入人口收入水平。三是逐步推进乡村全面发展。进一步提升农村基础设施和基本公共服务水平，持续改善生态环境和乡风文明，加强农村基层组织建设。帮促方案明确由市领导挂钩督促，机关部门、服务团队、优质企业、金融资源组团分工帮扶的任务分配方式，形成任务清晰、职责明确、高效运转的常态化帮扶体系。

（王　晋　许庭霞）

【产业帮扶提档】 2021年，句容市重点围绕全域范围内的特色产业，开启市级统筹帮扶。全年安排镇江市、句容市两级振兴发展茅山革命老区专项资金1244万元；在全市范围综合筛选10个达标但经济基础相对薄弱的村参股江苏句投集团，每年以分红的形式，保障村集体稳定收入来源。支持茅山镇东霞村发展稻米加工及茅山镇丁家边村发展桑叶深加工等特色产业，支持天王镇浮山村公益事业建设。建设2个省级财政衔接推进乡村振兴补助资金项目（分别是白兔草莓等农产品营销服务体系建设项目和茅山管委会茅山村建设铁军教育学院项目），补助资金780万元。

（王　晋　许庭霞）

【政府扶贫救助责任保险】 2021年，句容市为13455名“九类”人群购买政府扶贫救助责任保险（防贫保），共计403.65万元，并在往年的基础上扩展医疗救助责任险，对市外就诊的合规报销费用之外的个人自费部分，再给予一定比例的补助。

（王　晋　许庭霞）

【消费帮扶】 2021年，句容市建成“福地云选”专馆、“茅山人家”专馆等2家镇江市消费扶贫专馆句容馆。5月29日，全市组织20个经济薄弱村的20家参展商参加镇江市扶贫办、发改委联合相关部门举办的“三专建设”暨农产品消费帮扶展销会，巩固消费帮扶成果。疫情防控期间，市农业农村局、供销总社、商务局、总工会联合发力，开展形式多样的促销活动，为本地农产品拓宽销售渠道。（王　晋　许庭霞）

·农村综合行政执法·

【食品安全】 2021年，句容市积极开展农产品质量安全专项整治、“利剑2号”行动等以禽蛋、猪肉、牛肉、羊肉为重点的畜禽产品专项整治行动，以生猪、蛋禽规模养殖场、生猪屠宰企业为重点对象，严厉打击蛋禽养殖过程中违法使用禁用药品、超剂量超范围使用兽药、使用未批准在产蛋期使用的药物、使用未批准的农药类杀虫剂、不执行休药期规定、销售残留超标禽蛋等行为，严厉打击未按规定落实屠宰环节非洲猪瘟自检和官方兽医派驻制度、生猪私屠滥宰、屠宰病死猪、注水注药等违法行为。1—12月，畜禽中队开展执法98次，出动执法人员390人次，联合宝华镇政府调查处置小刀手私宰生猪案1起，办理动物卫生监督类案件2件。开展对辖区内动物诊疗场所进行全面排查，对发现的问题根据情况采取相应措施，保障动物诊疗活动安全有序。对宠物店、宠物诊所等各类场所违规使用兽药及疫苗行为进行及时查处、对超范围经营、台账资料不全等行为要求限期整改，并跟踪督促落实到位。全年出动40人次，检查动物诊疗场所12次，简易立案查处案件9件。（赵江楠　许庭霞）

【农业市场整顿】 2021年，句容市开展“春雷行动”“夏季百日行动”“秋冬季农资打假”等一系列执法行动，净化全市农资经营环境。开展农资经营门店日常执法检查。对全市部分经营门店展开检查，重点围绕种子、农药等产品，严厉打击非法经营、制售假冒伪劣农药等行为，对发现的违法行为依法立案查处。查处经营劣质农药案件1件、农产品类案件1件。组织开展2021年春季种子市场监督专项执法检查工作，全面掌握全市种子质量状况，防范假劣种子入市下田，保障全市春播农业生产用种安全。深入乡村开展2021年放心农资进乡村宣传周主题活动。出动检查人员60余次、接受群众问询200余次，发放优质放心农资。招标采购水稻用药甲维·茚虫威烯啶·噻嗪酮植物增效剂（10%原体粉稀释液），经乡镇农服中心推荐把关，并全部发放到位。通过现场发放宣传手册，接受群众问询，提升农户识假辨假水平，倒逼农资经营者加强质量意识。开展农药、肥料等农资产品市场抽检工作，全年抽检省统农药产品15个、镇江市统农药产品15个、句容市级农药产品35个、肥料样品30个。（赵江楠　许庭霞）

农业经济

【新型农业经营主体建设】　2021年，句容市全年培育工商注册农民合作社25个、家庭农场95个。全年新增国家级农民合作社示范社2个、镇江市级农民合作社示范社9个、句容市级农民合作社示范社61个；省级示范家庭农场7个、镇江市级示范家庭农场23个、句容市级示范家庭农场50个。成立镇江市首家登记的家庭农场联盟——句容市兴农家庭农场发展联盟，首批成员75个。推进“空壳社”清理工作，清理无实质运营的合作社524个。句容市茅山镇赐福火龙果家庭农场入选全省家庭农场典型案例；句容市润民食用菌专业合作社和句容市纪兵农业机械服务专业合作社分别入选全省农业社会化服务典型案例和全省农民合作社典型案例。

（王丽娟　许庭霞）

【村级一事一议财政奖补项目监管】　2021年，句容市实施村级公益事业一事一议项目的有11个镇（街道、管委会）、14个行政村、23个自然村。安排15个一事一议财政奖补项目，其中村内道路硬化项目6个、道路亮化项目4个、村健身广场项目4个、修建沟渠项目1个。项目总投资456.79万元，平均项目投资30.5万元。其中财政奖补资金369万元、一事一议筹资87.79万元。年内所有计划项目全部完成验收。

（王丽娟　许庭霞）

【农业政策性保险】　2021年，句容市政策性农业保险全年完成保费收入4402.55万元，其中主要种植业保险保费1819.12万元：小麦承保12373.33公顷（约18.56万亩），保费494.94万元；油菜承保7420.00公顷（约11.13万亩），保费244.82万元；水稻承保21033.33公顷（约31.55万亩），保费995.90万元；玉米承保2526.67公顷（约3.79万亩），保费83.46万元。高效设施农业保险开办17个险种，保费2583.43万元。由于受冻害、暴风和病害的影响，全市小麦、水稻和高效设施农业受灾较严重，全年赔款2908.27万元，农业保险简单赔付率达66.06%。其中小麦受灾面积约1106.67公顷（16600.05亩），赔款372.91万元；水稻受灾面积约1366.67公顷（20500.05亩），赔款626.81万元；高效设施农业赔款1908.55万元。全年完成赔案2304件，理赔受益农户2556户。

（王丽娟　许庭霞）

【农村宅基地】　2021年，句容市宅基地管理和改革工作职能移交市农业农村局。4月，印发《句容市人民政府办公室关于规范农村宅基地审批管理的通知》，推进建立健全县级主导、镇级主责、村级主体的宅基地和建房管理机制。茅山镇作为试点镇探索宅基

省级示范家庭农场——郭庄镇舒心家庭农场

地试点改革，11 个涉农乡镇均印发宅基地文件并建立“一个窗口”对外受理宅基地申请。

（王丽娟　许庭霞）

【第四轮省农村改革试验】　2021 年，句容市成为第四轮省农村改革试验区，承担探索全域开展农产品质量安全追溯机制和探索农村普惠金融服务发展机制 2 个试验任务。　（王丽娟　许庭霞）

【农村集体产权制度改革】　2021 年，句容市根据省、市文件要求，查漏补缺、完善提升，规范组织建设、规章制度、档案资料，进一步完善农村集体产权制度改革工作。全市各村（社区）结合两委换届认真做好相应村（社区）股份经济合作社的换届选举工作，巩固农村集体产权制度改革成果。股份经济合作社的换届程序严格按照农业农村部新颁布的股份经济合作社章程进行。年内，全市完成股份经济合作社的换届选举工作。对法定代表人等有变动的股份经济合作社，依法依规组织开展农村集体经济组织登记赋码工作，《农村集体经济组织登记证》变更工作全部结束。

（马　骏　许庭霞）

【农村产权线上交易】　2021 年，句容市农业农村局积极配合市公共交易中心推进农村产权“三期”线上交易，通过线上交易，实现农村产权“不见面交易”，为交易双方节约交易成本及交易时间，解决竞价场地、空间的限制问题，极大提高交易的效率，避免暗箱操作，有效防止集体资产流失和农村产权交易过程中不良行为的发生。平台线上成交项目 33 个，金额 3590 万元。

（马　骏　许庭霞）

【村级集体经济项目】　2021 年，句容市农业农村局积极配合组织部门、财政部门，全面落实省委组织部的扶持村级集体经济项目。2020 年的 10 个组织部项目全部审计验收。2021 年的 10 个组织部项目全部开始实施。

（马　骏　许庭霞）

种 植 业

【概况】　2021 年，句容市粮食种植面积 37693.33 公顷（约 56.54 万亩），比上年增加 1000 公顷（1.5 万亩），蔬菜播种面积 7073.33 公顷（约 10.61 万亩）。水稻栽种面积约 22073 公顷（约 33.11 万亩），与上年持平，全市机插秧面积约 18273 公顷（约 27.41 万亩），其中应用硬地硬盘育秧技术栽插面积约 6333 公顷（约 9.5 万亩）。水稻亩产 565.86 千克，总产 18.74 万吨，比上年增加 0.06 万吨；小麦播种面积 9893 公顷（约 14.84 万亩），小麦单产 321.20 千克，总产 4.765 万吨；油菜种植面积 7973 公顷（约 11.96 万亩）。玉米种植面积 2613 公顷（约 3.92 万亩），大豆种植面积 1480 公顷（2.22 万亩），甘薯种植面积 914 公顷（1.37 万亩）。（唐　明　许庭霞）

【绿色高质高效创建】　2021 年，句容市建设水稻绿色高质高效示范片 7 个，集成应用水稻智能化集中育秧、毯苗机插、机插缓混侧深施肥、精确定量栽培、粮油（肥）轮作、综合种养等绿色高效技术模式。建设稻田综合种养示范点 2 个、稻-绿轮作模式示范点 1 个、新品种示范展示基地 1 个。示范点内应用稻鸭共作、稻虾共作等模式，示范展示绿色防控技术如螟虫性诱技术、人工种植香根草、大豆、芝麻以及科学用药等技术措施。通过新品种、新技术、新模式的示范推广，有效提升稻米品质，减少化学农药、化学肥料的使用强度，实现“药肥”双减。通过项目实施与聚集支持，打造一批产业化程度高、规模集中连片的优质稻米生产基地。在产业开发与品牌培育上，形成“企业（合作社）+基地+品牌”的产业化链式开发新模式，同时加强稻米深加工的开发，带动周边农户共同参与到优质稻米生产中。全市有稻米品牌 20 多个，在当地有一定知名度的稻米品牌 7 个。2021 年，入选水稻绿色高质高效创建优秀案例 1 项，全省首批种植业轮作增效范例 1 项。2021 年 12 月，郭庄获得江苏省“味稻小镇”称号。

（束华琴　许庭霞）

【新技术示范推广】　2021 年，句容市在水稻、小麦、葡萄、草莓等作物上开展新品种、新技术、新产品及新模式的示范展示，全市建立县级“三新”技术示范展示基地 5 个，展示新品种 10 个、新技术 5 项、新产品 3 种、新模式 2 项。　（束华琴　许庭霞）

白兔镇中心村农民培育花卉幼苗、管护茶苗

【农产品新品种新技术推广应用】 2021年，句容市水稻生产主推早熟晚粳武运粳39号，搭配种植武运粳31号等品种。优质食味米品种主推早熟晚粳南粳3908，搭配种植南粳晶谷等品种，优质食味品种种植面积近70%。小麦主推扬麦23号，搭配种植镇麦15号等品种；油菜主推沣油737、宁杂1818等品种。在新技术推广方面，水稻重点推广机插秧精确定量栽培、稻田综合种养、侧深施肥、病虫害绿色防控等技术；小麦重点推广稻茬小麦优质高产栽培、麦油机械免少耕、板茬移栽轻简栽培等技术。生产技术上以控肥、减药为抓手，注重推广应用绿色高效生产。 （束华琴 许庭霞）

【耕地质量提升】 2021年，句容市建立18个耕地质量固定监测点，对6个肥情点、4个土壤墒情监测点进行定期调查。继续开展测土配方施肥、耕地质量提升示范区建设、土壤墒情监测等项目的实施，落实绿肥种植补助面积266.67公顷（约4000亩）、采购商品有机肥4000吨、实施水肥一体化补助面积约133.33公顷（约2000亩），有力地推动化肥减量增效工作。2021年，全市调查评价的耕地质量等级为4.29，较上年提升0.16个等级。

（束华琴 许庭霞）

【绿色防控示范区建设】 2021年，句容市承担6个绿色防控示范区建设任务，水稻、葡萄分别2个，草莓、茶叶分别1个，按省、市条线下达的任务保质保量完成。水稻建设地点为郭庄本宽水稻种植专业合作社、宝华仓头强民专业合作社，核心面积66.67公顷（约1000亩），葡萄建设地点为茅山满园香家庭农场、丁庄老方葡萄专业合作社，核心面积为6.67公顷（约100亩），草莓建设地点为白兔柏生草莓合作社，核心面积为6.67公顷（约100亩），茶叶建设地点为浮山果园，核心面积为6.67公顷（约100亩）。在示范区内推广农业生态技术、理化诱控技术、生物农药及高效低毒低残留化学农药等技术。2021年，句容市被全国农业技术推广服务中心表彰为全国农作物病虫害“绿色防控示范县”，被江苏省植物保护植物检疫站表彰为江苏省农作物病虫害“绿色防控示范县”，被江苏省植物保护植物检疫站表彰为“全省植保植检工作（绿色防控）先进单位”。

（束华琴 许庭霞）

养殖业

【概况】 2021年，句容市畜牧生产稳定发展，全年未发生重大动物疫情。全市生猪饲养量12.8083万头，出栏5.6731万头；大牲畜饲养量0.1513万头；羊饲养量1.9984万只，出栏0.8399万只，比上年略有下降；家禽饲养量增长明显，为1668.7161万羽，其中出栏1283.353万羽，蛋禽存栏量119.7万只。在推广种草养畜（禽）模式、大力发展草食动物（鹅、羊）的同时，着力提高大中型生猪规模养殖比重，年内达80.12%。 （杨 杨）

【重大动物疫病防控】 2021年，句容市持续开展动物免疫工作，继续执行“集中免疫和常年补免相结合”的方针，认真落实好重大动物疫病的强制免疫和计划免疫工作。按照《句容市2021年重大动物疫病免疫方案》，执行“集中免疫和常年补免相结合”的方针，实施春、夏、秋3次全市突击防疫行动。2021年，句容市动物免疫情况：生猪口蹄疫7.87万头；牛口蹄疫0.15万头；羊口蹄疫1.55万只；家禽禽流感防疫692.29万羽；生猪高致病性蓝耳病7.87万头；猪瘟8.05万头；小反刍兽疫1.25万头。动物疫病的总体防疫密度均达100%，抗体滴度经日常监测和飞行检测，总体水平达80%以上。

（杨　杨　朱庆锋）

【畜禽养殖污染治理】　2021年，句容市加快推进畜禽养殖污染治理，提高畜牧业绿色发展水平，进一步改善农业农村生产生活环境。在前期畜禽养殖污染治理的基础上，继续开展畜禽养殖污染治理，2021年全市有规模畜禽养殖场191户（已完成191户），治理率达100%；小规模畜禽养殖场176户（已完成176户），治理率达100%。　（杨　杨）

【畜禽养殖废弃物资源化利用】　2021年，根据句容市畜禽粪污资源化利用工作方案，全市畜禽粪污资源化利用以“三分离+农牧结合”为主，结合畜禽粪污深度处理。2021年，句容市畜禽养殖废弃物资源化利用率达97.81%。

（杨　杨）

【畜牧生态健康养殖技术推广】　2021年，句容市有189户符合生态健康养殖技术要求，其中新推广45户，省级健康养殖示范场14个，畜牧生态健康养殖技术推广率为99.5%。　（杨　杨）

【屠宰环节监管】　2021年，句容市落实生猪屠宰环节“两项制度”，强化官方兽医岗位职责，督促屠宰企业按照“批批检、头头检、全覆盖”的原则开展非洲猪瘟及“瘦肉精”检测工作，落实肉品品质检验、病害猪无害化处理、车辆清洗消毒等制度，加强检测人员技术培训，发挥远程视频监控作用，做好巡查记录，严格屠宰检疫工作。根据“五化四有”标准要求全面推进全市生猪定点屠宰场标准化建设。句容京江肉制品有限公司获得江苏省标准化生猪定点屠宰场资格。

（杨　杨　王　兵）

【无害化处理监管】　2021年，句容市病死畜禽无害化处理体系逐步完善，全年养殖环节病死猪无害化7220头，全部交由扬州市隆盛无害化处理中心集中收集、处理。全过程均按规范进行。2020年度生猪养殖环节病死猪无害化处理财政补助资金4.536万元，发放到各养殖场（户）。

（杨　杨　张　群）

【兽药饲料质量安全监管】　2021年，句容市深入开展兽药饲料质量安全监管，进一步增强兽药饲料经营企业、使用单位的诚信自律意识、质量责任意识和守法经营意识，规范兽药饲料市场经营秩序和使用行为，遏制非法销售假劣兽药饲料行为。全年发放兽药安全使用告知书、饲料安全使用告知书、禁用兽药名录各300余份，签订兽药安全使用承诺书、饲料安全承诺书各300余份，监管巡查140余次。配合各级监管部门采集猪肉样4份、猪肝样4份、鸡肉样314份、禽蛋26份，生鲜乳样4份、牛羊肉样8份、鸡蛋样26份、兽药样31份、饲料样51份。　（杨　杨　吴　庆）

【渔业产业概况】　2021年，句容市水产养殖面积3460公顷（5.19万亩），其中特种水产养殖面积为2770公顷（约4.16万亩），占水产养殖面积比例逾80%；全年实现水产品产量2.545万吨，实现渔业产值16.5亿元；

北山水库生态刀鱼开捕上市

实现渔业增加值 9.5 亿元。

（巫爱军　许庭霞）

【养殖池塘生态化改造】 2021 年，句容市在 2020 年完成 173.33 公顷（约 2600 亩）池塘生态化改造任务的基础上，新增池塘生态化改造 53.33 公顷（约 800 亩），9 家养殖主体，其中尾水达标排放试点 1 家，10 公顷（150 亩）。

（巫爱军　许庭霞）

【生态健康养殖模式】 2021 年，句容市持续大力推进生态健康养殖模式，主要包括池塘鱼鳖生态混养与稻渔综合种养模式。截至 2021 年年底，全市池塘鱼鳖生态混养面积为 366.67 公顷（约 5500 亩），亩均增效在 3000 元以上；稻渔综合种养面积为 286.67 公顷（约 4300 亩），亩均增效为 1000~2000 元。（巫爱军　许庭霞）

【渔业科技创新】 2021 年，句容市继续加大渔业科技创新及推广力度，3 月引进“太湖 2 号”杂交青虾新品种 250 千克；4 月为全市草鱼养殖户免费发放草鱼疫苗 80 万尾；7 月从广东引进鲫鱼新品种丰产鲫 38 万尾，在郭庄、后白、天王等 9 户养殖户进行试养；11 月引进智能投饵（药）无人船 2 台，分别在青虾、常规鱼养殖基地进行试验示范。

（巫爱军　许庭霞）

【渔业科技入户示范工程保持领先】 2021 年，句容市连续第 14 年实施渔业科技入户示范工程，在郭庄、后白等 7 个镇开展渔业科技入户工作，培育渔业科技示范户 150 户，示范面积 1.1 万亩。选聘水产科技人员 10 名作为技术指导员，具体负责对全市 150 户示范户进行技术指导与服务。

（巫爱军　许庭霞）

2002—2021 年句容市农林场圃情况一览表

表 6

名称	所在镇	法人代表	经营项目
句容市下蜀茶场有限公司	下蜀镇	陈志农	茶叶
句容市九华茶场有限公司	开发区	谭圣伟	茶叶
句容市赵庄林苗场有限公司	边城镇	夏爱军	茶叶
句容市张庙茶场有限公司	后白镇	张德敏	茶叶
句容市茅山茶场有限公司	后白镇	戴军舰	茶叶
句容市浮山果园有限公司	天王镇	程学文	茶叶
句容市方山茶场有限公司	天王镇	黄成兵	茶叶
句容市种猪场有限公司	后白镇	张为强	种猪繁育
句容市后白良种场有限公司	后白镇	张为强	农作物良种繁育

【水产养殖种质资源普查】 2021 年，句容市开展首次水产养殖种质资源普查工作，普查专业养殖主体 681 个，面积 2413.33 公顷（约 3.62 万亩），以村集体为单位的散养户 120 个，面积 1486.67 公顷（约 2.23 万亩），总普查面积达 3900 公顷（5.85 万亩）。

（巫爱军　许庭霞）

【休闲渔业发展】 2021 年，句容市休闲渔业企业数量达 116 家，投资总额达 16081 万元。休闲渔业面积达 1243 公顷（约 1.86 万亩），年营业额达 14251 万元。

（巫爱军　许庭霞）

【长江十年禁渔执法】 2021 年，句容市全面推进长江禁渔各项工作，建立以属地主体责任、部门联合监管、社会群防群治为基础的长效管理机制，全面禁止长江句容段非法捕捞行为，切实保护长江渔业资源和生态环境。组织公安、渔政、市场监管等部门开展打击长江流域非法捕捞专项整治行动、打击长江刀鲚非法捕捞专项整治行动、长江流域跨省交界水域及非法捕捞高发水域专项行动、“四清四无”回头看专项行动和销售违禁渔网渔具联合执法整治等专项行动。年初，与镇江市丹徒区、南京市栖霞区签署交界水域共管协议，组织开展 8 次联合执法行动，建立重点区域挂牌整治、重点案件挂牌督办制度。

（巫爱军　许庭霞）

农业产业化

【培植农业龙头企业】 2021 年，句容市有各级农业产业化龙头企业 92 个，其中国家级 1 个、省级 13 个、镇江市级 20 个、句容市级 58 个。2021 年，江苏华昌织物有限公司、句容厚朴生态农业有限公司2个企业创成镇江市级农业产业化龙头企业。

（刘书仁　许庭霞）

【乡村产业项目招引】　2021年，句容市完成乡村产业招引签约落地项目38个，总投资24.71亿元，年度完成实际投资11.67亿元。其中多胚孪生超级水稻种植、江苏谭木匠电子商务产业园等27个项目总投资超5000万元。

（刘书仁　许庭霞）

【现代农业园区建设】　2021年，句容市天王苗木产业园区、后白现代农业产业园、东方紫现代农业产业园被认定为镇江市级现代农业产业示范园。

（刘书仁　许庭霞）

【农业产业强镇建设示范项目】　2021年，句容市推进农业产业强镇建设，推进白兔镇、天王镇产业高度融合发展，促进乡村振兴。截至2021年年底，白兔镇整合中央农业产业强镇建设示范项目资金1000万元，有效促进白兔鲜果生产基地建设和新型经营主体扶持工程建设；天王镇整合中央农业产业强镇建设示范项目资金300万元，提升全镇稻米产业的生产水平，推动稻米产业高质量发展。　　（刘书仁　许庭霞）

【休闲观光农业】　2021年，句容市紧扣“品质提升、品味提档、品牌提振”，推动休闲农业多领域融合、多元素集聚高质量发展。清境农业发展有限公司创成江苏休闲旅游农业精品企业（四星级），茅山镇丁庄村、茅山镇丁家边村、茅山镇永兴村、后白镇西冯村、白兔镇白兔村、白兔镇唐庄村等6个村入选全国乡村特色产业亿元村；句容市茅山长青夏季红色茶旅二日游入选中国美丽乡村旅游行夏季路线；浮山樱花园、花果原乡芝樱小镇、得撒豆腐村小康生态园等3家企业创成江苏省主题创意农园；江苏茶博园、江苏禾木农博园等2家单位创成江苏省乡村休闲旅游农业农耕实践基地；茅宝葛园、丁庄葡萄小镇、容南风景生态园等3家单位创成江苏省乡村休闲旅游康美基地。　　（刘书仁　许庭霞）

【农业品牌化建设】　2021年，句容市通过“一镇一业、一村一品”的大力实施，在天王、后白、茅山、白兔等农业大镇，重点培育一批“土字号”“乡字号”的特色乡土品牌。截至2021年年底，句容市拥有农业品牌113个，其中农产品区域公用品牌11个，拥有二品一标（绿色食品、有机农产品和农产品地理标志）103个。2021年，句容丁庄葡萄成功创成江苏省特色农产品优势区。

（刘书仁　许庭霞）

【农村创新创业】　2021年，句容市选送4个新型农业项目参加第五届镇江市农村创业创新项目创意大赛，其中小草大业项目获镇江市级初创组第一名、省级决赛第一名。　　（刘书仁　许庭霞）

【数字化智慧农业建设】　2021年，句容市新增对接省农业物联网平台应用主体95家，物联网数据量84160条，单个益农信息社便民服务平均数超1000次，“苏菜直通”新增数据量44016条。江苏省句容现代农业产业示范园区、江苏省句容天王现代农业园区、港华紫荆农庄（句容）有限公司入选江苏省智能农业百佳案例。　　（刘书仁　许庭霞）

2021年句容市省级以上农民合作社示范社

表7

序号	名称	示范级	序号	名称	示范级
1	句容市天王镇戴庄有机农业专业合作社	国家级	7	句容市丁庄老方葡萄专业合作社	国家级
2	句容市天王华安彩叶苗木专业合作社	国家级	8	句容市茅山绿盾机械植保服务专业合作社	国家级
3	句容市后白镇西冯花草木专业合作社	国家级	9	句容市茅山镇丁家边紫玉桑椹专业合作社	国家级
4	江苏爱农葡萄专业合作联社	国家级	10	句容市纪兵农业机械服务专业合作社	国家级
5	句容市捧花蜂业专业合作社	国家级	11	句容市二丫葡萄专业合作社	国家级
6	句容市虎耳山无花果专业合作社	国家级	12	句容市边城科丰粮食种植专业合作社	国家级

续表 7

序号	名称	示范级	序号	名称	示范级
13	句容市宝华镇仓头村强民稻米专业合作社	国家级	26	句容市后白三水果品专业合作社	省级
14	句容市丁庄万亩葡萄专业合作联社	国家级	27	句容市后白镇西冯老方茶叶专业合作社	省级
15	句容市后白镇道兵农机专业合作社	国家级	28	句容市白兔镇致富果业专业合作社	省级
16	句容市白兔镇庆生果品专业合作社	省级	29	句容市容润茶叶专业合作社	省级
17	句容市蓝天茶叶专业合作社	省级	30	句容市白兔镇新三农粮食种植专业合作社	省级
18	句容市苏苑稻米专业合作社	省级	31	句容市康泰中药材专业合作社	省级
19	句容市天王镇农旺畜禽养殖专业合作社	省级	32	句容市后白镇兴农农机专业合作社	省级
20	句容市广发农机植保专业合作社	省级	33	句容市白兔镇沁香果品专业合作社	省级
21	句容市粮满仓稻谷专业合作社	省级	34	句容市茅山镇介文葡萄专业合作社	省级
22	句容市苏合农产品销售专业合作联社	省级	35	句容市下蜀健蜂园蜂业专业合作社	省级
23	句容市润民食用菌专业合作社	省级	36	句容市茅山风景区青峰茶叶专业合作社	省级
24	句容市华阳街道下句果蔬专业合作社	省级	37	句容市边城绿农粮食种植土地股份专业合作社	省级
25	句容市青江农机植保专业合作社	省级			

2021 年句容市省级以上示范家庭农场

表 8

序号	名称	示范级	序号	名称	示范级
1	句容市后白镇喜美家庭农场	省级	18	句容市天王镇康健家庭农场	省级
2	句容市华阳镇道银家庭农场	省级	19	句容市紫薇小院家庭农场	省级
3	句容市天王镇袁琳家庭农场	省级	20	句容市白兔镇双丰家庭农场	省级
4	句容市后白镇道兵家庭农场	省级	21	句容市华阳镇山本家庭农场	省级
5	句容市白兔镇小燕子家庭农场	省级	22	句容市茅山风景区句曲山隐家庭农场	省级
6	句容市茅山镇满园香家庭农场	省级	23	句容市郭庄镇丰伟家庭农场	省级
7	句容市朝花夕拾家庭农场	省级	24	句容市白兔镇笪小华家庭农场	省级
8	句容市莹惠园家庭农场	省级	25	句容市白兔镇张峰良品家庭农场	省级
9	句容市宁道龙琴家庭农场	省级	26	句容市白兔镇纪荣喜家庭农场	省级
10	句容市春天家庭农场	省级	27	句容市世杰家庭农场	省级
11	句容市茅山洪氏果蔬种植家庭农场	省级	28	句容市天辉家庭农场	省级
12	句容市下蜀镇横山家庭农场	省级	29	句容市天王镇立盛家庭农场	省级
13	句容市茅山风景区如花家庭农场	省级	30	句容市茅山镇恒泰家庭农场	省级
14	句容市茅山镇黎常富家庭农场	省级	31	句容春宝家庭农场	省级
15	句容市后白镇果韵家庭农场	省级	32	句容市春城曹庄家庭农场	省级
16	句容市后白镇绿梅湾家庭农场	省级	33	句容市茅山镇满日家庭农场	省级
17	句容市三叶家庭农场	省级	34	句容市茅山风景区德兵家庭农场	省级

续表 8

序号	名称	示范级	序号	名称	示范级
35	句容市茅山风景区卧龙山庄家庭农场	省级	43	句容经济开发区星巍家庭农场	省级
36	句容市后白镇永彬家庭农场	省级	44	句容市下蜀镇东来家庭农场	省级
37	句容市厚俊家庭农场	省级	45	句容市边城镇东篱家庭农场	省级
38	句容市郭庄镇刘基龙家庭农场	省级	46	句容市茅山风景区怡康园家庭农场	省级
39	句容市赤山湖凤凤家庭农场	省级	47	句容市白兔镇豆豆家庭农场	省级
40	句容市易乐家庭农场	省级	48	句容市宝华镇依云家庭农场	省级
41	句容市华阳崇祥家庭农场	省级	49	句容市后白镇文波家庭农场	省级
42	句容市华阳镇福星家庭农场	省级	50	句容市郭庄镇舒心家庭农场	省级

2021 年句容市省级以上农业产业化龙头企业

表 9

序号	名称	级别	序号	名称	级别
1	句容市唐陵花木交易市场有限公司	国家级	8	江苏岩藤农业发展有限公司	省级
2	中林绿苑江苏生态环境有限公司	省级	9	江苏天隆神怡生态农业园有限公司	省级
3	江苏南门市场发展有限公司	省级	10	句容市天贵农副产品有限公司	省级
4	江苏新顺福食品有限公司	省级	11	江苏汤氏园林有限公司	省级
5	味特佳食品江苏有限公司	省级	12	江苏茅宝葛业有限公司	省级
6	句容市东方紫酒业有限公司	省级	13	江苏天王园林之窗农业发展有限公司	省级
7	江苏华桑食品科技有限公司	省级	14	江苏茅山人家生态农业有限公司	省级

农业综合开发

【概况】 2021 年，句容市计划实施高标准农田建设项目 3 个，建设面积 800 公顷（1.2 万亩），高效节水灌溉面积 80 公顷（1200 亩），其中下蜀镇 326.66 公顷（约 0.49 万亩），高效节水灌溉 33.33 公顷（约 500 亩）；茅山镇 266.67 公顷（约 0.4 万亩）；黄梅街道 206.67 公顷（约 0.31 万亩），高效节水灌溉 46.67 公顷（约 700 亩）。项目总投资 2190 万元，其中，中央财政资金 1129.00 万元，省级财政资金 424.00 万元，县级财政资金 637.00 万元。

（王志建　许庭霞）

【高标准农田建设项目】 2021 年，句容市完成 2020 年度高标准农田建设项目 1 个，财政投资 1750 万元，建设面积 666.66 公顷（约 1 万亩），位于边城镇。

（王志建　许庭霞）

农产品质量监管

【绿色优质农产品供给】 2021 年，句容市获得绿色食品认证主体 75 家，138 个产品，认证面积 7246.67 公顷（约 10.87 万亩）。获得有机农产品认证主体 10 家，24 个产品，认证面积 1573.33 公顷（约 2.36 万亩），其中种植业 0.91 万亩、水产品 1.45 万亩。获得农产品地理标志认证 2 个（茅山长青、丁庄葡萄），“白兔草莓”通过部级评审。获得绿色优质农产品基地认定 33.26 万亩，全市绿色优质农产品比重达 68.96%。 （刘　勇　许庭霞）

【生产经营主体入网监管】 2021 年，句容市监管对象入网主体 1566 家，巡查 6479 次，巡查覆盖率 100%；开展产品抽检 7.2 万个，抽检覆盖率 100%；合格证（追溯）打印 64.94 万张，合格证（追溯）出证覆盖率 100%，主体查询覆盖率 95.85%。

（刘　勇　许庭霞）

【食品安全】　2021 年，句容市完成各类农产品定量检测 1714 个，千人抽检率为 2.68 批次；开展监督抽查 152 批次，其中不合格样品 4 个，不合格产品处置率 100%，查处农产品质量安全案件 4 起，开展“三前”（即食用农产品从种植养殖环节到进入批发、零售市场或者生产加工企业前）环节精准治理。

（刘　勇　许庭霞）

农业科技推广

【全国农业科技先行县创建】　2021 年，句容市按照“优先发展农业农村，全面推进乡村振兴”总体要求，围绕实施乡村振兴科技支撑行动，与江苏大学共建全国农业科技现代化先行县。

（刘　勇）

【农业科技推广】　2021 年，句容市建设 3 家镇江市级“1+1+N”新型农业技术推广基地、4 家省级现代农业产业技术体系示范基地，新建 6 个县级农业示范基地；选聘技术指导员 18 名，遴选培育 250 户科技示范户。组织 121 名市、镇骨干农技人员参加省、县级培训；发布县级农业主推技术 9 个，示范基地推广应用新品种 18 个、新技术 18 个、新模式 11 个。积极打造“农技耘”地方频道，发布各类信息 236 条，农技耘用户数 6342 人。（刘　勇　许庭霞）

【省市级试点示范村创建】　2021 年，句容市打造省级生态循环农业试点示范村戴庄村，镇江市级生态循环农业试点示范村大华村、丁庄村、仓头村和唐陵村。年内，茅山镇东霞村、白兔镇解塘村、后白镇徐巷村、天王镇天王村入选第二批镇江市级生态循环农业试点示范村。（刘　勇　许庭霞）

【亚夫科技团服务】　2021 年，句容市通过专家挂钩服务，在宝华镇仓头村、边城镇大华村、白兔镇西井村、华阳街道下甸村、茅山镇丁家边村、茅山镇丁庄村、茅山镇永兴村、白兔镇倪塘村、后白镇西冯村、天王镇戴庄村、天王镇唐陵村 11 个典型村，推动生态循环农业建设和发展，促进村集体经济增长和村民增收致富。

（刘　勇　许庭霞）

【沼气与转基因安全常态化监管】　2021 年，句容市落实沼气工程主体所在的 6 个镇属地管理责任，检查各类主体 92 个次，与沼气工程负责人签订了沼气安全生产及使用承诺书。同时继续做好沼气安全管理第三方服务，安排专项资金用于安全服务与维护。对宝华、下蜀、边城、后白 4 个镇 9 个村开展水稻 7 个品种、玉米 4 个品种转基因检测，检测 20 个样品，检测结果均为阴性，未发现违规问题。（刘　勇　许庭霞）

【农业面源污染治理】　2021 年，句容市开展受污染耕地安全利用管理，安全利用率为 99.76%；化肥使用量、农用农药使用量较上年分别下降 2% 和 0.5%；农膜回收率 90.6%，秸秆综合利用率 96.95%；全市规模、小规模养殖场，整治提升率和治理率均达 100%，畜禽粪污综合利用率达 97.81%；实施池塘生态化改造 9 家 53.33 公顷（约 800 亩），其中

农技人员操控植保无人机

尾水达标排放试点 1 家 10 公顷（150 亩）。（刘　勇　许庭霞）

【农民科技教育培训】　2021 年，句容市农民培训工作以“强技术、稳生产、促保供”为目标，充分发挥农民教育培训在保障粮食和重要农副产品有效供给中的重要作用。全年完成江苏省民生实事高素质农民培育任务数 1803 人、部级高素质农民培育任务数 310 人，学员满意度达 95% 以上。举办 2021 年句容市“十佳”美丽农民评选表彰活动；争创 2 个省级产教融合农民培训实训基地（田间学校），句容市茅山赐福火龙果家庭农场获“全国百个优秀农民实训基地（田间学校）”称号，1 人获“全国百名优秀教师”称号。句容市“三维度高素质农民培育模式”入选全国农民教育培训典型案例。（刘　勇　许庭霞）

农村电子商务

【概况】　2021 年，句容市新型经营主体在淘宝、天猫、苏宁易购等平台开设店铺达 1600 余家，全市农村电子商务综合销售收入 15.88 亿元。句容市农村电子商务产业园、后白福源电子商务创业园、华东森林产品电商城等 3 个单位入选全国农村创业园区（基地）目录。句容市谷情坊农产品有限公司、句容市后白福源电子商务创业园入选江苏省农业电子商务百佳案例。

（刘书仁　许庭霞）

农业机械

【省级农业生产全程全面机械化示范县建设】　2021 年，句容市在 2020 年建成全国主要农作物生产全程机械化示范市的基础上，突出围绕实施农机“两大行动”，结合“省级农业生产全程全面机械化示范县”建设实现特色农业机械化水平整体提升，加快推动农机化转型升级高质量发展。全市主要农作物水稻、小麦耕种收综合机械化水平分别达 98.22%、97.92%，高效植保能力、产地烘干能力、秸秆处理机械化水平分别达到 100%、100%、86.7%。

（吴亚云）

【农机购置补贴】　2021 年，句容市新增补贴机具 260 台。其中，插秧机 146 台，保有量达 2697 台；联合收割机 8 台，保有量达 938 台；大中型拖拉机 43 台，保有量达 1805 台；秸秆还田机 2 台，保有量达 2728 台，受益农户 191 户。全市农机总动力达 57.76 万千瓦。全年使用省级以上补贴资金 650.656 万元。通过政策实施，带动社会投入农机化资金达 1380 万元。（吴亚云　邹小霞）

【秸秆机械化还田】　2021 年，根据省秸秆机械化还田建设要求，按照“谁还田、补给谁”，种植户自愿申报的原则，句容市全年组织 23310 个实际种植户参与实施，完成省级秸秆还田面积 19846 公顷（约 29.77 万亩），使用省级补贴资金 297.7 万元。其中夏季组织 7155 个实际种植户参与实施，完成省级秸秆还田面积 8500 公顷（12.75 万亩）；秋季组织 16155 个实际种植户参与实施，完成省级秸秆还田面积 11346 公顷（约 17.02 万亩）。（吴亚云　朱旺兵）

【农机安全生产及监理】　2021 年，句容市先后开展送检下乡、服务到户到田头，大力实施拖拉

句容市强民“全程机械化+综合农事”服务中心

机“亮尾工程”，协调相关部门现场提供农机政策性保险办理、加油卡咨询等便民服务。全年送检服务950余台，注册登记142台，农业机械驾驶证申领481人，年度“三率”水平达到88.6%以上。持续深入推进“铁牛卫士”农机安全执法行动，积极使用移动执法终端开展农机安全执法、检查、处罚，坚持“应立尽立、应罚尽罚”的原则，保障农机作业安全，配合公安交警部门开展交通违法联合检查，协查牌证信息，查处农机违法案件20例，行政处罚20起，其中警告13起，罚款7起。在开展农机助学送考进校中，持续推进“所校联动”工作机制，探索新路径、优化农机监理服务，合力打造“有文化、懂理论、会驾驶”的大学生农机后备人才队伍，全年为600余名在校大学生提供全方位考试服务工作。开展“安全生产月”活动、隐患排查、牌证物资自查、数据上报、拖拉机及联合收割机公告注销等重点工作，加大宣传力度，普及农机安全生产知识，逐步健全农机安全生产长效机制。

（鲁　荣　马文明）

【农机新机具、新技术的示范推广及培训】　2021年，句容市农机化专业合作社、农机服务中心，突出以符合本地农业特色（林果茶）的新型农机具为重点，着力推广先进适用的农机新机具，特别是高效果园农业机械、高效茶叶田间管理、制作等机械，同时依托省农机具开发应用中心、省农科院等科研部门，多方争取资金，引进、试验、示范推广（林果茶）的新型农机具、新技术，加强农机装备与技术的有效供给。做好农机培训和技术服务工作。开展农机技能培训工作，举办高素质农民培育（农机）培训班1期、培训50人次，安全生产知识培训2期、培训640人次，农机职业技能培训班4期、培训210人次；同时开展农机志愿者服务下乡活动，“三夏”“秋收秋种”期间组织农机维修服务队，深入田间地头、场院，开展农机服务活动，确保“三夏”“秋收秋种”期间农机安全生产。

（鲁　荣　印秋明）

农田水利

【概况】　2021年，句容市围绕实施乡村振兴战略的目标，加强农田水利建设、深入推进农业水价综合改革，全面实施河长制，保障水生态文明建设。坚持早安排、早布置、早发动，进一步创新体制机制，以河长制为抓手，大力开展农村河道疏浚和生态河道治理，推行水利设施社会化专业化管理，改善农业生产条件，优化农村生态环境，提升农民生活质量。（陶　凯）

【农村水利设施管护】　2021年，句容市投入管护资金822万元，对全市范围内泵站、河道、河塘、渠道、小型水工建筑物等进行长效管护。其中农村河道长效管护工作荣获省级考核第一等次，小型农田水利工程管护成效省级评定为优秀等次。（陶　凯）

【农业水价综合改革】　2021年，句容市农业水价综合改革工作在2020年顺利通过省级验收的基础上，稳步推进农业水价形成、精准补贴和节水奖励、工程管护、用水管理等“四项机制”，农田水利基础设施逐步完善，在不增加农民负担的前提下，稳步实现农业节水和农田水利管护良性运行的目标。（陶　凯）

【农村河道疏浚及生态河道建设】　2021年，句容市疏浚乡级河道27条，疏浚土方40万立方米。经省农业农村厅认定建成农村生态河道212.5千米，全市农村生态河道覆盖率为42.62%，较好地实现“河深、水清、流畅、岸绿”的治理目标。（陶　凯）

【生态清洁型小流域建设】　2021年，句容市创建茅山镇何庄生态清洁型小流域项目。何庄小流域总面积为15平方千米，水土流失综合治理程度达90%、小流域水质及林草保存面积达到95%以上，面源污染得到有效防治，人居环境明显改善，形成较为完善的水土流失防控体系及工程运行、维护机制，防治效益突出、示范作用明显。（陶　凯）

【农村河道管理范围划界】　2021年，句容市完成部分农村河道管理范围划界工作，完成68条农村划界，划界长度达186.69千米，为后期农村河道管理范围提供有力支撑。（陶　凯）

【农田水利重点工程】　2021年，句容市完成2017年中央财政小型

华阳街道万家河生态河道

农田水利重点县工程、2018年中央财政小型农田水利重点县工程、2017年千亿斤粮食工程、2018年千亿斤粮食工程等重点项目竣工验收。（陶 凯）

镇江市农业科学院

【概况】 2021年，镇江市农业科学院建成1个省级作物种质资源库和3个市级种质资源圃。与中国农业大学合作，建立镇麦系列品种重测序基因库，与省农科院果树研究所合作共建江苏丘陵地区桃联合创新中心，新建4公顷（60亩）桃创新基地。全年申报各级项目57项，其中主持43项，新增合同经费1600万元。申请专利11件，授权专利14件。9个品种通过省级审定（登记），镇稻31号通过国家审定；获植物新品种权授权7项；制定省级地方标准5项，市级地方标准4项。镇麦10号、12号、13号、15号被列入省级主推品种，镇麦18号被列入市级主推品种。主持获江苏省农学会科技创新奖一等奖、江苏省农科院科技奖二等奖各1项，合作获得江苏省科技进步二等奖1项。“绿色高产优质食味水稻新品种选育与应用”和“优质、多抗设施专用甜瓜新品种选育及产业化开发”两个项目获得省种业振兴“揭榜挂帅”项目二类项目立项支持。新引进13名青年科技人才，其中博士后1名。2021年，镇江市农业科学院被授予全省脱贫攻坚工作“记大功”单位，赵亚夫被评为全国脱贫攻坚楷模，已故专家糜林被评为全国道德模范、江苏省道德模范、江苏省优秀共产党员，1人被评为江苏省乡村振兴先进个人。（王敬根）

【粮油良种】 2021年，水稻育种方面，研究不同糯稻品种的品质特征，明确符合个性化加工需求的糯稻品种的品质特性。镇糯系列品种在适宜地区种植面积占比超过70%，镇糯19号连续4个年度的年种植面积超6.67万公顷（100万亩）。以镇糯19号为骨干亲本，选育出镇糯20号和镇糯762等两个旗舰品种。小麦育种方面，小麦新品种镇麦168、10号、12号、13和15先后纳入江苏省粮油作物主推品种名录，镇麦12号种植面积达270万亩，成为江苏淮南麦区第一大小麦种植品种。（王敬根）

【果蔬花卉研究】 2021年，持续开展草莓、葡萄、桃、梨的品种选育和技术优化工作，新筛选出软枣猕猴桃优株10个、中华猕猴桃优株10个；持续进行大樱桃促花稳产技术研究，引进的12个大樱桃品种获得丰产稳产，产量、品质与主产区高水平种植水平相当。蔬菜花卉研究方面，创制出结球甘蓝、青花菜、羽衣甘蓝、辣椒、西甜瓜等蔬菜花卉优异育种材料113份，筛选出综合性状优良的杂交组合14个。（王敬根）

【植保研究】 2021年，植保研究形成以水稻种子处理为基础的“两迁”害虫防控创新联合体，开展基于种子处理控制的小麦多种叶部病害等方面的基础研究。生态研究方面，与省农科院资源与环境研究所加强合作，围绕丘陵地区土壤修复和改良，在土壤培肥、有机质提升、水肥一体化、微肥应用等领域集成多项实用技术和模式；建立天然载脂蛋白A1/B制备工艺，免疫佐剂（替代

进口）研制成功，完善抗体从血清中提取工艺。（王敬根）

【科技服务】 2021年，服务丘陵地区和全市乡村振兴发展需求，加速科技成果转移转化。主动对接农业新型经营主体，开展各类科技培训活动50多场次、现场指导200多场次，培训农民5000多人次。推广示范新品种、新技术32项，推广面积1万公顷地（15万亩）。免费向农户发放20多万元农资。根据镇江市要求，组织14名科技骨干对接镇江市27个经济相对薄弱村，落实推动富民强村帮促行动“六个一”挂钩帮促活动。指导服务的科技示范户生产的优质草莓、葡萄、桃、梨等产品，在省级以上行业评比中获得金银奖20项。全年实现知识产权转让收入1100万元。争取到9个科技服务项目，资金260多万元。与各级地方政府、农业经营主体等签订各类科技服务协议35项。相继在句容丁庄、后白、丹徒江心洲挂牌“亚夫工作站”，继续帮助培训贵州、湖北等中西部地区农业带头人400多人次。成功举办第四届镇江农业科技嘉年华小麦专场活动。

（王敬根）

句容市集中饮用水水源地——北山水库

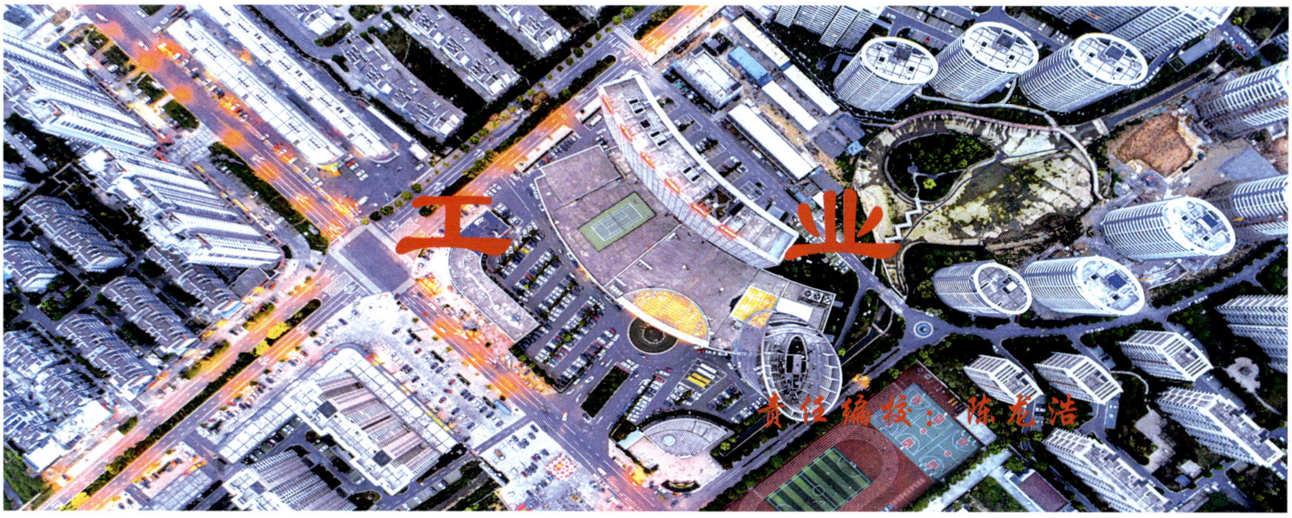

综　述

【概况】　2021 年，句容市实现规上工业总产值 485.60 亿元，同比增长 19.1%，其中轻工业增长 12.8%，重工业增长 20.2%。30 个行业中，实现增长的有 23 个，总量占比排名靠前的非金属矿物制品业，电力、热力生产和供应业，电气机械和器材制造业，金属制品业，计算机、通信和其他电子设备制造业，化学原料和化学制品制造业等 6 个行业增长分别为 16.4%、26.0%、28.8%、13.6%、20.4%、30.9%。全年实现规上工业增加值 142.31 亿元，同比增长 12.5%。制造业增加值占 GDP 比重为 32%。　（工信局）

【30 强工业企业】　2021 年，句容市 30 强工业企业实现销售收入 362.68 亿元，占全市销售总收入的 56.97%；税收 13.35 亿元，占全市工业税收的 46.73%；亩均税收 21.2 万元。企业主要分布在开发区、下蜀镇、郭庄镇和边城镇四大板块，其中位于开发区企业 17 家、下蜀镇 5 家、郭庄镇和边城镇各 3 家，剩余 2 家企业则位于后白镇和宝华镇。句容市 30 强工业企业所在行业主要涉及电力能源及装备制造、高性能材料、新一代信息技术、食品及生物医药、服装针织、建材六大行业。　（工信局）

【产业结构】　2021 年，句容市先进制造快速崛起，制造业与信息技术、服务经济加快融合，产业层次明显提升。一批优质项目，晶度科技、容泰半导体、高光半导体等先后落地，部分投产见效，提振全市发展先进制造业的信心。传统制造优势增强，建材行业不断加大技术研发投入，建华建材成功创出国家级技术中心。台泥水泥开展生产线技术改造，同时实现产能的提升和能耗的下降。

天王镇万顺轻工机械有限公司

2021年句容市30强工业企业情况一览表

表10

序号	企业名称	乡镇	序号	企业名称	乡镇
1	句容台泥水泥有限公司	下蜀镇	16	江苏天晟药业股份有限公司	宝华镇
2	建华建材（中国）有限公司	下蜀镇	17	江苏智达高压电气有限公司	开发区
3	句容宁武新材料股份有限公司	边城镇	18	江苏海田技术有限公司	开发区
4	句容毅马五金制品有限公司	下蜀镇	19	江苏华桑食品科技有限公司	开发区
5	巨宝精密加工（江苏）有限公司	开发区	20	镇江苏博特新材料有限公司	边城镇
6	江苏骏成电子科技股份有限公司	开发区	21	天宁香料（江苏）有限公司	开发区
7	江苏华电句容发电有限公司	下蜀镇	22	江苏久禾光电有限公司	开发区
8	镇江东丰制衣有限公司	开发区	23	江苏兆鋆新材料股份有限公司	开发区
9	江苏世泰诊断技术有限公司	边城镇	24	江苏圣通电力新能源科技有限公司	开发区
10	江苏圣海服饰科技有限公司	后白镇	25	江苏电科电气设备有限公司	郭庄镇
11	东旭巨腾电子材料（句容）有限公司	开发区	26	句容泰佳自行车配件有限公司	开发区
12	句容协鑫光伏科技有限公司	郭庄镇	27	镇江一马先制衣有限公司	开发区
13	镇江越升智能装备制造有限公司	开发区	28	江苏科创电器有限公司	开发区
14	江苏苏美达创意家纺实业有限公司	郭庄镇	29	江苏天工科技股份有限公司	下蜀镇
15	柏霆（江苏）光电科技有限公司	开发区	30	江苏华阳管业股份有限公司	开发区

位于开发区的智达电气、天力变压器等输变电企业加大创新研发投入以及国外市场开拓力度，产业链拉长、新产品贡献加大，市场应对能力不断增强。集聚效应开始显现，推进“一区四园一片区”建设，鼓励新引进项目向专业园区集中，形成下蜀循环经济产业园、开发区机电信息产业园两个百亿级产业园。边城镇被核定为国家火炬（新材料）特色产业基地，郭庄镇加大绿色新能小镇创建力度。（工信局）

【企业结构】 2021年，句容市规上工业企业235家，其中，应税销售1亿元以上企业88家，实现销售465亿元，与上年度基本持平，占全市工业应税销售比重74.2%。销售20亿元以上企业6家，实现销售212.7亿元，占全市销售比重33.4%；销售10亿元以上企业10家，实现销售282.5亿元，占全市销售比重44.4%；销售5亿元以上企业17家，实现销售324.6亿元，占全市销售比重51%。（工信局）

【项目引进】 2021年，句容市对标南京“五标八链”（即新能源汽车、集成电路、人工智能、软件和信息服务业、新医药与生命健康等五大地标产业；软件和信息服务、新能源汽车、新医药与生命健康、集成电路、人工智能、智能电网、轨道交通、智能制造装备八条产业链）和镇江“四群八链”［即高端装备制造、生命健康、数字经济和新材料四大主导产业集群；新型电力（新能源）装备、汽车及零部件（新能源汽车）、高性能材料、医疗器械和生物医药、新一代信息技术、航空航天、海工装备、智能农机设备八条重点产业链］方向，通过“1+4+*N*”［1个总研究成果：《句容市产业发展战略研究》；4个分研究成果：《句容市产业发展现状调研》《句容市工业发展专项研究》《句容市产业招商策略专项研究》《句容市镇街产业发展三年行动计划（2021—2023）》；*N*个阶段性研究成果：《句容市产业发展SWOT分析简报》《句容市重点产业发展路线图》《新能源产业发展研究》《新材料产业发展研究》《物流产业发展研究》《智能制造产业发展研究》《电子信息产业发展研究》《智能电网产业发展研究》等］产业规划、智改数转、产业评估、“1+X”政策引导等具体工作，不断延链、补链、强链，打造符合句容特色的产业链体系，推进产业链的进档升级。近年来，根据主体功能区规划，句容市初步形成以绿色建材为主导，建华、北新、台泥等为龙头企业的下蜀建材产业集群；以太阳能光伏组件、切片为主要产品，协鑫、恒嘉为龙头企业的郭庄新能源产业集群；以有色金属材料、高分子材料、无机非金属材料为主要产品，宁武、南瓷、苏博特为龙头企业的边城新材料产业集群；开发区以智达电气、天力变压器、五洲电磁线、中容电气和德厚机电等为骨干企业的输变电产业集群，以壹度科技、容泰半导体、高光半导体、中科物栖、中科视语等为重点企业的半导体芯片产业集群，以及正在打造的以国民新能源汽车等项目为重点的高端装备制造产业集群。　（工信局）

建设中的联东U谷科技产业园项目

协鑫光伏科技有限公司

【项目推进】　2021年，壹度光电半导体芯片项目核心40纳米驱动芯片投入量产，填补国内无驱动芯片生产制造能力空白。容泰半导体进一步扩大生产，产品涉及智能终端、IC设计、封装测试等多个领域。开发区三超金刚石线锯生产、郭庄镇协鑫太阳能多晶硅切片与组件生产、下蜀镇装配式建筑生产等一批批集群效应明显、带动作用强的项目投产达效。国民新能源车、5GW光伏组件、氢能源产业园、中新置地、中德智能制造等项目的签约落户，为句容市“十四五”经济高质量发展提供强劲动能和根本保障。

国家级众创空间、华东科技新城、启迪科创园、群力社区、联东U谷、东软大学生创新创业园、万城青年人才创业园、光明中小企业新材料科创园区等科创载体陆续建成开放，句容科创载体总面积超80万平方米，启迪物联网集团、晶能第三代半导体材料、中科视语专用人工智能芯片、中科物栖超微计算机计算服务系统、金合能源复合相变储热材料、倍利新材高分子薄膜、高光CMM掩模板等一批高技术、高成长型、高爆发力的科技型中小企业成功落户、投产。句容创新创业基础条件、平台支撑能力、成果转化能力、公共服务能力显著增强，新兴市场主体迅速壮大，创新要素、科创研发类项目不断集聚，创新创业活力进一步激发。

（工信局）

特色产业

【电子信息产业】 该产业主要分布在句容市开发区，涵盖微型激光显示器、光学镜头、光学组件、电子元件、精密镀膜产品、监测控制器等产品。拥有巨宝精密、久禾光电、骏成电子、晶度科技等一批企业，在行业内具有一定竞争优势。 （工信局）

【绿色建材产业】 该产业分布在句容市下蜀镇循环经济产业园，以绿色建材为主导产业，龙头企业包括建华建材、北新建材、台泥水泥等，主要产品包括预应力管桩、新型墙板、环保石膏板等，全力打造装配式建筑现代产业基地。 （工信局）

【新能源产业】 该产业主要分布在郭庄镇，龙头企业包括协鑫集成科技、协通光伏、华君光伏，主要产品为太阳能光伏组件。着力打造绿色新能源小镇（省级创建类特色小镇）。 （工信局）

【新材料产业】 该产业主要分布在边城镇交通新材料产业园和开发区机电信息产业园，产品涉足有色金属材料、高分子材料、无机非金属材料等行业。拥有宁武科技、天工科技、三超新材料、南瓷绝缘子、苏博特、建华新型墙材等一批龙头企业。重点发展聚醚、金刚石线、悬式绝缘子、高性能混凝土、高强石膏、保温隔热功能一体化墙材等产品，应用于高级公路、轨道交通、新型建筑等多个领域。 （工信局）

【输变电产业】 该产业主要位于句容市开发区、后白镇。形成集变压器、电线电缆、电气元器件及智能电网软件于一体的产业基础，拥有中容集团、智达电气、华大天益电力科技园、天力变压器等重点企业，集生产、研发、检测、销售为一体，具有较强的产业优势和行业竞争力。企业之间形成上下游配套生产，产品销路广阔，产业集聚优势明显。 （工信局）

智达电气

重点企业选介

【句容台泥水泥有限公司】 该企业位于下蜀镇，1997 年年底建成投产，拥有水泥熟料生产线并配套建设水泥粉磨、余热发电及码头物流等系统，年产水泥 400 万吨，销售额近 15 亿元。企业是长三角地区重要水泥生产基地，依托水泥窑协同处置生活垃圾焚烧飞灰、污染土、污染泥项目基本建成，实现飞灰处置减量化、无害化、资源化，为镇江市“无废城市”“海绵城市”建设做出应有的贡献。 （工信局）

【建华建材（中国）有限公司】 该企业位于下蜀镇，成立于 2002 年，是混凝土制品与技术综合服务商，主要产品包括预应力混凝土管桩、预制混凝土结构构件、预应力混凝土用钢棒、水泥电杆等，可年产管桩 2200 万米、PC 钢棒 23.5 万吨，年销售额近 30 亿元。企业拥有国家企业技术中心、国家近海公路建设与养护新材料技术应用交通运输行业研发中心、高性能土木工程材料国家重点实验室——预制桩研究中心、工程技术中心、先进土木工程材料协同创新中心、江苏省博士后创新基地、省级“院士工作站”等多个科研创新平台，先后获中国建材百强、中国建材行业最具影响力品牌、中国水泥制品十大著名品牌、江苏省名牌产品、江苏省优秀管理创新企业、镇江市建筑业龙头企业等荣誉。

（工信局）

【江苏骏成电子科技股份有限公司】 该企业位于开发区，成立于2009年8月，系集研究、开发、生产、销售于一体的液晶显示器及模组专业生产厂家。企业拥有先进的制造设备、检测仪器和专业的技术研发团队，是行业领先的黑白屏供应商，连续被评为“江苏省高新技术企业”“句容市三十强工业企业”“句容市出口十强企业”“句容市纳税十强企业”。企业在2022年年初成功上市，实现句容市上市公司“零”的突破。

（工信局）

【句容毅马五金制品有限公司】 该企业成立于2005年，位于下蜀镇，现有员工400人，专业生产管道连接法兰及管桩用端头板，年产量达20万吨，年销售额达13亿元，主导产品包括PC－混凝土预应力管桩端板、PTC－混凝土预应力薄壁管桩端板、PHC－混凝土预应力高强度管桩端板，有3大系列，40多种规格，产品销往全国各地。

（工信局）

【句容宁武新材料股份有限公司】 该企业位于边城镇，是与美国亨斯迈公司合资的中外合资企业。公司有7大类、200余种牌号的聚醚多元醇产品系列。研发的新产品有13个获江苏省高新技术产品和江苏省自主创新产品，拥有相关技术、产品国家授权专利11件，其中发明专利8件。聚醚产品出口海关统计排名连续多年排名前三，新开发的低VOC聚醚品质领先，企业产品年销售额超20亿元。

（工信局）

对外及对港澳台经贸合作

责任编辑：陈龙浩

综　述

【概况】　2021年，句容市实现进出口总额53亿元，比上年增长25.8%，其中出口额40.3亿元，比上年增长21.6%；进口额12.8亿元，比上年增长41.4%。主要出口产品为光伏、新材料、光电子、自行车、五金机械、纺织服装和其他等七大类，产品出口到美国、澳大利亚、加拿大、俄罗斯、印度、土耳其、南非、日本、韩国等20多个国家和中国香港、澳门、台湾地区，其中美国市场约占1/3。年内，句容市商务局着力推进壹度、华祥耀等半导体企业的设备进口项目及后续的销售市场问题。沟通华电句容公司煤炭进口事项，争取项目早日落地。解决出口额外流问题，争取市委市政府支持，依托人才引进和政策措施逐步消除南京公司在句容市设立工厂和句容市企业在外地设立贸易公司的现象。

（商务局）

久正光电有限公司

【出口实绩企业】　2021年，句容市有出口实绩的企业有200家，其中三资企业48家，三资企业的出口额占全市出口总额的40%。重点外贸企业作用明显。1—12月，宁武新材料、久正光电、骏成电子、圣海兰服装、泰茂车业等企业的出口额均出现不同程度的增长，其中宁武新材料、久正光电、泰茂车业的增幅超过50%，其他企业的增幅在20%～30%之间，重点企业对全市外贸进出口的支撑作用明显。　（商务局）

【出口产品结构】　2021年，句容市的出口产品结构如下，以壹度光电、华祥耀半导体等为代表的半导体产业出口额占全市出口总额的13%；以久正光电、骏成电子、巨宝科技等为代表的光电子类企业出口额占全市出口总额的20%；以泰茂车业、都茂自行车为代表的自行车类企业出口额占全市出口总额的8%；以宁武新材料为代表的新材料类企业出口额占全市出口总额的12%；以盛邦家具、美亚建筑等为代表的五金机械类企业出口额占全市出口总额的12%；以一马先制衣、圣海兰服装等为代表的纺织服装类企业出口额占全市出口总额的20%；以协鑫光伏为代表的光伏产业出口额占全市出口总额的5%；其他产品占10%。

（商务局）

【企业帮扶】 2021年，句容市商务局以现场走访、电话微信调研和集中座谈等方式逐个板块进行深度帮扶。对宁武新材料、巨宝科技、华祥耀半导体、壹度光电、圣海兰服装、骏成电子等重点企业分别就企业概况、进出口及生产经营情况、推进外贸高质量发展方面的经验做法、当前存在困难及问题等多个方面进行了解，认真听取企业的意见和建议，同时对企业集中反映问题进行梳理，并积极推动各相关部门落实解决，大部分企业的进出口额都呈增长态势。积极与市商务局、市贸促会和省商务厅的展会服务商汇报对接，鼓励句容市企业尤其是传统的针织服装企业参加线上展会。同时，发挥杰邦针织、飞仕达针织、博越服饰等企业的电商新模式和线上展会成功做法的带动作用，引导企业与阿里、E-BAY、中国制造等平台合作开展外贸新业态。博越服饰通过广交会和拉斯展等境内外展会平台获取大量订单，实现从“零”出口到年出口300万美元的跨越；杰邦针织和飞仕达针织通过阿里巴巴国际站尝试跨境电商取得初步成效；圣海兰针织长期以来重视转型升级、产品换代，2021年的自营进出口规模突破4000万美元。

（商务局）

2002—2021年句容市进出口情况一览表

表11

年份	进出口总额	出口额	进口额	年份	进出口总额	出口额	进口额
2002	6487万美元	4911万美元	1576万美元	2012	60999万美元	44488万美元	16511万美元
2003	9695万美元	5929万美元	3766万美元	2013	61461万美元	47540万美元	13921万美元
2004	14330万美元	8439万美元	5891万美元	2014	57916万美元	45183万美元	12733万美元
2005	22152万美元	14477万美元	7675万美元	2015	52826万美元	45400万美元	7426万美元
2006	36175万美元	27855万美元	8320万美元	2016	59400万美元	47200万美元	12200万美元
2007	42325万美元	32068万美元	10257万美元	2017	53963万美元	45332万美元	8631万美元
2008	36476万美元	27812万美元	8664万美元	2018	68781万美元	60030万美元	8751万美元
2009	32107万美元	19559万美元	12548万美元	2019	67946万美元	59681万美元	8265万美元
2010	44158万美元	30579万美元	13579万美元	2020	42.16亿元	33.11亿元	9.05亿元
2011	52879万美元	38498万美元	14381万美元	2021	53.1亿元	40.3亿元	12.8亿元

（商务局）

利用外资及港澳台资

【概况】 2021年，句容市新设外商投资企业13家，实际利用外资1.42亿美元。其中，制造业到账7397.94万美元，比上年下降5.09%。注册利用外资4.63亿美元，比上年增长1.36%。

（商务局）

【项目规模】 2021年，句容市新设外商投资企业13家，平均投资总额2407.69万美元，平均注册资本2093.56万美元。新设企业按注册资本划分：1000万美元以下项目5个，1000万~5000万美元项目6个，5000万美元以上项目2个。增资项目18个项目。

（商务局）

【产业结构】 2021年，句容市新

设外商投资企业中第二产业有所下降，第三产业同步回升。第二产业利用外资7398万美元，占52.06%，同比下降20.56%；第三产业利用外资6812万美元，占47.94%，同比增长20.56%。

（商务局）

【港台资情况】 2021年，句容市新设13家外商投资企业，其中中国香港地区投资企业8家，计注册外资2.47亿美元，占新批注册外资的53.35%；中国台湾地区投资企业2家，计注册外资170.13万美元，占0.4%。2021年到账1.42亿美元，其中港资10659.8万美元，占全部到账的75.02%；台资到账3229万美元，占22.72%。

（商务局）

2002—2021年句容市利用外资情况一览表

表12

序号	年份	批准外企数（家）	注册外资数（万美元）	实际外资数（万美元）	序号	年份	批准外企数（家）	注册外资数（万美元）	实际外资数（万美元）
1	2002	75	50260.17	11849.96	11	2012	16	43038.00	42638.00
2	2003	99	47881.80	21093.74	12	2013	16	51603.85	58102.09
3	2004	123	58204.86	26117.94	13	2014	17	30914.69	37443.64
4	2005	124	72003.00	22650.00	14	2015	14	28036.31	48991.05
5	2006	41	27409.49	9816.08	15	2016	18	22081.58	52282.95
6	2007	54	40234.36	18908.45	16	2017	24	33312.00	53312.00
7	2008	28	34693.02	25360.00	17	2018	16	22003.00	10965.00
8	2009	29	47179.00	25446.00	18	2019	35	62186.00	12655.00
9	2010	26	25428.00	35053.00	19	2020	9	45651.00	14658.00
10	2011	13	47812.16	44415.00	20	2021	13	46300.00	14210.00

（商务局）

商贸流通

责任编校：朱 峰

综 述

【概况】 2021年，句容市完成社会消费品零售总额177.85亿元，比上年增长16.5%。其中，限上批发业零售总额108.46亿元，比上年增长32.5%；限上零售业销售总额37.42亿元，比上年下降28.5%；限上住宿业营业额1.01亿元，比上年增长66.8%；限上餐饮业营业额5.83亿元，比上年增长17.4%。（商务局）

【电子商务】 2021年，句容市电商产业得到特色性的长足发展，形成以鲜果、茶叶、稻米等农产品为特色，以梳子、纸巾、手工零食、酒类饮品等工业品为支撑，以民宿、红色旅游、文化创意等旅游餐饮为亮点的电商格局。涌现以“企业+网店”“农户+合作社（公司）+平台”“农业生产基地+网店”“直播+产品/田头”等模式发展电商的代表性企业，如谭木匠梳子、茅山人家、丁庄葡萄、虎耳山无花果等。打造华东森林产品城、福源电商圈等年销售额超10亿元的电商经营主体。开发“惠农销” “惠农递”等“极速鲜”物流方式。创成2个省农村电子商务示范镇、5个省级示范村、2个省级示范基地、2个省级示范企业、1个省级电商特色产业园、2个省级电商众创空间。2021年，句容市电子商务交易额达34亿元。（商务局）

供销合作

【概况】 2021年，句容市供销合作总社以实施乡村振兴战略为引领，持续深化综合改革，稳步推进供销社各项工作，高质量、高标准完成全年目标任务。2021年，句容市供销全作总社进入全省县级供销合作社综合业绩评价20强。（句供办）

句容市供销合作总社组织企业参加丹徒农产品广场集市

【为农服务】 2021年，句容市供销合作总社推进农业社会化服务，创新服务模式，拓展服务领域，全年全系统农业社会化服务总面积达18.17万亩。2021年，成功申报江苏省总社生产、供销、信用“三位一体”综合合作试点，加快打造服务农民生产生活综合平台，发挥农资供应服务主渠道作用。郭庄农村消费合作社“万亩良田”大田托管项目新增服务面积3000多亩，该项目入选全省15家农业社会化服务典型案例。春耕期间，农资配送公司及时备足货源，调剂余缺，先后从省内外调运尿素11000余吨，复合肥1500余吨，保障农资供应量足价稳。加强对“农资惠”网点平台的建设考核，提档升级“农资惠”网点9个。推进农资应急储备建设，建成储备库。与市农村商业银行、中国银行句容支行签订战略合作协议，推广“益农贷”小额农村信用贷款，帮助和推动社员创新创业。全年发放贷款1200余万元。（句供办）

【农产品销售】 2021年，句容市供销合作总社组织系统内企业参加扬中市、南京市等多场有机农产品推介活动。年内，在南京举办“时代楷模”赵亚夫系列有机农产品专题推介会，天王戴庄等专业合作社与苏果超市等5家采购方签订采购协议，通过设立销售专柜，主动对接校企等方式，累计销售大米900吨，各类水果1250吨，葛根12吨，鸡蛋50万箱。发挥参股企业茅山人家销售平台的作用，帮助全市120多家专业合作社和企业销售农产品近7500万元，还专门开设西藏、青海以及陕西蒲城名特优农产品销售专区，帮助销售当地农产品240万元，为东西部对口帮扶发挥积极的作用。参股企业便民优选联合句容市商务局、农业农村局等单位于12月底举办“句容市优质农产品展销暨便民优选年货跨年直播”活动，活动期间有10.1万人次进入直播间，下单8600余单，总销售额超过100万元。（句供办）

【乡村建设】 2021年，句容市供销合作总社开展农药、化肥零增长行动，推动农药集中采购统一配供工作列入市乡村振兴实绩考核。在宝华镇、下蜀镇等6个乡镇设置1~2个农药集中采购统一基层配供点。2021年，句容市供销合作总社参与农村人居环境整治，全年回收农药废弃包装物60万件，废旧农膜102吨，有效减少农业面源污染，改善农村生态环境。（句供办）

【农业人才培养】 2021年，句容市供销合作总社以郭庄纪兵农机合作社为阵地，与句容市农业农村局、郭庄镇政府等单位联合建立江苏省教育服务“三农”高水平基地，为广大农户提供专业技术指导。从高校和科研院所邀请专家为种植户开展粮食种植、水产养殖、农机维修等农村实用技术培训6场次，培训500余人。11月，组织举办句容市农产品经纪人培训班，提升农产品经纪人应对市场变化的综合能力，全市107名农产品经纪人参加此次培训。（句供办）

粮　食

【概况】 2021年，句容市粮储中心坚决扛稳粮食安全政治责任，不断深化改革创新，着力构建高质高效的粮食供应和应急储备体系。粮储中心深入推进粮食

粮储中心检验员深入田间调查夏粮情况

购销领域腐败问题专项整治，配合做好省市两级粮食问题专项巡视巡察工作，着力补齐制度建设短板，各项工作均走在镇江市前列。2021年，句容市粮储中心下属5家国有企业全部完成公司制改革，建立《收款收据管理办法》《基层企业内控制度》等现代企业制度。（粮储中心）

【粮食安全保障】　2021年，句容市粮储中心严格落实粮食安全首长负责制，修改完善《句容市人民政府储备粮管理办法》，各级储备任务全部落实到位。开展国有粮食购销企业政策性粮油库存检查、“亮剑2021”专项行动及涉粮问题专项巡视巡察工作，对于检查发现的问题，即查即改，不断完善粮食工作机制，保障全市粮食安全。（粮储中心）

【粮食购销】　2021年，句容市粮储中心落实国有粮食入库工作，全年国有粮食企业入库粮食3.5万吨，其中小麦1.6万吨、水稻1.9万吨。针对2021年夏收小麦质量不佳和秋季郭庄部分区域粳稻等级低的突发情况，由句容市粮油购销有限公司主导敞开收购超标小麦1170吨和低等级粳稻1328吨，充分保障粮农的利益。（粮储中心）

【粮油健康消费】　2021年，句容市粮储中心化验室完成黄曲霉毒素B1、玉米赤霉烯酮、脱氧雪腐镰刀菌烯醇、铅和镉1大类5个参数扩项和CMA认证复评审。协助句容苏润米业有限公司创成“全国放心粮油示范工程示范加工企业”。粮储中心利用粮食科技周、“10·16”世界粮食日等，开展送粮油科技进军营、进社区、进企业等健康营养消费宣传活动。（粮储中心）

烟　草

【概况】　2021年，句容市实现卷烟销量2.73万箱，比上年增长1.36%；含税销售额12.98亿元，比上年增长9.71%；单箱销售额4.76万元，比上年增长8.24%，贡献税利3.82亿元，比上年增长3.80%。2021年，句容市烟草局在镇江市烟草专卖局开展的QC课题评奖中，分别获得一等奖和三等奖。1人在技能考试中成绩列全省第一名。年内，句容市烟草专卖局研发的“一种显数可调卷烟推进器”项目被国家知识产权局授予实用新型专利权。（烟草局）

【涉烟案件查处】　2021年，句容市烟草局成功破获“6·30”假烟网络案件，实现句容市破获烟草网络案件“零”的突破。全年查处各类涉烟违法案件274起，其中5万~20万元案件19起，20万~50万元案件7起，50万~100万元案件1起，查获违法卷烟462万支，案值550万元。拘留2人，判刑5人。（烟草局）

食　盐

【概况】　2021年，句容市销售盐产品4632吨，其中小包装食盐销售2245吨，大包装食盐销售1696吨，小工业盐销售691吨。年内，句容市盐业有限公司根据“确保特殊时期市场食盐供应稳定”的原则，初步建立食盐政府储备体系，在正常经营用盐库存之外，额外承担大、小包装食用盐700吨政府储备盐任务，确保句容区域市场1个月食盐储备量。2021年11月初，受句容市民囤购生活物资影响，大部分商超出现因食盐囤购而货架已空的现象，句容市盐业有限公司切实提高政治站位，强化国企担当，连续两周克服供应紧张和运力短缺，加班加点平价保障句容市食盐市场供应稳定，平价投放大、小包装食盐超过700吨，有效化解抢购风波，维护社会稳定。（工信局）

石　油

【概况】　2021年，中国石化销售股份有限公司江苏镇江句容石油分公司，成品油销售总量为11.14万吨，其中加油站零售8.6万吨。非油品销售额为3048万元。公司下辖34座加油（加气）站，分布在华阳、宝华、茅山、后白、郭庄、黄梅等乡镇的国道、省道线上，担负全市近68%的工农业用油。（唐红娣）

2021年句容市石油系统加油站一览表

表13

序号	名称	地址	占地面积（平方米）
1	城区加油站	华阳镇华阳东路	956
2	城东加油站	华阳镇五里墩转盘	2664
3	城南加油站	104国道华阳镇南岗村	2326
4	城西加油站	华阳镇人民路西段	2200
5	城北加油站	101省道开发区三里井村	4872
6	三岔加油站	104国道1175千米处	7928
7	后白加油站	104国道1188千米处	6365
8	茅山加油站	常溧公路144千米+200米	3554
9	石狮加油站	104国道1162千米+900米	3223
10	三里井加油站	101省道30千米+800米	2001
11	黄二加油站	101省道24千米+700米	4787
12	宝华加油站	312国道286千米+700米	3399
13	下蜀加油站	312国道271千米处	1400
14	河山加油站	312国道227千米+500米	4078
15	郭庄加油站	句容市郭庄集镇	3000
16	句茅路加油站	句茅路与弘景路交叉路口	2850
17	白兔加油站	白兔站兔西村	4600
18	西环加气站	华阳洪武路东侧下路村	5000
19	文昌路加油站	文昌东路北侧肖杆路西侧	4800
20	袁巷加油站	袁巷乡牧羊场	1915
21	福地加油站	句容福地路与致远路交叉处	3000
22	致远加油站	句容致远路与通宁路交叉口	2250
23	后白二站	后白镇南300米104国道西侧	3102
24	天王二站	句容市天王集镇菜场北侧	1900
25	天王三站	天王镇104国道1195千米处	2000
26	桥头加油站	句容下蜀沿江快速通道南侧	3000

（唐红娣）

旅 游 业

责任编校：朱 峰

综 述

茅山景区举办非遗展演进景区活动

【概况】 2021 年，句容市以省级文旅产业融合示范区建设为抓手，积极应对新冠疫情，扎实抓好全市旅游产业疫情防控和复工、复产。在取得疫情防控攻坚战阶段性胜利的基础上，下半年全市的旅游市场恢复至往年同期水平并呈现诸多亮点，全域旅游创建基础更加坚实。2021 年，全年接待国内外游客 1547.06 万人次；旅游总收入 161.23 亿元，入围 2021 年全国县域旅游综合实力百强县第 19 名。截至 2021 年年底，全市有国家 AAA 级以上景区8 家，全国乡村旅游重点镇 1 个，全国乡村旅游重点村 1 个，江苏省乡村旅游重点村 3 个。年内，茅山镇创成全国乡村旅游重点镇，陈庄村、丁家边村入选江苏省乡村旅游重点村，茅山风景区列入 2021 年度江苏省智慧旅游景区名录；天王镇入选世界乡村旅游大会休闲示范乡镇。“福地文化旅游节”在首届中国乡村文化产业创新发展大会获得乡村文化产业创新影响力文化品牌。江苏容酒文化旅游体验园创成省级工业旅游区。“体验脱贫成就 助力乡村振兴”乡村旅游学习体验线路、“葡萄串起产业链 丁庄致富‘金果果’”——江苏省镇江市句容市茅山镇丁庄村旅游扶贫案例、“茅宝葛园”入选江苏省文化和旅游厅精选的《工业旅游创新发展案例汇编》典型案例。茅山新四军纪念馆、茅山镇丁庄村、三十六季客栈入选江苏“运河百景”标志性运河文旅产品。句容天王镇唐陵村成为镇江市乡村旅游特色村；梵净度假山庄成为镇江市乡村旅游民宿金宿；那田山水、茅宝葛园、容南风景成为镇江市休闲农庄；句容一桌菜（18 道）入选镇江市百道乡土地标菜。

（徐 淼）

2021 年句容市接待游客人数及收入统计一览表

表 14

指标	合计	一季度	二季度	三季度	四季度
接待游客（万人次）	1547.06	360.20	410.36	389.24	387.26
旅游总收入（万元）	1612300.00	361500.00	419798.28	397558.06	433443.66

（徐　森）

2021 年句容市旅游景点游客接待情况一览表

表 15

单位	接待游客（万人次）	单位	接待游客（万人次）
茅山景区	440.53	伏热花海	32.00
宝华山森林公园	222.94	茅山半岛	26.50
江苏茶博园	49.85	禾木农博园	0.99
怡景湾度假村	2.91	合计	778.51
茅山红木艺术馆	2.79		

（徐　森）

2021 年句容市星级旅行社一览表

表 16

序号	名称	星级	地址
1	句容市假日旅行社	三星	句容市华阳镇宁杭路 1 号时代城商业综合体 209 号
2	句容市阳光旅行社	三星	句容市华阳东路都市晴园（1-2）幢 218 室
3	句容市茅山旅行社	三星	句容市华阳镇崇明路香江丽景 02 幢 128 号门市
4	句容市旅行社	三星	句容市华阳镇香溪湾 52 幢 108 号
5	句容市金色假期旅行社	二星	句容市双利路马扎里社区办公楼一楼
6	句容市环宇旅行社	二星	句容市崇明路南侧宁杭路西侧崇华苑 02 幢 1-2 层
7	句容市蓝天旅行社	一星	句容市华阳镇华阳南路芳邻雅居门市房 22 号

（徐　森）

旅游规划建设

【概况】　2021 年，句容市文体广电和旅游局牢固树立“宜融则融、能融尽融、以文促旅、以旅彰文”理念，打牢文旅融合发展的基础，推动文化和旅游深融合、真融合，实现全市文化旅游统筹布局、一体谋划，协同推进。

（徐　森）

【文旅融合发展】　2021 年，天王镇获得世界乡村旅游产业示范乡镇；茅山镇入选第一批全国乡村旅游重点镇，陈庄村、丁家边村入选第二批江苏省乡村旅游重点村。宝华山千华古村民俗文化街区入选首批省级旅游休闲街区创建单位；容酒文化旅游体验园获评江苏省工业旅游区。茅山景区智慧旅游项目、戴庄有机大米乡村旅游文创研发项目、康缘药香花园项目均入选省文旅厅扶持项目，3 个案例入选全国、全省创新示范案例。举办句容市首届导赏员大赛，选拔培育一批优秀导赏员，为乡村旅游长足发展提供人才储备。全面升级“文旅+金融”诚信体系建设，对文旅企业的政策扶持力度进一步加大。

（徐　淼）

【景区建设】　2021年，句容市通过督促景区自查、专家暗访、现场指导相结合的方式，对全市8个A级景区、2个乡村旅游重点村开展针对标牌标识、卫生环境、设施设备维护、旅游厕所、员工管理等6个方面集中检查，形成督查报告，推进整改落实。对全市A级景区、乡村旅游区、工业旅游区等开展疫情常态化管理，结合安全生产，做好特殊时期的督查检查工作。全年做好景区疫情防控及常态化管理工作，完成AAAA级旅游景区入场核验现状调研工作。有效推进国有A级旅游景区线上分时预约管理工作；茶博园景区顺利通过国家AAAA级旅游景区评定性复核。

（徐　淼）

【旅游设施建设】　2021年，句容市完成全市旅游交通标识系统整改提升工作，更新版面38块，完成福道一级人行标识2套。5座A级旅游厕所通过省文旅厅系统评估。5月初，“游句容”微信公众号完成改版工程，“一键寻厕”“手绘地图”“720全实景展示”等导游导览功能上线试运行，完成全市旅游信息推送200条。落实景区对公共标识、导览牌、指示牌等进行全面排查，参照《公共服务领域英文译写规范》等翻译用语规范性文件，督促各景区对翻译用语质量进行把关，加强对问题译文的整改，新增外文标识标牌50余块。完成厕所革命暗访及乡村旅游厕所情况调查工作。继续深化厕所革命建设成果，积极做好推进指导工作，完成旅游厕所管理平台升级提升及“一厕一码”游客在线评价工作，进一步提升游客体验感、满意度。

（徐　淼）

旅游宣传推介

【概况】　2021年，句容市不断加大宣传推介力度，通过“内宣+外宣”“传统+新媒体”的组合，打造出全方位的旅游宣传矩阵。年内，“福地句容”走进无锡、徐州、南京等地，开展7场专场推介会，参与4场旅游博览会，推出了多条精品旅游线路。

（徐　淼）

【句容市春季乡村旅游发布会】3月6日，“2021句容市春季乡村旅游发布会”在吾悦广场举行。活动多方位展示句容的风景及发展成果，一大批特色乡村文旅景点受到关注。句容市向南京和苏锡常等城市20家旅行社发出邀请，南京市、句容市双方旅游单位共同签署项目合作协议。

（徐　淼）

【“春风十里”句容乡村旅游推介会】　3月28日，“春风十里”句容乡村旅游推介会在无锡举行，活动通过讲解和表演的形式展示句容的乡村美景以及发展成果，并向无锡市民发出春游句容的诚挚邀请。活动现场，句容市文体广电和旅游局的工作人员还进行了句容旅游线路推荐。（徐　淼）

【“吴韵江南　福地句容”旅游推介会】　5月8日，句容市文体广电和旅游局携手茅山风景区、宝华山国家森林公园两大景区，在徐州成功举办“吴韵江南　福地句容”句容精品线路推介会，徐州当地旅行社代表、新闻媒体及市民300余人出席此次活动。活动现场，通过歌舞表演、景区现场推介、有奖问答等形式，将句容的风光介绍给徐州市民。

（徐　淼）

2021句容市春季乡村旅游发布会

【江苏句容第二届华阳福桃文化节】 7月18日，2021江苏句容第二届华阳福桃文化节推介活动在南京举行。该活动旨在以节庆活动促进农文旅的结合，同时增加华阳福桃在南京及周边地区的知名度，团结广大桃农共同发展。活动现场宣读了此前举办的华阳福桃评比大赛活动获奖结果。 （徐 淼）

【句容市文化旅游暨乡土美食推介会】 10月10日，2021句容市文化旅游暨乡土美食推介会在句容天下玫景生态园成功举办。来自南京87家旅行社代表和文旅企业、新闻媒体参加活动。主办方代表介绍了句容全域旅游概况，承办方相关负责人做了“句容十大乡土美食”专题推介。 （徐 淼）

【句容文化旅游推介会暨红色旅游线路发布会】 12月4日，句容文化旅游推介会暨红色旅游线路发布会在茅山举行，发布面向南京市民的新春旅游优惠政策。活动现场推介句容全域旅游，展示句容旅游独特魅力。 （徐 淼）

旅游节庆活动

【概况】 2021年，句容市举办形式多样的文化旅游节、节假日活动等，吸引本地及周边城市线上、线下游客，促进本地旅游产业发展。 （徐 淼）

【宝华山景区“千华·国风游园会”活动】 2月26日，宝华山景区举行元宵佳节“千华·国风游园会”活动，游客们不仅可以月夜赏灯游园，还可以参与众多精彩活动，身着古装的游客更是可以免门票入园。 （徐 淼）

【后白镇“乡游后白 探春之旅”活动】 3月20日，2021“乡游后白 探春之旅”郁金香节云启动在句容市后白镇岩藤农场开幕。活动从3月开始一直持续到5月中旬。活动精心策划包括迷你马拉松、“醉美花海”抖音短视频大赛、后白农产品集市、“郁”你放纸鸢等丰富的体验活动。乡游后白十景主旨推介，重点推介张庙茶场凌霄长廊、花海绿道、岩藤农场、亿匠苗木园等后白十景。同时，推出后白农夫集市，推介来自该镇的10多种农产品。 （徐 淼）

【第八届句容樱花节暨天王乡村旅游文化节】 3月21日，2021第八届句容樱花节暨天王乡村旅游文化节在天王镇浮山樱花园开幕。结合第八届句容樱花节，句容天王乡村旅游文化节拉开帷幕，期间举办文创产品设计大赛、垂钓比赛、美食争霸赛、丰收节、登山节等一系列丰富多彩的活动，并不断完善配套设施，丰富旅游路线，将浮山樱花园、芝樱小镇、金山东篱园、唐陵木易园、天隆神怡、那田山水生态园等各乡村旅游点进行串联，为游客提供精彩丰富的旅游线路产品，不断丰富天王乡村旅游文化节的内涵和层次。 （徐 淼）

【茅山景区、宝华山景区国庆假期活动】 国庆节期间，茅山景区举行欢度国庆、福至茅山“国潮”嘉年华活动，包括祝福我的祖国、快闪、祈福、太极拳、古筝、汉服等表演。宝华山景区举行明清古街舞安塞腰鼓、“秦淮之源”唱激情山歌、第四届宝华山山歌汇等活动。 （徐 淼）

旅游行业管理

【概况】 2021年，句容市旅游

2021第八届句容樱花节暨天王乡村旅游文化节启动仪式

主管部门贯彻《中华人民共和国旅游法》，不断加强对星级旅游饭店、旅行社的监督管理，帮助、督促他们不断提升服务质量，同时面对疫情对旅游业的冲击，积极寻求对策，携手旅游企业共渡难关。虽然旅游市场受到冲击，但句容市不放松对旅行社的安全管理，利用微信群等方式，通过分享案例、播放安全警示片等，加强对旅游企业的安全教育。建立健全旅游投诉处理制度，特别是处理好因疫情原因产生的旅游纠纷，通过投诉电话、12301旅游监管服务平台、12345热线等渠道，安排专人负责，确保旅游投诉处理及时高效，全年投诉办结率及满意度均达100%。开展春节、国庆等假日旅游市场秩序检查以及旅游市场整治专项检查，并在全市范围内开展未经许可经营旅行社业务及“不合理低价游”专项整治行动，旅游市场稳定有序。协助句容市旅行社顺利通过三星级旅行社复评。与市融媒体中心合作，举办以“福地名城，我来代言”为主题的句容市首届导赏员大赛，评选出金银铜奖各1名，最佳表现奖等单项奖3名，优秀导赏员6名。（徐　淼）

天王镇芝樱小镇

综 述

【概况】 2021年，句容市有财险公司14家、寿险公司19家。截至12月底，财险各家公司总保费3.86亿元，赔付2.08亿元；寿险各家公司总保费11.68亿元，给付1.64亿元。

2021年，全市有正式营业证券公司3家——申万宏源证券、南京证券、华泰证券，实现交易金额740.40亿元，比年初减少40.1亿元，下降5.14%；总开户数40830户，较年初增加5327户，增长15%。

2021年，全市有融资性担保机构3家——中小企业融资担保中心、华夏万泉融资担保和江苏省农业融资担保有限责任公司（以下简称“省农担”）句容分公司，总注册资本4亿元，截至年末在保余额8.65亿元，比年初增加1.75亿元，增长25.36%。

2021年，全市在营业的小贷公司有5家，即盛邦农贷、华源农贷、崇明农贷、中金农贷和华阳科贷，注册资本总额6.16亿元，贷款余额5.08亿元，实现净利润2540.6万元，纳税607.35万元。

2021年，全市有典当行6家，即中金典当、顺和典当、中鼎典当、佳禾典当、丰永鑫典当、亨通典当，总注册资本2.05亿元，总交易余额2.04亿元。其中，动产交易余额1395.11万元；房地产交易余额15544.58万元；财产权利交易余额3428.54万元。

2021年，全市有1家转贷公司，截至12月末转贷总金额55118.9万元。 （赵 彤）

金融管理

【金融营商环境优化】 2021年，句容市地方金融监督管理局引导金融机构回归本源，加大服务实体经济力度。截至2021年年末，全市20家商业银行本外币各项存款余额1062.89亿元，比年初增加12.68亿元，增长1.21%；各项贷款余额1454.80亿元，比年初增加180.17亿元，增长14.14%。银行业金融机构实现存贷比136.87%。年内，市地方金融监督管理局加深银政企交流合作，引导金融机构开辟绿色通道，解决企业融资难题。推动中小企业担保中心增资，并将注册资本增至3亿元。强化政银担合作，促进市政府与紫金农商行签订“紫金快贷”协议，扩大业务覆盖面，加大对全市小微企业扶持力度。召集银行举办关于营商环境指标的工作推进会，针对指标分解任务，督促银行落实，加大综服平台的普惠放款力度。

（赵 彤）

【企业上市挂牌引导】 2021年，句容市地方金融监督管理局积极为重点后备企业及时协调解决合规证明等问题，协助推进后备企业进行股改；搜集后备企业的有关诉求并及时反馈给相关部门及乡镇，并跟踪落实情况。摸排走访上市意向企业，筛选10余家符合条件的企业，纳入后备培育库进行重点培养；邀请券商、交易所

10 月 26 日，镇江市涉农企业江苏股权交易中心集中挂牌仪式

12 月 14 日，句容市举办北交所上市政策解读业务培训会

专家为企业上门服务，“一企一策”给出指导性意见。联合省股交中心和券商进乡镇为 140 家企业举办 2 场上市挂牌推进会系列活动。举办省股交中心涉农企业集中挂牌仪式、北交所政策培训会等培训宣讲活动。截至 2021 年年末，句容市有上市企业 2 家，“新三板”挂牌企业 3 家，四板挂牌企业64 家。2021 年 12 月 22 日，句容市江苏骏成电子科技股份有限公司获证监会同意在深交所创业板首次公开发行股票注册，成为句容市本土首家境内上市公司。

（赵　彤）

【乡村振兴工作】　2021 年，句容市地方金融监督管理局积极引导金融系统加大信贷投放力度，创新涉农产品，精准覆盖“三农”需求。截至 2021 年年末，句容市涉农贷款余额 782.05 亿元，占全部贷款余额的 53.76%，较年初增长 18.32%。年内组织开展送金融服务下乡文艺演出系列活动，结合金融服务乡村振兴“金穗行动镇镇行”活动，引导金融机构深入基层，打造“金融夜市”，宣传金融政策，提升农村居民防范金融风险意识。根据上级银保监局要求印发《句容市金融支持乡村振兴试点工作实施方案》，联合相关部门及金融机构共同推进试点工作扩大影响。推进“助农取款村村通”工程，全市建有农村普惠金融服务点 178 个，实现全市行政村全覆盖。加大推进农村信用体系建设，开展的“整村授信”工作，截至 2021 年年末，实现建档 12.67 万户，授信 10.05 万户，授信金额 104.8 亿元，用信 1.05 万户，用信余额 12.84 亿元。

（赵　彤）

【融资服务】　2021 年，句容市地方金融监督管理局大力推广省综合金融服务平台，构建“线上”+“线下”的快速融资通道，节省融资中间成本。积极推进金融机构接入省综合金融服务平台，截至 2021 年年末，句容市平台注册企业为 4551 家，解决企业融资需求 2828 笔，融资金额 154.29 亿元。市金融监管局联合政协、工信局等部门进乡镇开展一对一银企对接活动，集中实地走访 20 余家企业，搜集金融需求给金融机构并跟踪对接进度。通过集中签约、进园区等形式，先后组织举办旅游产业银企对接会、金融服务“三农”银企对接会、宁镇扬一体化银政企合作签约等近 30 场银政企合作签约活动。　（赵　彤）

【金融风险防范化解】　2021 年，句容市地方金融监督管理局协助相关银行化解不良贷款；针对房地产市场风险，召开协调会；配合多部门发布《关于优化我市商品房预售款监管平台的通知》，配合做好存在风险结息的资金共管工作；组织召开房地产金融座谈会，鼓励金融机构在风险可控下保持对房地产行业的稳定支持。联合公安局、市场监管局对全市34家存量的涉嫌非法的私募基金公司进行实地检查，有针对性地做好后续处置工作。对全市21个涉及金融字样的179家企业进行全面排查，切实摸清风险底数；走访、现场调研尚元融资租赁等10家公司。利用市融媒体中心、影院、金融机构营业网点电子屏幕等各类载体开展舆论宣传，联合多部门现场开展防范非法集资宣传活动，提高广大群众风险防范意识和能力。（赵 彤）

银 行

【概况】 2021年，中国人民银行句容市支行紧紧锚定创建“文明支行、和谐支行、美丽支行”的工作目标，持续弘扬“以人为本、以行为家，敢于担当、敢于争先”的工作作风，致力于打好“稳健政策牌”，加大金融支持实体经济力度；打好“风险防控牌”，优化辖区金融生态；打好“创新创优牌”，凸显普惠金融实效。（人行办）

【货币政策执行】 2021年，中国人民银行句容市支行通过召开季度行长联席会议、参加全市经济形势分析会等形式，加强“灵活精准、合理适度”的稳健货币政策传导，引导全市银行业金融机构为供给侧结构性改革和高质量发展营造适宜的货币金融环境。截至2021年年末，全市各项本外币贷款余额1454.8亿元，比年初增加180.17亿元，增幅14.14%；全市各项本外币存款余额1062.89亿元，比年初增加12.67亿元，增幅1.21%。（人行办）

【银企对接工作】 2021年，中国人民银行句容市支行持续优化信贷结构，强化重点领域支持力度。聚焦产业强市“一号战略”，加大制造业中长期贷款投放力度，截至2021年年末，制造业贷款余额81.15亿元；聚焦乡村振兴，涉农贷款保持有效增长，余额841.65亿元；聚焦保市场主体，全力服务小微企业融资，全市小微企业贷款余额226.06亿元。组织开展“贷动小生意、服务大民生”甘露行动，辖内2家金融机构与宝华商会、句容装饰建材等4家商会签订整体授信31亿元。用好新增3000亿元支小再贷款额度，通过信用贷款形式，支持参加农业保险的农村经营主体发展。（人行办）

【金融稳定监管】 2021年，中国人民银行句容市支行加强房地产市场动态监测，按照上级行要求，配合地方政府做好恒大集团在句容项目融资情况、账户资金情况等调查，全面摸清融资情况和账户资金情况底数，对可能出现的项目贷款违约风险等密切关注、及时报告。做好房地产贷款集中度管理工具落地实施，截至2021年年末，全市房地产贷款余额723.77亿元，个人住房贷款余额617.7亿元。密切关注村镇银行风险经营情况，根据上级行风险提示函要求，对苏南村镇银行进行约谈提醒。（人行办）

【金融稳定评估】 2021年，中国人民银行句容市支行发挥金融稳定协调小组办公室作用，协调地方政府压紧压实风险防范化解责任和金融生态环境建设属地管理责任，开展金融生态环境建设调度工作，牵头召开协调小组联络员会议，组织做好2020年金融生态县基础数据填报和年度创建评估工作，提升创建成效。按季开展央行评级工作，建立存款保险制度宣传重点地区名单，开展存保分片包干宣传和存款保险公众认知评估工作。全市银行信贷资产质量持续提升，截至2021年年末，全市不良贷款总额7亿元。（人行办）

【货币发行管理】 2021年，中国人民银行句容市支行推进现金服务示范区创建工作，开展拒收现金专项整治工作，做好假币收缴工作，收缴假币970余张。（人行办）

【支付结算管理】 2021年，中国人民银行句容市支行着力推进农村普惠金融服务点提质增效建设。建成符合国家金标委的农村普惠金融服务点171个，完成率100%。切实推动移动支付向纵深发展，实现智慧医疗在全市各乡镇卫生院全覆盖。开展打击电信网络诈骗活动，对可疑账户逐户核查，对确认存在可疑情形的，采取有效的防控措施。（人行办）

【国库管理】 2021年，中国人民银行句容市支行强化国库核算日常基础工作，提高会计核算质量，适时开展“回头看”活动，实现国库资金“零在途”“零差错”。开通退税业务绿色通道，办理个人所得税汇算清缴退税28351笔，金额1159.36万元，减费降税、缓缴库退税业务4000余笔。坚持“国债为民”理念，全年组织开展18期储蓄国债销售，销售额11470万元，其中农村销售储蓄国债2356.3万元。开展地方国库集中收付代理银行资格认定工作，认定6家银行的地方国库集中支付业务代理资格，13家银行的地方非税收入收缴代理银行资格。（人行办）

【征信管理】 2021年，中国人民银行句容市支行持续推进农村信用体系建设。镇江市委、市政府部署的句容农村信用信息平台建设试点任务取得阶段性成果，“探索农村普惠金融服务发展机制”入选第四轮省农村改革试验区项目，引导信贷资源向信用镇、信用村、信用农户倾斜，全市“整村授信”授信10.05万户、104.80亿元，用信1.05万户、12.84亿元。（人行办）

【外汇管理】 2021年，中国人民银行句容市支行加大对辖区6家跨境人民币结算优质可信企业和货物贸易外汇收支便利化试点企业的便利化金融服务宣传力度，发挥正向激励作用。推动银行落实外汇便利化政策，为巨宝科技完成对外支付4388万美元，提高资金流转效率。畅通外汇政策“绿色通道”，引导市场主体通过线上办理外汇业务，全年办理货物贸易名录登记25笔，其中通过互联网+政务服务系统办理名录登记24笔。（人行办）

【中国工商银行句容支行】 2021年，中国工商银行句容支行有营业部1个，辖内营业网点10个，自助银行3个。截至2021年年末，本外币存款合计103.06亿元，其中个人存款余额47.6亿元，对公存款余额55.46亿元。各项贷款余额167.59亿元，其中个人贷款余额110.97亿元。

2021年，支持全市各类平台、重大项目、制造业企业，公司贷款余额达57亿元；支持小微企业实体，小企业贷款余额3.5亿元。成立乡村振兴柔性团队，根据句容现代农业和乡村旅游特点，选择以后白草坪等5个特色产业为主打方向，获批乡村振兴融资方案——“草坪贷”线上融资方案。根据后白镇政府以及草坪合作联社推荐的清单筛选出49户具有一定规模的草坪种植户，通过工总行网络融资测算模型测算，获批总授信6000万元。年内成功落地首笔500万元小企业周转贷款。12月23日，华电集团首笔碳资产融资业务顺利签约，该笔业务是全国首笔引入第三方机构代管模式的碳配额质押融资业务。（工商银行）

【中国农业银行句容市支行】 2021年，中国农业银行句容市支行有营业部1个，辖内营业网点15个，离行自助区6个。支行获得“江苏省文明单位”和“镇江市文明行业”称号。截至2021年年末，本外币各项存款余额146.32亿元，各项贷款余额182.02亿元。全年实现营业收入6.2亿元，实现中间业务收入1.09亿元。

2021年，成功为句容市人民法院上线破产案件管理系统，为辖区内首家上线银行，实现破产案件资金结算的规范化、信息化、智能化管理。通过与句容市崇明街道专项共建，达成专项账户开设、充电桩铺设、智慧社区建设等合作意向。承办“贷动小生意，服务大民生”句容市金融支持小微企业个体工商户“甘露行动”对接会，与装饰建材商会、白兔针织行业商会整体授信签约。为句容市妇幼保健院上线“银医通”系统，将银行系统与医院信息系统连接，为客户提供预约挂号、取号、缴纳药费、查询、打印等便捷服务。（农业银行）

中国人民银行句容市支行组织召开句容市农村征信平台建设协调会

【中国银行句容支行】 2021年，中国银行句容支行人民币存款余额38.35亿元，其中对公存款21.83亿元，个人存款16.53亿元。人民币贷款余额127.38亿元，其中公司贷款53.22亿元，零售贷款74.16亿元。不良贷款4788万元，不良率0.37%。

2021年，为华电江苏能源有限公司发行4亿元超短期融资券，争揽句容福源农业旅游发展有限公司4.975亿元发债资金托管业务，独立主承华电江苏4亿元超短期融资券。全年新批项目71个，授信总量10.1亿元。将小微金融服务作为“头号工程”落实推动，全年新批项目80个，获批总量3.5亿元，实现净新增2.04亿元。对小微企业实现线上受理审批，推出“信用贷、抵押贷”线上审批产品，实现线上受理和审批，自主提款、支付、还款。

（中国银行）

【中国建设银行句容支行】 2021年，中国建设银行句容支行有营业室1个，辖内营业网点7个，自助银行36个。截至2021年年末，对公存款余额63.92亿元，个人存款余额32.84亿元。对公贷款余额36.10亿元，个人贷款余额124.42亿元。

2021年，主动对接当地政府，了解当地发展规划，着力对接2021年落地句容市范围内的大型企业以及政府重点建设项目。全年新增项目储备金额合计22亿元，实现投放6.3亿元。对潜在的风险客户进行名单制管理，加大走访客户的频率，加强对企业现场和非现场排查的广度和深度，有效防止重大信贷风险事件发生。助力乡村振兴，全年投放涉农项目贷款5.33亿元。 （建设银行）

【句容农村商业银行】 2021年，句容农村商业银行有36个营业网点（其中1个营业部、27个支行、8个分理处）。截至2021年年末，各项存款279.73亿元，各项贷款220.49亿元，信贷客户数达36814户。

2021年，与12个乡镇、街道、管委会签订战略合作协议，面向全市各村派驻金融助理。召开“整村授信”全市动员会、乡镇推进会和各村落实会，全面推动整村授信工作全市推广。截至2021年年末，建档12.67万户、授信10.05万户，金额104.8亿元，用信1.05万户，金额12.84亿元。推进“百行进万企”等活动，全面梳理全市经营企业明细，精准营销，精确服务，不断扩大信贷服务覆盖面。全年走访小微企业3500多家。

（句容农商行）

【中国邮政储蓄银行句容市支行】 2021年，中国邮政储蓄银行句容市支行下辖29个营业网点，二级支行7个、代理网点22个。2021年，句容邮政金融系统储蓄存款余额达67.27亿元，各项贷款余额达86.87亿元，实现新单保费16.77亿元，理财保有量2.098亿元。

2021年，加大涉农金融创新力度，借助“富农贷”“农保贷”“农担贷”等产品，为农业生产主体增信，降低涉农贷款门槛。推出“邮农贷”“信用户贷款”等针对农村金融的专属产品，并与句容市人社对接加快推进“富民创业贷”产品。与邮政公司携手合作，主动对接丁庄村、唐陵村等辖内农业经济发达的重点乡村，签署惠农三方合作协议，为“三农”客户提供“金融+寄递物流+普遍服务+农村电商”产、销、融一揽子服务。开展“百人进百村”“万企联万村”“农村信用体系建设”等乡村振兴系列活动，新建信用村100多个、新增评定信用户超3000户。发展线上产品“小微易贷”、转贷产品“无还本续贷”业务，全年为35家小微企业发放小微易贷资金4884万元，为17家小微企业提供无还本续贷业务。 （邮储银行）

【交通银行句容支行】 2021年，交通银行镇江句容支行有营业部1个，辖内营业网点1个，自助银行2个（含离行自助区1个），年内获评江苏省金融系统“模范职工小家”。截至2021年年末，交行句容支行各项存款总额10.1754亿元，较上年增长6773万元。2021年年末各项贷款总额29.9269亿元，较上年增长44970万元。

2021年，积极参与句容市内重大民生项目建设，参与投放“句容市南大街片区旧城改造项目”2.9亿元，获批“长江引水及句容市第一水厂工程项目”15亿元，储备“宁杭南路片区城市有机更新及人居环境改造提升项目”8亿元、“句卓路片区城市更新项目”11亿元、“句容市茅山革命老区乡村振兴建设项目”3亿元。支持民营企业，主办“江苏康缘中华养生谷一期项目”10亿元行内联合贷款，主办“和煜宸品”房地产开发贷款行内联合贷款7亿元。对接开发区重点项目，申报“AMOLED金属掩膜版”项目2亿元。维护并加大与龙头建筑企业的合作力度，扩大合作份额，通过快捷保理业务延伸服务至上游客户，提供产业链融资服务。 （交通银行）

【江苏银行句容支行】 2021年，江苏银行句容支行有营业部1个，辖内营业网点1个，自助银行2个。截至2021年年末，一般性存款日均余额61.22亿元，较年初新增3.23亿元，增幅5.57%。各项贷款余额78.38亿元，较年初增加2.50亿元，增幅3.29%。

2021年，通过对存量优质实体企业开展重点营销，实现对存量客户合作份额的提升和稳固，强化对园区的攻坚营销，先后走访句容开发区、下蜀临江工业园、后白工业园等，营销一批优质新兴企业。与重点农业乡镇结对，通过与当地政府、合作社、家庭农场等对接，合作一批三农项目和业务，全年投放老旧小区改造项目贷款2.5亿元，向市区、各乡镇平台投入信贷支持地方特色产业发展。以政府平台为核心，加强对政府供应商的营销，通过年终代发、工程款兑付业务，解决一批小微企业的资金需求。围绕供应链通过“e融单”“随e贷”等产品的灵活运用，解决小微企业融资难、融资成本高的问题。搭建多层次银政对接渠道，更好地服务科创企业。

（江苏银行）

【光大银行句容支行】 2021年，光大银行句容支行有营业部1个，自助银行1个。截至2021年年末，支行各项贷款余额64.25亿元，比上年增加21.44亿元，增幅50.07%；各项存款余额38.32亿元，比上年减少3.3亿元，减幅7.93%。理财产品余额4.19亿元，比上年增加1.15亿元，增幅37.83%。

2021年，在支持民营小微企业方面，拓展“e抵贷”“烟商贷”“小微贷”等产品。个人贷款方面，推进个贷业务转型升级，降低小微客户融资成本。严格落实国家房地产宏观调控政策，加大小额消费信贷投放，加快个贷业务线上化、集约化、智能化、敏捷化、提升线上营销与风控效率。支持地方重点项目建设方面，成功参与两大重点项目建设，获批贷款5亿元，实现投放2.5亿元。推出“1元理财”产品超过120款，“光大购精彩”电商平台开设“乡村振兴”专区，推出乡村振兴公益主题卡，打造“信用卡+乡村振兴”公益。 （光大银行）

【兴业银行句容支行】 2021年，兴业银行股份有限公司句容支行有营业部1个，自助银行1个。截至2021年年末，各类存款余额20.66亿元，贷款余额29.69亿元，理财产品余额5.13亿元。

2021年，继续推进联东U谷产业园“工业厂房按揭贷款”业务，整个产业园获批按揭额度5000万元，截至2021年年末，落地授信客户3户、实现贷款投放1601万元，对接客户3户，在审1户。运用总行金融创新产品，如“普惠贷”“线上税兴融”“快易贷”“合同贷”“兴e贴”等产品，结合企业的不同特点，为客户制定合适的融资方案，形成小微企业金融服务标准体系，有效解决企业各种融资需求。结合地域情况制定支持农业经营主体工作方案，与江苏省农业融资担保有限责任公司合作，实现渠道平台信息共享，拓宽支持农业经营主体的渠道。 （兴业银行）

【华夏银行句容支行】 2021年，华夏银行句容支行有营业网点1家，自助银行1个。截至2021年年末，一般性存款余额18.64亿元，各项贷款总额31.92亿元。

2021年，支持句容地区制造业贷款4045万元，主要投向制造塑料制品业、设备制造业等。积极支持乡村振兴战略，重点支持新农村建设、城乡供水及城乡公交一体化等项目。为句容市城壅水务有限公司投放贷款1.5亿元，支持句容市加强管网铺设、水站建设，改善农民群众用水需求。主动对接服务旅游开发企业，先后为江苏茅山福地旅游有限公司、句容市茅山湖康体养生旅游度假有限公司发放各类贷款3.57亿元。加大绿色贷款信贷资源配置和综合金融服务力度，针对地下管网建设等方面，支持农村环保事业建设。发放2.59亿元项目贷款支持句容市城北片区污水收集管网工程及综合管廊建设项目。

（华夏银行）

【南京银行句容支行】 2021年，南京银行句容支行有营业部1个，自助银行1个。截至2021年年末，存款余额 26.93 亿元，贷款余额 28.86 亿元，存款比上年增长 260.03%，贷款比上年增长 384.23%。理财产品全年销售 1.75 亿元，净值余额 7659 万元。

2021 年，做好“百行进万企”融资对接工作，摸排对接企业受疫情影响情况及融资需求变化，指导企业填写疫情专项问卷，并对前期反映无融资需求的小微企业，做好回访工作，为符合信贷标准的小微企业进行“全面服务”，年内全部对接完毕，向 12 家民营企业进行信贷支持，授信金额 8000 余万元。开展“乡村振兴工作”，按照监管部门及总行部署，对接试点服务区域天王镇唐陵村，坚持“一企一策”。在句容市天王镇 16 个行政村设立“一村两顾问”金融咨询站，获批苗木批量项目贷款 5000 万元授信额度，发放涉农贷款 2000 万元。

（南京银行）

【中国民生银行句容支行】 2021 年，中国民生银行句容支行有营业部 1 个，辖内营业网点 2 个，自助银行 4 个。截至 2021 年年末，支行存款余额 494675 万元，贷款余额 443410 万元。

（民生银行）

【苏州农商银行句容支行】 2021 年，苏州农商银行句容支行有营业部 1 个，自助银行 1 个。截至 2021 年年末，各项存款余额 4.37 亿元，各项贷款余额 17.68 亿元。理财产品交易金额 7.35 亿元。

2021 年，为扶持小微企业及各个体工商户，推出苏商贷业务。个体工商户经营者提供住宅的给予最高额度 5 万元，且加上个人本行原有有效信用类授信总额不超过 50 万元；小微企业法定代表人最高额度 50 万元。针对核心企业下游客户量身定制“链 e 贷”产品，以征信、税务、交易数据等为依据，为符合要求的企业提供信用类短期流动资金贷款，贷款资金直接受托支付至核心企业。

（苏州农商行）

【紫金农商银行句容支行】 2021 年，紫金农商银行句容支行有营业网点 1 个，在行式自助银行 1 个。截至 2021 年年末，各项存款余额 12.87 亿元，较年初增长 0.12 亿元，各项贷款余额 23.15 亿元，较年初增长 3.67 亿元。理财产品余额 1934.24 万元，较年初增长 1651.64 万元。

2021 年，促进普惠金融贷款投放，创新服务模式，推进“句容·紫金快贷”项目落地；引入“富民创业贷”，为各类下岗、创业、再就业人员及相关小微企业提供更便捷的金融服务，获得句容市“富民创业贷”经办银行资格。与省农担公司开展业务合作，通过惠农快贷产品，加强对家庭农场、种植户的信贷支持；开展“整会授信”试点，采取线下批量授信+线上手机用款相结合的方式，对于个人及产业客群集中度和紧密度高的专业市场和商会协会，进行批量授信；开展“金穗行动镇镇行”活动，让广大涉农主体和农户了解更多的金融政策、金融知识和金融产品。

（紫金农商行）

【常熟农商银行句容支行】 2021 年，常熟农商银行句容支行有营业部 1 个，自助银行 1 个。截至 2021 年年末，存款 31734 万元，储蓄余额 8356 万元，贷款余额 43886 万元。

2021 年，助力制造业小企业发展，针对传统型制造业企业，适时提供流动资金贷款，满足日常经营性资金需求。灵活运用小微贷等个性化信贷产品，降低资金成本。针对新型科技型、成长型企业，推动相关产业向集约化、高端化、链条化方向发展。加强制造业小微企业贷款产品创新及信贷担保体系建设，切实解决融资难、担保难的问题。为企业提供量身定做的信贷产品，满足企业有效的融资需求；对于优质小微企业客户给予优惠利率，降低企业融资成本。（常熟农商行）

【句容苏南村镇银行】 2021 年，句容苏南村镇银行有营业部 1 个，自助银行 1 个。截至 2021 年年末，总存款余额 40373.69 万元，比上年增长 15.46%；储蓄存款余额 21228.64 万元，比上年增长 21.86%。全行总贷款 80650.95 万元，比上年增长 10.24%；不良贷款余额 2138.29 万元，不良率 2.65%。

2021 年，组织开展整村授信工作，提高农村金融供给水平，选取天王镇唐陵村、赵巷村、后白镇后白村、边城镇双杨村等 4 个行政村开展试点推广工作。针对乡镇农户推出特色支农信贷产品，与丁庄葡萄合作社合作推出“惠农贷”产品；针对白兔草莓农户推出“莓好贷”产品；针对个体工商户和小微企业主推出“商盈贷”“收银贷”产品。与光伏建造商进行战略合作，推出“绿能贷”产品，向安装分布式光伏电站的农户发放专项贷款。光伏贷款总授信额度达1500万元，发放农户光伏绿能贷款67户，贷款金额达250万元。向江苏句容投资集团有限公司、江苏句容新农控股集团有限公司下的平台公司发放流动资金贷款合计金额5000多万元。　（苏南村镇银行）

【中国农业发展银行句容市支行】2021年，中国农业发展银行句容市支行服务乡村振兴统揽新发展阶段支农业务，不断提升治理体系和治理能力，推动全行业务全面发展。支持国家和地方储备调控体系建设，做好最低价收购粮食的代理监管工作，保障粮食安全；支持市场化粮食收购业务，支持企业开展粳稻自营收购业务，发挥农发行收购资金主渠道作用；配合支持地方政府收购等外小麦和低等级稻谷。发挥政策性金融职能，新审批项目6亿元，当年投放绿色信贷资金3亿元，保障句容市乡镇农业综合整治项目的建设资金需求；新审批农地贷款2.3亿元，保障句容市乡镇农业综合整治项目的建设资金需求；发放水利建设贷款5亿元，保障长江引水工程项目顺利建设。落实阶段性延期还本付息政策要求，支持小微企业稳健经营。强化支农扶农，推进万企帮万村，推进消费扶贫。　（农发行）

小贷公司

【概况】　2021年，句容市在营业的小贷公司有5家，即盛邦农村小额贷款有限公司（以下简称“盛邦农贷”）、华源农村小额贷款有限公司（以下简称“华源农贷”）、崇明农村小额贷款有限公司（以下简称“崇明农贷”）、中金农村小额贷款有限公司（以下简称“中金农贷”）和华阳科技小额贷款有限公司（以下简称“华阳科贷”），注册资本总额6.16亿元，贷款余额5.08亿元，实现净利润2540.6万元，纳税607.35万元。　（赵　彤）

【小贷行业发展】　2021年，句容市地方金融监督管理局继续严格执行“扶优限劣”政策，立足小贷公司发展实际，实施分类监管、区别对待、正向激励、扶优限劣。对华阳科贷、华源农贷、崇明农贷、盛邦农贷进行现场检查，针对其相关问题提出整改意见。针对2020年年底对华源农贷、崇明农贷开展的规范性监管审计检查，约谈两家企业负责人，通报问题，提出整改建议。对盛邦农贷进行小贷公司业务合规性现场检查，针对检查存在的4个问题，立即约谈企业实际控制人，通报问题，提出整改建议和要求，要求限期出具整改报告。针对运作规范的小贷公司，鼓励其解放思想，创新经营模式，积极开展新业务。　（赵　彤）

交　通

·综述·

【概况】　2021年，句容市交通运输局（以下简称“市交通局”）保持稳中求进工作总基调，克难奋进、拼搏作为，完成全年目标任务，顺利实现“十四五”良好开局。312国道句容段快速化改造项目，全力推进征地拆迁工作，形成初步迁改设计方案。完成文昌路和华阳北路延伸段“黑改黑”路面改造工程，该工程在句容市第十七届人民代表大会第一次会议上的测评环节中获得满意度第一名。完成340省道11.79千米、243省道15.09千米的路面大中修工程。继续配合省交建局开展仪禄高速路线方案、桥隧方案等前期研究。围绕“四好农村路”及高质量发展要求，提升“句容福道”品牌，建设农村公路15千米、桥梁6座。句容市有机农业圈线、金山线、花海线等被镇江市评为“美丽农村路”“平安放心路”。有机农业圈线成功入选省“美丽农村路”“平安放心路”样板路名单，金山线被评为省“平安放心路”样板路。固江口水库桥和秦淮源大桥分别被省交通运输厅评为“诗情画意桥”“平安放心桥”。　（朱　莉）

东昌中路开放交通

【法治交通建设】　2021年，市交通局深入开展学法活动，开展交通五月普法宣传月及《中华人民共和国民法典》《中华人民共和国行政处罚法》《中华人民共和国长江保护法》等宣传活动。严格依据质量监督工作程序及标准、工程质量鉴定工作程序及标准等法律法规，做好重点工程项目和民生实事项目的质量监督申请与受理、质量监督检查工作。全年按时、按期办理人大代表建议、政协委员提案36件，办理“12345”热线投诉920件、“96796”热线投诉151件，答复率100%，满意率95%以上。

（朱　莉）

【平安交通建设】　2021年，市

交通局制定《句容市交通运输局安全生产专项整治三年行动实施方案》，组织桥梁隐患排查、危化品使用安全专项治理等安全检查。深入开展安全生产专项整治工作，局领导带队进行安全检查、督查21次，邀请第三方机构进行专家检查7次，所检查出的安全隐患均及时有效得到整改。开展道路运输市场大检查活动2次，查处打击非法营运和安全隐患突出行为，强化客货运输经营者主体责任，提升运输从业人员责任意识和安全素质，出动执法人员800人次，查检车辆400余辆，查处非法网约车3辆、黑车3辆。完成新一轮货物装载源头单位排查，公示重点源头单位16家。查处超限超载车辆845台、卸载20598.31吨，其中百吨王29台，市域内普通干线公路总超限率达0.29%。加强对临水临崖、连续长陡下坡、急弯陡坡等重点路段和危旧桥梁的改造整治，共排查783次，排查隐患64处，及时整改64处。落实铁路“双段长”制，巩固铁路沿线安全环境整治成效。（朱　莉）

【“一大队四中心”揭牌成立】 2021年9月17日，市交通局“一大队四中心”即句容市交通运输综合行政执法大队、句容市公路事业发展中心、句容市港航事业发展中心、句容市综合交通事业发展中心、句容市交通工程建设管理中心揭牌成立。“一大队四中心”的挂牌标志全市交通运输综合行政执法改革迈出实质性和关键性的一步。（朱　莉）

交通建设

【概况】 2021年，宁句城际轨道于12月28日开通运营，完成轨道沿线道路恢复提升、各站点P+R停车场及黄梅站人行天桥等配套工程建设。南沿江铁路句容段率先在沿线市区完成“三电”迁改任务。其中，路基工程100%完成；桥梁下部结构基本完成；扬镇宁马城际铁路完成工可编制。市域郊铁路句茅线加快推进站位方案的评估和决策。句容站综合交通枢纽市政配套工程全面开工，全年完成配套工程建设投资1.6亿元，完成形象进度比例47%。（朱　莉）

【南沿江城际铁路唯一一座隧道贯通】 2021年1月15日，由中铁二十四局承建的江苏南沿江城际铁路全线唯一一座隧道阳山隧道顺利贯通，为南沿江铁路全线建成通车奠定坚实基础。作为沪宁间第二条城际铁路，江苏南沿江城际铁路是长江经济带综合立体交通走廊的重要组成部分，将发挥沪宁通道的辅助客运功能。建设该条铁路，对于贯彻落实“长江经济带”“东部地区率先发展”等战略、完善区域城际轨道交通网、提高铁路运输能力和服务质量、促进区域经济协调可持续发展等具有重要意义。沿线的句容、金坛、江阴、张家港、常熟等地将一举进入高铁时代，融入沪宁一小时高铁圈。（朱　莉）

【宁句城际轨道交通开通运营】 2021年12月28日12时15分，句容市在宁句城际句容站地面广场举行市民乘车仪式，宁句城际轨道交通开通运营。全线设有马群、百水桥、麒麟门、东郊小镇、古泉、南京猿人洞、汤山、泉都

宁句城际轨道交通开通运营

大街、黄梅、童世界、华阳、崇明、句容13站，全长43千米，设车站13座。开通初期首班车双向自马群站、句容站对发，快车单程运营时间约35分钟，常规列车约40分钟。宁句城际轨道交通起自南京东部综合换乘枢纽马群站，终点位于南沿江高铁句容站，是江苏省内第一条跨市域的轨道交通工程。（朱　莉）

交通运输

【概况】　2021年，句容市城乡交通运输一体化评估达到AAAAA级，新辟1条郭庄至江宁高铁站（236）毗邻公交线路，优化1条镇村公交线路，镇村公交覆盖率100%。启动农村物流达标县建设，通过交邮合作、交通与商务局合作，完成1个县级农村物流中心、11个乡镇服务站、82个农村物流点建设工作，天王客运站农村物流服务站改造基本完成。加强货运业规范化管理工作，完成10辆车以上道路货物运输企业“两类人员”网上考核工作。句容市新运程物流有限公司顺利通过“司机之家”省级验收。推进机动车维修经营审批制度改革，完成一、二类机动车维修经营备案。加强机动车维修行业污染防治，有12家汽修企业对喷漆房进行改造，新型环保水性喷漆房2台。有机动车尾气排放治理维护站（M站）4家。组织开展机动车维修行业危化品使用安全治理，检查企业71家，发现隐患75起，都已整改，基本做到全覆盖。加强对驾培市场的监管，规范培训行为。加强市场培育，引导行业自律。积极引导驾培机构进行行业自救，有10所驾校成立联合经营体，加强行业自律，有效保障学驾人员的合法权益，保证驾培行业安全稳定。加强道路运输车辆技术管理，根据上级有关文件要求，积极推进“三检合一”，具备GB38900—2020认证证书的机动车，检验检测机构在自愿的基础上与运政在线联网，做到应接尽接；完成259辆出租车更新更型工作；完成出租车运价机制改革和运价调整工作。（朱　莉）

【境外回国人员接驳转运工作】
2021年，市交通局完成境外回国人员接驳转运工作，安排禄口机场入境人员分流接驳工作7批次，安排南京接驳专用大客车19趟次，接驳专用公交车14趟次，接驳禄口机场分流人员470多人；境外回国人员接驳人员420多趟，700人左右。（朱　莉）

【城乡客运一体化建设】　2021年，句容市大力推进城乡客运一体化建设步伐，实现城市公交、城乡公交、镇村公交、毗邻公交四位一体的公交网络，将重大邻区、农村、乡镇、城区全线节点打通，实现四个节点无缝换乘，构建城乡客运一体化运作模式。实现全市8镇3街道1管委会152个行政村公交全覆盖，建成乡镇客运站4座，城乡公交直达率达100%。市交通部门深入推进城市公交、城乡公交和镇村公交三级客运网络融合，不断提升运营服务水平，全力实现“行有所乘、城乡一体”的“全域公交”格局和“交邮融合”“客货并进”的交通一体化新格局。（朱　莉）

交通管理

【概况】　2021年，市交通局开展道路运输市场大检查活动2次、非法营运专项整治活动3次和双随机检查活动5次（其中与应急管理部门联合检查1次），出动执

文昌路主路面改造工程试验段摊铺成功

法人员60余人次，检查营运车辆80余辆次，查处非法网约车3辆、黑车3辆。为确保交通运输执法领域突出问题的专项整治落到实处，制定《道路运输执法领域突出问题专项整治行动实施方案》，根据方案开展集中整治，发放问卷调查200余份，将搜集到的问题制定任务清单，并将整改工作任务落实到部门、落实到科室。处理投诉380余件，全部在规定的时间内办结，满意率为100%。认真开展交通运输安全隐患整治行动，全年开展各类检查41次，出动检查人员175人次，组织专家检查9次，检查覆盖率达到100%，发现安全生产隐患11起，整改11起。加强从业人员安全素质教育，特别是各客运企业从业人员培训率必须达到100%。（朱　莉）

【公路管理】　2021年，句容市维修浆砌排水防护设施3250米，维修路缘石505米，更换破损雨水井盖76套。割除高草601万平方米。补植灌木156平方米，种植草坪500平方米，补植乔木75株。完成沥青路面灌缝7118米，沥青路面沉陷、坑塘等严重病害小面积病害修补1765处4273平方米，路面病害专项机械化维修18处37509平方米。完成11.79千米340省道、15.09千米（半幅）243省道路面大中修工程的监管工作。参与石巷桥维修加固，以及石巷桥、下余桥、天王桥、天王立交桥、黄梅桥、黄土桥等桥梁伸缩缝维修监管工作。完成石狮桥、修甲桥、空青桥3座桥梁改造工程。完成农路（县、乡、村道）368座桥梁限载标志、公示牌安装工作。完成202县道渔空线桥头铁路立交桥、沪蓉高速公路白兔人行上跨天桥护栏、防抛网提升改造项目。完成全市1296座桥梁隐患排查及梳理工作，厘清桥梁管养单位和监管单位，明确相关责任。211县道有机农业圈线、253县道花海线，乡道金山线获评2021年镇江市“美丽农村路”“平安放心路”。清除路面移动摊点267处、堆积物67处、小广告324处、遗留物35处、非标286处。拆除违法搭接19处、擅自设置的道旗33块，制止违法施工24处。查处791台、计分3687分、罚款663700元。安全自查855次，发现问题67处，整改67处。完成上级部门交办的安全重点风险隐患13处整改闭环工作。推进句容公路智慧平台建设，新增治超2个监控。（朱　莉）

【航道管理】　2021年，句容市航道管理处加大对界河、通江通船航道的巡查，安全巡航巡查340千米10人次；航政巡查巡航1386千米54人次。积极参与全市“三无”船舶专项整治和长江流域禁捕禁渔专项整治工作。疏浚大道河航道工程计划投资15万元，工程量6028.3立方米，清障扫床4.8千米，充分利用长江枯水季和天气晴好时机，组织专业施工队伍和机械设备进驻大道河现场施工，确保疏浚工程完工和航道安全。（朱　莉）

【安全隐患排查治理】　2021年，句容市4次调动57名道工，集中力量对遮挡标志、中分带开口、搭接道路的通视三角区的绿化进行矮化梳枝修剪，处置安全隐患580余处。针对243省道建设过程中历史遗留问题中分带开口过多的隐患及104国道2处重点安全风险隐患，6次联合交警部门对243省道、104国道进行现场调研和事故数据分析，与各级政府共商解决办法，及时化解各类矛盾10起。结合现场实际及百姓需求，重点安全风险隐患实施渠化平交口、优化交通标志、标线等措施。极大提升行车安全，降低事故发生率，有力保障群众的出行安全。（朱　莉）

校车运行线路安全隐患排查

【路政巡查】 2021年，句容市优化路政巡查线路，进一步规范巡查内容，加大对公路建筑控制区和公路用地的巡查力度，突出桥梁下空间的巡查。（朱 莉）

【执法领域突出问题专项整治】 2021年，句容市成立专项整治行动领导小组，制定具体行动方案、问题清单和整改措施表，将责任层层分解，落实到人。对照治理范围、治理重点，通过梳理历史积案、群众信访举报和行政执法卷宗，摸清底数，建立台账。组织专门力量，采取查阅资料、调查走访等形式，重点对行政许可、公路路政执法等方面进行检查。以多种方式宣传专项整治行动，开展问卷调查意见征询活动，对征集到的51条意见进行汇总并形成分析报告，并针对分类汇总出的问题，制定专项整改措施。

（朱 莉）

邮 政

【概况】 2021年，中国邮政集团有限公司江苏省句容市分公司全力描绘句容邮政高质量发展新蓝图，更好服务全市人民。坚持质量第一、效益优先，和农业农村局、唐陵村、戴庄等签订战略合作协议，稳步推进惠农合作、三级物流体系建设等重点项目，为全面推进乡村振兴提供邮政综合供应链服务。坚持“人民邮政为人民”，与市残联联合开展“助残邮爱、共享阳光”主题活动，成立助残邮爱驿站1个，捐赠“助残邮爱便民服务亭”6个。邀请全国人大代表、全国优秀共产党员何健忠与全国优秀党组织书记刘树安联合打造“唐陵样板”。开展“锤炼党性守初心、小康邮路担使命”基层党建“书记项目”，成立全省示范惠农邮局，打造“茅山林品”品牌，组织邮政惠农直播5场，成立党员、团员突击队，驰援滞销农品销售、包装、寄递16次，助农销售813万元。全年无重大服务质量差错及重大投诉舆情，普遍服务6大类14项指标均达标。其中，全年建制村打卡率100%，县以上党报党刊当日见报率100%，营业服务达标率100%，约投挂号及时妥投率98.46%，普服邮件全程时限全面达标，机要通信质量全红。

2021年，业务收入达1.23亿元。代理金融收入比上年增长12.41%，至12月31日，时点余额规模达48.94亿元。全年特快业务收入比上年增长15.4%。邮务专业紧跟热点、贴近民生，开发政务图书市场，开展“童心向党 彩绘邮票”“邮票上的党史”等活动。为档案馆定向开发“丹心谱华章 红档庆百年”邮票珍藏册600册。积极对接市文旅局，为宁句城际轨道交通定向开发文创产品20万元。加快农村电商“网点+站点”模式创新，建成活跃站点167个、优质站点270个。持续打造“茅山林品”惠农品牌，通过公众号、抖音直播等新媒体渠道助力农产品销售736万元。推进惠农项目，以邮银协同带惠农，打造“五农”生态圈，全年走访合作社640个，个体农户会员发展8278人，融资E新增贷款523.8万元。聚焦交邮合作、邮快合作，全力建设三级物流体系。全年收寄国内平常信件0.7万件，国内挂号信件4.68万件，国内本埠给据信件0.05万件，国内邮资机函件4.15万件，国际及港澳台函件16件；邮资封片卡销售3.28万件，通信邮票销售31.54万枚。全年收寄国内包裹796.16万件，其中普通包裹0.29万件，快递包裹646.88万件；全年收寄机要邮件1002件；全年投递各类报刊1092.48万份、杂志26.57万份。截至年末，邮政投递道段总长度4695.6千米，其中城市1691千米，农村3004.6千米，道段全年运行里程2331109千米。

2021年，持续优化人力资源配置，员工能力素质得到加强，组织开展培训1260人次，通过职业技能等级认定23人。针对金融从业人员组织开展金融岗位资格证书集中培训10场。持续深化财务管理，加强企业能力建设，稳步推进寄递工艺优化、金融智能设备升级、三级物流体系打造等固定资产投资。持续强化运营管理，强化运营成本管控，优化网运流程，全年省内可循环邮袋使用比例年末达100%，节约材料成本6.62万元。持续细化安全管理，响应“绿色邮政”建设，新增10辆节能电动车，加装充电桩设施。开展“一保两靠三重点”安全隐患排查整治专项活动，寄递安全生产“回头看”专项检查等，做好重大活动期间安全保障工作。（陈 颖）

【献礼建党百年集邮巡展活动】 2021年5月，开展以“邮票上的党史”为主题的献礼中国共产党成立100周年集邮巡展活动。邮展以图文并茂的形式，把党史长河与广袤地域、重大人物与重要事件相汇合，生动再现1921年以来“中国共产党成立、大革命洪流、土地革命时期、抗日战争、解放战争、社会主义建设、改革开放、追梦伟大新时代”的光辉历程。（陈　颖）

【电子商务进农村】 2021年7月，句容市交邮合作、邮快合作暨电子商务进农村合作启动。电子商务进农村项目与交邮的三级物流体系紧密融合，试点建设的天王镇区农村物流共配中心紧锣密鼓地进行，各相关部门凝聚合力、精准发力，共同打造“交邮合作”“邮快合作”“电子商务进农村”的句容样板。分别与中通、极兔、顺丰、韵达、申通、圆通、百世7家快递企业签订“邮快合作”协议，与甲骨文公司签订“电子商务进农村”协议。

（陈　颖）

【邮政快递】 2021年，句容邮政快递完成寄递收入2291万元。其中，特快业务完成收入628万元，快包业务完成收入1393万元，国际业务完成收入21万元，物流业务完成249万元。年内先后开展新客户开发、特快专递散户发展、生鲜寄递发展等一系列活动。2021年，散户收寄3.28万件，新增客户102户。新增盒马鲜生同城配送项目，业务量由日均2500件发展到超5000件，实现业务收入超139万元。与丁庄葡萄合作联社达成协议，做好镇江全城的葡萄同城配送服务，同时安排人员驻点丁庄，现场为农户进行葡萄打包寄递，葡萄寄递7389件，形成特快收入7.1万元，比上年增长22%。根据“客长制”要求，加大与政府各部门走访力度，全年商政企客户形成业务收入312万元，比上年增长14.64%。加大对法院项目的关注度，全年法院线上、线下项目形成标快收入112万元，比上年增长62.31%，妥投率达到80%以上。同时，加大句容市行政服务中心的走访力度，与不动产中心深度合作，形成收入12.64万元，比上年增长31%，实现句容政务业务全覆盖。（陈　颖）

物　流

【概况】 2021年，句容市物流产业高质量发展，恒伟（句容）智慧物流产业园等项目推进有力，物流业全年营收达到15.3亿元，比上年增长12.6%，税收达到6682万元，比上年增长92%，增速远高于其他服务业。2021年，句容市1家省级物流企业（建华物流有限公司）和2家镇江市级重点物流园区（镇江志宏物流园有限公司、唐陵富民物流有限公司）顺利通过重点物流企业（园区）复核。2021年，发改委组织相关部门开展物流园区安全生产联合检查4次，对园区消防安全责任制落实、用火用电情况、安全疏散通道、消防安全设施配置、有无危化品及园区安全台账等方面进行逐一检查，并对安全隐患给出整改意见，该市物流园区全年无重大安全事故。（发改委）

综　述

【概况】　2021年，句容市信息基础设施承载能力不断增强，5G与工业互联网融合发展步伐不断加快，企业智能化、信息化、数字化建设水平进一步提高。　（工信局）

【通信基础设施建设】　2021年，句容市加大通信基础设施建设力度，不断提升建设水平，信息基础设施支撑能力稳步提升。全市固定电话用户数84835户，移动电话用户数645727户；固定宽带用户数298417户，其中农村地区固定宽带用户数176709户；全市有线数字电视用户数166103户，互联网电视用户数191514户；全市4G通信基站4264个，建设5G基站1097个，农村地区固定宽带接入速率达到200 Mbps以上。　（工信局）

【工业企业数字化转型】　2021年，句容市围绕工业企业实施“企业上云”，推动制造业数字化转型。2021年，新增8家省级星级上云企业，其中四星级企业上云新增3家，比上年提升26.8%。积极推动企业开展两化融合贯标工作。3家企业通过国家两化融合管理体系贯标评定，3家企业通过省两化融合管理体系贯标试点认定。加快推进“5G+工业互联网”创新发展。句容台泥水泥有限公司基于5G专网的一体化无人矿山项目分别获得第二届促进金砖工业创新合作大赛优秀项目奖和镇江市“5G+工业互联网”应用示范企业荣誉。加强企业信息安全工作。组织赛达电子科技有限公司、协鑫光伏科技有限公司等企业开展工业信息安全防护星级企业培育工作，提高企业对防护能力的认识水平，晶度半导体科技有限公司被认定为2级防护企业。做好省级专项资金管理、验收工作。普查、梳理往年两化融合类省级专项资金项目，全年完成5个省级项目资金核查、验收工作，实现历年来积压的未验收项目“清零”。不断提高企业信息化服务水平，加强宣贯培训，组织企业参加工业互联网安全防护、工业控制系统信息安全培训；组织企业申报句容市2020年度实体经济发展项目奖补资金，指导符合申报条件的企业积极围绕企业上云、两化融合贯标、工业互联网标杆工厂等方面

9月8日，句容市举办“工业企业数字化转型”专题公益讲座

开展申报，22家企业获得补助金额97.08万元。（工信局）

【软件和信息服务业发展】 2021年，句容市按时做好软件和信息服务业年报统计工作，组织50余家企业围绕嵌入式软件、软件产品、信息技术服务等方面开展软件业务收入统计工作；做好新一代信息技术产业链专班工作。围绕集成电路、新型平板显示、信息传输等发展方向，积极促进新一代信息技术企业调研，持续重点关注17家新一代信息技术规上企业运行状况，针对新建、在建集成电路项目开展排查工作并形成项目报告，同时组织企业加入镇江市产业链联盟；加强企业监测，及时摸排并上报软件和信息服务业非法集资情况。（工信局）

通　信

·中国电信股份有限公司句容分公司·

【概况】 2021年，中国电信股份有限公司句容分公司（以下简称“句容电信”）助力网络强国、乡村振兴发展，实现句容乡镇区域5G信号全覆盖，“千兆”网络接入能力稳步提升。深入推进“平安乡村”建设，创新乡村治理方式，提高乡村善治水平，通过信息化技术赋能数字乡村建设与治理，平安乡村建设率100%。积极为群众办实事，助力优化营商环境。主动承接政府重大项目和重要会议保障。充分发挥信息化优势，推进城市智能化管理水平。助力全市疫情防控工作。以服务全民医疗为总目标，突出基层医疗的便捷和安全两大重点，坚持医疗事业与云网技术融合，通过云桌面技术全面为句容各乡镇卫生院提供更为普惠便捷的服务。（句容电信）

【网络建设】 2021年，句容电信完成200多个5G基站入网建设，完成沪宁高铁、S6地铁的5G信号全覆盖工作。增加出口带宽20G，千兆有线设备扩容9个乡镇，实现句容全市千兆全覆盖，扩容DCSW10G交换机端口，在所有乡镇支局建设XGPON设备，上联改造流量较大的GPON设备，退网老旧EPON设备，提升用户的千兆接入能力及用户感知度。启动新型城域网的建设和改造项目，建设一张“云网一体、智能运营、面向用户提供差异化服务能力”的新型网络。（句容电信）

【信息化建设】 2021年，句容电信推进“云改数转”战略，以“一张网、一朵云、一个系统、一套流程”为目标，加快推进云网融合和数字化转型。以内部赋能，建设专业队伍，关注重点信息化项目，引导企业工业互联网转型。推动企业上云，带动经济发展；推动政务上云，优化治理能力；共建教育医疗云生态，助力智慧教育、健康中国建设。采用5G通道优势，为政府重大活动提供直播和现场保障；利用5G、云、物联网等先进的技术优势，为企业数字化转型提供更加可靠、有效的升级方案。在疫情防控时期，提供智能化设备方案支撑信息化防疫。（句容电信）

【基层数字建设】 2021年，句容电信积极进行平安乡村建设，通过视频监控平台的乡村覆盖，结合村委、社区实际情况，进行监控补盲，实现治安防控“全覆盖、无死角”，村村享的平台覆盖解决乡村居民“办事难、烦”的生活问题，提升乡镇综合治理能力与现代化水平。全面推进智慧社区平台建设，打通政府、物业、业主线上沟通渠道，为政府和物业提供数字化治理方案，提升小区安全，提高管理效能；为业主提供线上物业服务，实现高效沟通，提升服务满意度。（句容电信）

·中国移动通信集团江苏有限公司句容分公司·

【概况】 2021年，中国移动通信集团江苏有限公司句容分公司全面推进新型信息基础设施建设，全年投资超2800万元，实现句容市区、乡镇、景区等热点区域的5G网络高质量覆盖和农村区域的700M打底覆盖，持续扩大千兆光网覆盖范围，达成“双千兆”网络建设目标。落实“民生工程”，全面助力城区老旧小区改造工作，解决老百姓“急难愁盼”问题。服务地方政府，完善“智慧镇江”城市体系，全力支撑市级重大产业活动。践行红色通信初心，服务疫情防控，第一时间为政企单位提供一站式疫情防控解决方案和5G热成像测温服务，高效助力全市疫情防控。参与乡村振兴，参与句容市智慧农业平台建设，为全市农业产业升级转型提供大数据整合研判，推进平安乡村，打造智慧社区。（句容移动）

【依托移动5G实现台泥无人矿山】 2021年，中国移动通信集团江苏有限公司句容分公司与句容台泥水泥深入合作，联合打造5G智慧矿山项目，采用自研模式，以物联网、三维GIS、VR技术为核心，构建虚拟矿山模型，实现可视化管控。利用5G低延时和大带宽特性，基于车载5G视频回传和毫米波雷达，完成对现有矿卡车辆的改造，实现无人驾驶，解决驾驶员劳动强大度、危险系数高等问题；建设部署指挥中心、控制平台及远程驾驶舱环境，进一步提升可控性。此外，车载定位和安全帽定位系统能在矿山爆破作业期间精确划分电子围栏，极大提升安全性。该项目获第四届“绽放杯”5G应用征集大赛智慧矿山专题赛优秀奖、第二届促进金砖工业创新合作大赛优秀奖。（句容移动）

·中国联合网络通信集团有限公司句容市分公司·

【概况】 中国联通句容市分公司是中国联通在句容市设立的分支机构，可向用户提供固定电话、互联网、移动手机及基于移动通信和Internet技术的信息化应用，作为综合业务运营商，中国联通句容市分公司为客户提供一体化业务解决方案，综合利用既有资源，提升效益。2021年，公司继续打造精品“联通小燕”服务品牌，向客户传递“快速响应、在线受理、上门服务”的服务理念。（句容联通）

【信息化建设】 2021年，公司继续实施“1+3+3”战略布局，坚持“数字化、5G化、融合化、价值化、协同化”发展，聚焦“服务营销一体化、公众产品创新运营、全渠道数字化转型、手机与泛终端运营”转型赋能，深耕“5G、存量客户、智慧家庭、细分市场”等重点市场。继续深入推进全面数字化转型，加强差异化和互联网化运营，基础业务提质增效成果初显，创新业务转型持续突破。公司与电信实现5G网络共建共享，实现5G网络能力翻倍，至2021年年底，开通5G基站达到550个。（句容联通）

网络管理

【概况】 2021年，句容市网信工作紧扣主题主线，致力探索创新，突出重点领域，抓牢关键环节，各项工作取得扎实成效。建立健全“大网信”工作格局，探索“网信+信访”融合，全面整合信访、网信（宣传）部门优势资源和力量，推动“线上+线下”双重发力。成立市互联网企业行业党委，设立基层舆情监测点6个。（尹季璇）

【网络宣传】 2021年，发挥官方新媒体“主阵地”和“主战场”作用，开辟专题专栏，开展重大网络主题宣传。全网推送稿件3篇，省内推送稿件10篇。“句容发布”实现“一日多推”，“10万+”作品2篇次，“看句容”App完成改版升级，官方新媒体粉丝总数近50万人。推进网上党史学习教育，打造“五四三”“五心向党”“福娃讲红色故事”“百年党史、红色句容”“云课堂”等特色品牌，在国家级主流媒体发稿600多篇次。做优“句容外卖”平台，举办网络嘉年华、“新农人”培训、“外来留句人员春节专项补贴”等活动。“为民办实事新媒体平台”获评全省新时代网上群众路线典型案例。（尹季璇）

【网络管理】 2021年，句容市深化“7×24小时”全时全网舆情监测处置机制，妥善处置各类敏感舆情20多起。利用“句容发布”微问答主动回应网络问政和群众关切2686条。建立互联网违法和有害不良信息举报受理处置一体化机制，公开辟谣7起，阅读量12万人次。配合开展现场网络联合执法行动，依法关停网站1家，约谈网站和自媒体8次。（尹季璇）

【网络安全】 2021年，句容市开展“网安2021”句容行动，对重点民生部门开展网络安全飞检51家次，发现系统漏洞56个，完成上级反馈问题整改67条。组织2021国家网络安全宣传周，开展“1+7+N”系列主题活动，建成网络安全主题书店1家、网络安全主题广场3个和网络安全特色示范社区2家等阵地。（尹季璇）

综　述

【概况】　2021年，句容市城市基础设施不断完善，城镇化水平稳步提高，营商环境不断优化，建筑市场秩序进一步规范，在公共服务、基础设施和社会保障等方面呈现一体化发展的良好趋势。年内，句容市完成年度全国文明城市、卫生城市复检任务，常住人口城镇化率等高质量考核指标取得历史性突破。　（戴一平）

【城区征收拆迁工作】　2021年，市住建局基本完成中山路至河滨北路和小果园两片区的安置房回迁工作。截至2021年年底，中山路至河滨北路片区住宅回迁196套，货币回购40套。小果园片区回迁住宅28套，营业性用房1套。攻坚完成中山路至河滨北路片区遗漏户2户和长龙山路一期剩余6户。配合句投集团完成杨塘岗片区安置房办证1283套，上路片区安置房办证816套。

（戴一平）

【招投标工作】　2021年，句容市建设工程领域发包124个项目（标段），发包金额72.67亿元，比上年下降25.89%。　（戴一平）

【房屋白蚁防治】　2021年，市住建局签订新建房屋白蚁预防公共服务单47份，面积约313万平方米，施工工程62项，施药面积约4.5万平方米，施工面积350余万平方米，竣工31家，竣工面积约170万平方米，签订灭治合同75项。　（戴一平）

【抗震节能】　2021年，句容市完成575个施工图审查项目，建筑面积达386.49万平方米。完成48项绿建方案的审查、65项勘察报告的审查、74项雨污分流及小区配套项目的审查。　（戴一平）

【消防审查】　2021年，市住建局办理消防设计审查、消防验收、消防验收备案，历史遗留项目核查事项263件，办件总建筑面积达到841万平方米，现场开展消防验收、竣工验收备案、历史遗留项目核查总计230次，行驶路程超8400千米。其中，消防设计审查事项48件，建筑面积284万平方米；消防验收事项67件，建筑面积389万平方米；消防竣工验收备案抽中事项51件，建筑面积44万平方米；历史遗留核查项目25件，建筑面积124万平方米。

（戴一平）

村镇建设

【概况】　2021年，市住建局制定农村生活污水治理村庄建设任务63个，经过各方通力合作，于12月完成工程主体管道及设备的安装工作。市住建局组织房屋结构专家逐户进行鉴定，经鉴定，统计新建、翻建24户，维修、加固22户。年内，46户危房开工建设并完成改造任务。　（戴一平）

【美丽乡村建设】　2021年，市住建局完成美丽宜居乡村建设达标村庄30个、镇江市级特色田园乡村3个、省级特色田园乡村3个。　（戴一平）

美丽宜居乡村建设

市政建设·公用事业

【概况】 2021年，市住建局实施华阳西路、人民路道路环境综合提升工程，城市公交站台提升工程，城区道路文化护栏建设工程，张木河路道路工程，柏悦华府地块内市政道路及相关配套工程，句容市海绵城市建设试点区综合达标工程。（戴一平）

【市政基础设施维护】 2021年，市住建局摊铺城市快慢车道2800平方米、维修养护城区人行道约26000平方米，更换井下安全防坠网2000余套。完成雨水篦子更新500余套、清掏雨污水检查井、雨水篦子约300立方米。同时，对城市地下污水管网实施清掏，疏通管道12000余米。完成市政道路管道CCTV检测约10000米，完成管道损坏维修15处。

（戴一平）

【路灯养护】 2021年，全市更换电缆8647米，更换各类光源1059套，更换镇流器3857只、灯泡2587只、触发器2783只、熔芯2127只，校正灯杆75根，补装灯具148套；安装LED路灯985盏；接待市民报修50余次。（戴一平）

建筑业·房地产业

【概况】 2021年，句容市有房地产开发企业123家，其中暂贰级以上企业94家。全年销售商品房1.72万套，销售面积201万平方米，销售金额181.3亿元，销售价格9036元/平方米，其中城区（含开发区）销售商品房1.1万套，销售面积130.9万平方米，销售金额110.6亿元，销售价格8446元/平方米；宝华镇销售商品房0.35万套，销售面积43.3万平方米，销售金额51.8亿元，销售价格11967元/平方米。句容市商品房库存254万平方米，其中商品住房库存193万平方米，去化周期约12个月。

【商品房预售管理】 2021年，句容市批准商品房预售许可148.7万平方米，比上年下降4.4%。

【物业管理】 2021年，全市有物业服务企业108家，这些物业服务企业管理全市221个小区，面积为1800多万平方米（不含拆迁安置、经济适用房），组织开展物业安全大检查，做好日常物业巡查工作，发放物业核查意见书486份，完成14个物管小区招投标备案，物业行业2021年申报市优4家。（戴一平）

【住宅专项维修资金】 2021年，句容市交存住宅专项维修资金139143797.9元，使用维修资金项目14宗，使用维修资金金额1409410.05元。（戴一平）

【城市危房解危】 2021年，句容市先后通过维修加固、居住权异地调换、整体搬迁及纳入老旧小区改造等方式，妥善解决一批城市危房整治工作。按镇江市要求，年内句容市已解危C级3682平方米，D级危房全部停止使用，人员全部撤离，解危率达到80%。

（戴一平）

【建筑企业监督管理】 2021年，市住建局监管在建工程项目205个，建筑面积1273.7万平方米，工程造价301亿元。年内相继开展春节复工专项检查、脚手架、起重机械设备、施工用电、消防安全、高温及汛期安全、深基坑、高支模、冬季施工安全等各类和各季度专项检查活动，出动检查人员5500余人次，检查、巡查在

2021 年住建局市政重点工程建设情况一览表

表 17

序号	项目名称	2021 年度建设内容及目标	责任单位	实施单位	完成情况
1	雨污分流工程	完成都市晴园、哈佛星城等 10 个片区雨污分流改造；实施玉清河上游和葛洪路排口雨污分流改造工程	句容市住建局	句容市住建局	已完成都市晴园、哈佛星城等 10 个片区雨污分流改造，等待验收；继续开展玉清河上游和葛洪路排口雨污分流前期准备工作
2	华阳西路、人民路道路环境综合提升改造工程及市政府东侧未拆迁的海澜之家 3 幢建筑立面改造	项目试点部分完工	句容市住建局	句容市住建局	完成 10 幢建筑立面改造，年前标计划已完成
3	城区部分主干道夜景灯光亮化	对时代城片区道路新建路灯 90 盏，其他老城区路灯提档升级改造 80 盏	句容市住建局	句容市住建局	时代城片区道路新建路灯 90 盏、其他老城区路灯提档升级改造 80 盏全部完成
4	华阳东西南北路路灯改造工程	完成华阳东西路的路灯改造	句容市住建局	句容市住建局	华阳东西南北路路灯改造工程已变更，变更为 2022 年年底完成；前期完成项目建议书和工程可行性研究报告的编制和审批工作，现场路灯基础和管线布置勘察设计基本完成，正对路灯造型进行调整和试做，同时开展初步设计工作，待设计完成后开展下一步工作
5	长江引水暨城区水厂、下蜀水厂、北山水库泵站管线施工工程	确保城区水厂、长江取水泵站完成土建及主要设备安装，下蜀水厂、北山水库泵站及外管线完成工程量的 60%	句容市住建局	句容市住建局	城区水厂完成土建主体施工的 100%，装饰装修完成 25%，厂区设备安装完成 5% 下蜀水厂完成土建施工的 60% 长江泵站取水泵房沉井下沉完成，完成土建施工的 65% 外管线施工完成 DN1000 管道安装 1900 米；DN1200 管道安装 15560 米；DN1400 管道安装 19600 米；DN1600 管道安装 1900 米；完成外管线施工的 78. 17%
6	句容市张木河路道路工程	张木河路全线竣工	句容市住建局	句容市住建局	已竣工

（戴一平）

建工程项目达 1160 多批次，下达安全隐患整改通知 1100 余份，发现并整治各类安全事故隐患达 7600 多条，移交执法立案 6 起。全年监督安装塔吊、施工升降机、附着式脚手架、吊篮、门式起重机、桩机等 1372 台次，监督拆除 485 台次，受理并检测建筑起重机械设备及附属设备 3066 台次。（戴一平）

张木河路面改造工程

【建筑企业信用管理】 2021 年，市住建局办理资质重组分立 64 项，首次申请资质 3 家，资质增项 20 家。办理工程项目信息变更 33 个，交竣工业务项目 69 个。全年采取不见面审批形式办理项目登记 101 项。安全生产许可证新办申请 38 家，延期申请 75 家。电子信用手册办理审核 106 家。安管人员延期 1450 人，调动 600 余人。 （戴一平）

住房保障

【概况】 2021 年，句容市城市棚户区改造新开工 100 套，基本建成 1026 套。全年发放廉租住房租赁补贴 36 户 19.9 万元。审批上市房改房 76 套、经济适用住房 3 套、经济适用货币化补贴 4 户。审批通过新申请低收入、中等偏下收入住房困难家庭 16 户，同时纳入住房保障。制定《句容市人民政府关于调整住房保障有关标准的通知》，低收入住房困难家庭收入保障标准由原家庭人均月可支配收入 2550 元（含）以下，调整为 2640 元（含）以下；中等偏下收入住房困难家庭收入保障标准由原家庭人均月可支配收入 3188 元（含）以下，调整为 3300 元（含）以下。 （戴一平）

防震减灾

【概况】 2021 年，市住建局持续做好地震监测日常工作，按时对监测站仪器设备进行检查和维护。联合应急局和人防办在石狮小学开展防空防灾应急演练；联合抗震办在华阳公园开展防灾减灾科普知识宣传活动。开展自然灾害风险普查，以及房屋建筑和市政基础设施调查工作，摸清城镇房屋、农村房屋和市政基础设施存量底数和空间分布及灾害属性特性。针对江苏省内发生的盐城市大丰区海域 5.0 级地震和常州市天宁区 4.2 级地震，第一时间将震情报告上报至市政府和上级地震部门，安排专人 24 小时值班，及时解答市民的电话咨询。

（戴一平）

电力供应

【概况】 2021 年，句容市全社会用电量 34.93 亿千瓦时，比上年增长 7.48%；完成供、售电量 33.17 亿千瓦时和 32.05 亿千瓦时，比上年分别均增长 7.71%。截至 2021 年年底，全市区域内拥有 35 千伏及以上运行变电站 35 座，变压器总数 60 台，总容量 300 万千伏安。其中，500 千伏开关站 1 座、220 千伏变电站 6 座，总容量 126 万千伏安；110 千伏变电站 18 座，总容量 158 万千伏安；35 千伏变电站 10 座，总容量 16 万千伏安。管辖 110 千伏线路 33 条，总长 452 千米；35 千伏线路 22 条，总长 209 千米；10（20）千伏线路 376 条，总长 4883 千米；低压线路总长 1.6 万千米；配电变压器 7955 台，总容量 358 万千伏安。 （王 勇）

【安全生产】 2021 年，句容市供电公司坚持安全生产主责主业地位，修订完善全员安全责任清单和班组工作清单。落实“前置安全策划”要求，实施“施工许可+安全专项许可”双许可机制。深化机器人自动涂覆绝缘技术研究和应用，实施输电线路电缆终端差异化运维，综合利用无人机、通道可视化等技术手段，输电线路连续两年实现零外破、零钓鱼触电。推进专项整治、安全达标创建等行动，开展变电站诊断性巡视，专项排查电缆管沟、共用管道安全隐患，推进各类风险隐患集中整治。开展农业打水线路问题专项治理，整治缺陷 396 个。强化生产、营销、产业的联动和支撑，不断提升用户侧安全管控水平。建立安全工器具全寿命周期管理模式，建成 4 个智慧工器具库房。（王 勇）

【电网建设】 2021 年，220 千伏新坊输变电工程完成初步设计，110 千伏白兔等 3 项输变电工程进入省发改委立项核准阶段。推进 220 千伏华阳变移址新建工程，线路工程进场施工，变电站土地指标得到批复。推进南沿江城际铁路配套线路工程，实施 110 千伏华南变工程，竣工投运 110 千伏滨河开关站工程，开展 110 千伏容西至郭庄线路工程施工。实施 5 台主变调剂工程。完成年度配农网投资 2.54 亿元，新增改造配变 110 台，维修改造中低压线路 492 千米。3 项工程获省公司配电网示范工程，1 项工程作为镇江地区唯一项目获国网百佳工程。土建预制应用率位列全省第三。投运配网全自动馈线自动化（FA）线路 91 条，建成分级保护线路 110 条，成功动作率分别达到 98%、95%。（王 勇）

【供电服务】 2021 年，句容市供电公司配合地方政府做好能耗“双控”（总量控制、强度控制）和遏制“两高”（高耗能、高污染）项目盲目发展，连续 27 天平稳实施有序用电。落实电价改革政策，开展代理购电业务。促请政府制定《电力接入工程政企共担管理机制实施办法》等文件，将拓展电力接入免审批范围，园区“开门接电”服务纳入打造“句满意”服务品牌优化营商环境十条举措，建成下蜀临港工业园“开门接电”示范区，与开发区建立“拿地即开工”协同机制，实现居民“零证办电”。开展电动汽车充电服务业务，促请政府制定《居住区充电桩建设管理办法》，与本地 4 家电动汽车 4S 店签订充电桩联网通办协议，率先建成镇江首个小区充电桩统建项目。建成开发区全电美食广场，推广 100 个乡村电气化项目，完成电能替代 3.5 亿千瓦时。（王 勇）

自来水供应

【概况】 2021 年，句容市（下蜀、宝华镇除外）供水量达 6244 万吨。市水务集团全年办理新增用户 9761 户，办理水费卡过户业务 7684 户，派出管道维修单 4348 份，管网维修率保持 99% 以上。年内，水务集团组建智能化管理中心，全力推进智慧水务平台建设，以云计算和大数据分析为依托，实现从进水到出水的全生命周期监管。（水务集团）

【供水管网建设】 2021 年，市水务集团完成紫荆花园、三里井、梅花山庄、瓜子沟村、郭庄唐家村和陈家埠村 6 个老旧小区和城中村供水管网的改造，同时完成南工路、羊角山路、人民路、华阳北路等市政道路供水管网的改造，改造长度 31 千米。对郭庄新桥泵站和天王金星泵站进行改造，保障供水薄弱区域居民正常用水。人民路管道维修引进管道内衬修复技术，在维持正常交通环境下，避免地面开挖，短时间内完成有限空间内的管道安装和反复检验。（水务集团）

句容市首次启用机器人开展配网带电作业

【水质管理】 2021年，市水务集团采集水样1449次，全年供水水质继续保持平稳，第二水厂和南部应急水厂出厂水42项指标合格率达100%。9月起，集团委托无锡市政公用检测有限公司对句容水库叶绿素含量进行周检，提高居民用水安全性。定期向社会发布水质信息，做到公开透明。

（水务集团）

天然气供应

【概况】 2021年，句容市（除宝华镇）天然气用户达13万户，工商用户647户，年销气量超过6955万立方米，天然气管道870千米，高压管道总长25.6千米，中压管道总长345千米，低压管道总长为499.4千米，高中压调压站6座，中中压调压站2座。句容市宝华天然气有限公司通气管网243千米，中压45.2千米，低压197.8千米。截至2021年年底，宝华镇天然气居民用户4.2万户，总用气量约1099万立方米。

（戴一平）

【燃气安全】 2021年，句容市依法查处异地充装、倒灌液化气钢瓶等违规行为，依法查处无证无照等违法违规经营行为；依法取缔非法供应站点。全市有44家供应站点，供应许可到期的30个供应站点年内全部妥善安置，和气站签订劳动合同，确保全市市瓶装液化气市场稳定。

（戴一平）

城市管理

【概况】 2021年，句容市城管局紧紧围绕建设“一福地四名城”美丽句容的愿景目标，按照“一领两改五提升”的总体工作思路，以新一轮全国文明城市建设和国家卫生城市复审为契机，不断深化精细化管理，扎实推进高质量发展，较好地完成全年目标任务。

（黄　潇）

【市容环境治理】 2021年，市城管局坚持问题导向，开展专项整治行动，着力强化市容环境治理。加大对户外广告的执法巡查力度，督促整改违规户外广告，维修加固破损公益广告。加大路域公益广告宣传投入，在公园广场、沿街商点等区域增设具有句容元素、符合文明创建要求的温馨提示牌、公益道旗、临时户外围挡等，提升城市文明形象。全年整治违规店字店招及广告156起，拆除破旧灯杆道旗400余杆，更新绿岛插牌画面、落地及墙体大牌画面318块，出新公园广场展牌55块。大力整治占道经营，先后开展30余次整治行动，重点对在主次干道、背街小巷、校园周边、集贸市场、建筑工地等场所乱设摊点、溢店经营、流动贩卖等占道行为进行清理整治。大力整治公共停车，成立专项整治工作推进小组，开展公共停车收费管理专项整治行动，进一步规范机动车、非机动车、电瓶车充电点泊位设置和公共停车收费管理，提升公共停车设施的利用效率。

（黄　潇）

【环境卫生管理】 2021年，市城管局按照《清扫保洁作业要求及质量标准》，实行定人、定时、定路段清扫保洁，保证城区范围内的生活垃圾日产日清。开展生态环境“百日攻坚”行动，加强城乡环境治理，做到“目光所及不见垃圾杂物、路见本色”。推进保洁精细化管理，全面消除卫生管理盲点，提升辖区卫生质量。仔细排查清理卫生难点死角，对公交站点、人行道、树穴、绿化带等薄弱区域进行清理整治。在城区各十字路口新添231个立柱式灭烟柱，定时定点清掏；对垃圾桶、果皮箱等设施安排专人定期巡查，对损坏的及时维修更换，确保各项环卫基础设施完好达标。通过强化工地扬尘管控、紧抓渣土运输污染管控、实施城区主次干道机械化清扫与冲洗降尘等措施，加大大气污染防治力度，推动空气质量指数持续向好。巩固拓展农村人居环境整治成果，新建改建农村公厕15座。（黄　潇）

【垃圾处理】 2021年，市城管局将城区26个垃圾分类试点小区进行招标，交由第三方公司运营管理。完善已开展垃圾分类的89个试点小区设施布设及宣传工作，全年开展小区定时定点宣传活动6070次。新建撤桶并点清洁屋2座，新建分类亭24座，新增投放回收桶303个，喷绘小区内机械分类桶250个，增设垃圾分类光荣榜461处、垃圾分类引导牌和垃圾分类地插110处。完成12个生活垃圾分类省级达标小区创建工作，达标率为100%。在138个行政村做到生活垃圾集中收运，集中收运实现全覆盖。完成垃圾箱房及垃圾清运车辆密闭化改造，改造垃圾箱房120座、垃圾清运车辆10辆。（黄　潇）

垃圾分类进社区

【环卫设施建设管理】 2021年，市城管局加强环卫设施建设管理，配合句投集团完成建筑垃圾资源化处置项目、厨余（餐厨）集中中转站、生活垃圾应急填埋场等建设工作。进一步强化生活垃圾焚烧发电厂监管，委托第三方公司做好对焚烧发电厂的“一进四出”（一进：生活垃圾；四出：垃圾渗滤液、烟气、飞灰、炉渣）等生产过程的有效监管；完善监管考核体系，制定《句容市生活垃圾焚烧处置监管考核办法（试行）》并开展月度考核。飞灰处置突出环境问题通过镇江市级销号验收。年内，天王垃圾填埋场封场治理工作完成，城北垃圾填埋场封场治理工作有序推进中。（黄　潇）

市城管局开展渣土车专项整治工作

【城市管理综合行政执法】 2021年，市城管局认真落实行政执法“三项制度”，强化对执法案件的法制审理。配合综合执法“三整合”改革，充分发挥执法办案业务指导作用。全年办结“12345”政府热线交办案件690件，满意率99.91%。建立健全违法建设巡查和举报制度，逐步完善市镇村三级违法建设防控机制。推进防违控违治理，年内拆违面积达8704平方米。强化渣土规范化管理，严格落实考核制度，通过定点值守与机动巡查相结合的方式整治境外渣土，全年立案查处境外渣土违法行为59起。推进“智慧城管”项目建设，数字化城管系统全年立案25274件，处置率98%、按期处置率88.6%。（黄　潇）

【乡镇管理】 2021年，市城管局积极推进基层整合审批服务执法力量改革。充分沟通、协调联动，解决改革过渡期中可能出现的职责不清、边界不明、管辖异议等问题。加强对地方综合执法工作的业务指导和培训，确保管理、执法事项无交叉，建立起纵向指导、双重管理的执法体制。开展户外广告专项行动，排查城乡道路两侧广告设施锈蚀严重等各类安全隐患，拆除户外广告180块、整改115块。开展渣土车专项整治工作，严查渣土车辆运输中“抛、洒、滴、漏”等现象，全年依法查处违法案件83起。落实“谁执法谁普法”责任制，开展“阳光城管　法制先行”普法惠民系列类活动8次。加大对违法建设、擅自倾倒建筑垃圾和工程渣土等事项的普法宣传力度。

（黄　潇）

城市绿化与园林建设

【概况】　2021年，句容市城市建成区绿地率37.28%、绿化覆盖率达38.65%、人均公共绿地面积11.42平方米，公园绿地10分钟服务半径覆盖率为66.64%。年内，句容市城管局推进市政府民生实事项目建设，实施休闲空间、交通环境、道路景观提升改造，推动民生城管。探索“公园+”模式，创建多元化的“公园+”场景，丰富公园广场功能空间，尽量满足广大市民生活需求。推行高标准绿化种植，因地制宜落实种植补植。加大对绿化外包的指导管理、绩效考核力度，不断推动园林管理提档升级。

（黄　潇）

【园林绿化工程建设】　2021年，市城管局推进公园广场品质提升行动，打造城市精品工程，完成和平鸽广场景观提升改造，改造面积约5000平方米；完成百福球周边、农林学院北侧围墙周边绿化提升改造，改造面积约5010平方米；完成里巷口街心公园景观项目建设，总面积约31000平方米。推进城市绿化美化亮化，完成省道6号线县中东大门道路绿化标准段及容城大道的沿线景观提升改造，总面积约24000平方米。

（黄　潇）

【绿地养护】　2021年，市城管局进一步优化绿地养护，结合黄土裸露治理工作，补植行道树约70棵、小苗约2200平方米、绿篱约4800株。根据气候状况及节日氛围营造要求，分夏季、国庆、元旦三个时段在城市主要节点摆放太阳花、彩叶草、一串红、孔雀草、三色堇等花卉，每季约5400平方米，全年约170万盆。对东昌路、北大街、市政府大门东西两侧、农校小广场、福地广场等绿地进行草种播撒，面积约20000平方米。在保证日常养护的同时，对法桐注射“树木绝育”药剂约4700支，减轻法桐飘絮困扰市民的问题。每日安排工作人员清理清运路段的树枝、树叶、杂草、石块，确保卫生无死角。全年对管辖范围内的30多个路段的树木、绿篱及草坪进行循环修剪4~5次。（黄　潇）

【公园广场管理】　2021年，市城管局在所管辖公园、广场等绿地内更换维修座椅、树池、护栏等公共设施约400处；更换文明宣传标语约40块。完成句容河一期、二期等地约18400平方米木栈道的油漆出新、崇明公园约2790平方米木栈道的更换、句容河一期约3490平方米透水混凝土跑道改造等项目。探索“公园+”模式，通过基础设施修复、园容美化整治、特色景观打造、秩序引导管理等途径，提升公园广场环境品质。（黄　潇）

水利设施建设与管理

【概况】　句容素有“五山一水四分田”之称，2021年，全市水资源总量6.952亿立方米，年用水量3.4988亿立方米。境内河流分属秦淮河水系、太湖水系和沿江水系，特定的地形条件，使得句容成为水旱灾害频发的地区，决定水利在全市经济社会发展中始终占有特殊的地位。全市建成在册中小型水库57座，湖泊2座，省名录骨干河道14条，镇级河道62条，管护名录范围内灌排泵站382座，干支斗农渠道469.8千米，各类水工建筑物15986座。这些水利设施的建成，使全市基本形成配套比较完善的蓄、引、提、调、排、灌水利工程体系，在历次防洪抗旱过程中发挥了巨大的社会和经济效益。

（马　骏）

【水库移民后期扶持项目】　2021年，句容市下达各类资金4238.92万元，其中直补资金及后扶项目1100.46万元，自主外迁移民补助14.46万元，大中型水库移民后期扶持基金项目3124万元。年内，直补资金发放全部完成，后扶项目及大中型水库移民后期扶持基金项目有序推进。2021 年，重点助推茅山镇及茅山管委会等红色美丽村庄试点村建设工作，主要实施茅山镇何庄村“美丽库区 幸福家园”项目三期、茅山风景区管委会茅山村“美丽库区 幸福家园”建设工程、后白镇中河环境整治工程等 9 个项目。（舒作香）

【水利工程建设】 2021 年，句容市重点水利建设是仑山水库除险加固工程。工程主要建设内容包括加固主坝、东副坝坝体，拆建溢洪闸，封堵主坝涵，护砌东涵进水口、西涵出口，完善必要的管理和观测设施等。工程批复总工期 19 个月，主体工程于 2021 年 3 月 9 日开工，年内主体工程全部完成，进行草皮铺设和启闭机房装修工作。（卞伟嘉）

【水利工程管理】 2021 年，按照江苏省下达的水库保护规划编制任务，句容市完成全市 6 座中型水库管理和保护规划编制工作，剩余 51 座小型水库管理和保护规划在编制中。组织全市水利站站长及业务副站长召开小水库规范化管理暨堤坝白蚁防治现场会，提高全市小型水库运行管理和白蚁防治水平。11 月 17 日，镇江市水利局组织相关白蚁防治专家对句容市黄坑、五里冲、深坑等三座小水库和墓东水库蚁害分别进行达控、复查验收。经查看现场、翻阅台账资料、听取相关防治单位的白蚁防治工作情况汇报后，

仑山水库除险加固工程

以上水库大坝蚁害均通过验收。11 月，句容市水利局组织白蚁防治人员对句容河 3 千米、中河 2 千米、北河 1 千米堤防和四清、龙海、金山（天）、东进、蟒蛇洞、上杆、固江口、南塘、小沿坝、幸福、中心等 11 座小水库蚁害进行复查验收。（张佳丽）

【防汛抢险演练】 2021 年 5 月 21 日，句容市在郭庄镇葛村西万亩圩举行全市 2021 年防汛抢险演练。演练现场组织开展了渗漏抢险、管涌抢险、浅层滑坡抢险、深层滑坡抢险、漫溢抢险、决口抢险、抢排涝水泵站电气设备抢险等常见科目的演练。有来自市人武部组织的民兵抢险队，市水利局组织的抢险、抢修、抢排 3 支队伍，以及郭庄镇抢险队、下蜀镇抢险队、宝华镇抢险队、后白镇抢险队，总共近 200 人参加此次演练。（朱 力）

【水政水资源管理】 2021 年，市水利部门贯彻落实水利改革发展总基调，全面推进依法行政，坚持依法治水，以水资源刚性约束为核心，以加强取用水管理为抓手，紧紧围绕合理分水、管住用水的水资源管理工作目标，系统推进年度水资源管理各项工作。年内，完成全省首例地表水水权交易工作。强化水资源信息化在线监测建设，全市 90 张存量纸质取水证全部完成电子证照转换。完成 5 条河湖生态流量（水位）方案、13 个河湖库的健康评价以及北山水库水源地、句容水库应急水源地标准化建设。开展节水工作，创建省级节水型企业 2 个，省级节水型学校 2 个。开展“世界水日”“中国水周”活动，在市区公交站台宣传栏张贴宣传海报，随机抽取 10 万名市民发送节水宣传彩信等，提高广大市民的节水意识。（王 强）

2021年句容市水库一览表

表18

序号	水库名称	水库规模	所在乡镇	序号	水库名称	水库规模	所在乡镇
1	北山水库	中型	华阳街道	30	东庄水库	小（2）型	边城镇
2	句容水库	中型	华阳街道	31	茅陈水库	小（2）型	茅山风景区
3	仑山水库	中型	边城镇	32	东塘水库	小（2）型	后白镇
4	二圣水库	中型	后白镇	33	白云观水库	小（2）型	茅山风景区
5	茅山水库	中型	后白镇	34	南庄水库	小（2）型	茅山风景区
6	墓东水库	中型	茅山风景区	35	东进水库	小（2）型	茅山风景区
7	潘冲水库	小（1）型	茅山风景区	36	民兵水库	小（2）型	茅山风景区
8	李塔水库	小（1）型	茅山风景区	37	蟒蛇洞水库	小（2）型	茅山风景区
9	石山头水库	小（1）型	华阳街道	38	五四水库	小（2）型	黄梅街道
10	固江口水库	小（1）型	黄梅街道	39	黄坑水库	小（2）型	宝华镇
11	虬山水库	小（1）型	郭庄镇	40	五里冲水库	小（2）型	宝华镇
12	王庄水库	小（1）型	白兔镇	41	白沙水库	小（2）型	天王镇
13	中心水库	小（1）型	白兔镇	42	杨家坝水库	小（2）型	天王镇
14	龙山水库	小（1）型	天王镇	43	跃进水库	小（2）型	天王镇
15	马埂水库	小（1）型	茅山风景区	44	龙海水库	小（2）型	天王镇
16	方山水库	小（1）型	天王镇	45	金山（袁）水库	小（2）型	天王镇
17	幸福水库	小（1）型	白兔镇	46	石龙洞水库	小（2）型	华阳街道
18	红旗水库	小（1）型	茅山风景区	47	戴木坝水库	小（2）型	茅山镇
19	老虎洞水库	小（1）型	茅山风景区	48	南塘水库	小（2）型	茅山镇
20	肖庄水库	小（1）型	华阳街道	49	青年水库	小（2）型	天王镇
21	青菜地水库	小（1）型	天王镇	50	金山（天）水库	小（2）型	天王镇
22	小马埂水库	小（1）型	茅山风景区	51	迎春水库	小（2）型	天王镇
23	上杆水库	小（1）型	茅山风景区	52	溧西水库	小（2）型	天王镇
24	仑环水库	小（1）型	边城镇	53	四清水库	小（2）型	天王镇
25	何家坝水库	小（2）型	白兔镇	54	草塘水库	小（2）型	天王镇
26	邹培塘水库	小（2）型	白兔镇	55	林华水库	小（2）型	天王镇
27	尹巷水库	小（2）型	白兔镇	56	深坑水库	小（2）型	下蜀镇
28	小沿坝水库	小（2）型	边城镇	57	冷水孔水库	小（2）型	下蜀镇
29	团结水库	小（2）型	边城镇				

（水利局）

科学技术

责任编校：刘明亮

综　述

【概况】　2021 年，句容市科技工作围绕实施创新驱动发展、产业强市、人才兴市战略，从创新主体活跃、创新载体多元、创新人才集聚、创新环境优越等方面精准发力，着力深化科技体制机制改革，加快科技自立自强，把握新思路创新成效，科技综合实力稳步提升，创新体系更加健全，创新环境不断优化，创新能力显著增强。（科技局）

【科技指标推进】　2021 年，句容市成立科技指标工作专班，建立服务企业数据库，创新运用“工作督查＋专业辅导＋跟踪服务”，深入板块、企业做好“一对一”工作辅导，推动坚持一线工作法，专班每周 3 天工作在板块或企业。深挖研发投入及技术合同成交额指标等数据，研发投入年度完成 15.3 亿元，比上年增长 45.7%，技术合同成交额预计年度完成近 20 亿元，均大幅超额完成全年目标任务。（科技局）

11 月 19 日，句容市举行全市高新技术企业发展情况汇报会

【科技创新主体培育】　2021 年，句容市立足现有产业基础，突出特色和优势，选准重点领域和方向，使科技创新主体培育不断强化。以“微成长、小升高、高壮大”梯次培育为突破口，深入实施创新主体培育工程，全年组织高新技术企业申报培训会 5 场，全年申报高新技术企业（简称“高企”）101 家，认定通过 34 家，新增 14 家，净增 5 家，净增数在镇江排名第 3 位，有效高企数达到 124 家。全年申报省高企入库培育企业 53 家，成功入库 43 家，入库率达到 81%。全年科技型中小企业注册入库参评企业 317 家，入库 297 家，入库率达 93.7%，入库数绝对值在镇江排名第 4 位，进一步壮大发展梯队。（科技局）

【科技创新载体建设】　2021 年，句容市依托区位优势，集聚宁镇创新资源，大力推进创新平台载体布局与升级，不断完善孵化培育生态链，孵化空间规模快速增长，孵化服务质量持续提升。创成国家级科技企业孵化器 2 家、省级科技企业加速器 2 家，贯通

"众创空间+孵化器+加速器+产业园"的孵化—加速—产业化全链条创新服务体系，新增镇江市级科技企业孵化器1家、镇江市级众创空间1家。全市省级以上平台载体有97家，其中国家级创新载体7家（科技企业孵化器5家、众创空间2家），国家级星创天地3家，省级星创天地5家，科技孵化总面积超过92万平方米。

（科技局）

【科技金融创新】　2021年，句容市充分发挥"苏科贷""高企贷""华阳科贷"的杠杆作用，助力企业创新发展，帮助10家企业办理"苏科贷"备案，发放贷款2350万元，"华阳科贷"贷款余量1.4亿元，有效缓解企业融资压力。持续优化服务保障，助力企业拓展创新发展新路径。成功举办"2021年度助力创业企业行动——企业上市辅导、直通北交所"和"科技金融进孵化器"等活动。（科技局）

【现代高效农业】　2021年，句容市火龙果产业星创天地获省科技厅备案，江苏省彩叶苗木产业技术创新战略联盟在天王唐陵花木交易市场成立。由江苏农景生态建设有限公司承担的"薄壳山核桃油脂提取及其副产物的功能与富集研究"项目获省科技立项，句容市浩源生态农业科技有限公司承担的"缓解蛋鸡热应激的营养调控技术研究与集成"项目获镇江市科技局立项。全市拥有国家级星创天地3家、省级星创天地8家、省级农业产业技术创新战略联盟3家、省级农业科技型企业14家、省级科技型农民专业合作社4家、各级农业科技示范园75个。以"园区+孵化+高校院所+科技企业+科技平台"为发展模式，推动农业科技创新、示范推广快速发展，实现传统农业向现代农业转变。（科技局）

科技管理

【概况】　2021年，句容市立足特色和优势产业，为加强项目管理，持续改进优化项目申报管理系统，确保市本级科技计划项目全部网上留痕管理，持续扩充专家库资源，利用网上申报+现场查验的方式，全面做好项目评审组织工作。打好研发与成果转化、高新技术企业培育、农业科技创新、平台载体建设四大类政策组合拳，全市创新氛围更加浓厚，综合实力稳步提升，在《2021年中国中小城市高质量发展指数研究成果》中，位列全国科技创新百强县市48位。（李　权）

【科技惠企政策】　2021年，句容市围绕省科技改革30条、科技创新40条政策、镇江科技改革20条、"聚力创新"6条政策等上级政策落地，紧贴句容实际制订市级政策，全面打好科技人才政策"组合拳"。进一步完善句容科技"1+*X*"全方位、全要素的政策体系，新制订《句容市创新企业培育实施办法》《句容市技术转移奖补资金实施细则》等7项政策，形成17个一揽子创新创业政策，从提升企业管理能力、推动企业研发建设、强化企业创新发展等方面助力企业转型升级。

（张　颖）

【科技创新主体服务】　2021年，句容市坚持"党建+科技"双引领，夯实建强基层战斗堡垒，开展"学亚夫、做亚夫"、"两在两同"建新功和"科技暖企大走访"等活动，打造"科技助跑"服务品牌，扩大科技创新党建联盟"朋友圈"，开展科技入企、科技帮孵、科技助农等活动28场。聚焦科技"三服务"，立足企业创新发展遇到的痛点、堵点、难点，推动解决企业"急难愁盼"问题。

（李　权）

科技活动

【概况】　2021年，句容市紧抓长三角一体化和宁镇扬一体化战略机遇，以加快科技成果转化、提高企业创新能力为目标，进一步完善产学研合作机制，发挥科技企业、高校院所和科技管理部门的作用，依托市主导产业搭建合作平台，推动校企产学研深度合作。围绕企业技术需求，积极组织人员到贵阳、长沙、南京、镇江等地高校院所开展产学研对接和科技招引活动，全年向全国相关高校院所发布技术需求90余项，签订各类产学研合作协议30余项。（李　权）

【产学研合作】　2021年，句容市举办参与各类科技政策宣讲会、产学研对接会等18场，推动企业

6月5日，东西部地区先进陶瓷产业发展论坛暨句容市先进材料产业对接会

10月15日，宝钢股份与联博精密“无取向硅钢应用联合实验室”签约揭牌仪式

签订各类产学研合作协议近百项。南京栖霞高新技术产业开发区与句容临港工业集中区签订共建伙伴园区框架协议。南京工业大学与江苏圣福来生态农业签订产学研合作基地协议。聚焦新材料产业发展需求，举办2021年东西部地区先进陶瓷产业发展论坛暨句容市先进材料产业对接会。围绕提升企业研发水平，推动江苏联博精密科技有限公司与宝山钢铁股份有限公司无缝合作，联合共建“无取向硅钢应用联合实验室”。

（李　权）

科技计划

【概况】　2021年，句容市坚持科技创新引领发展，强化科技项目带动，激发企业创新活力，壮大创新市场主体，促进产业转型升级，推动实体经济高质量发展。全年申报省级科技项目19项；立项4项，镇江市级19项、立项7项；争取科技经费126万元。积极做好句容市本级科技计划申报立项工作，立项69项，下达资金4000余万元，持续为企业科技创新赋能发展。

（李　权）

【科技项目申报与立项】　2021年，句容市申报各级各类科技计划项目107项，其中省级19项、镇江市级19项；获立项11项，其中省级4项、镇江市级7项。争取上级经费支持126万元，其中江苏农景生态建设有限公司承担的“薄壳山核桃油脂提取及其副产物的功能与富集研究”项目为2021年省级重点研发项目，获得经费50万元，由江苏九谷生态农业有限公司承担的“句容市现代农业电子商务产业星创天地”项目和镇江万山红遍农业园承担的“句容经济林果产业分店及便利店”项目为省农业科技社会化服务后补助项目，获得经费55万元。

（李　权）

科技成果

【概况】　2021年，句容市依托区位优势，集聚宁镇创新资源，大力推进创新平台载体布局与升级，不断完善孵化培育生态链，孵化空间规模快速增长，孵化服务质量持续提升。创成国家级科技企业孵化器2家、省级科技企业加速器2家，贯通“众创空间+孵化器+加速器+产业园”的孵化—加速—产业化全链条创新服务体系，新增镇江市级科技企业孵化器1家、镇江市级众创空间1家。在省级孵化器绩效评价工作中，1家企业获得A类优秀评级，3家企业获得B类良好评级，获奖补资金84万元。

（李　权）

2021 年句容市科技计划项目（镇江市级以上）情况一览表

表 19

序号	项目名称	承担单位	项目类别	项目层次
1	薄壳山核桃油脂提取及其副产物的功能与富集研究	江苏农景生态建设有限公司	重点研发计划（现代农业）	省级
2	句容市火龙果产业星创天地	句容市厚朴生态农业有限公司	省级“星创天地”	省级
3	句容市现代农业电子商务产业星创天地	江苏九谷生态农业有限公司	科技社会化服务项目（农业后补助）	省级
4	句容经济林果产业分店及便利店	镇江万山红遍农业园	科技社会化服务项目（农业后补助）	省级
5	缓解蛋鸡热应激的营养调控技术研究与集成	句容市浩源生态农业科技有限公司	重点研发计划（现代农业）	镇江市级
6	基于“肺病肠治”原理改善呼吸机相关性肺炎患者肺部黏膜免疫力的研究	句容市人民医院	重点研发计划（社会发展）	镇江市级
7	FECH 基因遗传变异-血清铁的交互作用与抗结核药致肝损伤危险性研究	句容市人民医院	重点研发计划（社会发展）	镇江市级
8	血清 UBE2C 蛋白在乳腺癌中表达意义及超声造影联合检测在乳腺癌早期诊断中的应用研究	句容市人民医院	社会发展指导性科技计划项目	镇江市级
9	渐进性肌肉放松训练对维持性血液透析患者内瘘穿刺疼痛的干预效果研究	句容市人民医院	社会发展指导性科技计划项目	镇江市级
10	丘陵地区病媒生物监测及控制技术研究	句容市疾病预防控制中心	社会发展指导性科技计划项目	镇江市级
11	句容市成年男性吸烟与慢性病发病风险的关联性研究	句容市疾病预防控制中心	社会发展指导性科技计划项目	镇江市级

（科技局）

【科技平台载体建设】 2021 年，句容高新技术创业园加速器、江苏富达加速器创成省级科技企业加速器，实现句容市“省级科技企业加速器”零的突破，打通“众创空间+孵化器+加速器+产业园”的孵化—加速—产业化全链条创新服务体系。万城创客盟创成省级众创空间，启迪之星（句容）科技企业孵化器创成镇江市科技企业孵化器，南工宝华众创空间创成镇江市级众创空间。江苏省无机非金属新材料工程技术研究中心获省级绩效评价优秀，省高创科技孵化器在省级孵化器绩效评价中获 A 类优秀评级，句容边城镇光明中小企业科创园、江苏万城青年人才创业园、江苏国华健康科技孵化器在省级孵化器绩效评价中获 B 类良好评级。

（张文涛）

【获评省科学技术奖】 2021 年，句容市获省科学技术奖 3 项。其中，省科学技术二等奖 1 项，为镇江农业科学研究院参与完成的“水稻主要病虫害防控简用药关键技术创新与应用”；省科学技术三等奖2项，分别为句容市东方紫酒业有限公司参与完成的“浆果花青素功能解析及产品创制关键技术”和江苏和正特种装备有限公司参与完成的“北斗智能终端关键技术开发与应用”。

（孙有喜）

气　象

【概况】 2021年，句容市气象局地面气象探测业务综合质量继续保持稳定，国家站传输及时率、到报率和数据可用率均为100%，区域站传输及时率、到报率和数据可用率分别为99.97%、99.98%和99.98%。年内，大气成分站投入使用，运行正常；完成二圣水库自动气象站的升级改造，由原来的四要素气象站升级成五要素气象站。

（胡丹丹）

【预报服务】 2021年，气象局发布重要天气报告27期，发布疫情防控、春运、两会期间大气污染防治等专题、专项服务材料77余期，制作发布各类气象灾害预警信号55次。向市防汛领导等发送预警信息、重要天气预测、雨情实况等各类气象短信近600条。

（胡丹丹）

【气象为农服务】 2021年，气象局加强与市农业农村局合作，围绕气象服务、乡村振兴、保障现代农业发展等进行工作对接，共商合作意向，谋划兴农对策。定期召开专家联盟会商，做好特色农业葡萄等的全生育期专题气象服务和主要作物病虫害防治气象服务工作。与市农业农村局联合下乡镇开展秋收秋种推进工作，指导农民抢抓晴好天气，加大机械和劳力的组织力度，全力抢收，确保颗粒归仓。

（胡丹丹）

【气象科普宣传】 2021年，气象局致力于气象科学普及、防灾减灾宣传，利用3·23世界气象日、5·12防灾减灾日、10·13国际减灾日、安全生产日等时间节点积极开展气象科普宣传工作，多次组织中小学生参观气象科普馆。在世界气象日，气象科普讲解员走进句容市实验高级中学，开展气象科普知识宣讲，同时还通过微信公众号举办“气象科普知多少”有奖竞答活动，扩大宣传面。

（胡丹丹）

综　述

【概况】　2021年，句容市有3所普通高中，1所中专，11所初中，28所小学，2所九年一贯制学校（含1所民办句容碧桂园学校），1所特殊教育学校。普通高中学生7506人，初中学生12369人，区域内小学毕业生入学率为100%；年巩固率为100%；小学生30179人，入学率100%，巩固率100%；特殊教育学生133人，特殊学校为省特殊教育现代化示范学校。2021年，教育系统上下扎实推进“五育”融合，“双减”政策得到有效落实，育人质量明显提升；各项改革持续深化，“县管校聘”焕发教师队伍活力，集团化办学全面推进。教育内涵不断提升，三个“五年行动计划”持续推进，品格提升项目示范效应凸显，教学科研取得丰硕成果；“十四五”教育规划编制完成，重点工程有序推进。党风廉政建设持续加强，制度建设与执行进一步深化，校园安全管理与疫情防控扎实有效。制定《句容市“加强体育锻炼，增强学生体质”的八条意见》《关于进一步加强中小学生“五项管理”工作的通知》《关于加强学校图书管理与图书馆建设的若干规定》等文件，围绕“薄弱学科提升年”，强化对学科质量提升的整体谋划，制订语文和英语学科质量提升的三年行动计划，组建各学段优秀语文、英语老师参加的全学段工作室，建立激励政策和机制。

（周长鹰　毕道玉）

【集团化办学】　2021年12月，市委办公室、市政府办公室印发《关于深入推进全市义务教育集团化办学的实施意见》，在总结全市片区合作共同体建设和前期义务教育集团化办学经验的基础上，小学组建崇文、行知、崇明、正心、弘景、文昌等6个教育集团，中学组建春芳、华阳、玉清等3

市实验小学、春城实验学校组织学生开展“知农事、惜粮食”主题教育活动

个教育集团，深入推进集团化办学工作。（陈远明）

【“双减”工作】　2021年，句容市制定《关于进一步减轻义务教育阶段学生作业负担和校外培训负担的实施方案》和《关于建立进一步减轻义务教育阶段学生作业负担和校外培训负担“双减”工作联席会议机制》，教育局制定《关于进一步加强中小学生“五项管理”工作的通知》等配套文件，引导学校科学减负、提质提效。加强统筹协调、部门联动，校外培训机构得到全面治理，教育生态明显优化。全面开启课后延时服务，增加体育、阅读、写字、劳动、科普等“五育并举”服务内容，突出家校共育；合理利用青少年活动中心、乡村少年宫、校外辅导站等资源，提高课后服务水平。（周长鹰）

【人事制度改革】　2021年，句容市深化“县管校聘”管理体制改革，制定《中小学教师课时量标准的实施意见》《关于句容市中小学教职工工作量管理标准的意见（修订）》，严格执行课时量和工作量标准，加强教师聘后管理，深入实施“适岗竞聘”，完善教职工绩效考核制度，设立班主任津贴专项，有效建立“多劳多得、优绩优酬”的分配激励机制。全年晋升3名正高级教师、61名高级教师，评选2名省特级教师、150名教学能手。全年补充98名教师，师资补充质量继续提升。暑期教师流动240人，其中义务教育阶段181人。（许　兵）

【句容市“十四五”教育布局专项规划】　2021年，市教育局会同相关部门制定《句容市“十四五”教育布局专项规划》，并由市政府办公室发文予以实施，制订《句容市“十四五”教育事业发展规划》。该规划使全市教育结构更加优化，学校布局科学合理，城乡和区域教育差距进一步缩小，外来创业就业人员子女和社会弱势群体的受教育权利得到有效保障，进一步提升教育优质均衡水平。（万和兵）

【教科研成果】　2021年，句容市教师在基本功竞赛、优质课评比等各级各类教学业务评比活动中取得佳绩。全市有9人获省级一、二等奖，59人获镇江市级一、二等奖；成功申报省“十四五”教研课题3个、镇江市级课题57个；有11节课入选镇江市“基础教育精品课”。句容市下蜀镇中心幼儿园的《奔跑天地间——乡村幼儿园自然生活教育的实践研究》获得2021年江苏省教学成果奖一等奖。（许　兵）

教师队伍

【概况】　2021年，句容市有在编在岗教职工4837人，其中专任教师4430人。2021年新增省特级教师2人，正高级教师3人。全市有省人民教育家培养对象3名，特级教师15人，正高级教师13人，省“333高层次人才培养工程”培养对象10人，镇江市有突出贡献的中青年专家5名，镇江“169工程”学术技术带头人5人、镇江“169工程”科技骨干29人，句容市“313工程”学术技术带头人4名、句容市“313工程”科技骨干34人，镇江市名校长4人、句容市名校长11人，镇江市学科带头人32人、镇江市骨干教师268人，句容市学科带头人440人、句容市骨干教师958人，镇江市教坛新秀35人、句容市教坛新秀99人。省级乡村骨干教师培育站2个，镇江市名师工作室5个，句容市级乡村骨干教师培育站2个，句容市教师工作室31个。（许　兵）

【教师培训工作】　2021年，句容市继续开展省中小学教师信息技术应用能力提升工程2.0培训，分3年对全市教师实施全员培训。2021年句容市中小学幼儿园教师全员远程培训、2021年公需科目培训顺利完成。全年有5名教师硕士学历（学位）进修毕业。宝华中学张力入选省乡村优秀青年教师培养计划，袁巷中心幼儿园喻兴燕入选江苏省卓越教师培育计划，春城实验学校糜峰入选省乡村义务教育领军教师培养百人计划，江苏省句容高级中学左滢入选“国培计划（2021）国家级骨干教师高级研修项目”，行香中学校长顾世兵入选江苏省卓越校长培育计划。（许　兵）

【师德师风建设】　2021年，句容市加强“四有”好教师团队建设，拥有省级“四有”好教师团队1支，镇江市级“四有”好教师团队7支，其中崇明小学“向着明亮那方——生命自觉理念下的‘致和’教师团队”被认定为省重点培育“四有”好教师团队。教师节表彰镇江市十佳教师9人、镇江市优秀教育工作者28人、第三届句容市最美乡村教师5人、句容市优秀教育工作者50人、句容市先进教育工作者60人、句容市师德先进个人60人、句容市优秀班主任100人。（许　兵）

【对外交流】　2021年，句容市选派援疆教师5名、援陕教师6名（初中2名、幼儿园4名）。组织13人到陕西蒲城县开展教师全员培训送教活动，7人参加线上送教活动。4所学校（幼儿园）与蒲城县结对共建，接受10名蒲城县教师到句容跟岗学习。

（许　兵）

【教师补充渠道优化】　2021年，句容市开展校园招聘，组织名校长、名教师成立专家考察团，到陕西师范大学、吉林师范大学、南京师范大学举行校园招聘，引进高素质的国家级免费师范生8名和29名名校硕士研究生。对2021年毕业的25名省乡村定向师范生进行从教岗位测试，以综合成绩排名开展选岗。通过公开招考招聘36名教师。由其他地区流动到句容市教师9名，缩短教师培养周期。（许　兵）

教育督导

【概况】　2021年，句容市深入贯彻落实《教育督导条例》和《深化新时代教育督导体制机制改革的意见》的要求，紧扣教育发展目标任务，拓宽教育督导工作领域，提高教育督导工作实效，努力促进句容教育高质量发展。

（张晓蓉）

【督导队伍建设】　2021年，句容市不断调优督学结构，兼顾管理人员、教研人员和局机关人员，新聘任督学32人，督学队伍逐步向在职与退职并重、专职与兼职结合的方向发展。加大培训力度，组织主题培训14次，先后组织责任督学到镇江参加“‘双减’工作责任督学专题培训”，到扬州参加“责任督学工作策略提升培训”。适时调整督学责任区，把民办碧桂园学校纳入日常督导范围。按照1∶5左右比例，实现全市102所学校幼儿园挂牌督导工作全覆盖，按学段选聘组长，负责学段挂牌督导日常协调管理工作，实现分层管理。开展督导案例和建议案征集评选活动，在2021年镇江市教育督导优秀案例评选中，句容市有8篇案例分别获一、二、三等奖。（张晓蓉）

【督导工作完善】　2021年，句容市优化和完善《句容市责任督学挂牌督导工作手册》中小学版和学前版，进一步明确挂牌督导工作内容及工作流程。科学制订督导计划，合理控制督导频次。常规督导抓规范，根据教育发展的新形势、新要求，赋予各类常规督导新的侧重点，并规范督导案研制流程，利用寒暑假时间集中研制，增强督导案的适切性和精准性。专项督导重实效，积极开展中小学有效阅读推进工作、“五项管理”、集团化办学教学合作、课后延时服务、双减工作、体育工作、校企合作、校园安全、幼小衔接、小幼衔接等专项督导，引导学校规范办学，强化薄弱环节的整改提升。组建中小学综合督导组对民办碧桂园学校开展疫情防控与校园安全、招生与收费、课程教材与课堂教学、党建等的综合督导，以规范民办学校办学行为。全年下发反馈单714份，听课910节，电话访谈家长3801人次，座谈走访教师4045人次、学生3466人次、家长1337人次，

句容市“双减”工作动员部署会

问卷调查教师 4405 人次、学生 8859 人次。各类督导尤其注重问题跟踪，做到发现问题与解决问题并重，责任督学挂牌督导与督导室随机跟进督查并重，提升督导的工作实效。（张晓蓉）

【督政工作】　2021 年，句容市做实做细乡镇考核，以乡镇为单位对中小学和幼儿园进行全面调研，拟定各乡镇的教育问题清单和任务清单，经教育系统商定后逐个与乡镇对接说明，争取乡镇党委政府对学校工作的关心与支持，真正实现以考核促发展，优化乡镇教育发展环境。围绕 2020 年度镇江督政考评中反馈的主要问题，积极整改薄弱项目。在确保 2020 年义务教育教师年平均工资收入水平不低于当地公务员年平均工资收入水平方面，通过反复协调，落实“不低于”目标。（张晓蓉）

【教育现代化建设监测】　2021 年，句容市认真完成 2020 年度的现代化建设监测工作，形成 2020 年度省教育现代化建设监测分析报告，为政府和教育主管部门实施精准治理发挥“体检仪”作用。科学开展学前教育普及普惠监测，合理分工，做好监测数据的采集、填报等工作，保证上报数据的真实性和准确性，形成句容市学前教育普及普惠监测报告，为市政府和教育行政部门精准施策提供科学依据。积极开发社会满意度模拟调查平台，开展“七项”问卷模拟调查，并纳入年度学校满意度调查考核，通过全面宣传，省社会满意度调查结果接近 90%。（张晓蓉）

教育基础建设

【概况】　2021 年，句容市制订“十四五”教育布局专项规划，进一步扩充教育资源。年内下蜀镇桥头小学、水畔新居幼儿园和贾纪山路幼儿园（原新城樾府幼儿园）建成交付；投入 400 万元完成民生实事项目——特殊教育学校设施改造提升工程；福地路小学、宝华新城实验小学加快建设；省句中异地新建工程、福地路幼儿园和宝华新城实验幼儿园建设不断推进。实施儿童青少年近视综合防控工程，完成 18 所中小学教室灯光改造，为学校配备 1000 套升降式课桌椅。（万和兵）

教育装备

【概况】　2021 年，句容市教育装备工作积极推行“标准+特色”教育装备发展模式，精细管理，科学使用，紧抓省、市智慧校园创建的契机，不断提升教育信息技术与装备管理水平。（刘以平）

【教育装备管理规范】　2021 年，句容市修订《句容市教育系统采购管理办法》，制定《句容市综合防控儿童青少年近视教室灯光和课桌凳改造实施方案》，完成 18 所中小学普通教室灯光改造提升工程。初步构建基教、教研、督导和装备四位一体的装备管理联动机制。积极开展实验改进与创新设计评比、自制教具展评、综合实践案例征集等活动，全年获国家级奖项 8 个、省级奖项 6 个，镇江市一等奖 17 个，市装备中心连续五年获镇江市自制教具评比优秀组织奖。（刘以平）

【教育信息技术建设】　2021 年，句容市有 6 所学校顺利通过江苏省智慧校园合格校、镇江市智慧校园验收，2 所幼儿园被认定为镇

水畔新居路幼儿园

江市智慧幼儿园示范园。积极实施教育城域网、教育网站群等安全防护加固工作，认真开展教育网络系统安全专项整治工作。

（刘以平）

学校安全

【概况】 2021年，句容市稳步推进校园智慧安防建设，巩固“4个100%”（专职保安员配备率、校园封闭管理达标率、一键报警视频监控与公安联网率、“护学岗”配备率均达100%），全市86所学校使用校园安全云平台，实现校园安全的网格化管理和风险隐患的即查即报即改。春、秋季开学前，组织全市学校近5000名教职工开展“开学第一课”线上安全教育培训；联合市公安局对全市中小学、幼儿园300余名校园保安实操演练2天。投入消防设施设备操作员培训资金28.7万元，对全市学校86名消防安全管理人员开展消防理论和实操培训。全市聘请64名法治副校长。全市创成省餐饮质量安全示范学校食堂31家。有6所学校创成“镇江市五星平安校园”。（严　明）

【安全专项整顿】 2021年，句容市印发《句容市校园安全专项整顿工作方案》和《落实学校安全主体责任三年行动专题实施方案》。全市16所中学危化品室配齐通风设施、洗眼装置、应急救护器材，增加危化品柜，易燃易爆、强酸强碱强氧化剂等分类存放，实现存储、实验、教育演练和硬件设施设备标准化管理。对全市学校燃气和瓶装液化石油气使用情况进行体检式的安全检查，隐患整改率100%。有32所学校通过消防验收，17所学校完成第三方机构消防检测，42所学校与消防维保单位签订维保协议，确保消防设施设备正常运行。开展校际安全互查和校园及周边联合检查，镇江市安全生产问题处置监管平台上传隐患信息517条，整改率100%。（严　明）

贾纪山路幼儿园

学前教育

【概况】 2021年，句容市有幼儿园56所，其中公办园42所，民办园14所，公办园占比75%；省优质幼儿园36所、镇江市优质幼儿园6所。2021年在园幼儿17278名，其中托班99名（8个班），混合班82名（4个班），特教班8名（1个班）。全市幼儿园有流动人口子女3322人，其中在公办幼儿园或普惠性民办幼儿园就读2051人。年内完成城区和热点乡镇4所幼儿园的新建任务，完成1所江苏省优质幼儿园创建、2所镇江市优质幼儿园创建，完成1所镇江市优质幼儿园复评，完成4所新园（水畔新居、贾纪山路、乐乐堡、大学印象幼儿园）登记注册评估验收。（孙建霞　孔　慧）

【学前教育改革】 2021年，句容市与南京师范大学教育科学院签订《区域推进课程游戏化项目建设合作协议》，开展共同体线下专家引领式教研8次、小组自组式研讨4次，召开1次项目建设阶段座谈会，在园所课程改革中融入新的理念。安排4所幼儿园参加六合区“安吉游戏”推广活动观摩，开展园长论坛、保健培训、学前教育宣传月等活动。下蜀幼儿园获省基础教育成果评选一等奖。学前教育改革经验继续对外辐射，迎接各类参观学习1385人次。

（孙建霞　孔　慧）

句容市校园安全三年专项整治行动推进会

小学教育

【概况】　2021年，句容市有小学28所，2所九年一贯制学校（含1所民办句容碧桂园学校）；有小学生30179人，入学率100%，巩固率100%。　（唐　莉）

【课后服务工作】　2021年，句容市按照“5+2”“1+X”模式全面启动课后服务工作，全市7所小学成功申报镇江市“研学课堂”实验学校，4所学校在镇江市中小学课后服务“一校一案”优秀案例和精品活动案例评选中获一等奖，11所学校获二等奖。在2021年省义务教育学生学业质量监测中，句容市小学监测结果位居全省前列。　（唐　莉）

【艺术展演】　2021年4月27—28日，以“阳光下成长”为主题的句容市小学生文艺会演举行。会演中同时选拔优秀作品参加镇江市第七届艺术展演，崇明小学文昌校区《坚守》朗诵和宝华中心小学《刻纸工作坊》代表镇江参加省第七届艺术展演，崇明小学文昌校区《坚守》朗诵获一等奖（全省第4名），宝华中心小学《刻纸工作坊》获省二等奖。

（曹桂红）

句容市河滨路小学举办庆“六一”活动

初中教育

【概况】　2021年，句容市有11所普通初中学校，2所九年一贯制学校（含1所民办句容碧桂园学校）；有初中学生12369人，学额巩固率为100%。　（陈远明）

【中学生文艺会演】　2021年9月28日，以“阳光下成长”为主题的句容市中学生文艺会演举行。节目以歌颂祖国、战疫故事和校园故事为主，表演形式有器乐合奏、舞蹈、合唱、表演、戏剧、朗诵、相声等，表达学生对祖国繁荣富强、家乡发展变化、个人幸福生活的真切感受。

（曹桂红）

【初中教学质量突破】　2021年，根据江苏省义务教育学生学业质量监测反馈，无论是句容市学科监测成绩，还是问卷满意度，均好于江苏省、镇江市平均水平，跻身全省前10名，受到省教育厅点名表扬。2021年中考，句容市成绩超越镇江2个辖市区，教育教学质量呈现上升态势。

（陈远明）

普通高中教育

【概况】 2021年，句容市有3所普通高中，1所九年一贯制民办句容碧桂园学校（设有高中附设班），普通高中学生7506人。（周长鹰）

【高考工作】 2021年，句容市在生源相对较弱、普高首年扩招、新高考实施第一年、新课包老教材等变量因素增加的不利情况下，实现新高考“平稳落地、首战告捷”的目标，C9达线22人，985达线81人，211达线172人，艺术类考生录取南京体育学院、南京艺术学院等高品质体艺类院校人数增加明显。（周长鹰）

【建立长效激励机制】 2021年，教育局继续发挥“玉兰教育基金”和“高中教育过程性管理基金”两项助学兴教基金的激励引导作用，完善各项基金的使用方案，以向一线教师、向多干优干教师倾斜的原则，让广大教师实实在在地感受到多劳多得、优绩优酬，营造良好的氛围。（周长鹰）

特殊教育

【概况】 2021年，句容市特殊教育学校是含学前、小学、初中的十二年一贯制学校，在校学生138人，教职工28人。2021年，全市31个融合教育资源中心通过教育、民政、卫健委、残联四部门的联合认定。市特殊教育指导中心对全市特殊学生组织开展筛查评估鉴定工作。（唐　莉）

校外培训

【概况】 2021年，句容市教育局加强对校外培训机构的监管，要求全市白名单机构统一定制信息公示栏，联合市市场监管局为每家机构配发一定数量的培训合同和“一次性收费不超过3个月”提示牌。协调相关部门对全市培训机构开展“双随机一公开”检查。对白名单培训机构进行办学情况年检，组织对校外机构进行复工复课验收。（滕庆林）

【“双减”政策落实】 2021年，句容市成立“双减”工作联席会议工作小组，全面强化对校外培训机构的监督管理，依法查处违规行为，全面查处各类组织或个人违规开展面向中小学生学科类培训行为。严格规范培训时间、培训内容、财务管理。积极引导教育局审批的学科类培训机构开展注销或转型工作。年内，全市73个机构根据文件要求注销，转为非学科类培训机构或非营利性机构。（滕庆林）

职业技术教育

【概况】 2021年，江苏省句容中等专业学校新招学生1256人，在校生总数3669人。毕业生双证率98.96%，毕业生就业率达99.2%（当地就业率95.54%），学生家长满意度96.8%。省人社厅同意江苏省句容中等专业学校增挂句容市技工学校校牌；“艺术插花”“旅行社与导游”项目被省教育厅确定为省中小学生职业体验中心。与苏州农业职业技术学院合作举办五年一贯制大专班，与苏州职业大学、江苏城乡职业技术学院合作举办“3+3”中高职贯通培养班。实施“青蓝工程”“骨干工程”和“名师工程”，有

督查校外培训机构暂停线下培训工作

2名正高级教师，3个江苏省职业教育名师工作室，1个江苏省中等职业教育教师教学创新团队培育对象，1个镇江市职业教育名师工作室，各类拔尖人才47名。提升句容开放大学内涵建设，主动承担句容市委组织部村（社区）“两委”干部学历教育提升班培训任务。发布江苏省句容中等专业学校2021年教育质量年度报告。江苏省句容中等专业学校师生在省技能大赛中荣获1个一等奖、6个二等奖、20个三等奖；在省创新创业大赛中荣获3个二等奖；在省教学大赛中荣获1个一等奖、2个三等奖。　（滕庆林）

【对口高考】　2021年，在对口高考中，江苏省句容中等专业学校有169名学生参加技能和文化理论考试，本专科录取率98.3%，其中本科录取45人，录取率达26.6%。“3+4”转段升学32人，全部转段升入三江学院本科院校。（滕庆林）

社区教育

【概况】　2021年，句容市社区教育在做好疫情常态化防控的同时，积极开展多层次、多内容的线上线下教育培训和创建工作，为提升居民素质、提高居民生活质量、提升区域品质发挥积极的作用。实施家庭教育进社区活动，开展老年人智能技术运用培训。市社区培训学院依托公办民营的“句容市逸仙颐养院”创成江苏省养教联动基地；句容市启迪绿谷数字科技学习体验基地及葛洪仙草园社会教育学习体验基地创成江苏省社会教育学习体验基地；白兔社区教育中心的《品茶韵清香、沐茶道文化》项目入选省级游学项目。组织参加江苏省社区朗诵大赛、书画大赛、全国优秀微课程评选等活动，均取得优异成绩；在全国第六届NERC杯全国社区教育优秀微课程评选中荣获2个二等奖、1个三等奖；在江苏省“能者为师”社区教育教师技能大赛中，步珍龙的《品茶韵清香、沐茶道文化》获社区教育项目策划能力类三等奖。市教育局荣获全省“社会教育宣传报道先进集体”。　（滕庆林）

【全民终身学习】　2021年11月10日，句容市全民终身学习活动周启动仪式在江苏盛邦家俱制造有限公司举行，以“庆建党百年华诞，谱终身学习新篇”为活动主题，展示社区教育取得的丰硕成果。在全民终身学习活动周期间，市教育局举办中国共产党成立100周年社区摄影大赛，全市各乡镇举行学习型单位、学习型企业、学习型家庭等“三项学习型组织”评选活动。　（滕庆林）

老年教育

【概况】　2021年，句容市老年教育以习近平总书记做“三有老人”和“积极老龄观　健康老龄化”的指示精神为指导思想，全面推进老年教育事业科学发展。句容市老年大学开设22个科目，有32个教学班级，每学期学员600余人，周开课率为1200余人次，外聘专任教师21名，另聘门球班兼任教师2人。落实“以学促养，寓养于学，学养并进，学习教育与文化康养双重并举”的办学理念。年内，组织开展“学党史　上党课　重走铁军路　重温入党誓词”、“中国共产党成立100周年书法、绘画、摄影作品展”、“夕阳映辉　永放光芒”——庆祝中国共产党成立100周年文艺汇演等活动。　（徐长林）

【课程建设】　2021年，句容市老年教育秉持“以人为本、按需施教、与时俱进”的课程设置理念，适时调整课程，新增设形体模特、时装模特、门球等课程。课堂教学力抓教师备课、上课和课后班级微信群视频指导3个环节，尤其是每节课后，教师将当堂课所教内容拍成视频发到班级微信群，做到线上线下教学同步开展，为学员课后巩固与提高搭建平台。　（徐长林）

【社团活动】　2021年，句容市老年教育以社团活动为载体，成立学校志愿者服务队，经常组织志愿者参加文明城市、卫生城市和疫情防控等社会公益性活动。春节前夕，学校书法班学员分批到社区为市民义务书写春联。学校舞蹈班、时装秀班、腰鼓班、太极拳扇剑班学员，经常参与所在街道、社区组织的宣传、演出、参赛等活动。还定期在公园举办摄影展、书法展、绘画展、形体模特表演及太极拳扇剑表演等活动。　（徐长林）

高等教育

【江苏农林职业技术学院】 2021年，江苏农林职业技术学院拥有校本部和茅山两个校区、江苏茶博园和江苏农博园两个实训基地，校园占地面积3563亩，实训基地5635亩，建筑面积50多万平方米。有10个二级学院43个专业（方向），全日制在校生12000余人，教职工700余人。年内，启用大学生艺术中心，启动校史馆一期建设工程，完成学生宿舍信息化改造一期工程。学院获评江苏省智慧校园示范校；江苏农博园完成培训中心内部装饰、设备安装调试工作和农耕文化馆的改造项目；江苏茶博园建成集茶叶种植与加工、茶艺表演与营销、乡村旅游以及技术研发与服务等为一体的一二三产融合基地，研发设计名茶柔性加工自动化生产线一套，通过国家AAAA级景区复核。2021年，学院招生计划完成率和报到率分别为94.59%、94.31%，高水平专业群招生数占53.3%，2021届毕业生年底就业率达97.5%。2021年，学院在“互联网+”大学生创新创业大赛全国总决赛中获“3金1银2铜”，获全国职业院校技能大赛一等奖2项、二等奖2项，获省部级各类技能竞赛一等奖6项。在全国工业设计职业技能大赛中获“师生双冠”，学院被人社部、中国轻工业联合会授予“冠军选手单位”。3人分别获评全国优秀共青团员、中国大学生自强之星、全国最美创业生。

2021年，学院推进31种“1+X”证书制度试点工作，实现43个专业全覆盖，建成省级考点28个，1354名学生完成考证。推进国家级、省级高水平专业群建设，园林技术和园艺技术2个专业通过IEET国际认证首期复核，物联网应用技术专业启动认证试点。抓好14个现代职教体系项目实施，“4+0”等项目在校生1566人。立项国家级现代农林虚拟仿真实训基地，专项资金支持8个国家级资源库子项目建设。学院立项国家级课程思政示范课程2门、省级1门、院级20门，获评“信仰公开课”省级示范课1项。全年完成“双高”建设任务608个，任务完成度95%以上。

江苏农林职业技术学院团委开展“传承耕读文化，赓续百年初心”信仰公开课

2021年，学院新增国家职业教育教师教学创新团队1个、国家课程思政教学团队2个、省职业教育教师教学创新团队3个、省优秀教学团队1个、省科技创新团队1个、省技能大师工作室1个、省高校“青蓝工程”培养对象6人、全国技术能手1人、江苏工匠等省级技能人才7人、镇江“金山英才”1人，新增江苏省产业教授5人。全年招聘博士34人、硕士48人。学院教师获全国教学能力比赛二等奖1项、三等奖2项，获得全国首届教材成果奖一等奖2项、二等奖1项，立项省重点教材4部。

2021年，学院立项国家自然科学基金项目2项、省重点研发计划1项、省自然基金面上项目等省级项目6项、省种业揭榜挂帅专项4项，资助经费1354万元。立项省数字农业农村基地平台1个，申报国家级新品种6个、省级农作物新品种2个。授权专利47项，其中国际专利2项，发明专利30项。技术合同登记128项，总成交额3548万元。学院当选为长三角地区草坪产业国家创新联盟理事长单位，获得省高校科学技术研究成果奖1项、第四届省农学会科技奖5项。组建“亚夫科技服务团队”，全年培训、服务3.92万人次，招录学历继续教育提升2843人。与西部共建乡村振兴人才培养合作基地6个，开展与新疆应用职业技术学院、青海农牧科技职业学院的对口支援帮扶工作。学院获评全国乡村振兴人才培养优质校、2021年省级高素质农民培育先进集体，被认定为中国扶贫开发协会乡村振兴人才联合培养院校。

2021年，学院组织14家涉农职业院校编写全国首套贯彻落实耕读教育的劳动教育教材2本，27家成员单位入选乡村振兴人才培养优质校和农业科研院所。校企共建中植园林学院、柴米河园艺学院和艾贝尔兽医学院3个特色产业学院。校企联合开展招生、培养工作和蓝莓、粮油、宠物等技术攻关，16个专业开办现代学徒制班，在校生规模超过1000人。与南京林业大学院士团队共建现代林业产业创新研究院，与中林集团共建混合所有制产学研基地——江苏中江种业股份有限公司，审定水稻新品种3个、玉米新品种1个，推广80余万亩。承办2021年农业农村部职业教育活动周活动，牵头研制全国职业教育农林牧渔类一体化专业简介和教学标准19个。举办“一带一路”豆类遗传育种与综合利用科技创新培训会和国家援外培训项目申报培训会。学院与中航国际、加蓬恩考克职业培训中心合作筹建加蓬江苏农林“神农学院”，与中航国际、教育部中外语言交流合作中心筹建“中文+职业技能”海外培训基地，2名农机专业教师到加蓬完成援外职教师资培训任务。主编并出版中英文教材（手册）4套，建成8门全英文精品在线开放课程，1门课程入选首批江苏高校外国留学生英文授课精品课程。（陈凡学）

【南京财经大学红山学院】 2021年，南京财经大学红山学院成为以经济管理类专业为主、培养普通全日制本科人才的独立学院。学院紧密依托南京财经大学的优质学科和教师资源，设置国际经贸系、金融税收系、会计系、工商管理系和文法系等5个系，开设国际经济与贸易、贸易经济、法学、英语、会计学、财务管理、审计学、人力资源管理、金融学、保险学、税收学、工商管理、市场营销、电子商务、物流管理等15个本科专业。其中，税收学、市场营销2个专业是江苏省一流本科专业。2021年，学院有2人获全国高校大学英语竞赛一等奖，有90余人在江苏省高校高等数学竞赛中获奖；工商管理系获全国大学生电子商务“创新、创意及创业”挑战赛省级三等奖1项。

2021年，学院获省哲社课题17项、院级教改课题27项、江苏省科协研究课题1项、江苏省高校社科项目3项。构建科研教研一体化管理系统。学院国际经贸系组织编写《西方经济学课程思政案例》；会计系和文法系将思政教育知识点融入专业课程教学中；工商管理系完成4个专业共115门本科课程教学大纲的制定和修订工作，开设4门省级在线开放课程。

2021年，学院立项江苏省大学生创新创业训练计划项目17个，75名同学参加第十七届“挑战杯”大学生课外学术科技作品竞赛省赛，获得1个二等奖和6个三等奖，2项作品获红色专项活动三等奖。以学生志愿服务为平台，增强学生奉献意识，提高学生服务社会能力，全年开展志愿服务活动20余项，参与学生达3500人次，其中1人获“2020年度江苏省优秀青年志愿者”称号，“皖约·红山——携手筑梦公益支教”获“2020年度江苏省优秀青年志愿服务项目”，另有23名2021届毕业生参加西部省份和苏北地区的“三支一扶”工作。

（南京财经大学红山学院）

文化·体育

责任编校：陈龙浩

文　化

·综述·

【概况】　2021年，句容市不断夯实国家公共文化服务体系示范区创建成果，公共服务水平显著提升。充分发挥文化馆、图书馆等市级文化设施的总揽作用，通过分馆、文化站、村级基层文化服务中心等基层服务点建设，融合文体广场建设，实现文化资源的有机整合。（徐　淼）

【公共文化服务】　2021年，句容市发挥公共文化机构的基本职能作用，规范各类公共文化机构的服务项目和服务流程，加强公共图书馆、文化馆、博物馆设施免费开放工作，着力提升农村公共文化服务水平和服务效能，全市文化惠民各项工作扎实开展。围绕公共文化服务供给，不断拓展公共文化服务阵地，促进现代公共文化服务水平不断提升，满足人民群众对美好精神文化生活的新期待。句容市文化馆、句容市图书馆、边城镇综合文化站成功入选2021年度省“最美公共文化空间”打造对象名单。市文化馆结合自身优势，将文明礼仪、文明公约融入文艺创作、文艺培训中，培育100多名乡土文艺骨干，着力打造线上线下同频共振、公共文化服务体系建设与文明城市创建协同并进的新模式。另外，持续开展送戏下乡、社教讲座、广场舞比赛、少儿成人免费培训班、图片展等各类活动逾千场。图书馆利用总分馆体系，实现句容全民阅读高覆盖率，推动城市公共阅读空间转型升级。免费提供便民服务，从传统的借还服务到推广全民阅读服务，不断创新、整合文化资源，举办丰富多彩的文化活动，让公共图书馆成为文化磁场，吸引市民读者前来阅读，营造良好的文化氛围。（徐　淼）

【文化惠民】　2021年，句容市围绕高质量考核任务目标，以庆祝中国共产党成立100周年为主题，各级文化场馆服务448万人次，人均接受文化场馆服务次数达7.02次，其中，市文化馆7月到馆超8万人次，排全省第一。扎实开展庆祝中国共产党成立100周年“四百”红色系列活动，全市完成大型文艺汇演6场，开展

句容市第九届广场舞大赛和第二十七届少儿故事创作演讲大赛颁奖晚会

各类红色文艺演出24场，吸引观众15万人。举办“红心向党‘容’放光芒”“七一”大型文艺汇演比赛（含合唱类和综合类两个系列），吸引全市12个乡镇62家单位选送92支队伍近5000人参加演出活动；举办句容市第二十七届少儿故事创作演讲大赛，并承办镇江市第三十三届少儿故事创作演讲大赛；组织开展第九届广场舞大赛，隆重举行“颂歌献给党，永远跟党走，幸福舞起来”千人广场舞展演。开展“文化镇村行，欢乐送百姓”演出60场，“淘文化网”演出12场，“文艺播种计划”基层艺术普及培训活动25场，举办各类免费培训1060场，参与人数达3万余人次。句容市图书馆借还量23万册次，到馆111万人次，图书总藏量达80万册，人均藏书量达0.78册；图书馆总分馆服务点有248个，其中农家书屋178个、分馆70个。（徐　淼）

【广播电视管理】　2021年，句容市落实广播电视安全播出、网络安全以及设施保护等各项工作，圆满完成播出任务。为进一步强化和规范句容市卫星电视广播地面接收设施管理，严厉遏制全市境内非法销售和安装使用卫星电视广播地面设施的违法违规行为，根据国务院关于《卫星电视广播地面接收设施管理规定》以及江苏省广播电视局关于《开展集中打击治理“黑广播”“伪基站”违法犯罪专项行动的通知》，结合句容市实际情况，联合公安、工信、文化市场综合执法大队扎实开展卫星电视传播秩序专项整治工作，加强卫星电视广播地面接收设施的长效管理，对非法安装、销售行为进行高管严查。积极配合做好“黑广播”工作，加强对“黑广播”“黑电台”“伪基站”的监听监管，有效维护句容市广播电视健康有序发展。2019年、2020年、2021年连续3年获全省境外卫星电视广播秩序专项整治工作先进单位。（徐　淼）

·文博事业·

【图书馆】　句容市图书馆是句容市公共图书馆，于2015年实行全面免费开放服务政策，新馆建筑面积达1.5万平方米，功能区主要设有电子阅览室、数字图书馆、学术报告厅、亲子乐园、少儿借阅、成人借阅、期刊报纸、残障人借阅、24小时自助图书馆、密集书库等。2021年，句容市图书馆遵循“读者至上，服务第一”的服务宗旨、“平等、免费、无障碍”的工作理念、“市民大书房”的办馆目标，以认真负责的态度努力开展各项服务工作。市图书馆电子类书籍藏量达到29.9万册，总藏书量85.6万册。持证读者有21577人，年借阅量25.9万册次。微信公众号用户总数达12845人，2021年公众号推送文章达300余篇，推送内容包括小图播报、好书推荐、容城之声、学海拾贝、句图有声、容城名家讲坛、句图党史学堂、活动预告等，微信公众号和网站成为图书馆进行活动宣传和文化教育的重要阵地。2021年，市图书馆举办线上线下活动约300场，形成多项特色品牌活动，包括容城名家讲坛、主题图文展、主题绘画比赛、“图书馆杯”围棋比赛、公益绘本阅读、公益书法培训、公益素描培训、公益硬笔培训、茶艺插花礼仪课程等。为迎接中国共产党成立100周年，自2021年年初起，句容市图书馆在二楼国学讲坛开设容城名家讲坛——党史学堂，在全市率先开展党史知识

儿童画公益培训班

大讲堂、党史的基本脉络解读、播放红色教育影片等党史学习教育活动；还举办“学习百年党史，书写诗韵华夏”百人百米书法长卷现场创作展示、“童心向党 礼献百年”庆祝中国共产党成立100周年长卷绘画、党史知识灯谜会、“党的光辉历程”——庆祝中国共产党成立100周年专题展览等一系列专题活动，积极进行红色书籍流转服务，探索创新学习形式，通过“用好红色资源”打造特色活动等。年内，新增福地生鲜汇分馆、天王镇农商行分馆、生态环境局分馆、双语悦读分馆、杨塘岗社区活动中心分馆、仲华书屋等，服务点建设达到249个。以“互联网+书屋”为突破口，实施数字升级改造，实现线上线下书屋全覆盖，为群众提供更快捷、更方便、全方位的数字阅读服务，让广大村民真正享受到便捷的移动互联网阅读服务。市民足不出户，通过句容市图书馆网站和微信公众号平台即可查阅乐学网、知识世界、维普期刊数据等图书期刊相关资料，办理图书续借等服务。开展“庆百年华诞 游红色祖国”文旅融合线上知识竞赛、线上展览等一系列线上文化活动；开展红色阅读分享、亲子阅读等文化惠民活动，不断加大对农村文化生活的投入力度，利用总分馆体系，实现句容市全民阅读高覆盖率。（徐　淼）

句容市图书馆、华阳实小弘景校区举行庆祝建党100周年长卷绘画活动

【博物馆】　句容市文博单位主要包括句容市博物馆和句容市先吴文化博物馆。民间和行业博物馆有江苏神牛红木艺术博物馆、茅山道教博物馆、茅山红木艺术馆、句容民间收藏艺术博物馆、句容市钱币馆等非公有制博物馆近10家。全市拥有各级文物保护单位41处，其中全国重点文物保护单位4处，分别为南梁康简王萧绩墓石刻、隆昌寺建筑群、城上村遗址、春城土墩墓群。另有江苏省文物保护单位4处，镇江市文物保护单位10处，句容市文物保护单位23处。句容市博物馆位于葛仙湖公园内，占地面积8.8亩，建筑面积1800平方米，拥有展览室4个，现有馆藏文物1099件、古钱币10余万枚、石碑24通。句容市先吴文化博物馆位于镇江句容市茅山风景区内，占地面积25亩，建筑面积达6230平方米，原名为江南土墩墓博物馆，2013年12月8日建成对外开放，2018年3月更名为句容市先吴文化博物馆。（徐　淼）

【文化遗产】　2021年，句容市有55项县级非物质文化遗产项目，涉及民间文学类、传统音乐类、传统舞蹈类等9大类。经认定，王晓林、何玉洪等28人成为句容市级非物质文化遗产代表性传承人。截至2021年年末，句容市列入国家级保护名录的项目有2项：“句容秦淮灯彩”（2008年），陈柏华为国家级代表性传承人，唐荣瑜、巫海书、陈梦媛为市级代表性传承人，唐荣军、唐爱民等5人为县级传承人；“茅山道教音乐”（2014年），何春生为国家级代表性传承人，何玉洪、朱世平为市级代表性传承人。列入省级保护名录的项目有3项，分别是“二龙戏珠”（2008年）、“春城马灯阵舞”（2015年）、“红木家具细作技艺”（2015年）。列入镇江市级保护名录的项目有7项，分别是“张家锐舞”（2006年）、“茅山符箓”（2014年）、“句容南乡花船”（2016年）、“老人山程氏祖中医骨伤疗法”（2016年）、“五渚坊香会”（2016年）、“茅山手工茶制作技艺”（2019年）、“花岸龙灯会”（2019年）。

2021年，句容市立足于“从历史文化中汲取营养，留住城市的乡愁记忆”，充分保护和合理利用文化遗产资源，积极探索通

过文化遗产促进全域旅游发展的路径。出版约30万字的报告文学《红色茅山擎旗人》。对全市红色遗址和文物古迹进行全面摸底调查并完成多个项目的修复工作，白兔镇大支里党支部和巫恒通旧居均成为党员教育基地，茅山管委会陈庄村成为乡村振兴的示范点，茅山镇丁庄地下交通站成为乡村振兴示范村的一处景点，并都被纳入句容市红色旅游线路。新四军纪念馆、大支里党支部等一批红色景点全年服务150多万人次，茅山景区红色文化培训活动中心成功举办近360个专题培训班，约2万人次；赵亚夫事迹馆接待300多家团体，约2万人次；大支里党支部接待200多批次团队，接待散客约2万人次。积极开展考古前置审批工作，为服务重大项目用地需求，联合省考古所、镇江博物馆提前介入，对高铁建设、城市建设、公路建设等重点工程项目进行科学考古，不断丰满句容的历史文化。同时，完成城上村遗址、隆昌寺、春城土墩墓群规划初稿；后白镇芦江桥修缮工程通过镇江市文物局的验收；协助镇江博物馆进行曾布墓考古及秦淮河流域文物调查工作，取得阶段性成果；完成牡丹村古墓迁移工程；完成何庄乡村振兴项目国家文物局意见的回复和高铁输变电选线方案及文物影响评估的上报。

（徐　淼）

·文化产业·

【概况】 2021年，句容市修订《句容市文化产业引导资金管理办法》，针对重点文产项目、新增规上文化企业、文化创意产业以及营业收入较上年增长较大的文化企业（文化服务业超过上年1000万元、文化制造业超过上年5000万元），给予奖励。年内，句容市级认定规上文化企业51家，工业文化企业营收增长27%，服务业文化企业营收增长17.6%。2021年，在江苏省紫金文创设计大赛及镇江市文创设计大赛中，句容报送设计作品63个。（尹季璇）

【文化项目建设】 2021年，句容市有9个镇江重点文产建设项目，其中总投资1亿元以上的项目8个，分别是康缘中医药文化产业园、恒大文化旅游城、江苏可一、东软双创园、义台街、伏热花海、茅山半岛度假村、江苏大美天第，总建设进度远超序时。项目招引方面，签约江苏智信纸制品有限公司，总投资金额4000万元。山水葛园、谭木匠电商产业，投资金额分别为6500万元和1.2亿元。2021年，茅山文创赛区引进人才落户项目——镇江抱朴存真文化发展有限公司，投资额（注册资本）100万元，主要制作非遗技术花丝镶嵌产品。

（尹季璇）

·文化艺术·

【概况】 2021年是中国共产党成立100周年，是“十四五”规划开局之年。句容市文化文艺工作紧紧围绕庆祝中国共产党成立100周年这条主线，以“美丽句容”为切入点，放大福地句容文化艺术节品牌效应，以精品文艺创作为重点，强化文艺精品创作，深化文化活动组织，以文化人、成风化俗，推动全市文化文艺工作再上新台阶。（尹季璇）

【文艺活动】 2021年，句容市举办摄影、美术、书法展陈，诗会、竞答、猜谜、快闪、广场舞大赛，诗词大赛，“我们的节日”等形式多样的文艺活动。各镇、街道园区也先后举行“百姓大舞台”系列文艺演出。6月29日，句容市“红心向党　‘容’放光芒”——句容市庆祝中国共产党成立100周年文艺汇演在葛仙湖公园举行，83支队伍4000多名演员参与，展演网络直播点击4万余次，有4个节目分别获镇江“百年风华·镇出发”的2个团体一等奖、1个团体二等奖和1个个人一等奖。（尹季璇）

【文艺创作】 2021年，句容市制订《句容市优秀文艺作品奖励办法》，突出对获国家级和省级文艺奖项作品的奖励和扶持，引导舞台类文艺作品创作与展示，平衡好动态类和静态类文艺作品奖励比重，撬动各类文艺作品在更高的平台上有为有位。入选国家级展览的作品有14件，入选省级展览的作品有19件，首次出现舞台类作品参与评选16件。打造傅浩兰曲艺工作室、园丁合唱团工作室、周玉舞蹈工作室、仲华有声故事创作工作室、许能俊书法工作室、石见松剪纸工作室、“秦淮灯彩”展览展示厅，加强“大师引领”，不断提高句容群众文化和非遗文化发展层次和活力。其中，傅浩兰曲艺工作室年内成立；下半年，容艺评书在新时代文明实

句容市庆祝中国共产党成立100周年文艺汇演

举办容艺评书活动

践中心开讲10场。坚持"立足地方特色，紧扣重大主题，集聚本土人才，讲好句容故事"的宗旨，紧扣时代精神，依托句容市历史文化、红色文化等丰富资源，以糜林先进事迹为题材，出版纪实文学《长情忠于沃土》；以现实主义为题材，出版长篇小说《长在树上的村庄》。（尹季璇）

【乡村文艺】 2021年，句容市将"乡村文艺播种计划"与新时代文明实践活动有效融合，开展全市"三个一百"文艺人才库建设。组织动员全市文艺人才及志愿者投身乡村文化建设，强化志愿者队伍业务培训提升。推出一批文艺志愿服务特色项目，结对辅导一批乡村文艺组织举办乡村文艺提升成果的展览、展示、展演活动。按照"一镇一队"的目标，鼓励市级文化部门、文艺家协会帮助镇（街道）园区从文化传承、文艺基础、节目编排方面整合民间文艺团队，通过各地购买服务的方式组织巡演和开展市级"乡村文艺播种计划""民间文艺大比拼"等活动，推动业余文艺团队在农村生长出来、成长起来。（尹季璇）

体　育

·群众体育·

【概况】 2021年，句容市加强体育基础设施和公共服务能力建设，开展形式多样、群众乐于参与的体育活动。同时，线上宣传推广"运动抗疫、居家健身"理念，宣传简便易行、科学有效的居家健身方法，普及科学健身知识，倡导疫情防控时期的健康生活方式。（徐　淼）

【体育设施建设】 2021年，句容市实施体育惠民工程，制定"城市公共体育设施三年提升计划"，不断加强体育基础设施和公共服务能力建设。全年招标采购80套健身路径、50副篮球架以及室内外乒乓球桌等健身器材安装到全市各社区、乡村。截至2021年年底，全市体育场地面积232.5万平方米，人均体育场地面积3.64平方米。全市12个镇（街道）均建有文体活动广场和文体活动中心，实现市、镇、村体育健身场所全覆盖。全市建设3个体育小公园、3个镇江市级多功能运动场、202千米健身步道。年内建成的万家河体育公园被评为镇江市“2021年度人气健身广场”，配有室外篮球场、笼式足球场、健身步道、二代智能健身路径、乒乓球场、羽毛球场。加强对体育设施的维护管理，建管结合，注重实效，不断提升其利用率和使用价值。2021年，更新、拆除、改扩建150多个健身场地。

（徐　淼）

【全民体育活动】　2021年，句容市开展形式多样、群众乐于参与的体育活动，做到月月有赛事、周周有活动、天天都健身，并形成独有的特色品牌。健身气功是句容市推广的养生品牌项目，2021年“世界健身气功日”中国境内主会场及省健身气功六字诀交流展示大赛均在句容市举办；天王中心小学太极武术创成江苏省特色品牌。边城镇举办高骊山登山节，下蜀镇、开发区、宝华镇举办农民体育节。句容市连续8年开展全民健身系列活动，涵盖乒乓球、羽毛球、登山等13个项目，年均参与人次过万。

（徐　淼）

【体医融合】　2021年，句容市坚持全民健身与全民健康深度融合，积极探索体医融合，成立句容市体医融合领导小组，确定三家医院为镇江市级运动促进健康中心和运动促进健康服务站试点单位，开出适合不同人群的个性化运动处方7.3万份，指导科学健身，有效控制慢性病患者病情。

（徐　淼）

【体育组织建设】　近年来，句容市不断健全群众体育组织网络，保障组织运营，为全市群众体育工作开展提供组织保证。建立多种类型的体育协会，发挥各级各类体育协会在群众体育活动中的桥梁、纽带作用。2021年，全市有体育类社会组织近80个，全年举办各项活动50余场，服务居民近1万人次。依托公共体育设施广泛建立体育指导中心，积极扶持和帮助基层单位建立多种形式的体育指导站和体育健身站，使其发挥全民健身阵地作用。强化城乡群众晨练、晚练站（点）的建设和管理，对群众健身站（点）的组织者进行定期培训，引导其开展健康、文明、科学的健身活动。加大社会体育指导员培训力度，不断提高社会体育指导员的业务水平。句容市社会体育指导员2868人，每年组织安排社会体育指导员培训3.5场次。全市经常参加体育锻炼人口达到43%，国民体质测定合格率在95%以上。

（徐　淼）

·竞技体育·

【概况】　2021年，句容市按照省《关于深化体教融合促进青少年健康发展的实施意见》，推动“5621”计划（至少推动5个项目，每个项目至少布局6所小学、2所初中、1所高中），开展少儿体适能普及推广，恢复句容市业余运动学校工作。主动联合市教育局制订相关文件，强化政策保障，体教互相服务，充分利用多方资源，探索俱乐部进校园合作发展新模式。句容市体育运动学校落户句容市文昌中学，2021年注册运动员180人，11月句容市乒乓球运动员夏小茜入选江苏省运动队。确定句容市“5621”计划中的5个体育项目为田径、篮球、乒乓球、象棋、羽毛球，每个项目布局6所小学、2所初中、1所高中。全市幼儿园根据自身情况分别开展趣味田径、街舞、体能闯关、跑酷、花式篮球、综合体能、幼儿基本体操少儿竞技体适

第九届中小学生象棋联赛

能等项目，覆盖率达80%以上。年内，全市有22所学校创成全国校园足球特色学校，有11所镇江市校园足球特色幼儿园。（徐　淼）

【体育竞赛】　2021年，句容市城乡32所小学、10所初中、3所高中的各校运动队坚持开展常态化训练，年内举办全市青少年校园足球、篮球、乒乓球、中国象棋比赛。学校积极组队参加全国、省市青少年竞赛，夏小茜入选江苏省运动队。省县组在田径第二赛区比赛中获得团体总分第六名，晋级第一赛区。张柯诚在省县组跆拳道锦标赛中获得男子50公斤级第一名。省县组在乒乓球锦标赛中获得团体第四名，其中李小图获得10岁组男子单打第三名。句容市游泳队在运动会中成绩突出，在镇江市游泳比赛中斩获多枚金牌。（徐　淼）

·体育产业·

【概况】　2021年，加快推进文化旅游体育等产业全方位、全链条深度融合，推动形成集文化体验、体育娱乐、康养休闲等为一体的全域旅游业态，擦亮文体旅特色品牌。茅山康缘养生谷等产业项目序时推进，集养生、养老、健康与旅游休闲于一体，助推康养人居、旅游休闲产业发展和消费模式升级。茅山风景区跑步线路入选“魅力江苏　最美体育”2021年江苏省最美跑步线路。全年体彩销售9697万元。（徐　淼）

低碳骑行

新闻宣传

【概况】 2021年，句容市融媒体中心坚定“一种声音、一支队伍、一个平台”的总体目标，切实把握好“时度效”，以互联网思维做优主平台、拓展主渠道、做强主账号，建立健全资源集约、协同高效、方式创新、内宣外宣联动的全媒体传播矩阵，以更好地引导群众、服务群众，扩大县级融媒体的主流价值影响力。年内投入资金1500万元，完成融媒技术平台、新闻演播室、高清播出系统、高清制作网和媒资系统等的平台建设，技术平台完成二级等级保护备案。2021年，句容市融媒体中心获“2021年江苏省县级融媒体中心建设优秀案例”“2021年度全省县市新闻中心系统先进单位”等称号。（刘银雯）

【党史学习教育宣传】 2021年，句容市融媒体中心围绕“一福地四名城”建设，聚焦党史学习教育、庆祝中国共产党成立100周年等重大主题主线，发挥融媒体传播效应，突出新闻宣传“时度效”。深耕茅山这方“红色沃土”，策划、制作《百年党史 红色句容》系列短片，推出“主播讲党史”“红色印记”等专栏，传承和传播句容的红色文化、铁军精神。《江苏句容 两张代表证——一对夫妇的5000里跋涉》《江苏句容人社窗口单位“延时服务”方便群众办事》等稿件被央视新闻播发。拍摄历史情景剧《永是勇士·郭纲琳》等一批红色题材舞台作品。（刘银雯）

【电视新闻宣传】 2021年，句容市融媒体中心把市委、市政府工作重点作为新闻媒体的聚焦点，用有质量的新闻作品彰显主流媒体的舆论引导力、文化凝聚力和精神推动力。围绕庆祝中国共产党成立100周年，开设《奋斗百年路 启航新征程》《致敬百年 奋斗最美》《我为群众办实事》《同心奔小康》等一批栏目。持续推出系列报道《打造一流企业》《产业强市跑起来》，反映句容市全面争先进位的新成效、奋力追赶超越的新气象。记忆句容工作室着力在建设“最有味道的历史

6月29日，举行“青春心向党 奋进新征程”庆祝中国共产党成立100周年党史知识竞赛

文化名城”上发力，先后摄制、播出文化类纪录片《记忆句容》8季54集，题材涉及人文、历史、美食等9个系列，其中《茶·茅山长青》《乌饭草》和《葛根》等通过黄河电视协作平台实现向北美地区的节目输出。啄木鸟在行动工作室本着“善意的监督、热心的帮忙”，与公益合作伙伴一道为百姓服务，通过电视、微信、短视频和纸媒4个版本的呈现，向全社会展现主流媒体的责任担当，使得监督更有力度、公益更有温度。全年解决恒大退房纠纷、保险骗保疑云、公共停车位被占、断头的木栈道、晚开的路灯等民生难题50多件。（刘银雯）

【报纸媒体宣传】 2021年，《句容日报》充分发挥舆论宣传主阵地主力军作用，在内容价值上凸显“厚度”。围绕赵亚夫获“全国脱贫攻坚楷模”称号，推出《践行亚夫精神 放大戴庄经验》《把成绩写在大地上》等专栏，掀起学习“亚夫精神”新热潮。在《光明日报》署名首发“全国脱贫攻坚先进个人”“江苏时代楷模”糜林的感人事迹，得到省委主要领导的批示。率先整理挖掘“全国优秀党务工作者”“江苏最美基层共产党员”刘树安先进事迹。紧扣党史教育，推出《学党史 悟思想 办实事 开新局》《追寻句容红色印记》等栏目，配发融媒评论10多篇，提升主题主线报道的传播质效。围绕市“两会”，推出《经济跑出V型反转 迈向春暖花开新一年》《纵深推进“一福地四名城”建设》等一系列稿件；加大经济类稿件的策划，编发《开发区产业对接紫东“链”出新高度》《开发区巧用金融活水“解渴”实体经济》等优秀稿件；加强深度报道的采写力度，推出《春节7万市民“打卡”葛仙湖公园》《别样新年过出“鲜”年味》等深度报道。（刘银雯）

【新媒体宣传】 2021年，句容市融媒体中心突出主流新媒体建设，走好媒体发展群众路线。5月，“看句容”App完成改版，用户突破15万。在加强新闻宣传的同时，引入政务、服务功能，接入市审批局12345、公交查询、婚姻登记、司法和水务缴费等服务项目，以及医疗挂号、电、气缴费等市民生活服务模块，不断满足市民生活服务需求。“七一”期间，运用新媒体网络直播技术，为市委庆祝中国共产党成立100周年活动进行全网直播。9月，与市委党校共同策划、录制5档学习习近平总书记“七一”重要讲话精神党校公开课，在“看句容”App、“句容日报”微信公众号播发。（刘银雯）

【对外宣传】 2021年，句容市融媒体中心借助头部平台宣传美丽句容，全年在中央广播电视总台（以下简称“央视”）用稿45条，其中央视《新闻联播》用稿8条；在江苏省广播电视总台（以下简称“省台”）用稿507条；在省级以上媒体用稿96篇，其中《新华日报》用稿5篇，新华网、人民网等用稿67篇。5月的《白兔薰衣草花海》、6月的《天王马鞭草花海》分别被《人民日报》和央广微博转发，总阅读量分别超3600万、420万。句容市融媒体中心联合央视、省台开展多场直播，其中天王芝樱小镇在清明时节走进央视《春天里的中国》；白兔镇唐庄村登上央视《走进乡村看小康》大型直播；省台2小时大型网络直播关注“了不起的丁庄葡萄”，全景呈现句容乡村振兴、葡萄产业的丰硕成果。（刘银雯）

8月18日，句容市融媒体中心承办“‘疫’起助农 ‘萄’写爱心”——“句容葡萄”助农大型公益直播活动

【传媒产业发展】 2021年，句容市融媒体中心坚持把“融媒智慧+铁脚板+优质服务”的工作理念贯穿始终，通过创新营收工作思路，在“危机”中寻“商机”，用“共赢”创意赢得客户，不断放大“+服务”优势培育市场，扩大份额。在稳定传统商业广告的基础上，搭建融媒教育培训、“为民办实事，全景看小康”走进镇村大型融媒直播、“容稻酒”合作推广等多个产业主平台。同时，举办宝华山好声音、融媒相亲会、世界健身气功日中国主会场、红会骨髓捐献日宣传、“容稻酒”新品发布会和广告语有奖征集等活动。疫情期间，通过“融媒+”公益直播模式，联合商超举办“‘疫’起助农 ‘葡’写爱心”——“句容葡萄”助农大型公益直播活动，当天就为全市种植农户销售葡萄6000多盒，销售额近30万元。广电蓝工作室积极挖掘句容文化内涵，创新活动表现形式，成功承办“感动句容”、“最美警察”、新句容市人民医院（江苏省人民医院句容分院）运营、句容乡村振兴试点工程何庄民房竣工交付、宁句城际句容市民乘车仪式等活动21场。 （刘银雯）

广播电视管理

【概况】 句容市广电网络有限公司（以下简称“广电网络公司”）是经市政府批准，由江苏省广电有线信息网络股份有限公司和句容市融媒体中心共同出资组建的国有文化传媒企业，下设10个镇广电网络服务站。2021年，公司坚持稳中求进的工作总基调，围绕江苏有线“融合跨越年”目标任务，大力实施智慧广电发展战略，统筹做好稳用户、拓市场、强网络、补短板等各项工作，实现社会效益和经济效益的两效统一，经营实绩实现“九连增”。 （广电网络公司）

【媒体宣传】 2021年，广电网络公司利用有线电视、智慧安防云平台、应急广播等宣传覆盖的优势，在疫情防控、文明城市建设、公共文化服务等领域开展覆盖式宣传，服务党委政府的工作。利用应急广播区域全覆盖的优势，宣传疫情防控相关规定和政策，全年播放28000余次、15800余小时。在文明城市创建期间，利用智慧安防云平台等信息化管理体系，提升全市治安防控能力和城市管理水平，保障全市文明城市建设和迎检指挥调度工作。 （广电网络公司）

【网络建设】 2021年，广电网络公司开展全光网覆盖工作，全年完成全市28个新建小区网络建设，覆盖用户13605户；完成351个自然村光纤覆盖工作，覆盖用户新增3.8万余户；完成城区网改40个小区（老旧小区、城中村），覆盖用户10439户。完成广电网络公司运维播控中心的升级改造，新的运维播控中心兼顾日常监控、指挥调度和业务演示的功能；新建并完善CIOT、PVIA监控平台，配合软件公司完成政企业务平台搭建、升级、漏洞修复工作；针对5G主干承载和IPTV业务发展，将乡镇汇聚交换机升级为专用强三层路由交换机。2021年，新增宽带用户9600余户，全市广电宽带用户数为41300户。 （广电网络公司）

【数字电视】 2021年，广电网络公司新发展数字电视用户5438户，新增互动终端8800台，全市高清电视终端数达81900台。推广江苏有线“视界观”客户端，为用户提供短视频、电商、社交、用户服务等功能。上线“奇异影视”专区，提供海量互联网端高清视频内容。落实“低保看电视”民生实事工程，全年解决1966户低保户看电视工作。实施“信息惠民”举措，结合智慧广电乡村工程，实施光纤入户、宽带提质工程，向农村家庭开展宽带赠送惠民行动，全年赠送宽带5000余户。关注农村党员远程教育，上线“中国共产党在江苏历史展VR电视馆”、“学习强国”TV版，推动“基层党建进客厅”工作，全年政府补助农村党员家庭1406户。全年走访用户18126户，光纤改造入户近2万户。同时，新推出“广电千兆家”产品，迎合用户对千兆网络的市场需求；探索广电版“智能家居”产品体系建设，推动中高端产品应用市场拓展。 （广电网络公司）

【信息化建设】 2021年，广电网络公司继续创新创优，具有“句容经验”和“句容模板”的智慧党建云平台，获评第四届全国广电集客峰会“智慧政务开拓奖”；智慧安防云平台获评“2021年江苏省智慧广电示范项目”；文明实践云平台应用成效位于行业前列；打造“政协云协商平台”，全省政协“有事好商量”现场推进会在宝华召开。2021年，推进视频监控业务，拓展智慧广电业务，使广电网络公司向全新业务领域突破发展。

（广电网络公司）

【智慧广电乡村工程建设】 2021年，广电网络公司推进江苏省政府民生实事工程，发挥“党媒政网民屏”的属性优势，服务乡村振兴，推进乡村广电网络基础设施建设，在公共文化服务、数字乡村、基层治理等重要领域创新服务业态、推进服务升级。年内完成开发区（黄梅街道）、白兔镇、宝华镇智慧广电乡镇（街道）省政府民生实事建设任务。

（广电网络公司）

全民阅读

【概况】 2021年，句容市牢牢把握全民阅读工作重点，整合资源，强化协作，让全民阅读氛围更浓。深入推进“扫黄打非”专项斗争，提高站位主动作为，让“扫黄打非”威慑更强。筑牢阵地优化供给，让农家书屋效能更优。扩大范围提升质量，让农村电影惠民更实。同时，做好全市印刷、出版发行、电影和版权行业的日常监管和服务工作。（黄白玉）

句容市农家书屋阅读推广示范活动茅山专场

【全民阅读】 2021年，句容市推进“书香句容”建设各项任务落到实处。制定《句容市2022年全民阅读工作要点》，征集发布并组织实施2022年度“书香句容”建设项目。推进新时代文明实践中心和崇明街道（中街）两个城市书房的建设。联合农林学院、弘毅书城，面向村（社区）开展送资源、送节目等活动，强化基层全民阅读工作。在公共服务窗口新建一批“星光阅读角”，并将其纳入阅读公共服务体系，定期流转更新。完善阅读空间认证制度，探索发展“新空间+”新业态、新模式。完善阅读推广人培育制度，深化阅读推广志愿者队伍建设，建立阅读推广人工作室。常态开展阅读推广人的招募和培训，不断提升阅读推广志愿者队伍的整体素质和服务能力。制订阅读推广认证扶持办法，推荐优秀阅读活动申报省级公益阅读推广活动认证。在线下，以第八届“文昌阅读节”、第十二届“机关读书节”、“农民阅读节”为引领，持续开展好“全民阅读春风行动”“书香九进”“金秋诗歌朗诵会”等品牌阅读活动。在线上，做精《句容发布·有声书屋》栏目，开展“全民阅读小知识”答题免费领书活动，打造电台阅读栏目《阅读时间》，链接农村大喇叭定时播放听书节目，满足不同文化层次人群的阅读需求。

（黄白玉）

【扫黄打非】 2021年，句容市制定《2022年全市“扫黄打非”行动方案》，建立“扫黄打非”工作研判机制。推进“正道”“新风”集中行动，联合相关职能部门在重要的时间节点紧盯印刷企业、出版物市场、复打印点等重点场所，开展专项治理和集中行动，以查处各类政治性非法出版物为重点，打击各类侵权盗版行为。发挥“扫黄打非”基层站点作用，充分调动基层干部和广大群众参与“扫黄打非”工作的积极性，畅通举报投诉渠道，织密防控网，形成人人参与“扫黄打非”的局面。以“双化”建设为标准，建设省级“扫黄打非”基层示范点。（黄白玉）

【农家书屋】 2021年，句容市

深化公共阅读服务标准化建设，加强对农家书屋的指导，推进五星级、四星级农家书屋建设。确保农家书屋与市图书馆通借通还率达100%，提高图书流转频率。在西冯村试点建成数字资源墙的基础上，探索在其他乡镇推广，计划每个乡镇至少建设一面数字阅读资源墙，通过扫码参与阅读，方便农村群众获取阅读资源。推进“农家小书屋”向村组延伸。

（黄白玉）

【农村电影放映】 2021年，句容市抓好农村电影放映。将农村电影放映融入新时代文明实践中心（所、站）、村级综合性文化服务中心等农村文化阵地，在确保完成全年1824场次的放映任务的基础上，根据行政村人口、区位、观映意愿等要素统筹调配放映场次。紧抓乡镇影院建设，促进已建成的乡镇影院发挥作用，推广“公益+商业”的放映模式，围绕迎接、宣传、贯彻中共二十大、重要节庆、重大节日，组织主旋律影片、优秀影片开展新时代电影“五进”工程，弘扬社会主义核心价值观。

（黄白玉）

油菜花开

综　述

【概况】　2021 年，句容市有各级各类卫生机构 247 个，比上年增加 7 个，其中医院 10 所，病床总数 2389 张，比上年增加 189 张。在岗职工 4294 人，比上年增加 86 人；卫生技术人员 3522 人，比上年增加 133 人；在岗注册乡村医生 243 名。句容市卫生系统副高级以上职称人数增加至 17 人，占比 27.86%。全年完成诊疗 393.89 万人次，其中出院病人 3.81 万人次。全年卫生事业费 51093.15 万元，比上年增加 47.08%。全系统固定资产原值 110051.08 万元，净值 50807.73 万元。平均每一门诊人次医疗费用 178.1 元，每一出院病人医疗费用 8466.4 元。全市无甲类传染病报告。6 月，市人民医院异地新建项目通过消防验收、竣工验收。12 月 19 日，市人民医院完成整体搬迁并启用，标志着宁镇扬公共服务一体化建设再推进。市妇幼保健院异地新建项目完成总投资 2.03 亿元，建设内容基本完成。11 月，黄梅社区卫生服务中心异地新建项目通过消防验收，于 12 月 25 日完成整体搬迁并运行。后白卫生院综合楼项目完成总投资 2856 万元，建设内容基本完成。　（华　超）

疾病预防控制

【新冠疫情防控】　2021 年，句容市培训流行病学、检验、消杀、健康教育等各类人员 27 次，共计 1867 人次；处置协查函 353 件，及时办结率 100%，调查处置 863 例，并组织新冠疫情流调溯源演练 2 次。完成检测核酸病毒样本 93480 人份，指导消毒近 40 万平方米，印发科普宣传资料 10 万余册。在新冠疫苗接种工作中，组织开展新冠疫苗接种技术培训 11 次，培训接种人员 1525 人次。多方协调疫苗供应、准时配送，派驻专人负责流动接种车、集中接种点疫苗管理与防疫物资调配，为全市构筑人群免疫屏障打下扎实基础。全市接种新冠疫苗 1204792 剂次，其中第 1 剂接种

市人民医院异地新建项目投入使用

552642 人，第 2 剂接种 535601 人，第 3 剂接种 116549 人，人群覆盖率 88.42%。

（曹　俊　杨玉亭）

【急性传染病控制工作】　2021 年，句容市传染病总发病率 167.67/100000，比上年下降 0.66%。高效处置传染病散发个案 75 例、疑似疫情苗头事件 71 起、突发公共卫生事件 5 起。完成各类传染病标本监测 1248 份，搜集住院肺炎病例信息 279 例。

（曹　俊　杨玉亭）

【免疫规划工作】　2021 年，句容市完成一类疫苗接种 9.69 万针，新建证儿童 3664 名，单苗接种率均达 95%以上，乙肝疫苗首针及时率 99.7%。组织开展全国儿童预防接种日宣传，受益人数 6176 人。组织开展全市预防接种人员复训，发放预防接种上岗证 260 张。　（曹　俊　杨玉亭）

【慢性非传染病防治】　2021 年，句容市报告死亡个案 4668 例，报告粗死亡率 750.37/100000；医疗机构登记慢性病个案 9808 例。通过邀请南京医科大学专家开展健康生活方式指导员培训工作、持续开展健康生活方式相关主题媒体报道工作，深入推进全民健康生活方式行动。开展糖尿病高危人群筛查干预项目，在茅山管委会、白兔、下蜀 3 个项目点完成 3000 人次筛查及高危对象健康干预工作。在华阳、石狮、宝华、后白 4 个项目点开展心脑血管疾病高危人群风险评估和干预项目工作，根据心电图和颈动脉 B 超检查，量身定制行为干预，有效控制慢性病的发生和发展。

（曹　俊　杨玉亭）

【艾滋病防治】　2021 年，句容市各类人群 HIV 抗体检测 171985 人次。新增治疗艾滋病病人 50 例（句容市新纳入 42 例，外地转入治疗 8 例），在管患者治疗覆盖率 99.52%，纳入治疗病人全部落实病毒载量检测，完成 CD4 细胞检测 210 人次。（曹　俊　杨玉亭）

【结核病防治】　2021 年，句容市发现并规范治疗管理活动性肺结核患者 216 例，初诊患者查痰率、高危人群耐多药筛查率、病原学阳性新患者分子生物学耐药筛查率、医疗机构肺结核病人报告率、病人系统管理率、病原学阳性患者密切接触者筛查率、病人转诊率均保持 100%。截至 2021 年 11 月，结核病患者与可疑者总体到位率为 97.3%（248/255），TB/HIV 双重感染控制的筛查率为 65.7%（142/216）。组织完成重点人群肺结核筛查 156258 人次，对出现可疑症状的 4367 人全部实施免费胸片筛查诊断。快速规范处置学校结核病疫情 11 起，对 426 例密切接触者开展症状筛查、PPD 筛查及胸片检查，有效防止结核病疫情扩散和蔓延。

（曹　俊　杨玉亭）

【血寄地防工作】　2021 年，句容市组织开展螺情调查 1590.4 万平方米，解剖钉螺 11652 只，未发现阳性；实施药物巩固灭螺 185.7 万平方米。完成血吸虫病 DDIA 筛查 10296 人，对 50 例阳性结果经集卵孵化后予以排除。连续 18 年未发现感染性钉螺，连续 15 年未发现句容新感染病例。强化疟疾监测，血检发热病人 637 人次，未发现阳性；落实土源性线虫病省级监测，调查 1012 人，居民粪便中发现钩虫卵 1 例，虫种感染率 0.9‰。按季度监测零售商店盐样 80 份，碘含量均符合要求；完成 200 名 8～10 岁学生和 100 名孕妇碘营养调查，结果显示碘营养处于适宜水平。通过问卷调查、盐样采集、尿样采集开展江苏省重点甲状腺疾病专项调查，调查小学生 347 人，初中生 363 人。

（曹　俊　杨玉亭）

【健康教育宣传】　2021 年，句容市发放《健康之窗》220 套，《今日保健》杂志 350 份。建成健康主题公园 2 座、健康广场 12 个、健康步道 14 条、健康小屋 20 个。组织开展市级宣传科普 10 次，受众 2 万余人。开辟《今日句容》“卫生与健康”专栏，刊登健康知识 52 期；运用“句容疾控微健康”微信公众号，推送健康科普信息 224 篇。开展健康素养知识讲座 13 场，组织完成健康素养现场监测 497 份。推广“居民健康素养”网上学习测评 44085 人次，知识知晓率达 88.79%，行为形成率达 96.17%。

（曹　俊　杨玉亭）

卫生监督执法

【概况】　2021 年，句容市开展卫生监督长效、控烟、生活饮用水、

市卫生监督所开展第二轮监督检查

医疗废物、消毒产品、放射诊疗、职业卫生、学校卫监、医疗美容等专项整治 18 类次，出动监督人员 5967 人次，车辆 695 车次，检查单位 4788 户次。努力推行“智慧卫监”执法工作，进一步优化日常监督、行政执法等体制机制。按时完成 8 项国家“双随机”248 家抽查任务。配合省市完成食品安全国家标准跟踪评价。加强非法行医监测监控体系建设与规范管理，充分发挥哨点管理和卫生监督协管作用，建成打击非法行医长效管理机制。公共场所经营单位量化分级管理率达 100%；办理行政处罚案件 67 宗，罚没款金额 36.635 万元。（项卫琴）

爱国卫生

【卫生城（镇、村）建设】 2021 年，句容市以国家卫生城市长效管理工作为突破口，巩固“创卫”成果，通过第四轮国家级复审。华阳镇新坊村，下蜀镇下蜀村、六里村、亭子村、空青村，白兔镇行香村、唐庄村、幸福村、太平村、马里村、龙山湖村，边城镇衣庄村、光明村、大华村、赵庄村，茅山镇城盖村、袁相村、丁庄村，后白镇李桥村、夏王村、二圣村、五星村，郭庄镇甲山村、虬北村，天王镇浮山村、前进村、朱巷村、戴庄村、斗门村，宝华镇宝华村，开发区杜家山村通过省级卫生村复审。

（葛斌翔　吕振东）

【健康城（镇、村）建设】 2021 年，句容市首次入选全国爱卫办公布的健康城市建设评价县级样板市名单。茅山镇丁庄村、下蜀镇桥头村、茅山风景区管委会茅山村、后白镇西冯村、天王镇唐陵村、郭庄镇五渚坊村、宝华镇花园社区、开发区杨塘岗社区、华阳街道北阳门社区、城上社区顺利创成省级健康村（社区）。

（葛斌翔　吕振东）

【病媒生物防制】 2021 年，句容市结合国家卫生城市复审迎检工作，进一步完善除“四害”工作网络，安排专（兼）职除“四害”人员约 220 名，对农贸市场、城郊结合部等重点区域，规范、科学实施蚊、蝇、鼠、蟑螂密度监测。新增毒饵站 20000 多处，坚持环境综合整治与药物灭杀相结合，日常防治与突击灭杀相结合，从而使城区“四害”密度始终控制在国家卫生城市标准以内。

（葛斌翔　吕振东）

【健康教育】 2021 年，句容市以“健康镇江”项目任务为抓手，专人每月对已建成的健康场所进行现场维护和管理。安排“健康素养巡讲团”在媒体开展健康科普宣传和咨询服务，组织开展现场健康科普宣传及咨询等活动 12 次，深入机关、学校、社区、企业开展健康素养巡讲活动 22 场。

（葛斌翔　吕振东）

【控烟工作】 2021 年，句容市按照省市相关要求，并结合国家卫生城市巩固工作，对控烟工作开展 8 轮次专项监督检查。顺利建成 74 家市级无烟党政机关单位，覆盖率 100%。根据第 34 个世界无烟日宣传活动要求，开展形式多样的宣教活动，印制并张贴禁烟标识 5 万多张，在市区和各镇举办控烟知识讲座 80 场，发放宣传手册等资料 5 万余份。

（葛斌翔　吕振东）

基层卫生

【概况】　2021年，句容市推进基层医疗卫生机构综合性改革，落实投入保障机制，创新引进培养机制，改革绩效分配机制，持续开展“优质服务基层行”活动。15个基层医疗机构中有6个达“推荐标准”，9个达“基本标准”，总体达标率100%；郭庄中心卫生院创成江苏省农村区域性医疗卫生中心基本建成单位；边城、宝华卫生院建成社区医院。全年建成国家级“群众满意的乡镇卫生院”5个，国家级“优质服务示范社区卫生服务中心”1个，“全国百佳乡镇卫生院”1个，江苏省社区医院4个，农村区域性医疗卫生中心（二级医院）3个。8个基层医疗机构建有江苏省基层医疗机构特色科室，建成江苏省甲级村卫生室2个、省级示范村卫生室35个。优化家庭医生签约服务包设计，制定3大类共11个服务包，覆盖健康人群、慢性病高危人群、慢性病患者等11类人群，做实做细家庭医生签约服务工作。全年完成家庭医生签约25.3万余人，其中个性化签约24538人，常住人口家庭医生签约服务率达40.3%，重点人群签约率达76.6%。

（凌　凯　陈　刚）

妇幼健康

【概况】　2021年，句容市完成妇幼重大卫生项目，待孕、早孕妇女服用叶酸2127人，“两癌”检查28462人，发现乳腺癌13例、宫颈癌12例、癌前病变132例，均给予及时治疗、随访及进一步转诊。全市产妇3107人，活产数3148人；早孕建卡2665人，早孕建卡率84.66%。接受婚前检查4850人，婚检率90.35%，检出患有疾病517人。新生儿3148人，新生儿访视3143人，访视率99.84%；新生儿疾病筛查3141人，筛查率99.78%。新生儿听力筛查3141人，筛查率99.78%。7岁以下儿童健康管理人数28738人，保健管理率99.1%；3岁以下儿童系统管理11391人，系统管理率95.02%。（凌　凯　陈　刚）

句容市人民医院邀请专家义诊

老龄健康

【概况】　2021年，句容市积极开展老龄化国情教育和宣传，普及老年健康知识，增强老年人健康意识，提高老年人健康素养和健康水平，围绕“关注口腔健康，品味老年幸福”主题，开展老年健康宣传周活动，以“实施积极应对人口老龄化国家战略，乐享智慧老年生活”为主题组织敬老月系列活动。基层医疗卫生机构结合实施基本公共卫生服务项目要求，建立老年人健康管理服务制度，为老年人免费建立电子健康档案，加强老年人健康指标监测和信息管理。全年为118877名老年人建立居民健康档案，为74613名65岁及以上老年人进行包含B超检查和血脂四项在内的健康体检，着重做好体检信息反馈和咨询，为老年人提供个体化健康教育。以家庭医生签约服务方式为行动不便的居家老年人提供上门的健康管理和康复护理等服务，年内签约73338名65岁及以上老年人，通过健康团队活动为老年人提供一对一的健康咨询和健康指导服务。　（王　琛）

卫生基础建设

【概况】 2021年6月，句容市人民医院异地新建项目通过消防验收、竣工验收，12月19日完成整体搬迁并启用，标志着宁镇扬公共服务一体化建设再推进。市妇幼保健院异地新建项目完成总投资2.03亿元，建设内容基本完成。11月，黄梅社区卫生服务中心异地新建项目通过消防验收，于12月25日完成整体搬迁并运行。后白卫生院综合楼项目完成总投资2856万元，建设内容基本完成。 （刘四清 孙 行）

【市人民医院异地新建项目投入使用】 2021年12月19日，市人民医院实施整体搬迁工作。新院位于二圣路66号，华阳南路与二圣路交叉处西北角（句容汽车客运站西北边），占地面积约150亩，建筑面积17万平方米，建有门急诊楼、医技楼、病房楼、感染性疾病楼、后勤综合楼等建筑，设置临床医技科室40多个，开放病床1000张。12月25日，新句容市人民医院（江苏省人民医院句容分院）举行运营启动仪式。12月27日，省卫生健康委员会批准市人民医院为三级综合医院。

（卫健委）

医政管理

【概况】 2021年，句容市继续深化院府合作成果，全面加强市人民医院与省人民医院在医院管理、学科建设、教学科研、质量安全、信息共享等方面的深度合作，着力推进重点专科和薄弱科室建设，强化医疗服务能力，加快实现一体化管理、同质化服务，全面提升医院的综合竞争力。推进落实分级诊疗制度。认真贯彻落实《句容市分级诊疗工作实施方案》的要求，以家庭医生签约服务、康复联合病房为切入点，强化高血压、糖尿病等慢性病规范管理，进一步巩固双向转诊、预约诊疗等机制。做好常态化疫情防控。按照新冠肺炎疫情防控要求，建成市人民医院、中医院、下蜀、天王、郭庄5个发热门诊，开设榴莲小星、元鼎酒店2个集中隔离医学观察点，以满足重点人群集中隔离医学观察的工作需要。组织医务人员加强新冠肺炎第八版诊疗方案、第二版防控指南等防控知识的培训与考核，提高防控业务能力与水平。规范处置“两废”，做好日常院感防控，从源头上保障医疗安全。实施疾病应急救助。规范基金管理与使用，做好身份不明、无力支付急危重患者的救治工作。规范院前急救服务。急救派车9859次，救治病人总数8407人，其中长途转运1452次。鼓励社会资本办医。全年审核批准句容康洁口腔门诊部等15家机构的执业注册申请，进一步完善多元化办医格局，扩大服务供给。实施电子化注册管理。全年完成医师注册123人次，其中首次注册43人、变更注册79人，多机构备案49人；完成护士首次注册31人、变更注册4人、延续注册32人、重新注册8人。

（鞠大全 孔圆圆）

中医中药

【概况】 2021年，句容市创成全国基层中医药先进市，基本建立以市中医院为龙头、基层医疗机构为主体的全市中医药服务网络。实施中医药文化惠民工程，开展中医药文化科普巡讲活动，全年组织开展中医“三进”义诊及宣传6场，中医药健康知识讲座20场。市中医院脾胃病科、肛肠科、中医骨伤科为镇江市级中医重点专科，针灸科被列为镇江市中医重点建设专科，建立朱秉宜省名老中医工作室工作站和全国名老中医王平生中医工作室，并开展市中医院中医药适宜技术推广基地建设，加强基层常见病、多发病中医药适宜技术推广。全年开展5期中医适宜技术培训，推广20种中医适宜技术。镇江市中医院在句容市茅山卫生院成立“镇江市中医院茅山中医诊疗中心”。基层医疗机构形成边城中医妇科、小针刀，天王中医骨科，二圣中医外科，黄梅中医伤骨科和石狮小儿疳积科、肛肠科等一批特色专科（专病）。 （施道刚）

民政事务

【概况】 2021年，句容市民政局认真践行“民政为民、民政爱民”的工作理念，切实履行好“最底线民生保障、最基础社会治理、最基本社会服务”的民政职责，深入推进高质量现代民政建设，各项工作取得显著成效。

【民生保障工作】 2021年，句容市完成社会救助审批权全面下放工作，继续深化社会救助审核审批权限和监督管理职能的合理有效分离，规范社会救助动态管理和监督运行程序。社会救助“放管服”改革得到省民政厅认可，并在全市召开专题调研会，上报全国社会救助创新案例。全市城乡低保标准统一提高至每人每月820元，首次实施特困供养基本生活和照料护理“双保障”。通过“线上”信息核对和“线下”温情家访等形式，做到申请救助必核和动态管理常核。2021年，全市有城乡低保人员1851户2861人，发放低保资金2138.753万元；有城乡特困人员2493人，发放特困资金3177.905万元。强化落实困难群体兜底保障的临时救助工作，市、镇两级救助2280人，共计294.5万元。强化主动发现机制，依托“困难家庭数据库”及时精准保障。开展“解忧暖心传党恩”行动，走访、慰问低保、特困人员2960人次，解决政策问题42件，个案问题14件，发放慰问金和相关救助补贴55万元。全面开展低收入人口认定和动态监测，分层分类社会救助制度体系不断健全。做好残疾人两补发放工作，享受残疾人生活补贴的人员7885人，享受残疾人护理补贴人员6375人，发放两补资金6903.72万元。下放城乡居民残疾人“两项补贴”审批权限。落实残疾人两补资格认定申请“跨省通办”。春节期间为490名困境儿童、留守儿童发放牛奶、口罩等防疫物品，价值9.8万元。做好困境儿童生活保障工作，全市有困境儿童334人，全年发放生活补助资金415.2156万元。4月1日起开通“12345”未成年人保护热线，24小时接听；推进适度普惠儿童政策，为248名困境儿童购买人身意外伤害险。开展全市困境儿童精准排查，并进行“四色评估”。完成黄梅街道省级示范农村留守儿童、困境儿童“关爱之家”建设。实施散居孤儿、事实无人抚养儿童“2+2”结对帮扶模式。

【养老服务】 2021年，句容市成功入选第三批省级居家和社区养老服务创新示范地区并启动建设。持续推进高龄、经济困难失能老人的养老服务工作，服务保障达标率为105.5%。稳步推进80周岁以上老年人综合能力评估工作，评估覆盖率为80%。2万余名老年人足不出户即可享受家政、生活照料等免费服务。15分钟养老服务圈基本建成。实施特殊困难老年人家庭“菜单式”适老化改造150户，使他们的居住环境更加安全、舒适和便捷。创新开展困难老年人尤其是空巢老年人定期探访服务。全面开展养老机构等级评定工作，开展城乡社区居

市民政局开展养老机构疫情防控督查

家养老服务中心星级评定工作。深化养老机构安全生产专项整治。常态化开展老年人运用智能技术普及培训，助力900余名老年人跨过“数字鸿沟”。持续推进养老服务人才队伍建设，开展养老护理员培训，全年培训养老护理员660人次，其中1名护理员获评2021年度江苏省“最美养老护理员”称号，2名护理员获评2021年度镇江市“最美养老护理员”称号。继续推进60～79周岁老年人意外伤害保险政府统保工作，全市60岁以上困难老人意外伤害保险政府统保实现全覆盖，参保率达100%。完善养老服务疫情防控工作机制，积极主动配合疫苗接种等工作，确保全市养老服务领域新冠病毒“零感染”。（民政局）

【专项社会服务】 2021年，句容市推进地名普查成果转化，完成《句容市地名录》初稿征集工作，完成《江苏省地名录》审核校对工作，完成第七批历史地名保护碑设置工作。句容市在镇江市首家开展“建党百年”红色地名宣讲活动，在全省开展红色地名征集活动中，戴庄村和茅山抗日根据地入选江苏省首批100个红色地名。指导崇明街道办事处完成驻地迁移申报程序，完善报批手续。根据第四轮界线联合检查要求，与丹徒区完成“徒句线”行政区域界线联合检查，并签订“平安边界”共建协议书。全面落实惠民殡葬工作，减免基本殡葬服务费537万元。完成句容市殡仪馆产权回收工作，推进殡葬设施和散坟整治。建成全市殡葬信息管理系统，对殡葬服务机构进行信息化管理。创新林地生态葬获民政部肯定，省民政厅以“句容路径”向全省推广。全省公益性骨灰安葬设施建设现场会在句容市召开并作经验交流。“林地生态葬的‘句容路径’”获评2021年度全省高质量民政事业发展优秀成果。积极推进省级婚俗改革实验县（市、区）试点工作，探索出“喜事新办、轻财重礼”的婚俗改革新模式。6月1日起，结婚登记施行“跨市通办”“跨省通办”，打破以往户籍区域限制，提高婚姻登记服务人性化、便利化水平，有效解决群众“多地跑”“多次跑”等问题。做好流浪乞讨人员救助管理，实施流浪乞讨救助服务质量大提升专项行动；推动句容市救助管理站建设，加快其建设步伐。（民政局）

社会治理

【概况】 2021年，句容市颁发《关于改进和规范基层群众性自治组织出具证明工作的实施意见》和《关于调整基层群众性自治组织依法履职及协助党政部门工作主要事项的通知》。完成新一届城乡社区“两委”班子轮训和村（社区）务监督委员会培训工作。指导各村（社区）制订任期工作计划和村级发展规划，修订自治章程和村规民约。持续推进民主协商，积极加强社区治理的“四民主两公开”，规范村（社区）务公开和民主监督工作。规范村民代表会议的召开，探索建立乡贤议事会，全市城乡社区民主协商议事会建成率达100%。加强新型农村社区治理与服务工作，制定《关于加强新型农村社区治理与服务的实施意见》。开展行业协会商会专项整改提升行动，致力服务于全市优化营商环境发展大局。加强社会组织培育监管，新登记社会组织21家，注销登记18家，换届49家，变更登记41家。积极培育发展社区社会组织，全市城市社区拥有登记（备案）社区社会组织299个，农村社区拥有登记（备案）社区社会组织918个。句容市有2个案例获评江苏省社区社会组织高质量发展案例。完成“1+3”［1个市级社会组织孵化中心+3个镇（街道）社会组织孵化基地］先行试点建设工作。聚力“三社联动”，推进社工服务站建设，在全市11个镇（街道）推进落实社工服务站建设工作。（民政局）

【综合服务中心提档升级】 2021年，句容市按照“每百户居民不低于30平方米”的标准，继续开展社区综合服务中心提档升级，通过整合资源、完善功能等方式，将社区综合服务中心、居家养老服务中心及卫生文体服务中心等设施进行融合，尽可能做到社区服务设施便民化、服务效能最大化、办公设施投入最小化。

（民政局）

【换届选举工作】 2021年1月15日，句容市在镇江市率先完成基层换届选举工作。全市152个村民委员会和24个居民委员会选民登记率达94%，参选率达96%，一次性选举成功率达100%。登记选民人数为394852人，全市村（社区）委会推选出村（社区）民代表12633人，新一届村（社区）委会成员881人，选出村（社区）委会主任176人。至6月底，全市完成新一届城乡社区“两委”班子轮训和村（社区）务监督委员会培训工作。（民政局）

【民主协商议事会建成】 2021年，句容市在全面完成第十二届村委会和第七届居委会换届选举工作的基础上，积极加强社区治理的“四民主两公开”，规范村（社区）务公开和民主监督工作。“民主协商议事会建成率”被列为《镇江市美好和谐社区建设评价指标体系》。颁发句容市《关于明确城乡社区民主协商议事会建成率及协商议事规则的通知》。至8月底，句容市城乡社区民主协商议事会建成率达100%。（民政局）

【城市社区工作者职业体系建设】

2021年年初，句容市按照城市社区工作者职业体系建设的要求，对新入职的19名城市社会工作者进行“双全”社工培训，全部社会工作者通过考核，获颁“双全”社工资格证书。（民政局）

【黄梅街道凤冠社区设立】 2021年，市民政局指导黄梅街道做好办公地点、社区名称、人员配备、组织架构、风险评估等方面的前期准备工作，并广泛征求群众意见。5月26日，第十六届人民政府第51次常务会议通过设立黄梅街道凤冠社区。（民政局）

【政社互动】 2021年，句容市176个村（社区）签订2021年协助政府工作事项协议书，政社互动推行率达100%。颁发《关于改进和规范基层群众性自治组织出具证明工作的实施意见》和《关于调整基层群众性自治组织依法履职及协助党政部门工作主要事项的通知》，规范社区盖章事项，每个月展开专项督查，同时配合组织部门做好清理规范“牌子乱象”工作。（民政局）

【开展行业协会商会专项整改提升行动】 2021年5月27日，句容市召开行业协会商会专项整改提升行动部署会，按照《市委办公室、市政府办公室关于印发〈句容市行业协会商会专项整改提升行动实施方案〉的通知》要求，市行业协会商会检查覆盖面达100%，对梳理出的问题全部完成整改，同时建立完善行业协会商会的常态化监管机制。12月30日，由市民政局起草的《句容市行业协会商会综合监管实施办法（试行）》正式发布实施，夯实行业协会商会业务主管单位、行业监管部门、相关成员单位的工作职责，促进行业协会商会健康发展。（民政局）

【社会组织培育】 2021年，句容市开展“1个市级社会组织孵化中心+3个镇（街道）社会组织孵化基地”先行试点建设工作。依托黄梅街道黄金花园办公用房，建设句容市社会组织孵化中心，同时在华阳街道、崇明街道、黄梅街道建立街道级社会组织孵化基地，依托市级社会组织孵化中心，为镇（街道）社会组织孵化基地提供政策支持、专业督导、资源链接。镇（街道）社会组织孵化基地以孵化、培育、扶持社会福利类、公益慈善类和社会服务类社会组织为目标，有针对性地为初创期和萌芽期社会组织提供支持和帮助。（民政局）

民政局、登山协会在北山水库举办“保护绿色生态环境，倡导户外文明出行”活动

【社会组织公益创投活动】 2021年，句容市投入60万元福彩公益金开展社会组织公益创投，16家社会组织获得资金支持。为确保公益创投项目顺利实施，委托第三方镇江市正益社会组织发展促进中心对社会组织公益创投开展评估、督导和服务工作，以公益创投培育发展一批能够承接公益项目、主动开展公益活动的社会组织，助力社会组织发展提升。

（民政局）

【镇（街道）社工站建设】 2021年，句容市按照省民政厅《关于加快推进乡镇（街道）社工站建设的通知》的要求，认真部署落实并按照“先建设、后优化”的工作思路，推进乡镇（街道）社会工作站建设；先后2次召开会议，明确社工站的建站任务、办公场地、人员配备、规章制度、功能定位等，指导各镇（街道）确定社工站建设规划方案。年内11个镇（街道）完成社工站建设。（民政局）

人口与家庭

【概况】 2021年，句容市出生人口2133人，出生率3.58%。年内，句容市稳妥实施三孩生育政策，多措并举做好政策衔接工作。落实计生奖励扶助政策，对全市3071名奖扶对象和133名特扶新增对象进行资格确认审核公示。全市发放奖励扶助金4207.572万元，享受奖励扶助政策33172人；全市897名退休企业职工享受一次性奖励金269.1万元，73名城镇非从业人员享受一次性奖励金21.9万元。开展“三个全覆盖”专项行动，加大常态化帮扶计划生育特殊家庭力度。（王　琛）

婚姻登记

【概况】 2021年，句容市民政局婚姻登记处以贯彻《中华人民共和国民法典》为切入口，通过开展婚姻登记、婚姻辅导、法律讲座、集体颁证仪式等活动，把婚恋情感、家风建设、离婚劝和、法律维权等板块有效整合形成体系，以此开展婚姻登记工作。2021年，办理结婚登记3248对；提交离婚申请2169对，办理离婚登记1072对；补领结婚登记证1333对，补领离婚证124条。6月1日起，句容市结婚登记实行“跨市通办”“跨省通办”。积极推进句容市婚俗改革试点工作，联合市文明办制订《句容市创建省婚俗改革实验市工作实施方案》，“句容市创建省婚俗改革实验市”被镇江市民政局评为2021年改革创新试点“揭榜挂帅”活动优秀成果。（民政局）

【“移风易俗”公益相亲大会】 2021年5月1日，句容市民政局联合多个部门举办“移风易俗”公益相亲大会，为句容城未婚男女搭建轻松的交友鹊桥，开创青年相亲新形式，节约婚恋成本。

（民政局）

【结婚登记跨区域办理试点工作】 2021年6月1日起，句容市实行结婚登记跨区域办理试点工作。跨市通办，一方户籍在镇江市区市内的结婚登记当事人，可以凭双方户口簿、身份证，在镇江市范围内任一婚姻登记机关办理结婚登记业务。跨省通办，双方均非镇江市户籍的结婚登记当事人，可以凭一方居住证和双方户口簿、身份证，在居住证申领地住址所在区（县）婚姻登记机关申请办理结婚登记。打破以往户籍区域限制，提高婚姻登记服务人性化、便利化水平，有效解决群众“多地跑”“多次跑”等问题。（民政局）

市婚姻登记处联合市妇联开展“维权助她·共筑芳华”活动

养老服务工作

【概况】 2021年，句容市推进养老服务提质增效，成功入选第三批省级居家和社区养老服务创新示范地区并启动建设。持续推进高龄、经济困难失能老人的养老服务工作，服务保障达标率为105.5%。推进80周岁以上老年人综合能力评估工作，评估覆盖率为80%。2万余名老年人足不出户即可享受家政、生活照料等免费服务。15分钟养老服务圈基本建成。实施特殊困难老年人家庭“菜单式”适老化改造150户，使他们的居住环境更加安全、舒适和便捷。创新开展困难老年人尤其是空巢老年人定期探访服务。全面开展养老机构等级评定工作，开展城乡社区居家养老服务中心星级评定工作。深化养老机构安全生产专项整治。常态化开展老年人运用智能技术普及培训，900余名老年人参与。持续推进养老服务人才队伍建设，开展养老护理员培训，全年培训养老护理员660人次。其中，1名护理员获评2021年度江苏省“最美养老护理员”称号，2名护理员获评2021年度镇江市“最美养老护理员”称号。继续推进60~79周岁老年人意外伤害保险政府统保工作，全市60岁以上困难老人意外伤害保险政府统保实现全覆盖，参保率达100%。完善养老服务疫情防控工作机制，积极主动配合疫苗接种等工作，确保全市养老服务领域新冠病毒“零感染”。

（民政局）

【养老机构安全生产专项整治】 2021年，句容市民政局下发《句容市民政局关于健全全市养老机构安全管理风险分级与隐患排查双重预防机制的实施意见》，从讲政治高度提升对抓好安全生产工作极端重要性的认识。招标委托专业第三方对全市所有养老服务机构的消防、电力设施等重点安全环节进行监管，每月检查督导一次并在养老机构上墙公开，将检查结果通报当地民政办落实整改到位。高度重视10张床位以下小微机构或互助式养老机构安全管理问题，制定相关安全管理规范，抓好常态化安全生产督查。

（民政局）

关心下一代工作

【概况】 2021年，句容市关心下一代工作坚持“急党政所急，想青少年所需，尽关工委所能”的工作方针和“围绕中心，服务大局，积极配合，主动作为”的工作定位，加强青少年思想道德建

2021年句容市百岁老人情况一览表

表20

序号	姓名	性别	出生年月	所属地区
1	张德英	女	1921.12	华阳街道周家岗村
2	张元英	女	1922.06	华阳街道里巷口村
3	陈法根	男	1921.08	华阳街道北相村
4	陈帮英	女	1922.08	华阳街道城上村
5	许明兰	女	1920.10	华阳街道赵塘村
6	戴玉珍	女	1922.02	下蜀镇下蜀社区
7	成少卿	男	1922.09	下蜀镇下蜀社区
8	叶志英	女	1921.12	下蜀镇亭子村
9	陈凤英	女	1920.10	下蜀镇亭子村
10	朱发林	男	1919.11	下蜀镇桥头村
11	王换英	女	1916.07	宝华镇仓头村
12	樊德猛	男	1919.04	宝华镇仓头村
13	张伶娣	女	1916.11	边城镇光明村
14	于传娣	女	1917.03	边城镇陈武村
15	杨云娣	女	1922.06	边城镇双杨村
16	陈文珍	女	1922.12	边城镇赵村村
17	巫小青	女	1920.05	白兔镇白兔村
18	王友运	男	1920.03	白兔镇唐庄村
19	陈老二	女	1922.06	白兔镇行香村
20	冯素青	女	1920.11	白兔镇龙山湖村
21	汪兴隆	女	1921.12	白兔镇太平村
22	杜志华	女	1917.07	郭庄镇庄里村
23	葛秀兰	女	1921.07	郭庄镇葛村村
24	吴为珍	女	1918.09	郭庄镇刘巷村
25	王树英	女	1920.05	后白镇西城村
26	杨德芳	女	1920.06	后白镇槐道村
27	李兆英	女	1922.02	后白镇槐道村
28	李安芳	女	1922.12	后白镇淮源村
29	张映凤	女	1921.09	后白镇芦江村
30	周宜芳	女	1922.06	后白镇延福村
31	谢守兰	女	1922.11	天王镇赵巷村
32	刘大勤	女	1922.04	天王镇袁巷村
33	张忠庆	男	1922.11	天王镇戴庄村
34	姜秀英	女	1919.02	茅山镇丁庄村

续表 20

序号	姓名	性别	出生年月	所属地区
35	孙玉美	女	1921.08	茅山镇丁家边村
36	张秀英	女	1920.10	茅山镇永兴村
37	李维全	男	1921.03	茅山镇永兴村
38	王位荣	男	1922.09	开发区管委会西庙社区
39	陈有兰	女	1920.10	开发区管委会西庙社区
40	徐玉珍	女	1922.08	开发区管委会杨塘岗社区
41	黄政仁	男	1922.01	开发区管委会莲塘村
42	朱德英	女	1922.05	开发区管委会石狮村
43	陈恒兰	女	1922.06	茅山管委会茅山村
44	俞云英	女	1920.09	茅山管委会天乐村
45	周长凤	女	1920.09	茅山管委会上杆村
46	王兰英	女	1922.12	茅山管委会后河村
47	吴兴玉	女	1922.04	茅山管委会玉晨村
48	王昌英	女	1921.12	茅山管委会马埂村
49	高娟萍	女	1921.12	崇明街道办事处东风社区
50	王永穆	女	1922.05	崇明街道办事处红星社区
51	戴淑梅	女	1919.04	崇明街道办事处红星社区
52	闻广德	男	1919.10	崇明街道办事处红旗社区
53	方青	女	1922.09	崇明街道办事处红旗社区
54	刘邦武	男	1919.02	崇明街道办事处甲城社区
55	张淳	女	1921.12	崇明街道办事处梅花社区
56	吴素英	女	1921.12	崇明街道办事处梅花社区
57	吴志英	女	1913.12	崇明街道办事处马扎里社区

（民政局）

设，强化校外辅导站建设，推进“三扶两创”工作，坚定青少年服务方向，加强自身建设，促进关心下一代工作创新发展。市关工委对乡镇关工委工作调研实行全覆盖，关工委工作经费完全纳入镇级财政预算。（贾贝成）

【主题教育活动】 2021年，句容市关工委编写中国共产党成立100周年宣讲材料，组建“五老”宣讲团52个，举办宣讲报告会158场，参会青少年达4.5万人次。全市中小学开展读书征文活动。7月，全市在赵亚夫事迹馆举行“老少同台节目展演”。全市青少年参加社会实践活动达2.8万人次。茅山园区辅导总站开展的“三走进三寻访”活动视频获省关工委特等奖。（贾贝成）

【辅导站建设工作】 2021年，句容市关工委分片召开辅导站建设推进会，强调“校站结合”，要求开展“老少同台节目展演”、“童心永向党，筑梦新辉煌”创作演讲、“四史教育”等大型活动。抓好辅导站建设的培训工作，坚持以会带训、集中培训、网络培训等形式。（贾贝成）

【“三扶两创”活动】 2021年，句容市关工委调整6名专家充实到科技指导组队伍，设立粮食、园艺、经济林木、水产、畜牧和培训等6个专业指导组。4月，市关工委举办农业产业新农人“三扶两创”培训班。年内，市科技指导组成员阮祥忠获“全国脱贫攻坚先进个人”称号，张奎峰获“江苏省劳动模范”称号，专家帮助申报项目资金近160万元。

（贾贝成）

【青少年服务】 2021年，各级关工委会同公安、检察、法院、司法等单位，送法进社区、进学校、进企业，开展普法活动46场，受教育3.23万人次，发放法治宣传材料2.8万份，在有户籍的13个派出所建立关爱站。政法系统66名“五老”志愿者参与社区矫正工作。全市建立帮教小组483个，有735名“五老”与176名行为“失范”的青少年结成帮教对子。发放第五届“关爱助学基金”，全市基层关工委共筹集助学资金168.8万元，资助学生507人，重点走访19户困难儿童家庭。全市有908名老同志与1042名留守儿童结成帮扶对子。下蜀镇关工委发放26.9万元助学资金，帮助61名困难学生。市政法委、关工委联合开展“净化文化环境大检查”活动；市检察院关工委成立20多人的讲师团向300多家校外培训机构负责人解读《中华人民共和国未成年人保护法》；市司法局关工委与袁巷中心校建立“驻点”帮扶关系；市公安局关工委组织警力对全市198条接送中小学生线路进行专项检查。

（贾贝成）

社会救助

【概况】 2021年，句容市社会救助工作按照“保基本、兜底线、救急难、可持续”的总体思路，以“完善制度、强化兜底、创新实践、突出精准、强化实施”为着力点，推动救助制度体系更加健全完善，综合救助格局更加成熟稳定。完成社会救助审批权全面下放工作，继续深化社会救助审核审批权限和监督管理职能的合理有效分离，规范社会救助动态管理和监督运行程序。社会救助审批权下放改革取得实效，审批时限进一步压缩，群众“两头跑”和等待期长等问题得到有效解决。全市城乡低保标准统一提高至每人每月820元，首次实施特困供养基本生活和照料护理“双保障”。通过“线上”信息核对和“线下”温情家访等形式，做到申请救助必核和动态管理常核。2021年，全市有城乡低保人员1851户2861人，发放低保资金2138.753万元；有城乡特困人员2493人，发放特困资金3177.905万元。强化落实困难群体兜底保障的临时救助工作，市、镇两级救助2280人，共计294.5万元。强化主动发现机制，依托“困难家庭数据库”及时精准保障。开展“解忧暖心传党恩”行动，走访、慰问低保、特困人员2960人次，解决政策问题42件，个案问题14件，发放慰问金和相关救助补贴55万元。全面开展低收入人口认定和动态监测，分层分类社会救助制度体系不断健全。

（民政局）

【社会救助审批权限下放】 2021年1月1日，句容市社会救助行政审批权限下放到镇（街道），做到社会救助审核审批权限和监督管理职能的合理有效分离，强化市级主管部门监督管理力度，扩大镇（街道）审批权限，规范社会救助动态管理和监督运行程序，提高社会救助服务效率，增强救助精准度，为困难群众提供高效、优质、便捷的服务。坚持“放、管、服”结合，对下放到镇（街道）的社会救助审批事项，建立健全相关管理制度和责任机制，做到权责统一。坚持将镇（街道）

市民政局开展低保、特困动态核查

管理权限与创新服务方式、提高服务水平、提升行政效能有机结合，加快建立规范有序、公开透明、便民高效的社会救助运作机制。

（民政局）

【低保年度审查】　2021年，句容市按照省民政厅低保专项治理的工作要求，持续深化专项治理，依托社会救助云平台的高效核对功能，提高城乡低保对象核定精准度，对全市1921户低保家庭开展年度审查工作，存疑结果下达至各镇（街道、园区），要求负责低保业务的工作人员及时核清事实，审核存疑家庭的救助资格，应保尽保、应退尽退，严守救助关口。下半年，聘请第三方机构对全市在保的城乡低保、特困人员进行不低于30%的入户核查，通过核查结果，并结合线上比对数据，厘清现阶段复查工作中的突出问题，及时纠错改正，在保障救助精准的同时不断提升服务能力，至年底，退出低保301人次。

（民政局）

【特困供养人员照料服务】　2021年，句容市监督各镇（街道、园区）全面落实委托照料服务，对集中供养机构实行“每天巡查、定期访问、长效监督”机制。市民政局对养老机构的安全防护措施和特困老人的生活照料、防护做全面的寻访记录，定期上报，对机构存在的欠缺及时监督整改。对分散供养的特困老人要求各基层民政部门全面落实委托照料服务。采取村居干部和照护协议人就近看护、购买第三方力量进行定期电话访问相结合的监督方式，确保分散供养老人“平日有人照应、疫情期间有人看护”。

（民政局）

【临时救助工作】　2021年，句容市督促各镇（街道、园区）及时将因病等导致基本生活陷入困境的家庭和个人纳入临时救助对象，兜住基本生活保障底线。对低保家庭中因就业、就学、就医等原因导致短暂性生活困境的；对特困老人中因病生活支出较困难的；对困境儿童家庭中因其他成员就业延缓造成临时生活困难的，全市民政系统及时开通“绿色救助通道”，简化申报流程，委托村居委会干部做简要调查流程，积极开展“先行救助”，后再行补齐相应信息。

（民政局）

【首批低收入人口认定工作】　2021年9月，市民政局联合财政局、乡村振兴局制订《句容市全面开展低收入人口认定和动态监测实施方案》，对低收入人口开展认定和动态监测做具体要求并召开低收入认定工作政策培训会议，稳步推进低收入人口认定工作。全市低收入人口认定对象主要针对原建档立卡低收入农户、特困职工家庭。

（民政局）

慈善事业

【概况】　2021年，句容市慈善总会围绕“收入求稳、救助求优、宣传求亮、整体求升”工作目标，在巩固脱贫成果、防止特殊群体返贫、助力乡村振兴等工作方面做出新贡献。全年募集善款3626.08万元，慈善救助支出2529.6万元，惠及人民群众39321人次。

（民政局）

【捐赠平台搭建】　2021年，句容市在与中国银行合作开通“中银慈善云”网上捐赠渠道的基础上，又与农商行合作开通“手机银行”网上捐赠，为银行客户的日常捐赠提供新平台。开通线上捐赠通道，爱心企业和爱心人士关注句容市慈善总会微信公众号或扫一扫句容市慈善总会捐赠二维码，就可随时进行捐赠。推进“中华慈善日”“99公益日”网络募集工作，募集善款215万元。

（民政局）

【慈善助困】　2021年，句容市持续开展春节“百万慈善送温暖”活动，安排资金100万元慰问全市500户贫困家庭。为120户城市低保家庭发放20万元购物卡。资助资金15万元开展“慈善爱心助保”，为无力缴纳社保金的困难职工续保。联合市妇联开展“单亲特困母亲创业扶持”，资助150位单亲特困母亲创业资金15万元。资助对口扶贫的蒲城县慈善协会24万元，专项用于蒲城县5个村“幸福家园”示范村建设。对因重大疾病或灾害造成生活困难的群众给予及时救助，救助金额663.04万元，全年救助8768人次。

（民政局）

【慈善助老】　2021年，句容市为全市参加城乡基本医疗保险的85周岁以上高龄老人缴纳医疗保险312.02万元，惠及8433名高龄老人。向集中供养的“五保”老人赠送大米、油、中秋月饼等共计10.48万元，帮助1453人次。对全市困难老人进行慈善救助，全年救助8842人，共计260.52万元　　（民政局）

【慈善助学】　2021年，句容市对低保家庭、特困职工家庭和特殊教育学校智障儿童、孤儿，以及其他特困家庭的在校学生，按类别给予1000元到8000元的资助，全年发放助学金296.25万元，受助学生1680人。对特殊教育学校的“学生农业实训园”项目给予扶持，资助资金15万元。“萱草花”志愿服务中心帮扶困境儿童406人。　　（民政局）

【慈善助医】　2021年，句容市对低保户、建档户家庭尿毒症患者透析治疗阶段符合医保政策规定的自付部分给予全额救助，全年救助金额60.7万元，救助221人。对低保户、建档户家庭中患白血病、红斑狼疮病患者进行救助，全年救助金额78.2万元，救助347人。对低保户等特困人群的住院医疗费用实行慈善救助，全年救助62.87万元，救助837人。对全市有重大疾病的群众及时救助，救助金额501.28万元，救助5010人次。　　（民政局）

【残疾人辅助性就业补助】　2021年，句容市慈善总会与市残疾人联合会联合实施“残疾人辅助性就业”项目。建立市残疾人辅助性就业项目产品调配中心、残疾人辅助性就业劳动项目数据库。市慈善总会根据残疾人员出勤情况，给予每人每天10元的出勤补助。发放残疾人辅助性就业人员出勤补助12.67万元，救助192人。　　（民政局）

应急管理

【概况】　2021年，句容市完成《句容市突发事件总体应急预案》和《自然灾害救助应急预案》编制工作，督促牵头相关部门对已过期或即将过期的应急预案及时进行修订。开展经常性应急演练，组织政府部门、企业应急演练37场，参演人数2600余人次。加强灾后救助力度，实现城乡住房保险全覆盖，参保户22.76万户，保费68.28万元。2021年，因灾造成受灾人口628人，通过人保财险句容支公司累计保险赔付金额60余万元。开展应急物资装备和设施场所建设情况调研统计，全市有应急物资装备储备点78个，应急管理车辆10辆，应急避难场所134个，面积37.4万平方米，可容纳受灾群众44.37万人。加强应急救援力量建设，全市设有国家消防救援队1支、政府专职消防队5支、其他应急救援队35支，共1400多人。　　（应急管理局）

【安全生产专项整治行动】　2021年，句容市印发《句容市安全生产专项整治三年行动工作方案》《进一步深化安全生产三年专项整治工作的实施意见》等文件，制定“1+2+8”（紧扣一条主线，突出两个重点，聚焦八大专项行动）专项整治三年行动工作方案，在交通运输、危险化学品、建筑施工、非煤矿山、特种设备、危废固废、消防等各行业领域有序开展风险隐患排查整治。全市排查安全隐患6104条（一般安全隐患6102条、重大安全隐患2条），整改5798条（一般安全隐患5796条、重大安全隐患2条），整改率95%。　　（应急管理局）

【工业企业安全生产风险报告】　2021年，句容市印发《句容市工业企业安全生产风险报告工作实施方案》，召开全市工业企业风险报告部署会，邀请专家对企业安全管理人员进行风险报告专题培训。工业企业风险报告完成企业名录库内3788家，完成率100%，其中规上企业235家、规下企业3553家，名录库外上报244家。全市工业企业风险报告中存在较大以上风险企业248家，占比9.01%。　　（应急管理局）

【省级安全示范城市创建工作】　2021年，句容市成立由市委、市政府主要领导担任双组长的创建领导小组，定期召开市委常委会、动员部署会进行推进，制定《句容市创建省级安全发展示范城市实施方案》，将创建评价体系6大领域、16项目标任务、49项重点内容分解细化为215项具体工作任务。组织专家开展业务培训，借助第三方专家逐一上门开展业务指导，督促指导12个镇（街道、管委会）和涉及的23个部门对照任务清单，梳理问题隐患，制定整改方案，倒排时序推进工作。针对镇江市复核反馈的95项

235 条问题，制定下发《句容市创建安全发展示范城市工作任务清单》和《镇江市市级复核组发现问题反馈清单》，督促各镇各责任部门按照时间节点，对存在的问题进行整改。（应急管理局）

【危化品使用专项治理】 2021 年，句容市按照《危险化学品安全综合治理实施方案》要求，积极推进危化品使用专项治理工作，建立“一企一档”、完善“两表一单”（基础信息表、整治进展表、整改清单），形成“一图一表”（分布图、汇总表）。有 1593 家企业进行注册申报，审核通过 1579 家，各相关部门检查企业数 2008 家，发现隐患问题总数 2922 处，整改数 2872 项，整改率为 98.3%。严厉查处危化品使用领域安全生产违法违规行为，立案 5 起，罚款总额 12.67 万元。

（应急管理局）

【消防工作】 2021 年，句容市消防大队结合“为群众办实事”活动，将帕缇亚广场、宝华镇彩虹小区和仙悦新城的消防安全隐患整改作为办实事项目，采取提请检察院公益诉讼、约谈该小区物业管理单位和开发商、动用住房维修基金等多种方式，通过召开部门协调会、联合检查、媒体曝光等多种措施，确保消防安全隐患按时整改。开展住宅小区、高层地下建筑、商业综合体和大型医疗建筑、消防技术服务机构等的消防安全管理专项整治行动。2021 年，句容市政府下发《关于调整句容市消防安全委员会成员的通知》《句容市消防安全委员会工作规则》和《句容市消防安全委员会成员单位工作职责》，审议通过《句容市 2021 年上半年消防安全形势分析评估报告》，进一步强化部门监管职能，不断加大消防执法联勤联动频次和力度。先后 4 次召开火灾防控专项整治联席会议，联合应急、住建、民政、教育、卫健委、市场管理、商务等行业条口部门开展联合检查，会同华阳街道、崇明街道和宝华镇对城区和居民住宅小区开展专项检查。以消防宣传“七进”为主线，以“安全生产月”“119 消防宣传月”为契机，以“119 消防宣传月”启动仪式暨宝华专职消防救援站揭牌仪式为载体，开展儿童消防绘画比赛，消防进军训、开学第一课等活动，发动社会单位集中开展消防安全警示讲座。联合融媒体中心等单位通过播放防火提示、曝光违法违规行为、现场发放宣传手册等方式广泛开展宣传教育。（杜媛媛）

市华阳中心小学开展消防安全教育活动

人力资源和社会保障

责任编校：陈东方

人力资源服务

【概况】　2021年，句容市坚持人才优先发展战略，加强对青年人才、专业技术人才、高技能人才的培育，优化人才发展环境，激发人才创新创造活力，为全市产业升级提供人才保障。全年引进大专以上人才4692人，其中本科以上人才2298人，新增高技能人才612人，句容市每万劳动力高技能人才达920人。举办“福地青年英才”创业大赛，征集项目273个，遴选出20个项目予以重点扶持，这些项目均在句容落户或已达成落户协议。新成功申报1家江苏省博士后创新实践基地，帮助2家设站企业引进博士后各1名；落实博士后奖补政策，发放高层次人才津贴109万元。（陈彩云）

【人才引进】　2021年，句容市人社局制订《关于高校毕业生来句就业创业若干政策意见》，为大学生提供落户安居、生活补贴、购房补贴、租房补贴、契税补贴、见习补贴、创业扶持等15项政策支持，吸引各类优秀人才来句发展。截至2021年年末，审核发放生活补贴、租房补贴32.56万元，惠及455人次。新成功申报1家江苏省博士后创新实践基地，帮助2家设站企业引进博士后各1名；落实博士后奖补政策，及时发放项目启动经费和生活补贴32万元；连续第11年发放政府人才津贴，2021年度发放政府人才津贴109万元，91名高层次人才受益。（陈彩云）

【青年人才培养】　2021年，句容市连续第7年举办“福地青年英才”创业大赛，有273个项目参赛，遴选出20个项目予以重点扶持，这些项目均落户句容市或已达成落户协议。组织近150家次企事业单位到省内外高校开展招聘活动25场次；推进产学研对接、校地企合作，搭建校企人才供需对接桥梁。新认定见习基地9批40家，提供1136个见习岗位，发放补贴162万元，惠及438名见习人员。（陈彩云）

【技能人才培育】　2021年，市人社局结合句容产业特色、企业需求，开展就业技能培训、企业职工岗位技能提升、企业新型学徒等培训228期，培训人员23186人次；举办首届厨艺技能以及保育员、育婴师大赛等，以技能竞赛促进高技能人才培养；创新企业高技能人才认定机制，把职业技能等级认定权“放”给企业，发挥企业自主评价技能人才的主体作用；成立句容技工学校。沈春雷成为镇江市首位被省政府表彰为“江苏大工匠”的技能人才。（陈彩云）

【人力素质优化】　2021年，市人社局推进事业单位岗位设置管理制度，结合机关事业单位机构改革，对涉改事业人员的聘用岗位重新核定、备案。严格职称评审条件，做到评审程序规范、公平、公正，全年有795人获得职称证书，其中487人获得初级职称证书，226人获得中级职称证书，82人获得高级职称证书。开展事业单位、事业人员年度考核工作，对2020年度考核优秀的

3055名事业人员给予嘉奖，对2018—2020年度连续三年考核优秀的144名事业人员给予记功。开展脱贫攻坚专项奖励工作，对表现突出的6家事业单位和58名事业人员给予嘉奖、1名事业人员给予记功。（陈彩云）

就业创业

【概况】　2021年，句容市新增城镇就业10195人，促进城镇失业人员再就业11778人，扶持城乡就业困难人员再就业14689人，帮扶1557人成功创业，创业带动就业9051人，城镇登记失业率1.97%。对辖区企业开展用工监测和用工需求调查，通过门户网站、微信公众号、手机短信等方式“点对点”给辖区劳动者推送就业信息，引导就近就地就业。组织各类招聘活动56场次，其中赴外招聘活动25场次。人力资源市场开展31场次现场招聘，981家企业参与，提供就业岗位59270个，帮助45822人求职，其中4261人达成就业意向。新认定见习基地9批40家，提供就业锻炼见习岗位1136个。（陈彩云）

【企业发展】　2021年，市人社局加大稳岗返还补贴力度，为全市2007家企业发放稳岗补贴630万元。加大企业用工奖补政策兑现力度，落实企业吸纳就业困难人员社保补贴、一次性吸纳就业补贴、求职创业补贴等政策，发放补贴263万元，发放小微企业创业贷款330万元。组织企业到安徽、江西等省开展劳务、人才对接活动，招引劳动力2206人。（陈彩云）

【重点群体就业】　2021年，市人社局结合疫情防控、脱贫攻坚、渔民安置等工作实际需要，开发保洁保绿、疫点值守等公益性岗位206个，兜底安置就业困难人员，全年发放补贴金额达1000万元。（陈彩云）

【就业技能提升】　2021年，市人社局开展技能培训119期，培训人员6480人次，发放补贴资金420万元。按照“符合即享受”原则，采取“直补加申报”相结合的方式，推广“以工代训”补贴模式，全年发放补贴125万元，惠及4162名企业职工。（陈彩云）

劳动监察与仲裁

【概况】　2021年，市人社局接处劳动人事争议案件951件，调解成功率为83.81%，其中10人以上集体争议案件4件，结案率为100%，句容市仲裁院被评为“镇江市金牌劳动人事争议调解组织”。年内，市人社局开展劳动保障法律法规宣传，营造全社会共同关心和维护劳动者合法权益的良好氛围。坚持日常监察和专项执法相结合，完善劳动保障监察。成立法律援助中心驻劳动人事争议法律援助站、劳动人事争议联合调处中心，做好劳资纠纷调处。（陈彩云）

【和谐劳动关系】　2021年，市人社局开展劳动保障法律法规宣传，发放宣传资料1万余份；严把特殊工时审批程序，审批特殊工时企业29家。做好企业薪酬调查和最低工资政策实施效果评估工作，引导企业合理确定职工工资水平，指导被抽查的66家企业顺利通过抽查。推进劳动关系示范区创建，创成省级劳动关系和谐企业2家、镇江市级4家。做好破产企业遗留问题的处理，化解可能引发的社会问题，切实维

句容市首届“直播带岗”就业招聘行动

护职工权益。开展诚信示范企业评比，29 家企业被评为示范企业。2 次走进句容“行风热线”节目直播间，现场解答听众提问。

（陈彩云）

【劳动保障监察】 2021 年，市人社局坚持日常监察和专项执法相结合，主动监察用人单位 251 家；开展劳动保障书面审查，审查用人单位 1653 家；开展农民工工资专项执法检查、清理整顿劳动力市场秩序专项检查、劳动用工情况专项检查等，促进法律、法规、政策落实。全年受理各类欠薪案件 471 件，涉及农民工 528 人，追发工资 478.73 万元。

（陈彩云）

【劳资纠纷调处】 2021 年，市人社局成立法律援助中心驻劳动人事争议法律援助站，实现法律援助与仲裁委的无缝对接。成立劳动人事争议联合调处中心，力争将争议消除在萌芽状态，减轻劳资双方诉累。全年接处劳动人事争议案件 951 件，涉及经济标的 2515 万元，调解成功率为 83.81%，仲裁管理信息系统按期运行率达 100%，其中 10 人以上集体争议案件 4 件，涉及劳动者人数 44 人，结案率为 100%。句容市仲裁院被评为“镇江市金牌劳动人事争议调解组织”。

（陈彩云）

社会保障

【概况】 2021 年，句容市继续推进城乡一体的社会保障体系建设，推进企业职工养老保险扩面征缴工作，实现社会保障制度全覆盖，保障水平稳步提高。提高社会保险政策知晓度，增强全社会参保意识；新增超过法定退休年龄人员、实习生、非全日制劳动者、多重劳动关系劳动者四类人员参加工伤社会保险，下调工伤保险缴费单位比例，调动企业参保积极性，消除工伤保险保障范围的盲点，实现保障全覆盖。全市参加企业职工基本养老、工伤、失业保险人数分别为 10.49 万人、8.59 万人、1.6 万人，城乡居民养老保险参保人数 6.62 万人，机关事业单位养老保险在职参保人数 1.23 万人。社会保障卡持卡人数 61.06 万人次，签发电子社保卡 16 万张。 （陈彩云）

【省级统筹落实】 2021 年，句容市成功上线运行省人社一体化信息平台，推动全省人社业务“一网通办、全省通办、异地可办”。全面落实企业职工基本养老保险省级统筹制度，统一执行省定的参保单位和个人缴费比例以及缴费基数上下限。 （陈彩云）

【保障待遇提高】 2021 年，句容市扩大失业保险领取范围，发放失业金 2196.24 万元，惠及 16507 人次。全面放开社保补贴政策，凡在句容市从事灵活就业并按规定足额缴纳社会保险费的就业困难人员均可申请，审核通过 7187 人，发放资金 1150 万元。企业退休人员基本养老金实现“十七连增”，机关事业单位退休人员养老金第 6 次同步调整，连续第 11 年上调城乡居保养老金待遇水平，基础养老金月最低支付标准为每人每月 210 元，参保缴费退

法律援助中心驻劳动人事争议法律援助站成立

休人员每人每月按照本人本次调整前养老金的5%增加。

（陈彩云）

【管理服务完善】 2021年，市人社局坚持按时、足额发放企业养老保险待遇，指导各镇（街道）、社区人社服务机构对鳏寡、重病、高龄等特殊群体开展日常走访和慰问工作，了解其生活状况和需求，企业退休人员社区管理服务率达85%。组织企业退休人员参加书画展、党史知识竞赛、社保情晚会、重阳节慰问等系列活动。多形式开展待遇领取资格认证工作，推进“江苏智慧人社”App自助认证。利用大数据分析，通过与殡仪馆联网的死亡人员信息比对系统、人社部稽核系统开展无感认证。（陈彩云）

【基金监管】 2021年，市人社局主动对接省一体化信息平台建设，通过数据清洗，及时清理社保基金统筹外发放项目，确保社保基金安全合规运行。强化内部监督，以大数据分析挖掘与内部风控为手段，提升自查与监督能力。优化业务流程、严格层级审核制度，发挥风险防控领导小组监督职能作用，对业务经办和基金管理进行监督管理。（陈彩云）

医疗保障

【概况】 2021年，句容市医疗保险在本市参保人数为53.38万人，其中职工基本医疗保险参保人数121977人，比上年增加3622人，城乡居民医疗保险参保人数411846人，比上年减少4471人。推进定点医药机构准入常态化管理，新增113家定点零售药店，全市定点零售药店达到160家。推进落实医疗保障市级统筹，上线运行国家医疗保障信息平台，执行镇江市统一待遇政策。推广异地就医直接刷卡结算，异地就医门诊费用直接结算率超过82%。推进基层医疗保障服务平台示范点建设，打造句容市人民医院和华阳社区卫生服务中心2个镇江市级“15分钟医保服务圈”示范点。推进药品和高值医用耗材集中带量采购，实行国家谈判药品“双通道”管理，进一步减轻参保群众就医负担。持续打击欺诈骗保，宣传贯彻《医疗保障基金使用监督管理条例》，发布负面清单，对4家定点医疗机构作出行政处罚决定，暂停1家医保服务。

（李　俊）

【职工基本医疗保险】 2021年，句容市职工基本医疗保险参保人数121977人，比上年增加3622人，增长3.06%。基本医疗保险基金全年收入65894万元（含生育保险收入），比上年增加15320万元，增长30.3%。全年支出42731万元（含生育保险支出），比上年增加14702万元，增长52.45%。当年结余23163万元，历年滚存结余133536万元。

（李　俊）

【城乡居民医疗保险】 2021年，句容市城乡居民医疗保险参保人数411846人，比上年减少4471人，降低1.1%。全年筹资标准为1090元/人（个人缴费330元，财政补助760元），全年基金收入44891万元，其中个人筹资13591万元，各级财政补助31300万元。全年基金支出44267万元，其中基本医疗保险支出36514万元，大病保险支出7012万元，全年基金收支平衡、略有结余。

（李　俊）

【医疗保障公共服务】 2021年，市医保局开展医疗保障公共服务专项治理，规范业务流程，精简业务材料，实现“一窗受理、一站办结”。推广医保电子凭证，践行“让数据跑代替群众跑”，全市医保电子凭证激活人数达到20万人，32个服务事项“网上办、掌上办”，推广手机App自助转外就医登记服务，全年异地就医门诊费用直接结算率达到82%。落实“放管服”改革要求，建成2个镇江市级“15分钟医保服务圈”示范点，实现医保服务和医疗服务有机融合。6月下旬，在全省组织开展的医疗保障经办政务服务第二轮专项评价中，句容医保在综合服务体验、专业能力评价、经办服务体验式检查和电话、网络（手机）体验4个方面全部获得满分评价。（李　俊）

【医疗救助】 2021年，句容市初步建立多部门防止因病致贫返贫预警联动机制，共享预警信息，协同精准救助。安排462万元为全市1.4万名困难人员全额资助参保，困难人员无需缴费即可享受城乡居民医保待遇。深化困难人员基本医疗、大病医疗、医疗救助、慈善补助、商业补充、财政

市人民医院医疗保障服务中心对外服务

兜底等“一站式”结算制度，与定点医疗机构签订服务协议，强化服务保障。2021年，全市困难群体患者就诊14.49万人次，医疗救助基金支出1653.46万元，救助对象医保制度范围内合规费用结报率达93.45%，其中县域内住院，政策范围内住院费用个人自付占比3.02%、政策范围外费用个人自付占比7.23%。

（李 俊）

【药品耗材采购】 2021年，市医保局督促定点医疗机构落实6批国家、省药品和医用耗材集中带量采购，全市21家定点医疗机构签约涉及175种203个品规的药品和5类1700多种医用耗材，其中药品平均降价50%以上，部分抗癌药降幅超过85%。联合派驻纪检组开展采购情况自查、督查和整改，对采购价在红、黄预警线以上的定点医疗机构进行提醒，督促整改，规范药品和耗材招采行为。2021年，网上采购药品、耗材和试剂4.67亿元，其中药品3.31亿元，耗材和试剂1.36亿元。

（李 俊）

【医保基金监管】 2021年，市医保局完善医疗保障基金监管制度体系，推动基金监管和医疗保障行政执法专业化、规范化、常态化，查处违规使用医保基金的医药机构30家，公开曝光案例8例，追回医保基金280.54万元，扣除违约金37万元；其中行政处罚4家，行政罚款227万元，暂停医保服务1家，认定失信两定机构4家。开展“线上线下共监管 5G直播云联动”——《医疗保障基金使用监督管理条例》集中宣传活动，深入医疗机构、村（社区）进行医保政策宣传11场。制订《句容市定点医疗机构医疗服务行为规则负面清单》，为医疗机构划定超标准收费、重复收费等9大类97条规则红线。

（李 俊）

【医保商业合作】 2021年，市医保局将强化商业保险作为医疗保障制度体系第三支柱的补充作用，突破医保目录、突破既往病史、突破病种限制，推广“惠民保”，全市6.6万人参保，商业保险参保人数较2020年增长10倍。为全市城乡居民医保参保群众设立大病保险，全年近9.5万人次报销医疗费用3635万元。为10类困难人员建立补充保险机制，按300元/人标准参保，个人无需缴费，全年有9000多人享受补充保险待遇共计260多万元。委托商业保险公司上门受理报销业务，对意外致伤、致残情况进行调查，准确甄别意外伤害事故责任归属，全年完成意外伤害案件调查325件，发现不应由基本医疗保险基金支付的有50件，避免医保基金流失196万元，其余275件全部完成待遇兑付。（李 俊）

综　述

【概况】　江苏省句容经济开发区创建于1992年，1993年12月被省政府批准为省级经济开发区，行政区划面积144平方千米，下辖21个村（社区）。经过30年的发展，句容经济开发区成为句容市首要的招商引资和项目建设载体。40平方千米核心区内供水、供电、供天然气等“九通一平”基础设施全部建设到位，集金融、商贸、文化教育、娱乐服务等为一体的现代城市功能配套日趋完善。

2021年，有效统筹疫情防控和经济社会发展，聚焦项目攻坚三年行动，坚决扛起“招商引资”“服务保障”“盘活挖潜”“征拆拔钉”四面旗帜，掀起新一轮项目攻坚热潮。年内，全区完成一般公共预算收入17.51亿元，比上年增长10.61%；完成工业应税销售134.76亿元，比上年增长8.42%；完成工业税收13.73亿元，比上年增长95.88%；完成地区生产总值151.3亿元，比上年增长8.8%；完成固定资产投资60.5亿元，其中，在全年没有新增产业用地的前提下，完成制造业投资18.85亿元，比上年增长14.64%，高技术产业投资占比25.96%；实际利用外资5869.61万美元。　（林　桢　马　吉）

【开发区大事记】　1月28日，句容市智能制造重点项目签约暨国民新能源车项目开工仪式在开发区举行。

3月23日，开发区（黄梅街道）项目攻坚三年行动计划启动暨产业强区誓师大会召开，句容市委书记潘群，句容市委常委、常务副市长宋飞雄出席会议。

4月7—9日，开发区党工委书记、黄梅街道党工委书记周俊陪同句容市副市长张荣海到北京考察阿尔特汽车技术股份有限公司、生态环境部卫星环境应用中心，推进负压方舱项目合作事宜。

5月10—13日，组织承办2021招才引智“镇江日”（句容—长沙）专场活动项目签约仪

召开项目攻坚三年行动计划启动暨产业强区誓师大会

式，句容市市长周必松，句容市委常委、组织部部长汪丹宁出席活动。

6月26日，江苏华梓汽车下线暨全球首发仪式举行，句容市委书记潘群，句容市委常委、常务副市长赵树峰，句容市副市长张荣海参加活动。

9月9日，中新置地句容智能制造产业园项目签约仪式举行。

9月30日，黄梅街道议政代表会成立暨第一届议政代表会第一次会议召开，句容市人大常委会主任文雁才出席会议。

11月27日，江苏省民宗委副主任邓飞一行调研开发区民族团结进步创建工作和省级“红石榴家园”阵地建设工作。

12月17日，易容光电项目投产，句容市委常委、常务副市长赵树锋，市委常委、副市长郭江出席投产仪式。

（林　桢　马　吉）

基础设施建设

【概况】　2021年，句容经济开发区秉持“精致开发”理念开展城市有机微更新，努力提升城市规划水平、高标准推进城市建设、加强城市精细化管理，精益求精优化园区功能品质。在雨污分流方面，雨污分流一期、二期工程基本完成，实现10个污水泵站在线视频监控及运行监控，完成开元酒店、天悦容城、国家电网3处液位在线监测点，句容河二平台一处污水主管网流量、液位在线监测点。城区排口应急整治工作基本完成，完成沿河截污管道约2.6千米，总计约55个排口已实现晴天无污水下河。建立河道排口整治专项档案，采取每日巡查、定期监测、集中整改的方式，确保排口达标整治，对3000余个污水管道检查井构建身份标识。在黑臭水体整治方面，紧紧围绕河长制工作要求，以保障水安全、保护水资源、治理水环境、修复水生态、传承水文化为主要任务，全力打造让群众满意的优美水系环境。完成瓜子沟河、黄金河干流、杜家山河的黑臭水体整治工作，整治河流长度约7.55千米，沿河整治排口55个，完成沿河截污管道约2.6千米，同步进行护坡、步道、景观绿化提升等建设，杜家山河、黄金河以“水清、岸绿、安全、宜人”的新面貌重回居民的日常生活之中，实现人水和谐共生。在基础配套方面，完成园区给水管网改造工程，解决开发区西部工业园区供水来源问题，加快城市供水设施的建设和技术改造，提高供水能力。新建福地路西延、亭子路、文昌西路西延、石狮路、致远路及连接线等道路给水管道1.995万米，改造给水管道449米，新增增压设备1台以及其他附属设施。

（林　桢　马　吉）

项目建设

【概况】　2021年，句容经济开发区坚持“项目为王”不动摇，聚焦产业强市“一号战略”，抢抓区域一体化、碳达峰碳中和等重大战略机遇，不断放大宁句城际轨道交通的区位优势，围绕半导体、新能源、新材料、装备制造及数字经济等园区重点产业，锚定“产业链”精准出击，聚焦“多渠道”精准发力，突出“专业化”精准招引，全力打造“2+

环境整治后的黄金河风光带

2+N”（即新一代信息技术和新能源汽车及零部件2条规模超百亿的产业链、新材料和光电子2条百亿级后备产业链以及人工智能、大数据等N个新兴产业）的重点产业体系。2021年，全区信息技术行业规模企业实现应税销售43.52亿元，比上年增长14.16%；数字经济产业（含光电子、半导体、显示技术、通信技术等细分行业的44家企业）实现应税销售72.58亿元，比上年增长10.1%，占全区比重达到54.45%；智能电网行业规模企业实现应税销售17.26亿元；新材料行业规模企业实现应税销售13.06亿元。

（林　桢　马　吉）

【招商引资】　2021年，句容经济开发区坚持以园区“项目攻坚三年行动”为主抓手，推动招商引资不断取得新进展、新突破。“容泰半导体集成电路芯片级封装项目招引团队”在镇江市产业强市暨优化营商环境大会上荣获“重大产业项目招引奖”。项目招引量质齐升，全年开展各类招商活动250余批次，通过产业评估并签约落户智慧冷链、容泰半导体、晶度半导体、易容光电、中德智能制造基地、中新智地、中南高科、诚进盛电子、盛永立电子、宁速精密、德湾数控、中科瑞博、陈桥食品、深商产业园、台湾联恒、磁瓦及永磁电机、伟健二期等17个制造业项目，总投资约138亿元。盘活挖潜提质增效，深化“大数据+网格化+铁脚板”企业服务模式，以“零地招商”盘活闲置资源，积极引入高成长型企业，加快培育新动能，推进经济增长方式转变，实现土地利用和企业增效双赢，有效地提高土地节约集约利用水平。通过政府回购、股权转让、共同开发等多元化手段，盘活原天洋汽车、宝宝金水、伟建工具等多个闲置低效项目用地约560亩，对正常生产但有闲置厂房的企业进行局部切割盘活，将闲置厂房转租容泰半导体、盛永立电子、联炜诚电子、诚进盛电子、易容光电、晶度半导体、晶能半导体、宁速精密等重点项目，盘活园区闲置厂房约5万平方米，其中容泰半导体、诚进盛电子、盛永立电子、晶度半导体、易容光电、宁速精密6个项目实现当年签约当年投产。招商改革优化机制，实施新一轮招商人员体制机制改革，成立7个专业招商分局，进一步选优配强专业招商队伍，在先进制造业、三产服务业、现代农业等3个领域持续攻坚、招大引强，为掀起招商引资热潮提供有力的人才队伍保障。优化绩效考核和薪酬激励机制，量化考核细则，将年度招商指标精准衔接各招商分局，实施一二级分层考核体系，让能者上劣者汰成为常态。坚持考核问效，建立招商引资调度机制，落实周调度、月通报、季督查、年考核等工作机制，借助大数据平台以及微信群等，全面梳理汇总全区在谈、协议、合同、开工项目情况，项目洽谈、落地情况第一时间更新发布，以全周期的跟踪问效提升招商引资工作质效。　（林　桢　马　吉）

【科技创新】　2021年，句容经济开发区坚持量质并举，认真贯彻新发展理念，以科技创新为驱动力，不断推动产业攻坚突破，夯实高质量发展硬支撑。在2021年全省开发区综合评价中，总排名上升1位，名列第17位。2021年，句容经济开发区光电子产业园被江苏省知识产权局列为江苏省知识产权示范园区，也是省级特色创新示范园区。骏成电子实现句容主板上市企业“零突破”，园区沃土基金投资的四方光电、

骏成科技创业板上市

实朴检测在主板上市。句容高新技术创业园、江苏富达创业园成为镇江仅有的两家创成省级科技企业加速器的园区。江苏易恒自动化公司成为通过认定的全市唯一一家镇江市级首台（套）重大装备企业；江苏晶度半导体公司创成江苏省级智能制造示范车间；江苏三超金刚石工具公司再次创成江苏省级“小巨人”企业；江苏壹度科技股份有限公司何於领衔的“12 寸晶圆显示驱动芯片国产化项目”成为全市唯一一家省级“双创”项目；金合能源成为全市唯一一家入选江苏省博士后创新实践基地的企业；兆鋆、三斯达、大华激光等 9 家企业创成省级三星上云企业，江苏晶度半导体公司创成全区省级四星上云企业；绿色动力、华桑食品创成镇江市级“绿色工厂”。全区拥有国家级人才 9 人，省“双创”人才 11 个，省“双创”博士 7 人，镇江“金山英才”30 人，“福地英才”89 人，“科技副总”26 个。

（林　桢　马　吉）

开发区管理

【概况】 2021 年，句容经济开发区以最真诚的态度、最精准的服务、最给力的支持提升“软实力”，构建富有温情、体现温度的最优营商环境。坚持主动作为、精准施策，狠抓惠企政策落实，围绕从中央到省市的各类减税降费、金融支持政策，以及现有各类产业扶持政策、惠企政策、招商政策等，进行全面梳理整合，对各类市场主体和各位企业家进行精准推送、定向投放，提升政策覆盖的深度和广度，把政策优势转化为竞争优势、政策红利转变为发展动力。聚焦企业需求，开展“我为企业解难题”实践活动，紧盯最为困扰企业的人才用工、基础配套、教育服务、安全环保、优惠政策、生产建设和金融融资等方面的问题，帮助容泰半导体、金合能源、高光半导体、兆鋆新材等企业解决融资难、用地难、用工难等问题。在解决企业融资难题上，放大园区特色优势，拓展金融服务矩阵，优化全生态金融保障，充分发挥新农控股、创投基金、华阳科贷等金融服务机构的引导撬动作用，进一步提升金融服务实体经济的能力，为园区的产业发展提供投融资支持。深化“放管服”改革，持续推进“2440”（2 个工作日内办结注册开业，4 个工作日内办结不动产登记手续，40 个工作日内办结备案、环评、能评、水土保持评价、规划审批、图纸审查、消防审查、施工许可等手续）实施意见、“361”（360 度服务+1 名专职专员）服务品牌、帮办代办制等创新手段，树立用户思维、注重客户体验，把审批流程压减到最短，把帮办代办服务提质到最优，为企业发展提供最大程度的便利，持续优化园区营商环境。全年办理发改业务 122 件、规划业务 111 件、政府性小型工程招投标业务 129 件，以及各类帮办、代办、代理服务 725 件，承接办理的各项事权均实现“2440”改革要求。严格依法行使权力、履行职责，切实维护民营企业合法权益，保证民营企业依法平等使用生产要素、公平参与市场竞争。落实领导干部、重点部门挂钩联系企业机制，定期组织开展企业家座谈会，倾听企业的诉求，主动搜集项目建设、企业发展过程中遇到的问题，及时了解惠企助企措施落实效果，确保堵点痛点解决到位、服务保障落实到位。

（林　桢　马　吉）

容泰半导体封装车间

【社会文化事业】 2021年，句容经济开发区牢固坚持人民至上，紧盯民生短板，统筹经济发展和社会民生事业协调发展。聚焦庆祝中国共产党成立100周年主题，深入学习贯彻习近平新时代中国特色社会主义思想，结合习近平总书记“七一”重要讲话精神、中共十九届六中全会精神宣讲，推进“永远跟党走 奋进新征程”主题学习活动，编发微信公众号专题10余期、“党史学习教育”203期、“我为群众办实事”50余期，组建“百姓宣讲团”开展宣讲200余次，讲好园区故事，传递园区正能量，推动党的理论创新成果和中央最新精神深入人心。开展“三走进、三服务、三提升”（走进项目一线，服务企业发展；走进工地一线，服务工程推进；走进农村一线，服务基层群众；强化学习调研，切实提升思考力；勇于解放思想，切实提升创新力；扛起责任担当，切实提升执行力）作风效能主题活动，为企业、项目和基层解决问题。加快征迁扫尾攻坚，推进安置房清查行动，收回主房、附房及车库1.2万平方米，盘活资产近7000万元；加快安置房办证速度，为黄梅新村安置房居民办证4778本。对残疾人、军人、低保、五保等群体提供温情关怀，实现动态管理，黄梅街道退役军人服务站获“江苏省示范型退役军人服务站”称号。统筹推进危化品、消防安全、“散乱污”、建筑施工、燃气安全等专项治理，打造“智慧消防”和综合执法平台，推动“一年小灶”“三年大灶”无缝衔接，园区安全环境更可持续。全面推进乡村振兴，加快美丽宜居乡村建设，高标准农田建设取得实质性突破，光伏绿色农业种植示范项目成功落户园区。加快民生项目补短板，金香樟安置房、下荫安置房主体封顶，三台阁、三里井、西庙改造和新建医务室投入使用，黄金花园残疾人之家运营，三台阁社区、新塘村、后塘村道路施工如期完成。黄梅街道办事处获“江苏省文明单位”“镇江市文明单位”称号，兆鋆科技、盛邦家俱、智达电气等多家实体企业和科创平台创成镇江市文明单位，大卓、杜家山、寨里等多个村（社区）创成镇江市文明村（社区），乡村文明指数全面达标。

（林　桢　马　吉）

开发区推进下荫安置房施工进度

华阳街道

【概况】　华阳街道位于句容城区东部，面积为120平方千米，下辖14个村和3个社区，户籍人口为6.5万人。2021年，全年完成地区生产总值101亿元，一般公共预算收入6.22亿元，固定资产投资50.1亿元，制造业投资1.98亿元，实际利用外资2464.88万美元，比上年增长347%，超额完成全年目标。（陈雨心）

【经济建设】　2021年，华阳街道坚持“产业强市”一号战略，立足区位、交通优势，围绕“融入南京、接力镇江”发展定位，全面提升招引质效，不断增强发展后劲。重点聚焦军民融合、科创研发等新兴领域，不断加强项目招引储备力度，洽谈推进中电光谷、中交智慧交通、建筑区块链等26个产业项目，其中，纽天大数据电商进入合同洽谈阶段，隅田川奶瓶项目签约落地，中电光谷项目签订框架协议，军民融合产业园正式签约，8家关联企业同步签约入园。加大项目推进力度，真正把招商成果转化成发展成果。东软双创园加快建设，双子楼内部加紧装修；义台街E1地块竣工验收，G地块开工建设；1912商业街区、骨科医院全面开工建设；隅田川奶瓶生产项目工厂装修完成。推进招才引智，优化人才发展环境，申报“福地英才”人才项目3个，认定高新技术企业1家、科技型中小企业10家，完成技术合同成交额约2亿元。积极与东南大学等在宁高校拓展合作，打造华阳人才港项目，推动人才供给共建共享，为重点产业项目发展储备必要的人才。（陈雨心）

【城乡建设】　2021年，华阳街道坚持以建设新时代更高水平的文明城市为抓手，紧盯环境污染等突出问题，努力提升城市管理精细化水平，营造良好的宜居环境。完成状元新村、老化肥厂宿舍楼、学府楼等10个老旧小区综合改造，街心公园、葛洪路公园、万家河体育公园相继建成。持续保持扬尘管控高压态势，督促建设各方严格落实扬尘管控主体责任，严格执行建筑围挡、场地硬化、车辆冲洗、渣土覆盖、炮雾喷淋等相关要求，对辖区内在建项目开展常态化拉网式巡查，发现问题142条、发出督办单46份。严格落实“排口长制”，对河道排口进行系统排查，加大合流排口整治力度，大自然花园、东方华城等4个小区雨污分流综合改造全面动工，完成万家河上游及肖杆河支流水生态修复，河道水质得到进一步改善，人居环境持续改善。全面开展农村垃圾分类、生活污水治理、厕所专项整治“三大革命”，持续巩固农村人居环境整治成果，大力推进“美丽乡村”“水美乡村”和省级特色田园乡村建设，重点打造下甸贾相自然村示范点，完成秦淮花灯文化核心区建设，王许庄自然村获三星级生态荣誉。进一步加强水利设施管养，完成10座塘坝清淤改造和4座机电站设备维修养护，提高防汛抗旱的能力。（陈雨心）

2021 江苏句容第二届华阳福桃文化节

【民生事业】 2021 年，华阳街道统筹抓好底线民生、基本民生、质量民生，加强基本公共服务供给，扎实办好民生实事。积极引导创业带动就业，全年办理创业贷款 249 人，贷款金额 2505 万元，开展创业培训 55 次，扶持创业近 200 人，新增就业 3200 多人。持续加大民政慈善救助，做好退役军人优抚和服务保障工作，发放各类补助近 3000 万元。严格落实各项疫情防控措施，全面加强对重点人群、重点场所的管控力度，持续保持“零感染”“零疑似”“零确诊”，扎实有序开展网格内全员核酸检测应急演练，16 小时连续作战完成 98625 人核酸采集。健全矛盾纠纷多元化解机制，深入开展重复信访治理、信访积案化解专项工作。充分发挥基层网格作用，提升基层服务水平，将综合治理、为民服务、疫情防控等各项工作统筹纳入基础网格体系，建立健全日常巡查、网格事项流转处置等机制，成功创建镇江市社会治理化先进街道。

（陈雨心）

【中电光谷战略合作签约仪式】 9 月 1 日，句容市人民政府与中电光谷联合控股有限公司战略合作签约仪式在湖北武汉举行。根据协定，双方将充分发挥各自优势，聚焦句容枢纽经济核心区项目空间规划、产业规划和产业园区项目开发和导入，着力打造综合效益好、科技含量高、资源环境友好的产业集聚区。（陈雨心）

【第二届华阳福桃文化节】 7 月 13 日，在句容市曙光国际大酒店，近 80 个样品的桃子参与桃果评比大赛。7 月 16 日，华阳福桃精品桃园推荐直播活动在句容市吾悦广场举行。7 月 18 日，由句容市文体广电和旅游局、句容市农业农村局和句容市华阳街道办事处共同主办的 2021 江苏句容第二届华阳福桃文化节在南京河西万达广场开幕。活动现场宣读了此前举办的华阳福桃评比大赛活动获奖结果。（陈雨心）

下蜀镇

【概况】 下蜀镇位于句容市北端，镇域面积 96.4 平方千米，户籍人口 3.4 万人，常住人口 4 万人，下辖 9 个行政村。作为句容市唯一的沿江乡镇，拥有 3.75 千米长江岸线，境内有长江、大道河、便民河等 20 多条河流，宁镇山脉自西向东蜿蜒而过，山林资源近十万亩。2021 年，全镇完成地区生产总值 81.3 亿元，完成一般公共财政预算收入 4.38 亿元。

（徐　雯）

【工业经济】 2021 年，下蜀镇实现工业应税销售收入 260.3 亿元，完成制造业投资 10.24 亿元、高技术产业投资 3.85 亿元，实际利用外资 1496 万美元。全年开展“以链招商、以商引商”50 余次，9 个 1 亿元以上产业项目通过市级产业评审。17 个重点项目加速推进，森豊二期成为全市首家“拿地即开工”产业类试点项目，建华方桩、毅马 PC 钢棒、台泥二号窑、汤辰机械等技改项目建成投产，宝威、东科项目设备顺利进场，佳和科技产业园启动建设。承办句容“福地青年英才”新材料及先进制造产业分赛，申报省、市创新创业类项目 9 个，入选省“科技副总”项目 1 个、镇江“金山英才”团队项目 1 个、句容“菁英创业大赛”项目 1 个。园区 11 家企业与同济大学、东南大学等高校科研院所建立“产学研”合作机制，搭建校地人才桥梁，建华建材获评省首批就业见习示范基地，发放各类人才奖补资金140万元。新增国家高新技术企业1家、省科技型中小企业24家、省战略性新兴产业项目1家、省市企业技术中心2家、省市专精特新小巨人企业2家、省级专精特新产品1项。建华建材获评中国民营企业500强第296位、中国最具成长性建材100强企业第1位；汤辰机械获评中国建材服务业100强企业第63位，台泥水泥建成全市首家省级绿色工厂，江苏华电获评省统计信用红名单企业。与南京栖霞高新区共建“伙伴园区”，台泥水泥等4家企业参与镇江312国道产业创新发展大会，建华建材“中国预制混凝土绿色低碳研究中心”在会上揭牌；宝钢—联博精密联合实验室成立运行。（徐　雯）

4月27日，立邦新型材料华东区域生产基地建设项目一期奠基暨二期签约仪式在下蜀临港工业区举行

【现代农业】　2021年，下蜀镇建设绿色优质水稻基地1.4万亩，全年实现粮食种植3.4万亩，粮食总产1.5万吨。高效推进高标准农田项目4900亩，获评镇江市高标准农田建设先进镇。完成高效节水灌溉项目500亩，全面开展农地土壤修复2804亩。做精做优村企联建产业，苗千卉、圣福来、富华鲜食玉米等重点农业项目序时推进，成功申报省级示范家庭农场1家。空青村范巷自然村创成江苏省、镇江市两级特色田园乡村，被认定为江苏省传统村落。（徐　雯）

【镇村建设】　2021年，下蜀镇不断完善城乡居住环境及基础设施，完成空青村村庄规划编制工作。推进6个安置小区不动产权证及农村不动产确权登记办理工作。实施集镇燃气主管网建设工程，临港佳园、下蜀中学成功开通天然气。推动村庄亮化提升，检测维修路灯1200盏、新增路灯165盏。落实农桥登记建档46座，完成农村危房排查6753户、农路维修改造4670米。启动园区新建企业污水管网配套建设工程，6个自然村庄农村生活污水治理工程逐步铺开，湾山监狱污水泵站、亭子污水提升泵站高效运转。完成312国道快速化改造征地拆迁和“君临天蜀”安置小区交付回迁工作。探索污染防治攻坚协同联动共治机制，建立龙潭—下蜀、下蜀—高资跨界水体断面协同治理联席会议机制，2个省考共治断面稳定保持优Ⅲ水质。关停拆除石灰窑20座，取缔轧石、洗砂、废品加工等“散乱污”小微企业、作坊49家，完成长江经济带废弃宕口生态修复20处。实施化工企业整治工作，关闭化工企业5家，完成污染地块、场地环境调查，实行封闭管理。新建空气自动监测站投入运行，集中推进餐厨油烟装置改造安装，新增长江岸线与园区造林40亩。常态化开展安全教育，全年培训企业86家。严抓安全执法检查，检查园区企业、村级小微企业323家，下达责令整改通知书285份，整改各类安全隐患1600余处。（徐　雯）

【民生事业】　2021年，下蜀镇创新平台载体，推动创业就业，城镇新增就业3000人，办理发放创业贷款201户。为全镇65岁以上老年群体免费购买合作医疗保险，实现城乡居民医疗、养老保险应保尽保。践行慈善救助事业，募集善款140万元。加快推进镇村两级养老中心和“颐养中心”建设，为全镇1300多名80周岁以上的老年人提供“一站式”居家养老上门服务。推动“双减”政策，提升中小学课堂质量。新冠肺炎疫情防控取得阶段性成果，疫苗接种实现应接尽接，做好全员核酸检测采样工作。4月8日，

2021 年省老年人体育节句容分会场启动仪式在下蜀镇举办。

（徐 雯）

【立邦新型材料华东区域生产基地建设项目】 4 月 27 日，立邦新型材料华东区域生产基地建设项目一期奠基暨二期签约仪式在下蜀临港工业区举行。镇江市委书记马明龙出席仪式并讲话，句容市委书记潘群、立时集团副总裁罗木顺等项目方、行业方代表出席活动。该项目位于下蜀临港工业区，总投资近 5 亿美元，项目分二期建设。（徐 雯）

宝华镇

【概况】 宝华镇因宝华山而得名，地处句容市西北部，空间上与南京仙林、汤山、龙潭无缝对接，境内有 312 国道、337 省道、京沪高铁、沪宁城际轻轨、老沪宁铁路等交通要道，并设有宝华山高铁站，未来宁盐高速南北纵贯。现辖风坛、栏江、仓头、铜山、栗庄、宝华、和平、华山 8 个行政村，宝华花园、新城 2 个社区，常住人口约 6.2 万人，户籍人口 2.9 万人，总面积 103.06 平方千米，基本形成北部圩区、东南面景区、西面新城区的基本格局。境内拥有 30 平方千米的国家级森林公园及国家 AAAA 级风景区，有 7000 年前的“丁沙地”文化遗址和享誉东南亚的佛教名寺——隆昌寺，生态资源丰富、文化底蕴深厚，是全国第二批小城镇改革试点镇、江苏省对外开放重点工业卫星镇、江苏省旅游名镇、江苏省卫生镇。2021 年，地区生产总值 61.8 亿元，一般公共预算收入 8.9 亿元，农民人均纯收入 25887 元。年内，宝华镇位列 2021 年中国中小城市高质量发展千强镇排名第 70 位，成为镇江市唯一入选全国百强的乡镇。宝华山景区获评“江苏省放心消费创建活动先进区域”。

（宝华镇）

【工业经济】 2021 年，宝华镇实现固定资产投资 46.3 亿元，规上工业产值 13.8 亿元。总投资 50 亿元的“句容石砀山抽水蓄能电站”项目成功签约，项目建成后抽蓄装机容量 1000 兆瓦。润阳光电、依众汽车、谷仓新材料三个投资亿元以上项目落地。积极推进南京大学·句容创新创业示范园、风坛创新社区建设。江苏万城青年人才创业园成功获批国家级科技孵化器，万城创客盟获批省级众创空间。坚持人才驱动发展，制定并完善《宝华镇促进“双招双引”十条措施》，6 人通过“省双创”计划镇江初审，5 人进入镇江“金山英才”计划。

（宝华镇）

【现代农业】 2021 年，仓头村创成句容市首家“全程机械化+综合农事”服务中心，示范带动新型农业经营主体 6 个，辐射农户 1700 余个，推广面积达 11037 亩；入选第三批全国“全程机械化+综合农事”服务中心典型案例。港华紫荆农庄项目成为全市智慧农业典型示范。（宝华镇）

【全域旅游】 2021 年，宝华山景区接待游客 81 万人次，旅游收入超 820 万元。成功举办“千华汇聚”首届中国高校微电影邀请赛。省旅游协会民宿客栈和精品酒店分会落户宝华镇。千华古村获省级旅游休闲街区培育单位。

（宝华镇）

【镇村建设】 2021 年，宝华镇有序推进能耗“双控”，集中力量

江苏省旅游协会民宿客栈和精品酒店分会落户宝华镇

开展“散乱污”整治，关停“散乱污”企业15家。持续推进户厕改造，投入510万元完成1469座农厕修缮任务。加快建设市政管网，改造宝华花园安置小区供水管网，解决“山一方”供水难题，惠及居民6300户。完成长江经济带二号彭桥省考断面环保问题销号。建立“排口长制”，对全镇49个重点排污口进行溯源治理。和平河、凤坛河分布式污水处理设施正式投入使用。加快推进宝华镇雨污分流和污水厂扩建工程。投入408万元开展河道清淤、泵站维护等冬春水利工程。积极落实林长制工作，投入100余万元实施宝华玉兰极小种群保护、名木古树保护救助、森林抚育工作。投入400万元优化公交线路、发车班次和站台设置，缓解通勤换乘压力。首批500辆共享电动单车正式投入使用。历时三年的南北通道整治工程全面完工，北片居民出行更加便捷。推进312国道项目快速化改造征地拆迁，签约农户85户，签约企业4家，签约率97.7%；征用土地654.8亩，其中农用地37.44亩，涉及农户47户，办理失地农民养老保险55人次。（宝华镇）

【民生事业】 2021年，宝华镇民生支出占一般公共预算支出89%，镇级民生实事项目顺利实施。大学印象幼儿园投入使用，宝华新城小学、幼儿园建设有序推进。投入15.2万元完善安置房产权办理手续，全镇已具备发证条件安置房9329套，占发证任务数比例100%。城乡居民医疗保险参保率达95%，全年发放低保保障金153.3万元，残疾人补贴334.6万元，抚恤和生活补助资金231.7万元，镇慈善分会救助困难群众911人次。积极组织“春风行动”招聘会，新增就业800人。深入开展扫黑除恶专项斗争，全年处置下发涉黑涉恶线索6条。增强消防救援力量，投资1400多万元的消防站正式投入使用，成为镇江市乡镇范围内首家高标准二级专职消防站。（宝华镇）

【石砀山抽水蓄能电站项目签约】 5月24日，句容石砀山抽水蓄能电站项目在宝华镇成功签约。镇江市委书记马明龙，江苏省国信集团党委书记、董事长谢正义出席签约仪式并讲话。江苏省国信集团党委副书记、总经理浦宝英，镇江市委常委、市委秘书长陈可可及句容市委书记潘群、市长周必松出席活动。石砀山抽水蓄能电站项目总投资约50亿元，项目利用废弃露天采石宕口扩建为上水库，利用石砀山铜矿地下开采矿坑建设下水库，实现废弃矿坑的绿色开发再利用。

（宝华镇）

白兔镇

【概况】 白兔镇位于句容东郊，宋置为土市，元代置税务于此。境内有唐代著名书法家颜真卿的墓葬地、乾隆皇帝下江南时路宿的太平庄、句容第一个中共支部旧址大支里等。白兔镇享有“中国草莓之乡”的美誉，是“全国无公害大棚草莓”“全国美人指葡萄”2个国家级标准化示范区，同时也是句容“国家现代农业示范区”“国家农业科技园区”的核心区。全镇总面积115.5平方千米，户籍人口4万人，常住人口3.3万人，辖15个行政村和2个居委会。2021年，完成一般公共预算收入6370万元，完成地区生产总值40.93亿元，固定资产投资6.3亿元。年内，白兔村、唐庄村入选“全国乡村特色产业亿元村”名单。（文　舒）

【工业经济】 2021年，白兔镇开展低效闲置资源排查和盘活利用。通过开展以商引商、零地招商，成功招引森海管业、康乃馨织造、泛亚能源、柒技面包中央厨房等一批延链补链项目。全年开展各类招商活动35场次，新签约1亿元以上项目3个，总投资3.97亿元，盘活闲置土地65亩、闲置厂房1.2万平方米。1个镇江市级（茅山长青）、6个句容市级（盛禾卫生用品、东发生活用品、饮旺新材料、德邦智能船舶、君铖旅游帐篷、森海管业）重点产业项目分别完成投资1900万元、1.1亿元。完成白兔镇商会和针织行业商会换届工作，搭建政、银、企沟通平台，推动句容农商行与白兔镇商会92家企业、针织行业商会46家企业开展战略合作，完成授信15亿元。全年新增规上工业企业4家，通过复审高新技术企业2家，帮助符合条件的6家企业申报各类奖补资金近100万元。申报三星级企业上云1家，推进“两化”示范企业1家，提升企业智能化、信息化水平。年内，2人入选镇江“金山英才”、

句容“福地英才”有效面试，1人入选“169工程”技术骨干培养对象。（文　舒）

【现代农业】　2021年，白兔镇推动“农业+科技”深度融合，结合国家电子商务进农村综合示范项目建设，打造“智慧农业”平台，创成全省数字化农业农村基地。申报绿色食品认证980亩，完成水稻绿色高质高效示范基地建设1000亩。新增省级示范家庭农场1家、镇江市级3家、句容市级农业龙头企业1家。做大做强草莓产业，9600平方米草莓连栋大棚完成规划设计，即将进行招投标，“白兔草莓”国家农产品地理标志通过农业农村部评审。组建草莓专业合作联社，用好“草莓医院”，开展服务活动23次，服务社员230人，结对帮扶168人次，带动就业122人，开通网络销售平台25个，与商超签订销售协议45份，助力草莓销售220余万元。（文　舒）

【文化旅游】　2021年，白兔镇构建“采鲜果—赏花海—品茗茶”旅游环线。伏热花海高标准新建改建景区配套设施，创成全国休闲农业与乡村旅游五星级园区。茶博园入选江苏省农耕实践基地推介名单。利用大支里党支部、巫恒通旧居等红色旅游资源，开展“英烈后代讲故事”“田间课堂学党史”“红色教育基地行”等活动120余场。中心村被评为“镇江市党史学习教育基地”。（文　舒）

【镇村建设】　2021年，白兔镇上荣山工矿废弃地复垦复绿工程通过省生态环境厅验收，新增农用地指标1027亩，其中耕地指标860亩。开展卫片执法检查和省违法用地清零行动，整治违法用地18.03亩。推进河湖“两违三乱”整治，清理河道渠道50.8千米，整治排污口22处。做好省考断面水质监测、企业排污监管等生态环境治理工作，华仑桥省考断面保持Ⅲ类水标准。推动新建和改造茅庄下纪、幸福后庄等9个自然村的污水处理设施，前柘溪、柏巷256户村级污水接管纳户工程基本竣工，完成户厕修缮改造4428座。完成122省道景观提升2千米。建成白兔农贸市场三级快检室，开展检测503批次。完成1.1万户房屋安全隐患排查，整治经营性自建危房9户、住宅1户。排查农路桥梁69座，消除隐患18处，危桥改造2座。检查水库9座，消除隐患8处。全年完成水利投入220万元，拆建新建泵站、滚水坝等水利设施6座。加快“四好农路”建设，完成马邹线4.2千米农路提档升级。完成锦香苑（安置小区）二期二标段10幢230套安置房建设，回迁安置房599套。（文　舒）

白兔草莓吸引游客采摘

【社会事业】　2021年，白兔镇建成白兔镇老年人助餐中心，幸福里养老服务有限公司营业。加大残疾人关爱力度，设立镇“残疾人之家”辅助器具租赁点。帮扶困境少年，改造“梦想小屋”6间。发放优抚、安置、救助、慰问等各类资金200多万元，新申报优抚对象9人，组织下岗、失业、转业志愿兵（士官）再就业11人。做好计生特殊家庭服务工作，“莓好白兔”志愿者团队获国家计生协“暖心之星”称号。搭建线上招工与线下就业平台，新增就业岗位600多个，为企业签约就业意向146人。培训新型职业农民198人次，新打造乡土人才讲习所1家。2户家庭被评为“句容市文明家庭”，1人获评“句容好人”。探索林地复合利用，建成生态人文纪念园省级试点项目，全省殡葬改革现场会在白兔镇召开。新增西井、倪塘2处文化广场1500平方米，全年举办各类文体活动122场。推进网格化社会治理，开展“网格微家”社会治理新模式。开展电信网络反诈宣传，诈骗案件比上年下降39%。调解劳资纠纷12起，帮助职工追讨工资225万元。推进安全生产“三年大灶”专项整治，完成工贸企业风险报告和规上企业安全生产标准化建设。

（文　舒）

边城镇

【概况】　边城镇地处沪宁经济走廊，是沿海和长江三角洲对外开放的重点区域，东临镇江，西接南京，南濒茅山，北依宝华山。沪宁高速、243省道、沪宁城际轻轨穿境而过，境内有清新俊秀的高骊山，山水如画的仑山湖，独具特色的江苏农博园，集生态、休闲、度假、旅游为一体的边城国际度假区，还蕴藏有亿年鱼化石、千年银杏树、八百年木瓜树等珍贵文化遗产，东乡文化历史悠远。全镇总面积109平方千米，辖12个行政村和2个社区。2021年，完成地区生产总值43.6亿元，一般公共预算收入1.23亿元，制造业投资5亿元。年内，获得全国第一批“节约型机关”称号。

（熊　鹏）

【工业经济】　2021年，江苏句容抽水蓄能电站完成年度投资8.8亿元，完成总投资40亿元。肯立科技、苏博特二期、新光研发中心、恒动金属、美瑞机电、宁春塑胶、华正电力、温氏畜牧8个项目集中开工，均达序时。生物医疗耗材、医疗器械产业园、无人机发动机3个项目顺利通过市产评会；总投96亿元的恒丰国际康养项目正在积极洽谈。宁武新材料年销售达30亿元，增幅50%；国家级科技企业孵化器在孵企业销售突破2亿元，成功申报专精特新小巨人企业1家。与泰州学院合作的产学研合作基地正式揭牌；新建市级企业研究中心2个。坚持绿色转型，全力推进能耗“双控”，平稳应对有序用电工作。光明科创园成功创成镇江市级小微企业“双创”示范基地；申报高企15家，新增镇江“金山英才”4名，储备“福地英才”6名，省“双创”项目进入决赛3个。面对土地要素“紧缺”和闲置资源“沉睡”的现实矛盾，采用政府扶持引导和市场化运作相结合的方式，以盘活存量、技改扩建、资金入股“三管齐下”的方式，探索一条“零土地”招商新路子，实现“增资增效不增地”。

（熊　鹏）

【现代农业】　2021年，边城镇农业经营主体蓬勃发展，衣庄有机蔬菜、大华稻鸭共作等“党支部+合作社+农户”的模式取得初步成效。申报省级示范家庭农场2个，句容市级农业龙头企业1个。智慧数字农业提质加速，成立镇村级电商平台9家，举办高素质农民培训5次。有序推进大华村省级“全程机械化+综合农事”项目申报。“幸福菜篮”“万企联万村”项目进一步得到深化；成功聘请赵亚夫及亚夫团队为边城镇乡村振兴顾问。

（熊　鹏）

【镇村建设】　2021年，边城镇乡村人居环境持续改善。排查10131户农村自建房和31座桥梁安全隐患，整改“513”空间治理

边城镇高骊山风光

问题20条，盘活清理低效耕地145余亩，关停亏损集体企业1家。民生工程全力推进，东昌农贸市场农产品快速检测点投入使用；边光线农路警示桩、波形防护栏、盛昌路LED道路照明等工程完成；农村改厕工作稳步推动。东昌家园安置小区不动产证办理工作有序推进，发放房产证479本。开展危化品、燃气、建筑工地等21个领域专项检查，排查整改隐患248条，22家规上企业全部完成安全风险报告工作。开展全镇污水处理工作，修复镇域内破损主管网15处，新增污水监测仪表5台，申报12个自然村污水处理设施点。（熊　鹏）

【民生事业】　2021年，边城镇社会保障全面加强，年初制定的8件民生实事项目全部完成。举办“春风行动”专题招聘活动，组织30家企业线上线下进场招聘，新增城镇就业人数561人。持续扩大新型农村养老保险的覆盖面，全镇城乡居民养老保险参保12450人；不断推动居家养老服务落地，建成AAA级养老村2个，AA级3个，A级9个，实现14个村全覆盖。开展“慈善捐赠月”活动，筹集资金96.57万元，救助困难家庭2143户；启动“梦想改造”关爱计划，为6名贫困青少年改造温馨小屋。新为民服务中心顺利搬迁，7个窗口部门集中入驻，提供一站式便民服务。错峰开展65周岁以上老年人体检，持续推进“两癌”筛查补查。深入开展“我为群众办实事”系列活动，为群众解决实际问题187件。接待群众来访51批102人次，办理网上信访15件，办结12345工单480件，按时办结率100%，满意率100%。推进文体旅游工作，青山村入选镇江市传统村落名单，边城镇综合文化站创成江苏省“最美公共文化空间”。（熊　鹏）

郭庄镇

【概况】　郭庄镇位于句容市西南部，紧邻江宁开发区、江宁大学城和南京禄口国际机场，总面积150.55平方千米，耕地面积11.78万亩，户籍人口6.6万人，下辖郭庄村等20个行政村和2个社区。境内拥有发达的交通路网和独特的城际枢纽优势，宁杭高铁、宁杭高速、243省道等多条交通要道纵横贯穿其中。2021年，完成地区生产总值75.33亿元，一般公共预算收入1.8亿元，完成全社会固定资产投资26.66亿元，制造业投资11.1亿元，实际利用外资1707万美元，制造业税收增幅达到52.6%。2021年，面对南京禄口新冠肺炎疫情，郭庄镇统筹推进村、企业、交通“组合”防控，建立动态化信息管理机制，实现“零确诊”“零疑似”的双零目标。郭庄镇入选全国千强镇。（郭庄镇）

【工业经济】　2021年，郭庄镇坚持“产业强镇”一号战略，立足郭庄区位优势，提升招引质效，增强发展后劲。围绕新能源、高端装备制造、现代商贸物流三大主导产业，加快产业高端化、智能化、绿色化、集群化发展，深化以商引商、专业招商、靶向招商，引进带动性强的龙头企业。全年先后到上海、南京、重庆等地开展小分队招商30次。8个项目入选镇江市级重点项目，协鑫年产4GW太阳能单晶硅切片、恒嘉年产2GW太阳能电池组件项目顺利投产，恒伟（句容）智慧物流产业园、预装式电池储能成套项目加快推进。以制度创新、流程再造、服务提质为核心，深化“放管服”改革，打造最优营商环境。通过结合企业诉求，设置企业代办岗，代办审批服务20余项。推行企业全生命周期服务，完善企业诉求快速响应机制，优化“政校企”交流平台，构建“亲”“清”政商关系。（郭庄镇）

【现代农业】　2021年，郭庄镇完善农业基础设施配套建设，提升承载能力，打造“宜业、宜养、宜居、宜游”美丽郭庄。做好防止耕地“非粮化”工作，率先启动耕地清退还粮工作，全年清退土地草坪150余亩、高低洼地450余亩。全镇小麦种植面积3.13万亩、油菜种植面积0.66万亩、水稻种植面积5.95万亩。建设“多位一体”全景监测中枢，建立综合办公平台，将河长制、湿地公园、镇区治安监测系统接入平台，实时观看水位变化、比对分析生态环境变化、动态掌握集镇秩序变化。2021年，郭庄镇先后获评江苏省“味稻小镇”、镇江市脱贫攻坚先进集体、镇江市高标准农田建设先进集体。（郭庄镇）

【镇村建设】　2021年，郭庄镇把握城镇建设和乡村发展规律，坚持规划先行，将基础建设提档升级。葛村安置房开工建设，康居花园三期临近收尾；推进丹湖小区、雅苑小区、康居花园一期和二期、轻轨小区不动产权首次登记发放工作。建成西部干线（刘巷至方溪段）道路2.5千米，开通郭庄至江宁的236路公交专线。完成聚星街至南河段雨污分流工程。新建改造排涝及抗旱电站5座，河塘河道清淤40余条，建成生态河道45千米。推进农村垃圾治理、农村生活污水治理、农村改厕，开展露天垃圾池“清零”行动，改造农村非卫生厕所4282座。开展工业污染防治、秸秆禁烧、畜禽养殖场治理等工作，集中开展“散乱污”企业专项整治，完成生态环境部信访销号1件。抓好安全生产工作，隐患整改全部实现闭环，安全生产事故起数和死亡人数持续“双下降”。年内，刘巷村神边、孔塘村孔塘埂创成高质量发展美丽宜居乡村。（郭庄镇）

【民生事业】 2021年，郭庄镇把握“聚焦富民”丰富内涵，办好民生实事，增强群众获得感和幸福感。全年民生支出占一般公共预算支出86.3%，实施10项镇级民生实事项目。做好困难群众基本民生帮扶工作，全年发放低保、特困各类社会救助金1914万元，发放退役军人安置费136万元。教育教学质量稳步提升，郭庄中学成为全市唯一连续9年超额完成省句中分配指标的农村初中。公共卫生水平持续提升，镇卫生院建成江苏省农村区域性医疗卫生中心，创成镇江市基层医疗卫生机构普外科特色科室。全年开展居家养老服务约8万人次，建成村级标准型居家养老服务中心17个。推进平安法治建设，扫黑除恶工作得到中央督导组肯定。创新“综治银行”社会治理模式，被列为镇江市政法创新课题。实施文化惠民工程，举办“百姓大舞台”、广场舞大赛等活动。赤山湖建成镇江市首家生态文明建设展陈馆。（郭庄镇）

赤山湖国家湿地公园获评镇江市社科普及基地

后白镇

【概 况】 后白镇地处国家AAAAA级风景名胜区、道教圣地茅山西麓，国家湿地公园赤山湖东畔。总面积143.28平方千米，大部分属河圩地区，水资源丰富，素有“七水三田”之称。辖21个行政村和4个社区，户籍人口5.7万人，常住人口4万人。2021年，完成地区生产总值61.24亿元，一般公共预算收入1.04亿元，工业应税销售35亿元，固定资产投资12.6亿元。2021年，后白镇先后获评全国农村创业园区（基地）、节约型机关（国家级），西城、西冯、王庄创成江苏省传统村落，西冯村获评全国乡村特色产业亿元村。（田 馨）

【工业经济】 2021年，后白镇按照“大项目突破年”工作要求，狠抓项目招引、建设、投产。深化“迎老乡、回故乡、建家乡”活动，引进并落户大美天第、法高智能等返乡创业项目9个，总投资超17亿元。坚持“零地招商”，通过“腾笼换鸟”盘活存量低效用地120亩，引进华达、林亚通讯等优质企业，实现增资增效不增地。新增高新技术企业3家，科技中小企业23家，企业上云4家。一马先包装获评镇江市绿色工厂；海天针织智能化车间改造完成，产品被北京冬奥会选用。投入220万元完善工业园区配套设施，后白工业园天然气管道全线贯通。协助晨马科技、众晟建筑成功争取市级科技项目资金。开展第十四轮“暖企惠民”大走访，深入46家企业宣传惠企政策、搜集问题建议，构建“亲”“清”的政商关系。（田　馨）

【现代农业】　2021年，后白镇稻米研究院生产可视化系统完成建设，食味大米生产基地完工投产。示范推广“五统一”生产模式2500亩，“天香”米通过标准化种植。成功举办第五届农耕文化插秧节、收割节。“福地好味稻”获江苏好大米“十大品牌”。草坪研究院引进示范推广“兰引3号”“海雀稗”等高端运动型草坪管理技术，研发草坪基质替代、杂草防控技术，申请国家发明专利5项，授权1项，农业农村部授予新品种权2项。坚决遏制耕地“非农化”，防止“非粮化”。完成绿色高质水稻创建5540亩，稻渔综合种养520亩，高效设施农业180亩，有效提升耕地利用效率。静庆生态、华振生态蛋鸡养殖项目、圣湖福枣繁育基地项目有序推进，保供产业链条更加稳定。疫情期间，积极对接商超，销售句容福米100多吨，帮助果农销售桃子90吨、葡萄40吨、梨子60吨，有效解决滞销困境。以提高农民组织程度为牵引，完善组织体系，道兵农机专业合作社获国家级示范合作社，文波家庭农场被评为省级示范家庭农场，草毯绿波、江苏好味稻在成长板挂牌上市。以培育专业农民为牵引，开展技能培训，开设句容第一家“福地夜校”，为农民提供线上线下免费培训，提升农民职业技能。西冯村获评全国乡村特色产业亿元村。（田　馨）

【全域旅游】　2021年，后白镇成功举办“乡游后白，探春之旅”郁金香节，策划“醉美花海”抖音短视频大赛，推介花海绿道、岩藤农场等后白十景。举办后白原乡美食节，挖掘“舌尖上的美味”，在抖音、微信公众号广泛宣传，浏览量达52万人次。二圣湖鱼头汤被列入“江苏省地标美食原产地”和“江苏省地标美食记忆名录”。西城、西冯、王庄创成江苏省传统村落。（田　馨）

【镇村建设】　2021年，后白镇“美丽库区，幸福家园”林梅一期项目完工。投资350万元完成中河除险加固，后倪滚水坝、小夹子水库滚水坝等水利设施投入使用，防汛能力有效提升。整改各类安全隐患35户，农村房屋安全隐患排查顺利完成。丰产沟整治工程完工，完成农村旱厕修缮改造4503户，9个自然村村级污水完工，新增3个加快推进，垃圾分类试点顺利通过省级验收。后白卫生院综合楼主体竣工。发放助学兴教基金100万元，后白中学校友朱敏当选中国科学院院士。安置房颁证和农村不动产确权登记有序推进，发放不动产权证5285本，完成90.5%，农村不动产确权公示6585宗，录入系统5254宗。（田　馨）

【民生事业】　2021年，后白镇救助和慰问贫困群众近5000人次，发放慰问金360万元。启动低收入人口认定工作，录入金民养老系统52户。发放退役军人优抚经费973万元，城乡基本社会保险和老年人意外伤害保险覆盖率达100%。坚持就业优先，帮助350人顺利就业，举办创业培训，审批创业贷款500余万元。处理农民工欠薪8起，涉及金额200多万，农民工合法权益得到有效保障。全年举办440场新时代文明实践活动，二圣村获江苏省文明村，沈春雷获“江苏大工匠”

后白镇糜林事迹教育实践果园

和“江苏好人”称号。开展并评选出77户“文明家庭”，举办“奋斗百年路，启航新征程”文艺汇演，开展“我们的节日”等传统民俗文化活动87场、全民阅读活动132场。全年接受上级交办信访件33件、市政府热线1457起，办结率达100%。通过司法渠道成功调解民事纠纷1067件，创成省级民主法治示范村11个。“后白镇‘五大融合’实现治理能力新飞跃”入选江苏首批乡村治理典型案例，后白村被评为“江苏省‘援法议事’典型范例”。投资150万元购买防疫物资、接驳专车，完成疫苗接种约3.6万人、7万剂次，18岁以上人群接种率达92.5%。（田　馨）

天王镇

【概况】　天王镇地处宁镇常三市交界处，南与溧阳接壤，东与金坛相依，西与溧水毗邻，是句容市南大门，始建于唐中和二年（882年），因御赐金匾寺庙——天王寺而得名，已有1400多年的历史。全镇地域面积131.54平方千米，下辖16个行政村和1个社区，截至2021年年末户籍人口53071人。天王镇土地资源丰富，以丘陵山地为主，大多水源经检测达国家一类水标准。2021年，实现地区生产总值57.02亿元，完成一般公共预算收入5500万元，农民人均可支配收入达29805元。年内，创成国家农业产业强镇、江苏省文明镇。（谈德寅）

【工业经济】　2021年，天王镇9个重点项目进展有序，天旸科技一期2栋厂房竣工，行车设备安装完成，200万元左右的机器人设备购置准备进场，二期办理施工许可证。惠博汽车一期4000平方米钢结构厂房完工，二期15000平方米厂房主体施工建设；裕凯机电一期厂房主体竣工。万顺新能源2000万设备投入使用，提前完成全年形象进度。江苏护理职业学院药学产教融合实训基地（药材园）项目正式开工。围绕风电、自行车产业开展招商活动，拥有在谈项目5个。招引1亿元以上产业项目3个，通过产业评估会项目3个，均完成全年任务。（谈德寅）

【农业旅游】　2021年，天王镇各乡村旅游景点全年接待游客近40万人次，带动经济效益超5000万元。成功举办第八届天王樱花节活动，芝樱小镇“网红”景点受到游客热捧。完成戴庄环形路路基改造建设，一条集农业、生态、红色、党建文化在内的旅游新路线雏形初现。白沙烈士墓及稻田景观改造基本完成，生物多样性有机稻米示范基地成果显现，成为旅游观摩新节点。坚持以市场需求为导向，完成唐谷村150亩、竹园村200亩、天王村200亩戴庄有机稻米扩面任务。推进规模化种植、标准化生产模式，成功申报水稻绿色高质高效示范方面积1100亩、农作物绿色防控示范方80亩。启动成立戴庄稻米合作联社相关事宜，完成合作联社综合大楼选址工作。成立江苏彩叶苗木产业技术创新战略联盟，建成全省最大的苗木研究所，探索苗木产业提档升级有效路径。（谈德寅）

【镇村建设】　2021年，天王镇全面改善乡村面貌，实施农村人居环境整治提升五年行动，5998

天王镇万顺轻工机械有限公司厂区

座农村户厕提档修缮工作全面完成并通过验收。因村施策、突出特色，序时推进白沙凉亭特色田园乡村建设工作，完成金山路西村规划建设方案。完成天鑫路2千米白改黑路面改造工程，以及天王浦西工业园区道路路灯建设工程，集镇、园区形象进一步提升。坚持“人民至上、生命至上”，着力做好水利安全工作，完成农村河塘疏浚18座、水毁配套6座；完成镇级河道斗门河清淤整治工程，完成15座在册水库汛前检查隐患排查整改工作。落实上级要求，通过招投标程序，将全镇102千米农路及17座桥梁的养护与维修工作承包给具备资质条件的第三方企业，确保道路畅通、桥梁安全。坚守违法违规用地底线红线，查处各类违法建设30处，拆除面积1000余平方米。深入推进“河长制”，开展跨界水体整治工作，投资95万元清淤河道300米、改造生态净化池30亩。推进农村生活污水治理工作，全年新建集镇污水主管网700米，新建村级污水收集系统13处，改造升级村级污水收集系统12处，对生态环境局14处污水泵站进行提档升级。打好污染防治攻坚战，开展建筑工地、取土坑、堆土场扬尘污染专项整治，着力提升集镇面貌，开展镇域内道路两侧环境卫生集中整治工作，实施跨界水体水质提升整治行动，全年关停“散乱污”企业11家，督促8家企业完成整改提升。严厉打击安全生产违法违规行为，完成企业监督检查265家，排查隐患1118条，整改完成1107条。

（谈德寅）

【民生事业】 2021年，天王镇扎实做好就业保障工作，新增城镇就业800人次，扶持农村劳动力自主创业79人次，扶持返乡农民创业10人次，引领大学生创业15人次。完成各类保险扩面任务。进一步规范尊老金发放管理工作，全镇享受尊老金待遇2277人次，全镇享受居家上门服务1940人次，服务率达到98%。切实发挥慈善助困助难作用，各项慈善救助慰问支出106.27万元。中考总均分和普高录取率等指标在全市乡镇中学名列前茅，天王中心幼儿园省前瞻式课程——“生态式课程”成功开项。完成浦溪花园4期及湖滨花园门面房消防改造及验收工作，完成浦溪花园5期主体工程的竣工验收工作，安置小区办证2400本。全面实行“一窗通办”“数据跑路”“上门服务”的业务办理模式，打造最优营商、最优便民环境，全年办理政务服务类业务12472件。

（谈德寅）

茅山镇

【概况】 茅山镇总面积81平方千米，下辖9个行政村、1个社区，截至2021年年末，户籍人口2.9万人，常住人口2.7万人，耕地面积69999亩。2021年，完成地区生产总值32.8亿元，完成一般公共预算收入3455万元，社会固定资产投资6.6亿元，社会消费品零售总额3.08亿元，实际利用外资500万美元，农民人均纯收入29368元。2021年，茅山镇获评“第一批全国乡村旅游重点镇（乡）”；茅山镇“五彩春城·暖心家园”获评2021年省级“暖心家园”示范点；永兴村、丁庄村、丁家边村获评2021年全国乡村特色产业亿元村；茅山镇何庄村入选第二批全国乡村治理示范村镇拟推荐名单；丁庄万亩葡萄合作联社获评全国星级农业科技

茅山镇农民在葡萄架下喷洒农药除草

社会化服务组织、“国家农民合作社示范社”、“国家生态农场”。3月18日，江苏省副省长赵世勇到茅山镇调研丁庄葡萄产业，参观丁庄葡萄合作联社分栋中心，了解农产品销售情况。（袁　蕾）

【工业经济】　2021年，茅山镇新上“四上”企业4家。总投资1.1亿元的清境农场和总投资5亿元的迎客乡村酒店正式开园营业；总投资1.1亿元的义利康酵素园项目建成投产；总投资1.05亿元的山水葛园民宿项目封顶竣工。福地源康复养老基地、木匠谷等项目加速推进。年内，抓存量土地盘活利用，帮助企业转租厂房，面积6000平方米。（袁　蕾）

【现代农业】　2021年，茅山镇聚焦“三高”（高产、高质、高效）农业项目重点发力。丁庄葡萄合作联社继续推行农产品“五统一”管理模式，抓葡萄质量、品牌建设和IP效应集聚，销售渠道巩固拓展、不断扩大。“丁庄葡萄”持续与盒马鲜生、百果园、叮咚买菜、开市客等优质渠道资源开展合作，并在丁庄葡萄天猫旗舰店、抖音等线上销售渠道的基础上，与金星完美生活家合作，扩大了品牌知名度。9月24日，丁庄葡萄出口新加坡、马来西亚首发仪式在茅山镇丁庄葡萄分拣中心举行，成为江苏省首次出口海外的葡萄类鲜果农产品。开展丁庄葡萄合作联社全体社员技术培训，开展“惠农贷”金融服务，进行田间指导教学300余次，为280余名农户办理免担保、无抵押低息贷款近3000万元。年内，瑞华生态农业项目开工建设，东霞、袁相片区高标准农田项目加速实施。至年底，茅山镇工商注册家庭农场151家，新增22家。（袁　蕾）

【乡村旅游】　2021年，茅山镇农旅融合显成效，成功举办丁庄葡萄节、桑果紫酒节、梅花节、牡丹节、豆腐节等旅游节庆。茅山镇入选第一批全国乡村旅游重点镇（乡）名单，入选江苏美丽宜居城市建设新一批试点名单，农旅融合发展走在句容市前列。丁庄创成省级“特色田园乡村”，何社姚凹创成镇江市级“特色田园乡村”。（袁　蕾）

【镇村建设】　2021年，茅山镇围绕“三生融合”，紧抓何庄试点推进，加强基础设施配套建设，提升人居环境。何庄村乡村振兴试点工程9个组团1186栋民房建设完成，水电路等配套工程完工。12月26日，何庄民房竣工交付仪式在何庄举行，即将实现拆迁村民回迁，何庄试点成为苏南丘陵地区乡村振兴的样板工程。完成东部干线天然气提升泵站建设，迎客乡村酒店、豆腐村会议中心、集镇顺利通气。农路管养里程增加至132千米，清理路陶边沟3500米。丁庄村新建水泥路1710平方米，蔡门村新建水泥路2295平方米；完成丁家边河塘石驳235米，治理岗南河、姜家河清淤总长2.9千米，完成壹站河河道清淤900米，大塘清淤7800平方米，壹站河及大塘边坡环境整治面积9000平方米。何庄村创成“全国乡村治理示范村”，何庄河小流域创成“省级生态清洁型小流域”。（袁　蕾）

【社会事业】　2021年，茅山镇坚持以民生改善为根本，居民幸福指数不断提高。全年集中办理安置小区产权证977户，百姓生活更加安心。积极开展“慈善捐赠月”、老年人“安康关爱行动”、“慈善助老”等活动，收到慈善捐款总计70.04万元。办理老年人意外险理赔170例，为544名老年人购买新农合医疗保险20.13万元。发放尊老金96.71万元、低保金101.37万元、五保金224.19万元，发放残疾人两项补贴354.9万元。关爱困境儿童25人，救助困难群众1101人次。春节慰问优抚对象8.63万元，“八一”慰问优抚对象2.32万元。以“庆祝中国共产党成立100周年”为主线，开展“乡村文艺播种计划”72期，培训群众舞狮、书法、广场舞、美术等文艺技能，受训群众近1500人次。举办红色主题展览3场，参展人数达2000余人次。何庄马灯阵舞参加句容市“一镇一民俗”文艺展演活动获一等奖；春城实验学校以句容市学生发展性评价农村第一的成绩获市“初中教学工作先进集体”称号。网格化社会治理实现全覆盖，调整配备网格员30人。开展“法律顾问集中月”活动，悬挂防范电信诈骗标语横幅150余条，发放“一封信”14000余份。全面排查农村危房、桥梁，百姓住行安全得到保障。（袁　蕾）

茅山风景区管委会

【概况】　茅山风景区管委会位于江苏省西南部句容市境内，地处南京、镇江、常州三市腹地，规划面积153平方千米，下辖10个行政村，户籍人口约3.2万人。拥有国家AAAAA级旅游景区——茅山景区，茅山自然风光清新秀美，有“九峰、十九泉、二十六洞、二十八池”之美景。2021年，茅山风景区实现地区生产总值30.8亿元，一般公共预算收入4261万元，实现农民人均可支配收入29867元。年内，茅山风景区管委会获国家重点乡村旅游镇、全省党员冬训工作示范乡（镇、街道）等荣誉，茅山村入选中共中央组织部、财政部2021年推动红色村组织振兴建设红色美丽村庄试点项目。　（陈　瑶）

【项目推进】　2021年，镇江市重点产业项目康缘中医药文化产业园商业一期主体建设完成；游客中心、仙草童话世界外部建设完成；金象农旅项目游乐设施投入使用。句容市重点产业项目康缘医养中心主体建设封顶，小镇食堂和社区超市建成并投入使用；药香花园项目景观配套、游步道建设完成；观光火车轨道铺设完成；洲际酒店二期项目景观配套完成，13幢配套别墅全部建成并投入使用；涵田半岛商业街项目建成并对外开放。注重商标保护，为49件到期商标续展，注册“茅山景区”新商标；完成技术合同成交额、科技孵化载体申报、高企申报和科技型中小企业认定工作。组织开展2021年句容市“福地青年英才”创业大赛茅管文化创意分赛，6个获奖项目落户，其中3个入围全市总决赛。　（陈　瑶）

【现代农业】　2021年，茅山风景区完成重大农业投资项目5400万元。种植面积达3.22万亩，其中新增省级绿色优质基地面积1.3万亩。做好5万亩林地防火工作，投入250万元用于防汛抗旱工作。推进农业产业结构的优化升级，马埂和上杆中药材、墓东优质稻米、潘冲博瀚农业、玉晨菌菇种植等突破发展。　（陈　瑶）

【文化旅游】　2021年，茅山村举办全国革命根据地红色文化研学大会，获批茅山铁军教育学院，茅山红色文化服务中心与上级党校、新四军纪念馆等深度合作，开发精品课程，实境课堂红色课程《播火者》全新上线。全年红色文化教育共接待培训班315批次，培训学员2.1万人次。通过延伸服务，茅山风景区获批“句容市职工（劳模）疗休养基地”。坚持走市场化、资本化、专业化旅游发展道路，逐步形成独具茅山特色的文旅IP。利用“五一”“十一”等黄金周，开展形式多样的景区营销活动。2021年，景区接待游客46.82万人次，比上年增长53.16%。2021年，茅山景区创成“低碳景区”。　（陈　瑶）

【镇村建设】　2021年，茅山风景区实施扶贫项目33个，涉及水利、交通、路灯、环境整治等方面，投入资金1967.82万元。完成4154户农村改厕工作，优化农村生产居住条件，茅山景区集镇通过省住建厅美丽宜居小城镇考核评估。老工业园区开通燃气，开展安置房不动产权发证工作。

6月19日，全国革命根据地红色文化研学大会暨红色文化研学论坛在茅山风景区召开

对7家危化品储存企业、93家餐饮场所，按照“两断三清”的标准实施整治。常态化开展景区安全隐患排查整治，开展安全生产知识“七进”及新《中华人民共和国安全生产法》宣传活动。组织各企业单位、行政村负责人和安全员等216人参加安全生产培训，实现辖区全覆盖；游客中心、苏南汽配等8家重点企业单位开展消防应急演练。（陈 瑶）

【民生事业】 2021年，茅山风景区进一步巩固脱贫成果，居民人均收入稳定增长，低保、五保、建档立卡户等群体得到有效保障。茅山风景区管委会获评“全省脱贫攻坚暨对口帮扶支援合作先进单位”。开展“春风行动”，帮助企业招聘人才。打造“全民艺术普及，城乡播种行动”品牌；李塔、夏林、茅山、玉晨等村试点建立农家小书屋，定期举办农家小书屋阅读活动；组织文艺骨干进村（社区）开展文艺培训班，向居民普及文化知识。成功举办句容市全民阅读示范推广活动茅山专场和“2021年世界健身气功日”主题活动。开展“慈善捐赠月”、老年人“安康关爱行动”、“慈善助老”等活动；发放慈善救助及冬春救助资金73.69万元，救助困难群众1297人次。办理老年人意外险理赔150例，理赔金额28.2万元；为492名老年人购买新农合医疗保险18.2万元；发放尊老金96.71万元、低保金129.08万元、五保金191.77万元，发放残疾人生活补贴417.46万元、护理补贴70.49万元。关爱困境儿童24人，发放保障资金30.56万元。做好7家居家养老服务中心建设和运营工作，广泛开展老人居家上门服务。严格落实现、退役军人优待抚恤、双拥褒扬政策，发放定期抚恤金496万元。开展“一村一活动”网格宣传，打造网格服务品牌，在全市成立首家网格哨手服务中心（社会机构），推行农村网格员专职化试点运营。（陈 瑶）

【茅山板栗】 茅山板栗是句容历史上早在葛洪医药典著中有记载的林果农产品，《句容县志》早在20世纪20年代也有记载。茅山板栗生产基地位于句容九龙山风景区有机农业园区，是典型的茅山丘陵地貌，森林覆盖率高，土壤为黄棕土壤，偏酸性，肥力中等，适宜果品种植。果园灌溉水取自池塘积累大自然降雨和上杆水库水源。板栗种植面积为上杆村1000多亩，周家自然村300多亩，大山口工区700多亩，东边片区500多亩，亩产250千克左右。板栗于每年9—10月成熟上市，外观圆润有光泽，果形大，淀粉含量高，果肉微黄，肉质细脆，多汁酥脆，味甜爽口。（王 进）

崇明街道

【概况】 崇明街道地处句容市区主城区，东起东昌中路，南至二圣路，西到洪武路，北抵文昌中路，辖东门、义台街、红旗、崇明、茅山、甲城、河滨、中凌、葛仙、建新、新村、梅花、马扎里13个社区。2021年，街道常住人口约9.6万人。（赵 伟）

【社区建设】 2021年，崇明街道实施老旧小区改造，投入1000余万元完成4个小区旧楼出新、6栋危楼解危，涉改面积6.92万平方米；新建电动车智能充电篷2处、休闲健身广场300平方米，拆除乱搭乱建7处；协调供气、供水单位为52户涉改居民解决水表独户分设和燃气接通难题，联系通信单位合力完成6000余米架空线整治和10余根杆线下地。定

茅山板栗种植

期开展环境卫生综合整治行动，实施清除卫生死角、清理乱贴广告、清运楼道杂物、清洗公共设施专项行动。在辖区范围内“见缝插针”，施划车位2566个、非机动车位17100米、消防禁停标识网格线420个。（赵　伟）

6月26日，崇明街道庆祝中国共产党成立100周年暨百姓大舞台文艺演出

【社区服务】　2021年，崇明街道结合“两在两同”建新功和“我为群众办实事”实践活动，与58家单位开展共建，调动多方阵地资源、活动资源和项目资源，开展为民服务活动近200场，解决一批涉及居民危房加固、用水用气等“急难愁盼”问题。按照每个社区20万元的标准设立“为民服务”专项资金，以“项目化”形式抓好为民服务项目的立项、申报和实施，以社区居民的“需求清单”建立为民服务的“服务清单”。创新实施“彩虹桥”惠民助困计划，围绕助困、助医、助老、助残、助学、助贷、助居7个方面，对七类群体开展精准帮扶，发放社会救助资金400余万元。聚焦群众文化需求，举办“百姓大舞台”“社区睦邻节”“全民健身”等文化活动200余场，组织各类专题讲座50余场，进一步丰富社区居民精神文化生活。打造“崇明志愿星”服务品牌，组建300余人的志愿者队伍，成立矛盾调解、爱心助困、环保护绿等多个志愿服务小组，全年开展各类志愿服务200余场。

（赵　伟）

【社区管理】　2021年，崇明街道以网格化服务管理为抓手，围绕“打造共建共治共享的社会治理格局”目标，不断提升社会治理社会化、法治化、智能化、专业化水平。推动多元共治，健全社区议事协调和联动服务机制，定期召开共建单位、居民代表、物业公司、网格员、楼栋长联席会议，协同解决社区环境、公共安全和便民服务等相关问题。培育社会力量助推社会治理，社区邻里守望队、茶文化交流协会获评省社区社会组织高质量发展案例。建立专职化社工职业体系，创新实施“四硬七提”（促进街道年轻干部政治硬、肩膀硬、作风硬、本领硬，全面提升年轻干部政治能力、调查研究能力、科学决策能力、改革攻坚能力、应急处突能力、群众工作能力和抓落实能力）培养工程，建立68名年轻干部结对帮带机制，着力打造一支素质过硬、业务过硬、能力过硬的社工服务队伍。坚持机制不变、标准不降、力度不减，对标建设新时代更高水平全国文明城市。聚焦老旧小区、背街小巷、菜场周边等重点区域，开展基础设施整治、公共秩序提升、文明氛围营造、环境卫生整治等专项工作。开展各类新时代文明实践活动250场，举办道德讲堂79场，动员居民广泛参与，营造浓厚氛围，共建文明社区。中凌“侨务联盟”通过全国侨务工作示范单位验收，多个社区获评江苏省文明社区。坚持常态化疫情防控常抓不懈，广泛开展“敲门行动”，对9万余名居民进行多轮走访摸排。开展街道网格内全员核酸检测应急演练，设置22处采样点70个采集通道，动员9.6万人完成疫苗接种。年内，崇明街道被镇江市委、市政府表彰为抗击新冠肺炎疫情先进集体。对汛期安全、危险房屋、消防隐患、燃气危化品等7项内容进行全面排查整治，街道116个网格出动排查2.4万余人次，发现并整改各类隐患547条，整改达标率100%。定期对65个微型消防站和900余组灭火器进行排查更新，协调安装电动车充电桩 20 余处。

（赵　伟）

黄梅街道

【概况】　句容市黄梅街道行政区划面积约 144 平方千米，下辖 21 个村（社区）。句容经济开发区按照“统分结合”的原则，与黄梅街道实行“以区带街、统分结合”的管理模式，在开发区党工委、管委会领导下，黄梅街道实体化运作，内部机构、人财物管理等方面相对独立。开发区主要负责产业优化、招商引资、投融资服务和区域城市建设管理等职能；黄梅街道承担社会管理事务，主要负责党的建设、农业农村、社会事业、社会治理和征地拆迁等职能。市委、市政府以及条块工作，按职责分工确定责任主体，负责抓好任务落实。

（林　桢　马　吉）

【民生事业】　2021 年，黄梅街道加快安置房办证进度，全年黄梅新村出证 4778 本。聚焦残疾人、军人、低保、五保等群体，提供温情关怀，实现动态管理，获“全国示范型退役军人服务站”称号。统筹推进危化品、消防安全、“散乱污”、建筑施工、燃气安全等专项治理工作，打造“智慧消防”和综合执法平台，推动“一年小灶”“三年大灶”无缝衔接。推进污水处理提质增效达标区建设，全面消除园区黑臭水体，完成黄金河、河滨西路等污水主动脉工程和给水管网改造工程建设。金香樟安置房、下荫安置房主体封顶，三台阁、三里井、西庙改造和新建医务室投入使用，黄金花园“残疾人之家”运营，三台阁社区、新塘村、后塘村道路施工如期完成。黄梅卫生院于 2021 年 12 月 28 日完成搬迁。

（林　桢　马　吉）

黄梅街道绿色大米种植基地

【农业农村】　2021 年，黄梅街道全面推进乡村振兴，加快美丽宜居乡村建设，高标准农田建设取得实质性突破，河桥村试点的超级水稻产量喜人，光伏绿色农业种植示范项目成功落户园区。2021 年，水稻种植面积 21416 亩、小麦种植面积 8200 亩、玉米种植面积 4920 亩，全年粮食产量 1.7 万吨；大棚蔬菜种植面积 1600 亩（含草莓和西瓜 600 亩），产量 1 万吨。大力推广粮油新品种，深入推进粮食高效栽培、病虫草综合防治、测土配方施肥等技术，提高粮食产量。加强对辖区内征收和流转的抛荒地的利用，恢复种植，下荫、后塘等村抛荒地利用 2000 余亩。落实上级各项惠农政策，完成耕地地力保护补贴 9577 户、面积 32909.5 亩、补贴金额 395 万元；完成稻谷补贴 61 户、面积 8013.51 亩、补贴金额 112 万元；落实实际种粮农民一次性补贴 23642.77 亩，共计 44 万元。

（林　桢　马　吉）

【绿色大米】　句容绿色大米生产基地位于句容市黄梅街道河桥村，当地独特的圩田造就了独特的大米品种。该大米品种为籼型稻，米粒细长有光泽，口感独具一格，是优质的口粮稻品种。生产过程中由专业人员全程负责检验产品品质，在选育、选种、种植、收割、储存每个环节进行把控，各个环节透明可追溯，确保产品品质优良。2021 年，籼型稻种植面积达 1000 亩，总产量达 415 吨。

（赵滕龙）

市领导简介

（2021年发生职务变动的）

高庆华　中共句容市委副书记、统战部部长。2021年1月任句容市人大常委会副主任，同年4月不再担任市委副书记、统战部部长职务，同年5月任市人大常委会党组书记。

简介见《句容年鉴（2006）》。

宋飞雄　中共句容市委常委，市人民政府党组副书记、常务副市长。2021年3月调离句容。

简介见《句容年鉴（2014）》。

贾云亮　中共句容市委常委，市人民政府党组成员、副市长。2021年4月任中共句容市委副书记，同年4月不再担任市人民政府副市长职务，同年7月不再担任市人民政府党组成员职务。

简介见《句容年鉴（2016）》。

姚　华　中共句容市委常委、政法委书记。2021年1月任句容市人大常委会副主任，同年5月任市人大常委会党组副书记，同月不再担任市委政法委书记职务，同年7月不再担任市委常委职务。

简介见《句容年鉴（2013）》。

赵树锋　中共句容市委常委，市纪委书记、监委主任。2021年4月任句容市人民政府党组副书记，同月不再担任市纪委书记职务，同年3月任市人民政府副市长，同年4月不再担任市监委主任职务。

简介见《句容年鉴（2018）》。

侯华锋　句容市人民政府党组成员、副市长。2021年1月任中共句容市委常委，不再担任市人民政府副市长职务，同年5月任市委政法委书记，不再担任市人民政府党组成员。

简介见《句容年鉴（2016）》。

蔡　璟　2021年4月任中共句容市委常委，市纪委书记，市监委副主任、代理主任。

1984年10月生，汉族，江苏镇江人，2006年8月参加工作，2003年6月加入中国共产党，研究生学历、硕士学位。

2006年8月在镇江市京口区谏壁镇月湖社区工作，2006年10月在镇江市京口区谏壁镇政府工作，2006年12月起历任镇江市京口区委组织部办公室科员、干部科副科长、干部监督科科长，2012年2月任共青团镇江市京口区委副书记，2013年3月起历任镇江市纪委第四纪检监察室副主任科员、主任科员、副主任、第九纪检监察室副主任、主任、第九监督检查室主任。

高发巧　2021年7月任中共句容市委常委，同年8月任市政协党组副书记。

1971年12月生，江苏句容人，1993年8月参加工作，1998年12月加入中国共产党，省委党校研究生学历。

1993年8月在县（市）外经委工作；1995年12月以来历任市政府办公室秘书、财贸科副科长、督查科科长；1999年8月任市政府办公室副主任；2002 年 12 月任市政府办公室主任、市政府党组成员；2003 年 6 月任市政府办公室党组书记、主任，市政府党组成员；2005 年 9 月任市委办公室主任；2006 年 7 月任边城镇党委书记、边城经济实业总公司董事长；2008 年 6 月任市人事局党组书记、局长，市编办主任；2008 年 11 月任市委组织部副部长，市人事局党组书记、局长，市编办主任；2010 年 5 月任市委组织部副部长，市人社局党组副书记、局长；2014 年 7 月任市委组织部副部长，市人社局党委副书记、局长；2016 年 6 月任茅山风景区党工委书记、市委组织部副部长、市人社局党委副书记；2016 年 8 月任茅山风景区党工委书记、市委组织部副部长、茅山湖党工委书记；2016 年 9 月任茅山风景区党工委书记、茅山湖党工委书记；2017 年 12 月任茅山风景区党工委书记，茅山湖管理办公室党组书记；2021 年 4 月任市委统战部部长。

郭　江　2021 年 4 月任中共句容市委常委，同年 7 月任市人民政府党组成员、副市长。

1976 年 10 月生，汉族，江苏句容人，1999 年 9 月参加工作，2002 年 6 月加入中国共产党，大学学历。

1999 年 9 月起历任句容经济开发区财政所会计、团委副书记、书记、办公室副主任，市委办调研科科员、副科长、综合科科长；2008 年 12 月任市委办公室副主任；2011 年 8 月任市委办公室副主任、研究室主任；2013 年 2 月任郭庄镇党委副书记、镇长，郭庄经济实业总公司副董事长、总经理，空港新区管委会常务副主任；2014 年 4 月任郭庄镇党委副书记、镇长，空港新区管委会常务副主任；2014 年 10 月任郭庄镇党委副书记、镇长；2015 年 9 月任下蜀镇党委副书记、镇长；2016 年 12 月任下蜀镇党委书记；2019 年 8 月任茅山风景区管委会主任，下蜀镇党委书记；2019 年 9 月任茅山风景区管委会主任、党工委副书记，下蜀镇党委书记；2020 年 3 月任茅山风景区管委会主任、党工委副书记（2019 年 10 月至 2021 年 6 月援陕）。

闵　佳　2021 年 11 月提名句容市人民政府副市长候选人，同年 12 月担任市人民政府党组成员。

1985 年 7 月生，汉族，江苏镇江人，2007 年 8 月参加工作，2005 年 11 月加入中国共产党，大学学历、硕士学位。

2007 年 8 月在镇江市京口区委组织部工作；2008 年 8 月起历任镇江市京口区政府办公室综合一科科员、副科长、科长、信息中心主任；2012 年 1 月任镇江市政府办公室综合六处科员、副主任科员、处长、综合二处处长、综合一处处长；2019 年 2 月任镇江市政府办公室党组成员、副主任；2020 年 4 月任镇江市京口区副区长；2021 年 12 月兼任句容市白兔镇党委书记。

徐　飞　句容市人民政府党组成员，下蜀镇人大主席。2021 年 1 月任句容市人民政府副市长，同月不再担任下蜀镇人大主席职务，同年 4 月兼任市残疾人联合会主席。

简介见《句容年鉴（2021）》。

张　凯　2021 年 4 月任句容市人民政府副市长，同年 5 月任市人民政府党组成员。

1985 年 7 月生，汉族，湖南娄底人，2008 年 8 月参加工作，2006 年 6 月加入中国共产党，大学学历、学士学位。

2008 年 8 月历任句容开发区综合服务部科员、办公室主任；2011 年 8 月任句容开发区党工委委员、办公室主任；2013 年 4 月任市政府办公室党组成员、副主任；2015 年 3 月任团市委书记；2016 年 8 月任华阳街道党工委副书记、办事处主任；2017 年 8 月任华阳街道党工委书记。

（市委组织部）

模范人物简介

李师柯　现任句容法院后白法庭庭长，一级法官。2021 年 1 月被授予“全国法院办案标兵”称号。

1987 年 12 月生，江西万年人，汉族，中共党员。2010 年 8 月参加法院工作。在审判工作中，李师柯注重在遵循司法规律的前提下，积极探索和创新工作方式方法，提高审判质量和效率。对于同类型简易案件，李师柯充分尊重当事人的程序选择权，简化民事诉讼程序，推行速裁机制。

通过采取集中送达、集中开庭，实现简案快审，提高案件审判效率，减轻当事人的诉累。李师柯通过送法下乡、惠民大走访、法官进网格、担任村（社区）法治指导员等方式，加强与群众的密切联系。在他审结的3000余件案件中，无一超审限、无一错案、无一矛盾激化缠访案件、无一不廉举报。

李师柯先后被评为全市法院办案标兵、镇江市政法系统十佳干警、江苏省优秀法官，立二等功1次、三等功1次。（市法院）

赵亚夫　1941年4月生，江苏省镇江市人大常委会原副主任，镇江农科所原所长、党委书记。2021年2月，获“全国脱贫攻坚楷模”称号。

简介见《句容年鉴（2016）》。

（史志办）

阮祥忠　农业技术推广研究员，句容市农业农村局“乡村振兴祥忠先锋团”团长，2021年2月获“全国脱贫攻坚先进个人”称号。

1962年6月生，汉族，江苏句容人，中共党员。1984年2月参加工作，先后在天王乡农技站、句容市后白良种场、句容市农业技术推广中心、句容市农业委员会工作，分别任技术员、场党支部书记兼场长、中心副主任、副科长。2018—2021年到陕西蒲城县开展对口协作支农工作，将东部先进农业技术带到受援地，传播草莓种植技术，发展特色产业，带动蒲城县农民脱贫致富，使“句容草莓扎根蒲城”。

2011年3月获句容市委市政府科技工作先进个人；2012年3月获句容市委市政府农业农村工作先进个人；2019年7月获句容市“身边最美党员”称号；2021年获“句容好人”“镇江好人”称号；2021年1月获蒲城县委、县政府“脱贫攻坚特别贡献奖”；2021年7月获镇江市“优秀共产党员”称号。（农业农村局）

张奎峰　江苏句容市白兔镇倪塘村葡萄种植示范党支部书记、致富果业专业合作社社长。2021年1月，获评“全国优秀农民工”；2021年4月，被评为“江苏省道德模范”；2021年6月，获评“江苏省优秀共产党员”。

简介见《句容年鉴（2021）》。

（白兔镇）

刘树安　句容市天王镇唐陵村党委书记。2021年6月，获评“全国优秀党务工作者”。

1961年10月生，中共党员，1979年9月参加工作，先后在句容市磨盘乡集体企业、派出所工作。1994年成立工程公司。2007年4月受天王镇党委邀请返乡担任唐陵村党总支书记。他不断深化“四有一责”，大力推进法治型、服务型党组织建设，带领党员群众发展苗木产业，兴办苗木交易市场、电商城，新建润唐苑农民集中居住区，彻底改变唐陵村贫困落后、组织涣散的面貌，把唐陵村打造成全市乡村振兴战略的一面旗帜，先后创成“全国创先争优先进基层党组织”“国家级农民合作社示范社”“全国一村一品示范村”“江苏省社会主义新农村建设先进村”“江苏省最美乡村”“江苏省和谐社区建设示范村”。刘树安先后获江苏省农村基层党建突出贡献奖、江苏省优秀共产党员、江苏省乡土人才“三带”新秀、江苏省优秀党务工作者等称号。（天王镇）

糜　林　镇江市农业科学院原果树研究室主任、研究员，2020年2月18日去世。2021年6月，获评“江苏省优秀共产党员”。2021年11月，被评为“全国道德模范”。

简介见《句容年鉴（2021）》。

（史志办）

徐光云　句容市人民检察院党组成员、副检察长，2021年12月获评“2016—2020年全国普法工作先进个人”。

1974年4月生，中共党员，汉族，江苏句容人。1995年8月参加工作，1998年2月进入句容市人民检察院工作，历任办公室检察员、公诉科副科长、办公室主任、检察长助理、副检察长等职。徐光云先后获镇江市“2012—2015年全市法治建设工作先进个人”“镇江市档案工作先进个人”“全省检察专门人才”等称号。

（检察院）

戴志勇　句容市人力资源和社会保障局副局长。2021年12月获评全国人力资源社会保障系统优质服务先进个人。

1978年9月生，中共党员，汉族。1997年12月参加工作，先后在句容市人事局、后白镇、句容市委组织部、句容市城市管理局等部门工作。在句容市人社局工作期间，大力开展富民创业贷行动，制订更易操作的句容方案，因政策落实精准、覆盖全面、推进力度大，句容连续3年获省政府办公厅激励表彰。疫情期间，主动服务企业比对数据，简化流程送政策礼包入企，全市城镇新增就业数完成目标任务的203%。加强对乡土人才的培育，推动形成句容白兔草莓、丁庄葡萄等特色农业产业项目；瞄准实体经济升级方向，创新校企合作培训模式。聚焦劳资矛盾化解，在全省率先实行行政执法与刑事司法衔接、率先实施仲裁分庭制度。

（人社局）

隋泽华　江苏茅山人家生态农业有限公司总经理，2021年12月被共青团中央、农业农村部授予“全国乡村振兴青年先锋”称号。

1991年1月生，汉族，毕业于上海大学。2015年自主创办江苏茅山人家网络科技有限公司，推动句容优质农产品销售。2017年创办江苏一品江南文化旅游发展有限公司，帮助句容优质农产品从旅游渠道走向全国。在他的带领下，江苏茅山人家生态农业有限公司发展成为一个集农旅、网络、产品展示、加工、销售、研发于一体的综合型农业科技型企业，2016年被评为“江苏省著名商标”，2019年被评为“江苏省农业龙头企业”。

隋泽华先后获2014年江苏省百佳农产品经纪人、2018年镇江市农村青年致富带头人、2019年镇江市农村创业创新比赛二等奖、2019年第三届江苏省农村创业创新比赛三等奖等奖项。（团市委）

先进人物名录

2021年句容市获省条线以上先进人物一览表

表21

姓名	单位	荣誉称号	授予单位	授予时间
张奎峰	白兔镇致富果业专业合作社	全国优秀农民工	国务院农民工工作领导小组	2021年1月
李师柯	市人民法院	全国法院办案标兵	最高人民法院	2021年1月
马永梅	句容市中医院	江苏省第三届百家孝星	省文明办、老龄委、老龄协会	2021年1月
阮祥忠	句容市农业农村局	全国脱贫攻坚先进个人	中国共产党中央委员会、中华人民共和国国务院	2021年2月
赵亚夫	镇江市农科院	全国脱贫攻坚楷模	中国共产党中央委员会、中华人民共和国国务院	2021年2月
李园莉	江苏农林职业技术学院	江苏省技术能手	江苏省人力资源和社会保障厅	2021年2月
姜宽舒	江苏农林职业技术学院	江苏省技术能手	江苏省人力资源和社会保障厅	2021年2月
刘　斌	江苏农林职业技术学院	江苏省技术能手	江苏省人力资源和社会保障厅	2021年2月

续表21

姓名	单位	荣誉称号	授予单位	授予时间
孙　莉	江苏农林职业技术学院	江苏省技术能手	江苏省人力资源和社会保障厅	2021年2月
沈春雷	江苏广兴集团有限公司	2月“江苏好人”	江苏省文明办	2021年2月
李师柯	市人民法院	全省优秀法官	江苏省高级人民法院	2021年2月
曲秀鹏	句容市三岔蟹业专业合作社	江苏省劳动模范	江苏省委、省政府	2021年4月
张奎峰	白兔镇致富果业专业合作社	江苏省劳动模范	江苏省委、省政府	2021年4月
王荣祥	江苏华阳管业股份有限公司	江苏省劳动模范	江苏省委、省政府	2021年4月
易善智	句容市公安局	江苏省劳动模范	江苏省委、省政府	2021年4月
万里香	华电江苏能源有限公司句容发电分公司	江苏省劳动模范	江苏省委、省政府	2021年4月
糜　林	镇江市农科院	2020感动中国·江苏年度人物	江苏省精神文明建设指导委员会	2021年5月
吴荣燕	下蜀镇政府	2020年全省防汛抗洪工作先进个人	江苏省委、省政府	2021年5月
刘树安	天王镇唐陵村党委	全国优秀党务工作者	中共中央	2021年6月
糜　林	镇江市农科院	江苏省优秀共产党员	江苏省委	2021年6月
张奎峰	白兔镇致富果业专业合作社	江苏省优秀共产党员	江苏省委	2021年6月
阎艳齐	句容市委组织部	江苏省优秀党务工作者	江苏省委	2021年6月
陈英豪	句容市后白镇农产品质量安全监管服务站	农产品质量安全监（协）管员表扬名单	江苏省农业农村厅办公室	2021年6月
顾晓峰	市林业有害生物检疫防治站	江苏省“最美森林医生”	江苏省林业局	2021年7月
谢　勤	市森林白蚁防治研究所	江苏省“最美森林医生”	江苏省林业局	2021年7月
刘　云	江苏省农业广播电视学校句容市分校	2021年全国百名优秀农民教育培训教师	中央农业广播电视学校、中国农民体育协会	2021年8月
李兆云	句容市行香中学	江苏省教育系统先进个人（优秀教师）	江苏省人力资源和社会保障厅、江苏省教育厅	2021年9月
李兆云	句容市行香中学	江苏省“百姓学习之星”	江苏省成人教育协会	2021年9月
戴赛金	袁巷中心小学	全国读书育人特别指导奖	中国关心下一代工作委员会	2021年9月
王远航	春城中心幼儿园	江苏省“百姓学习之星”	江苏省成人教育协会	2021年9月
杨华俊	句容市下蜀镇中心幼儿园	江苏省教育系统先进个人（优秀教育工作者）	江苏省人力资源和社会保障厅、江苏省教育厅	2021年9月
王海明	句容市文旅局	国家群众体育先进个人	国家体育总局	2021年9月
陈　俊	下蜀镇五保供养服务站	江苏省“最美养老护理员”	江苏省民政厅	2021年9月

续表 21

姓名	单位	荣誉称号	授予单位	授予时间
糜　林	镇江市农科院	江苏省道德模范	省委宣传部、省文明办	2021 年 10 月
王　华	句容市政府	全省脱贫攻坚暨对口帮扶支援合作先进个人	江苏省委、省政府	2021 年 11 月
陈　斌	白兔镇	全省脱贫攻坚暨对口帮扶支援合作先进个人	江苏省委、省政府	2021 年 11 月
糜　林	镇江市农科院	全国道德模范	中共中央宣传部、中央文明办	2021 年 11 月
康文华	江苏省农业广播电视学校句容市分校	2021 年度全省农民教育培训工作先进个人	江苏省农业广播电视学校	2021 年 12 月
曹新月	句容市疾控中心	江苏省艾滋病防治岗位能手	省卫健委	2021 年 12 月
张美玲	句容市人民医院	江苏省艾滋病防治岗位能手	省卫健委	2021 年 12 月
张美玲	句容市人民医院	江苏省艾滋病防治技能竞赛省级决赛个人三等奖	省卫健委总工会	2021 年 12 月
曹新月	句容市疾控中心	江苏省艾滋病防治技能竞赛省级决赛个人优秀奖	省卫健委总工会	2021 年 12 月
汤茶琴	江苏农林职业技术学院	江苏工匠	江苏省人民政府	2021 年 12 月
沈春雷	江苏广兴集团有限公司	江苏大工匠	江苏省人民政府	2021 年 12 月
杨华俊	句容市下蜀镇中心幼儿园	江苏省特级教师	江苏省人民政府	2021 年 12 月
夏春来	江苏省句容高级中学	江苏省特级教师	江苏省人民政府	2021 年 12 月
徐光云	句容市人民检察院	2016—2020 年全国普法工作先进个人	中共中央宣传部、司法部、全国普法办	2021 年 12 月
戴志勇	句容市人社局	全国人力资源社会保障系统优质服务先进个人	人力资源和社会保障部	2021 年 12 月
隋泽华	江苏茅山人家生态农业有限公司	全国乡村振兴青年先锋	共青团中央、农业农村部	2021 年 12 月

注：收录时间以证书或发文日期为准（2021 年 1 月 1 日至 12 月 31 日）。

先进集体名录

2021 年句容市获省条线以上先进集体一览表

表 22

单位（全称）	荣誉名称	授予单位	授予时间
句容市融媒体中心	2019—2021 年度江苏省文明单位	江苏省精神文明建设指导委员会	2022 年 1 月
句容市	2020 年度全省农作物病虫害“绿色防控示范县”创建县	江苏省植物保护植物检疫站	2021 年 1 月
句容市凤凰城小学	江苏省智慧校园	江苏省教育厅	2021 年 1 月
句容市实验高级中学	江苏省文明校园	江苏省精神文明建设指导委员会	2021 年 1 月
句容市实验高级中学	江苏省优秀品牌学校	江苏省广播电视总台	2021 年 1 月
句容市	信访工作先进市	江苏省信访工作联席会议	2021 年 2 月
句容市信访局	全省信访系统“人民满意窗口”建设质量提升工程示范单位	江苏省政府信访局	2021 年 2 月
句容市供销合作总社	二十强县级供销合作社	江苏省供销合作总社	2021 年 2 月
句容市人民法院少年及家事审判庭	全国巾帼文明岗	全国妇联	2021 年 3 月
句容市	第二批全国农作物病虫害“绿色防控示范县”	全国农业技术推广服务中心	2021 年 3 月
句容市农业农村局	2020 年全省高标准农田建设成效显著单位	江苏省农业农村厅	2021 年 3 月
白兔镇中心村	第八批“全国民主法治示范村（社区）”	司法部、民政部	2021 年 3 月
句容市深水水务有限公司化验班	全国工人先锋号	中华全国总工会	2021 年 4 月
中国共产主义青年团句容市委员会	2020 年度全省共青团工作先进单位	共青团江苏省委	2021 年 4 月
镇江市亚夫团队工作室科技兴农青年集体	江苏青年五四奖章集体	共青团江苏省委、江苏省青年联合会	2021 年 4 月
江苏农林职业技术学院	全国乡村振兴人才培养优质校	农业农村部办公厅、教育部办公厅	2021 年 5 月
句容亚夫团队工作室科技兴农青年集体	江苏青年五四奖章集体	江苏团省委	2021 年 5 月
句容市水利局	2020 年全省防汛抗洪工作先进集体	江苏省委、省政府	2021 年 5 月

续表 22

单位（全称）	荣誉名称	授予单位	授予时间
茅山新四军纪念馆党支部	江苏先进基层党组织	江苏省委	2021 年 6 月
江苏省句容现代农业产业示范园区	江苏省智能农业百佳案例	江苏省互联网农业发展中心	2021 年 6 月
江苏省句容天王现代农业园区	江苏省智能农业百佳案例	江苏省互联网农业发展中心	2021 年 6 月
港华紫荆农庄（句容）有限公司	江苏省智能农业百佳案例	江苏省互联网农业发展中心	2021 年 6 月
句容谷情坊农产品有限公司	江苏省农业电子商务百佳案例	江苏省互联网农业发展中心	2021 年 6 月
句容市后白福源电子商务创业园	江苏省农业电子商务百佳案例	江苏省互联网农业发展中心	2021 年 6 月
句容市丁庄万亩葡萄专业合作联社	2020 年国家农民合作社示范社	农业农村部、国家发展改革委	2021 年 6 月
句容市后白镇道兵农机专业合作社	2020 年国家农民合作社示范社	农业农村部、国家发展改革委	2021 年 6 月
句容市	2021 年全国农业科技现代化先行县共建名单	农业农村部科技教育司	2021 年 7 月
句容市残疾人工作委员会	全国残疾人工作先进单位	国务院残疾人工作委员会	2021 年 7 月
句容市下蜀镇东来家庭农场	省级示范家庭农场	江苏省农业农村厅办公室	2021 年 8 月
句容市边城镇东篱家庭农场	省级示范家庭农场	江苏省农业农村厅办公室	2021 年 8 月
句容市茅山风景区怡康园家庭农场	省级示范家庭农场	江苏省农业农村厅办公室	2021 年 8 月
句容市白兔镇豆豆家庭农场	省级示范家庭农场	江苏省农业农村厅办公室	2021 年 8 月
句容市宝华镇依云家庭农场	省级示范家庭农场	江苏省农业农村厅办公室	2021 年 8 月
句容市后白镇文波家庭农场	省级示范家庭农场	江苏省农业农村厅办公室	2021 年 8 月
句容市郭庄镇舒心家庭农场	省级示范家庭农场	江苏省农业农村厅办公室	2021 年 8 月
句容市茅山镇赐福火龙果家庭农场	家庭农场典型案例	江苏省农业农村厅办公室	2021 年 8 月
句容市人力资源和社会保障局	国家级节约型机关	国家机关事务管理局、中共中央直属机关事务管理局、国家发改委、财政部	2021 年 8 月
句容市人力资源和社会保障局劳动人事争议仲裁院	国家级节约型机关	国家机关事务管理局、中共中央直属机关事务管理局、国家发改委、财政部	2021 年 8 月
句容市崇明中学	全国“党旗飘飘　砥砺奋进”主题教育读书活动先进集体	教育部关心下一代工作委员会	2021 年 9 月

续表 22

单位（全称）	荣誉名称	授予单位	授予时间
袁巷中心小学	全国读书育人特色学校	中国关心下一代工作委员会	2021 年 9 月
镇江市句容市茅山镇何庄村	第二批全国乡村治理示范村	中央农村工作领导小组办公室、农业农村部	2021 年 9 月
句容市融媒体中心	江苏省县级融媒体中心建设优秀案例	江苏省委宣传部	2021 年 9 月
镇江市句容市白兔镇唐庄村	2021 年全国乡村特色产业亿元村	农业农村部	2021 年 10 月
镇江市句容市白兔镇白兔村	2021 年全国乡村特色产业亿元村	农业农村部	2021 年 10 月
镇江市句容市茅山镇永兴村	2021 年全国乡村特色产业亿元村	农业农村部	2021 年 10 月
镇江市句容市茅山镇丁庄村	2021 年全国乡村特色产业亿元村	农业农村部	2021 年 10 月
镇江市句容市茅山镇丁家边村	2021 年全国乡村特色产业亿元村	农业农村部	2021 年 10 月
镇江市句容市后白镇西冯村	2021 年全国乡村特色产业亿元村	农业农村部	2021 年 10 月
句容市人民政府扶贫工作办公室	全省脱贫攻坚暨对口帮扶支援合作先进集体	江苏省委、省政府	2021 年 10 月
句容市发展和改革委员会	全省脱贫攻坚暨对口帮扶支援合作先进集体	江苏省委、省政府	2021 年 10 月
句容市农产品质量安全监测中心	2021 年水生动物防疫系统实验室检测能力验证基层优秀单位	全国水产技术推广总站	2021 年 11 月
句容市农业农村局团委	2021 年度全省团属报刊宣传工作先进典型	共青团江苏省委	2021 年 11 月
句容市农村电子商务产业园	全国农村创业园区（基地）（2021）	农业农村部办公厅	2021 年 11 月
后白福源电子商务创业园华东森林产品商品城	全国农村创业园区（基地）（2021）	农业农村部办公厅	2021 年 11 月
句容市	第四轮省农村改革试验区	江苏省农业农村厅、江苏省财政厅	2021 年 11 月
句容市人民政府扶贫工作办公室	全省脱贫攻坚暨对口帮扶支援合作先进集体	江苏省委、省政府	2021 年 11 月
句容市茅山风景区管理委员会	全省脱贫攻坚暨对口帮扶支援合作先进集体	江苏省委、省政府	2021 年 11 月
句容市发展和改革委员会	全省脱贫攻坚暨对口帮扶支援合作先进集体	江苏省委、省政府	2021 年 11 月
句容市卫生健康委员会	江苏省应对老龄化战略两项调查工作成绩突出单位	江苏省计划生育协会	2021 年 11 月
江苏农林职业技术学院	学生资助绩效优秀单位	江苏省教育厅、财政厅	2021 年 11 月

续表 22

单位（全称）	荣誉名称	授予单位	授予时间
江苏农林职业技术学院	省级教育系统关工委先进集体	省级教育系统关工委	2021 年 11 月
郭庄中心小学	江苏省节水型学校	江苏省水利厅、教育厅	2021 年 11 月
句容市行香中学	江苏省节水型学校	江苏省水利厅、教育厅	2021 年 11 月
句容市润民食用菌专业合作社（“科研院所+公司+合作社+农户”铺设合作社升级转型之路）	2021 全省农民合作社典型案例	江苏省农业农村厅办公室	2021 年 12 月
句容市纪兵农业机械服务专业合作社	2021 全省农业社会化服务典型案例	江苏省农业农村厅办公室	2021 年 12 月
句容市丁庄万亩葡萄专业合作联社	全国生态农场	农业农村部农业生态与资源保护总站、中国农业生态环境保护协会	2021 年 12 月
句容市天王镇戴庄有机农业专业合作社	全国生态农场	农业农村部农业生态与资源保护总站、中国农业生态环境保护协会	2021 年 12 月
郭庄中心小学	江苏省文明校园	江苏省文明委	2021 年 12 月
句容市华阳镇山本家庭农场	2021 年度省级高素质农民培育实训基地（田间学校）	江苏省职业农民培育指导站	2021 年 12 月
句容市秀林家庭农场	2021 年度省级高素质农民培育实训基地（田间学校）	江苏省职业农民培育指导站	2021 年 12 月
句容市植保植检站	2021 全省植保植检工作（绿色防控）先进单位	江苏省植物保护植物检疫站	2021 年 12 月
句容市郭庄镇	2021 年江苏“味稻小镇”	江苏省农业技术推广协会、江苏省农业技术推广总站	2021 年 12 月
句容市农业机械技术推广站	2021 年度江苏省农机推广工作先进单位	江苏省农业机械技术推广站	2021 年 12 月
江苏清境农业发展有限公司	2021 年江苏休闲旅游农业精品企业（四星级）	江苏省休闲旅游农业协会	2021 年 12 月
句容市融媒体中心	江苏省县市新闻中心系统先进单位	江苏省县市报（融媒）研究会、江苏省县市新闻中心工委	2021 年 12 月
北山水库管理所	江苏省水利工程精细化管理单位	江苏省水利厅、财政厅	2021 年 12 月

注：收录时间以证书或发文日期为准（2021 年 1 月 1 日至 12 月 31 日）。

正高级专业技术人员名录

2021 年句容市正高级专业技术人员一览表

表 23

姓名	单位	职称	批准时间
何　伟	句容市文化馆	正高	2021 年 9 月
汪勇建	江苏省句容高级中学	正高级教师	2021 年 9 月
孟富林	句容市第二中学	正高级教师	2021 年 9 月
赵凤丽	句容市农业技术推广中心	正高	2021 年 9 月
阎永齐	镇江市农科院	研究员	2021 年 11 月
李兆云	句容市行香中学	正高级教师	2021 年 11 月
文志祥	句容市下蜀中心卫生院	社区主任医师	2021 年 12 月
毛有金	句容市边城卫生院	社区主任医师	2021 年 12 月
涂荣军	句容市后白卫生院	社区主任医师	2021 年 12 月
陈明霞	句容市崇明社区卫生服务中心	社区主任医师	2021 年 12 月
徐重香	句容市下蜀中心卫生院	社区主任护师	2021 年 12 月
王　浩	句容市白兔中心卫生院	社区主任医师	2021 年 12 月
周　宏	句容市黄梅社区卫生服务中心	社区主任医师	2021 年 12 月
王延平	句容市疾病预防控制中心	主任医师	2021 年 12 月
王晓雷	句容市疾病预防控制中心	主任医师	2021 年 12 月
马久明	句容市人民医院	主任医师	2021 年 12 月
刘海燕	句容市人民医院	主任医师	2021 年 12 月
王　益	句容市人民医院	主任医师	2021 年 12 月
笪小虎	句容市人民医院	主任医师	2021 年 12 月
陈　祥	句容市人民医院	主任医师	2021 年 12 月
李　飞	句容市人民医院	主任医师	2021 年 12 月
张　红	句容市中医院	主任医师	2021 年 12 月
张映河	句容市中医院	主任医师	2021 年 12 月
张长波	句容市中医院	主任医师	2021 年 12 月
汤海俊	句容市中医院	主任医师	2021 年 12 月
张林香	句容市中医院	主任医师	2021 年 12 月
袁友云	句容市妇幼保健院	主任医师	2021 年 12 月
唐　伟	句容市妇幼保健院	主任医师	2021 年 12 月
黄　薇	句容市人民医院	主任护师	2021 年 12 月

续表 23

姓名	单位	职称	批准时间
周余华	江苏农林职业技术学院	教授	2021 年 12 月
刘国华	江苏农林职业技术学院	教授	2021 年 12 月
宋　徽	江苏农林职业技术学院	教授	2021 年 12 月
朱孟玲	江苏农林职业技术学院	教授	2021 年 12 月
韩艳丽	江苏农林职业技术学院	教授	2021 年 12 月
高菊玲	江苏农林职业技术学院	教授	2021 年 12 月
徐佩锋	江苏农林职业技术学院	教授	2021 年 12 月
梅　霞	江苏农林职业技术学院	教授	2021 年 12 月

注：收录时间以证书或发文日期为准（2021 年 1 月 1 日至 12 月 31 日）。

奋进新时代　开启新征程
把“一福地四名城”美好愿景演绎成现实

——在中国共产党句容市第十三次代表大会上的报告（摘要）

潘　群

2021 年 7 月 26 日

一、决胜高水平全面建成小康社会

过去五年，在句容发展史上极不寻常、极不平凡，是抢抓重大机遇、经受重大考验的五年，也是取得重大成就、实现重大跨越的五年。市委坚持以习近平新时代中国特色社会主义思想为指导，积极践行新发展理念、锚定高质量发展目标，全力以赴抓安全、抓统筹、抓协调，“一福地四名城”建设取得阶段性成果，高水平全面建成小康社会实现圆满收官。五年的成就是全方位的，集中体现为“四个深刻转变”。

五年探索，句容实现了理念路径的深刻转变。在纷繁复杂的国际国内形势中，在城市群、都市圈的竞合大潮中，市委注重前瞻性思考、全局性谋划、战略性布局，围绕“建设什么样的句容”和“怎样建设句容”，确立了“一福地四名城”城市定位、“1355”① 战略部署和“美丽句容”关键抓手，发展目标、发展路径愈发清晰。**五年砥砺，句容实现了发展能级的深刻转变。**坚持全面争先进位、奋力追赶超越，GDP 连跨两个百亿台阶上升到 675.5 亿元，人均 GDP 突破 10 万元，一般公共预算收入突破 50 亿元，工业应税销售收入突破 600 亿元，挺进全国百强县前 50 位，列全面小康指数百强县第 37 位，成功摘得第六届全国文明城市桂冠，创造了句容城市发展史上的无上荣光。**五年奋进，句容实现了空间格局的深刻转变。**按照“内聚成核、外联快通、城乡一体”总要求，大力推进重大交通基础设施建设，宁句城际轨道交通全线贯通、年底投入运营，南沿江城际铁路句容站扩容提标、具备始发功能，扬镇宁马城际铁路加快开工准备，市域郊铁路句茅线纳入国家规划，“轨道上的句容”正加速呈现，南京东部立体综合交通枢纽

① 1355：“1”即突出一个主题：全面争先进位、奋力追赶超越，推动句容高质量发展走在前列；“3”即打造三大环境：最优营商环境、最佳人居环境、最美生态环境；第一个“5”即实施五大工程：园区升级工程、城市精美工程、乡村振兴工程、民生幸福工程、社会平安工程；第二个“5”即激活“+”五效应：+党的建设、+文明城市、+全域旅游、+文化传承、+福地聚才，发挥浸润效应。

呼之欲出。四条轨道交通在城区历史性交汇，必将对句容未来发展产生裂变性影响。**五年拼搏，句容实现了精神气质的深刻转变**。总结提炼“尊上德、崇人文、勇拼搏、甘奉献”新时代句容精神，突出“政治标准+责任心+斗争精神”选人用人标准，打造“四硬型”① 高素质干部队伍，“三依”“三精”“四抓”“四个到位”② 等理念落实落细，广大干部在一场场硬仗的淬炼中想干事、敢干事、能干事，全市人民内心深处的家乡认同感、城市归属感、发展自豪感空前增强。所有这些因苦干实干、创新创造而不断累积的深刻变化，取得的累累硕果，都是全市上下逐梦奔跑、努力奋斗出来的。五年来，我们用汗水浇灌收获，以实干笃定前行，重点抓了以下五个方面工作：

（一）五年争先进位，我们以大布局引领大发展，转型升级取得实质性进展。坚持把发展作为解决一切问题的基础和关键，全面打造“五大经济”③，全力以赴抓产业布局、抓结构调整、抓有效投入，推动经济增长保持中高速、产业发展迈向中高端。**实体经济不断壮大**。坚持有所为有所不为，明晰重点板块产业发展定位，智能制造、新能源、新材料、绿色建材四个百亿级主导产业初步形成。大力实施园区升级工程，落实“三听三答”④、招商流动红旗、目视化联审等项目推进机制，联东U谷等园区平台崭露头角，华祥耀半导体、壹度科技、协鑫光伏、立邦新材料、石砀山抽水蓄能电站等一批重大项目先后落户、加快建设，累计完成固定资产投资近1500亿元，新签约、新开工、新竣工亿元以上项目均超百个，实际利用外资近10亿美元。**农文旅融合发展亮点纷呈**。持续推进农业结构调整，累计建成高标准农田12万亩、高效设施农业19万亩，“戴庄经验”内涵再丰富、全省再推广，丁庄葡萄、西冯草坪、戴庄大米、茅山长青荣膺国家地理标志，句容优质农产品正以高端品质抢滩高端市场、形成高端效益。与南京农业大学、省农科院共建稻米、草坪、葡萄、草莓等专业研究院（所），创成国家农业科技园区和国家农村产业融合示范园。编制完成“一山三湖”⑤ 整体规划，365千米“句容福道”串起灵山秀水，恒大童世界主体工程基本完工、中心园林全面开放，葡萄节、草莓节、樱花节等节庆活动人气爆棚，伏热花海、天下玫景、芝樱小镇等美丽经济如火如荼，涵田半岛、温泉假日、锦隆国际等精品酒店成为消费热点，句容“真山真水真生态、福地福运福文化”的魅力不断彰显，入围全国县域旅游综合实力20强。**创新创业活力持续释放**。坚定打造最优营商环境目标，制定完善产业强市政策体系，实施“拿地即开工”“一件事一次办”等改革举措，开展营商环境“中梗阻”专项治理，产业项目审批时限平均缩短70%以上，“2440”⑥ 目标全面实现。扎实做好“六稳”“六保”，坚决落实减税降费、金融扶持等助企纾困政策，累计减免企业各类费用近4亿元，新入驻金融机构8家，新增各类市场主体6.3万户。大力实施“福地”品牌系列人才计划，累计引进省级以上“双创”计划人才41人，院士工作站达到2家，国家级科技企业孵化器达到5家。

（二）五年加速融合，我们以大手笔铸就大辉煌，城乡面貌呈现全局性嬗变。深刻把握城市建设和乡村发展规律，持之以恒抓基础提升、抓功能完善、抓特色塑造，全力建设宜居宜游城市。**城市颜值全面提升**。坚持“标准为王、美感为要、文化为魂、以人为本”理念，制定形成城市战略品牌规划和建设标准体系，完成9条城市主干道“白改黑”“黑改黑”工程，完成121个老旧小区改造、25个背街小巷整治提升工程。新葛仙湖公园、葛洪纪念馆成为“城市新客厅”，灯光音乐秀“实力圈粉”，独具特色的“福文化”LOGO融入护栏、路灯、公交站台、景观小品等建设细节，城市呈现“转角遇见美、处处显匠心”的视觉美感。**功能品质持续优化**。全面完成中心城区控规和镇村规划调整。有序推进城市有机更新，实施

① 四硬型：政治硬、肩膀硬、作风硬、本领硬。

② 三依、三精、四抓、四个到位：三依——依规依纪依法；三精——精细精准精明；四抓——亲自抓、具体抓、反复抓、抓反复；四个到位——想到位、说到位、做到位、结果到位。

③ 五大经济：枢纽经济、产业经济、城市经济、农业农村经济、消费经济。

④ 三听三答：听取在谈项目情况，回答在谈项目何时签约；听取已签约项目情况，回答已签约项目何时开工；听取已开工项目情况，回答已开工项目何时设备进场。

⑤ 一山三湖：茅山，茅山湖、二圣湖、潘冲湖。

⑥ 2440：2个工作日内企业注册开业，4个工作日内获得不动产权证，40个工作日内取得工业生产建设项目施工许可证。

征收拆迁政策统筹，累计完成征收拆迁23万平方米，老影剧院、东门水岸、甲城片区等一批征收拆迁“老大难”得到彻底解决。坚持“江湖联动、用备结合”，开工建设长江引水暨城区水厂、下蜀水厂工程。西部干线、266省道城北绕越段、243省道铃塘转盘暨南门快速通道等一批市域“内循环”道路全面建成。中央商场、吾悦广场、义台街历史文化街区开业运营，城市商圈业态不断升级。**乡村振兴率先起跑**。茅山镇何庄试点进展顺利，1186栋民房全面建成、即将交付，土地股份合作社有效运行，探索形成了“党建引领、产业为要、以人为本、敢想敢干”的“何庄经验”。扎实开展农村人居环境整治，建成美丽宜居乡村168个、省级特色田园乡村5个，越来越多的乡村成为都市人“望山见水忆乡愁”的好去处。全面完成农村集体产权制度改革，各类农业新型经营主体超3000个。建立“亚夫团队工作室”，设立“亚夫基金”，乡土人才工作经验在全省作典型交流。句容列全国乡村振兴百佳示范县第5位，省委娄勤俭书记给予“乡村振兴初现端倪”的高度评价。

（三）五年绿色引领，我们以大决心狠抓大保护，生态环境迎来根本性好转。始终将生态文明建设放在突出位置，以前所未有的力度抓问题治理、抓节能减排、抓生态修复，全力打造“绿水青山就是金山银山”的实践样板。注重对污染防治工作的规律性把握，靶向治理工地扬尘、汽车尾气、工业废气等关键问题。$PM_{2.5}$年均浓度压降到36微克/立方米，空气优良天数比率达到78.5%，“句容蓝”正成为常态。科学编制城区雨污分流规划，创造性设立“排口长制”，对主城区9条河道177个排口进行追根溯源、精准治理，基本实现晴天污水不入河，城区黑臭水体全面消除，国省考断面水质总体稳定达标。坚持“不战而胜”理念，总投资6.1亿元、近8平方千米的赤山湖蓄滞洪能力提升工程全面完工，有力保证了河湖安澜。全面实施城北垃圾填埋场封场和渗滤液处置，生活垃圾焚烧发电项目平稳点火运行。坚决扛起长江大保护政治责任，严格落实“十年禁渔”任务，全面完成长江岸线绿化和19个长江经济带废弃露天矿山生态修复工程。累计关闭远东水泥等高耗能、高污染企业5家，玉明化工、长宁化工等化工企业14家，矿山宕口111家，所有砖瓦窑厂实现清零，有效盘活存量土地3万亩。越来越优美的生态环境，不仅正释放出巨大红利，更是今后我们参与区域竞争、实现个性化超越的重要砝码。

（四）五年践行宗旨，我们以大情怀服务大民生，人民生活获得整体性改善。深入践行以人民为中心的发展思想，真情实意抓创业富民、抓实事惠民、抓保障安民，年均一般公共预算支出80%以上用于民生。**群众“口袋”加速充实**。高质量完成百村万户“双达标”“达新标”脱贫攻坚和省富民强村任务，79个经济薄弱村、6447户建档立卡户12098人全部脱贫。坚持就业优先战略，常态开展“春风行动”，累计新增就业6.5万人。城乡居民基本养老金实现十六连增，创成全国社保标准化建设先行城市。城乡居民人均可支配收入达4.07万元，年均增长8%。**公共事业协调发展**。坚持“大楼是基础、大师是关键、大爱是核心、大材是目标”，累计投入近30亿元，新改扩建学校43所，省句中异地新建工程正式开工，深入实施“县管校聘”改革，教育质量加快提升。“院府合作”取得突破，省人民医院句容分院实质化运营，先后50余名专家入驻，开创了22项句容医疗手术领域历史先河，重症患者转院率下降22.3%，省级优质医疗资源下沉实现重大突破。在全省率先实施敬老院“公建民营”，建成各类居家和社区养老服务设施176个。制定安置房权证补办规范流程，完成权证发放2万余本，已具备发证条件的占任务总数90%以上。**社会大局和谐稳定**。坚持人民至上、生命至上，打出“12356”① 防控“组合拳”，新冠肺炎疫情防控取得零确诊、零疑似、零境外输入的重大成效。深入开展工程、资产大起底，制定实施“两库六定”② 项目生成机制、细化项目变更管理等制度，政府隐性债务平稳可控，全市银行业金融机构存贷款余额均

① 12356：明确“一个目标”，发挥“两项作用”，做好“三层发动”，压实“五大责任”，严守“六道防线”。即：明确乡镇铁板一块、村（社区）铁桶一个的“双铁”目标；发挥党组织战斗堡垒和党员先锋模范“两项作用”；做好党员干部、社会群众和广大市场主体“三层发动”；压实领导责任、指挥部统筹协调责任、乡镇属地责任、企业主体责任和群众社会责任“五大责任”；严守交通卡口、村（社区）、人员排查、医院防感染、企事业单位主体责任和主要负责人第一责任、自我防护和“防同事”“六道防线”。

② 两库六定：政府投资项目分为项目储备库、项目实施库；定投资事项、项目方案、估算造价及资金来源以及定实施计划、工作职责和督查考核。

突破千亿，获评省金融生态优秀县。高质量推进平安句容、法治句容建设，完成扫黑除恶专项斗争和第一批政法队伍教育整顿各项工作，持续保持重要节点和敏感时期信访稳定“三零”佳绩。系统推进危化品、建筑工地、物流行业等专项整治，安全生产事故起数、死亡人数大幅下降，本质安全水平稳步提升。

*（五）五年从严从实，我们以大担当保障大落实，管党治党得到系统性加强。*始终把抓好党建作为最大政绩，坚持不懈抓理论武装、抓组织建设、抓正风肃纪，推动全面从严治党向纵深发展。深入学习贯彻习近平新时代中国特色社会主义思想，做到总书记发表的每一篇重要讲话、召开的每一次重要会议，第一时间传达学习、推进落实。“两学一做”学习教育、“不忘初心、牢记使命”主题教育和党史学习教育走深走实。健全完善意识形态工作责任体系，在全省率先设立责任清单，建立7×24小时全时全网全程舆情监控处置机制，意识形态领域总体安全。顺利完成市级党政机构改革和基层“三整合”① 改革，高质量完成镇党委、村（社区）“两委”换届，农村基层党建标准化建设、村书记专职化管理体系在全省形成影响。积极落实“三项机制”②，优化实施高质量考核指标体系，不断激励干部担当作为。涌现出“全国脱贫攻坚楷模”赵亚夫、“全国脱贫攻坚先进个人”阮祥忠、“全国优秀党务工作者”刘树安、“江苏时代楷模”糜林等一批先进典型，新时代文明实践中心成为全国试点，融媒体中心建设走在全省前列。积极构筑大统战格局，高质量建设袁相“同心工程”实验区、省民营经济人士理想信念教育基地等一批省级统战阵地。全面完成省委巡视反馈问题整改，高质量实现十二届市委巡察全覆盖。深化纪检监察体制改革，持续推进正风反腐，累计查处违反中央八项规定精神问题231起389人，立案1054件，给予党纪政务处分891人，风清气正的政治生态有力巩固。

五年来，市委常委会高度重视自身建设，示范开展“纪律规矩年”“能力提升年”建设，成立五大统筹协调领导小组，严格执行民主集中制。市人大聚焦中心工作积极履职、依法监督，市政府紧盯发展目标狠抓落实、担当作为，市政协突出民主团结建言献策、凝聚合力。市级机关部门在高质量发展大局中，比服务、比作为、比贡献，以条线争先进位助力全市追赶超越。各板块知重负重、各展所长，**下蜀镇**聚焦实体、狠抓项目，挺起了工业经济的脊梁；**宝华镇**加快产业转型，成为融入南京“北桥头堡”；**边城镇**统筹抓发展和防风险，三次产业齐头并进；**白兔镇**大力建设农业强镇，草莓美誉度享誉全国；**郭庄镇**坚持产业、生态双轮驱动，朝着宁杭生态经济带新增长极奋勇迈进；**后白镇**坚持负重奔跑，农业品牌打造、美丽乡村建设走在前列；**天王镇**大力弘扬“亚夫精神”，丰富“戴庄经验”内涵，典型引领激发新活力；**茅山镇**勇挑乡村振兴试点重担，一二三产融合发展成效显著；**华阳街道**啃下城市有机更新“硬骨头”，干出了“城关镇”本色担当；**崇明街道**积极推行“全域党建+全科网格”治理模式，社会治理效能持续提升；**茅山风景区**坚持“三化”③ 道路，道家养生、红色旅游等业态不断丰富、品质有效提升；**开发区**聚焦园区升级、产城融合，成为产业强市主战场、展现龙头引领新作为。人武、统战、群团、编制、党校、党史、档案、老干部、双拥、慈善、关心下一代等各项工作也取得新成效。在此，我代表市委，向全市广大党员干部，向老领导、老同志，向各民主党派、工商联、无党派人士、人民团体，向驻句部队、在句单位，向所有为这片热土倾注心血的建设者、奋斗者，致以崇高的敬意和衷心的感谢！

在总结成绩和经验的同时，我们也清醒认识到发展中还面临诸多挑战和困难，工作中也存在一些不容忽视的问题。主要表现在：实体经济总量依然偏小，先进制造业效益依然偏低，创新创业的动能依然不够强劲；群众富裕程度还不够高，优化公共服务供给、提升社会治理效能尚需继续努力；一些环境问题根治还需久久为功，美丽经济发展还有待持续深化；部分领域一些风险隐患还需前瞻应对、精准化解；全市干部队伍的作风和能力仍需不断提升，等等。对这些问题，我们必须高度重视，努力加以解决。

---

① 三整合：在乡镇、街道整合审批、服务、执法力量。

② 三项机制：鼓励激励机制、容错纠错机制、能上能下机制。

③ 三化：市场化、资本化、专业化。

二、接续"一福地四名城"建设开启现代化新征程

今后五年，全市经济社会发展的指导思想是：**高举习近平新时代中国特色社会主义思想伟大旗帜，深入贯彻党的十九大和十九届二中、三中、四中、五中全会精神，统筹推进"五位一体"总体布局，协调推进"四个全面"战略布局，坚定不移贯彻新发展理念，坚持稳中求进工作总基调，以推动高质量发展为主题、以深化供给侧结构性改革为主线、以改革创新为根本动力、以满足人民日益增长的美好生活需要为根本目的，深入推进美丽句容建设新实践，全力以赴在"争当表率、争做示范、走在前列"中扛起句容担当、在"三高一争"①新实践中展现句容作为，奋力把"一福地四名城"美好愿景演绎成现实。**

——*未来五年，山水田园福地要主客共享、令人向往。*深度把握中心城市引领城市群发展、城市群带动区域发展的新模式，在立足自身资源禀赋中守正创新，在抢抓多重战略机遇中扬优展长，高标准、高质量做好山水田园文章，加快构建绿色低碳的现代产业体系、快联快通的综合交通体系、高品质生活的公共服务体系、安定和谐的社会治理体系，让山水展现灵气、田园增加财气、福地彰显名气，更多"网红打卡地"从"一时红"到"一直红"，成为长三角地区最令人向往的"诗和远方"。

——*未来五年，创新创业名城要开放包容、活力奔涌。*坚持把做大做强实体经济作为主攻方向，一手抓传统产业转型升级，一手抓战略性新兴产业培育壮大，加快推动产业基础高级化、产业链条现代化，努力构建以先进制造业为主体的现代产业集群。到"十四五"末，句容成功跻身千亿城市行列，GDP、工业应税销售收入双双突破1000亿元，一般公共预算收入与经济增长保持同步，高新技术产业产值占规上工业产值比重达45%以上。坚持"创新链+产业链+资本链+人才链"四链融合，加快引育一批创新创业团队、重大创新平台，着力构筑"政产学研金"深度融合的创新生态体系，全力打造南京创新"高峰"旁的"高原"。

——*未来五年，宜居宜游名城要城景相融、山水相依。*以美丽句容建设为抓手，坚持"标准为王、空间为基、产业为核、颜值为要、文化为魂、体验为本"，推动生产、生活、生态"三生"融合，美丽环境、美丽经济、美好生活"三美"融合，营造建筑可阅读、街区可漫步、文化能浸润、城市有温度的人居环境。到"十四五"末，常住人口城镇化率达65%，生态环境质量持续好转。大力推进"+旅游"业态融合，全力打造具有视觉震撼力、消费吸引力、文化浸润力、快乐激荡力的高品质旅游产品，让每一个生活在这里的人和来到句容的人，都能够找到心目中最美的家园。

——*未来五年，养生养老名城要因地制宜、特色彰显。*依托山水生态和特有的道家养生文化优势，布局发展康复疗养、旅居康养、中草药食疗保健等新业态，构建以居家为基础、社区为依托、机构为补充、医养相结合的多层次养老服务体系。到"十四五"末，初步形成茅山湖养生度假、宝华山修禅养心、仑山湖体育休闲、赤山湖生态康养等相结合的大健康产业，全市养老机构护理型床位占比提高到70%以上，形成"一刻钟"居家养老服务圈，实现低端有保障、中端有市场、高端有选择的多层次养生养老服务格局。

——*未来五年，历史文化名城要匠心独具、别有韵味。*坚持在保护中发展、在发展中保护，树立"+文化"理念，深入挖掘历史文化遗存、提炼经典元素符号、优化视觉识别系统，全方位展示"福地"文化、红色文化的深厚底蕴，推进文化资源的活化利用，大力发展文创产业，让句容2100多年的历史文化浸润百姓精神家园、焕发新的生机活力。到"十四五"末，初步建立起由古镇古村、文物古迹、非物质文化遗产等构成的保护框架，推动历史文化这张新的城市名片加快转变成经济优势、竞争优势。

三、聚力"一福地四名城"建设重点举措

*（一）全力以赴推进产业强市，建设实力更强的福地名城。*强大的产业成就优秀的城市。要坚定不移以第一位的认识、第一强的力度、第一流的环境，深入推进产业强市"一号战略"，不断提升产业高度、经济密度、创新浓度，培育高质量发展澎湃动能。

---

① 三高一争：推进高质量发展、创造高品质生活、实施高效能治理，在谱写"镇江很有前途"新篇章中争得城市荣光。镇江市委在七届十一次全会上作出的重大战略部署，是镇江未来一个时期的发展取向、奋斗指向和工作导向。

一要全面提升产业竞争力。坚持“科技园+产业园”双轮驱动，大力实施园区升级工程，有序推进“一区多园”改革。紧盯南京五大地标产业①和八大产业链②，结合句容智能制造、新能源、新材料、绿色建材等主导产业，大力开展产业链、供应链招商，逐步形成“头部企业在南京、配套企业在句容，总部研发端在南京、生产制造端在句容”的产业格局，推动优势主导产业环环相扣、一通到底、强而有力，打造具有鲜明标识的“句容制造”地标产业集群。积极推动传统产业数字化改造和“制造+服务”深度融合发展，持续推动“企业上云”，打造一批智慧工厂、数字车间，引导企业由“制造+产品”向“制造+产品+服务”的价值链中高端迈进。树牢“项目为王”理念，扎实开展专业招商、以商引商、基金招商，努力在引进超百亿的重特大项目、高精尖的“硬核”项目上取得突破，推动形成更多当期投入量、产出量、价值量，切实以项目大突破带动发展大提升。“十四五”期间，固定资产投资年均增速保持在8%以上。

二要全面提升创新驱动力。抢抓紫东地区创新智谷、G312产业创新走廊建设机遇，推进南京科研院所技术创新成果在重点产业链企业转移转化，吸纳集聚一批中试级以上创新成果产业化落地，打造承西联东的区域科创产业新高地。全面落实省“千企升级”计划和“小升高”行动，鼓励引导企业高水平建设“三站三中心”③，培育一批专注于细分市场、创新能力强、质量效益优的专精特新“小巨人”企业和掌握“撒手锏”技术、市场占有率高的“单项冠军”企业，加快形成“链主企业+骨干企业+高成长企业”的高新技术企业梯队。深入实施“福地聚才”工程，健全以贡献和效益为导向的人才评价体系，完善激励和保障机制，让各类人才愿意来、留得住、能出彩。

三要全面提升环境支撑力。突出用户体验、客户思维，持续深化“放管服”改革，聚焦为企业发展提供全生命周期的精准服务，推动更多事项“一网通办”“一证通办”“掌上可办”，全面打响“句满意”营商环境品牌，推动营商环境指数在全省大幅进位。深化闲置低效土地处置，更大力度内部挖潜，成立全市产业发展引导基金，加快落地一批风投基金、股权投资基金，真正做到“好项目不缺土地、好产业不缺空间、好团队不缺资源”。坚持无事不扰、有诺必践、温情周到，大力构建“亲清”政商关系，确保政策红利应享尽享、成本负担应降尽降、合法权益应保尽保，让各类市场主体专心、安心、放心发展。

（二）持之以恒打造精美城市，建设颜值更高的福地名城。城市是现代化的重要载体，要坚持“人民城市人民建，人民城市为人民”，科学规划城市、精心经营城市、精致塑造城市、精细管理城市，让城市更加有根有魂、有个性有品位。

一要以更高起点完善规划布局。坚持“多规合一”，按照生产空间集约高效、生活空间宜居适度、生态空间山清水秀的总体要求，不断完善优化国土空间规划“一张图”，加快构建以总体规划统领、片区规划引领、详细规划控制、专项规划支撑、项目规划落实的功能互补、统一衔接的规划体系，真正做到“一张蓝图绘到底”。要坚持“站产城”一体，系统谋划立体综合交通枢纽周边规划，积极打造从业千人、税收亿元楼宇，培育形成具备“城市形态、工业产出、枢纽优势”的枢纽经济核心区。要精心做好宁句城际轨道交通沿线规划完善、优化土地开发利用，打造连接紫东、融入南京的“经济黄金线”。

二要以系统思维优化交通体系。坚持做强对外“主动脉”，高标准推进立体综合交通枢纽建设，确保宁句城际轨道交通今年年底开通运营，南沿江城际铁路2022年建成通车，全力做好扬镇宁马城际铁路开工准备。坚持把市域郊铁路句茅线作为激活南部板块发展动能的关键抓手，力争2023年开工建设，全面拉动“一山三湖”旅游资源综合开发。深入研究轨道交通站点周边道路规划，持续优化路网建设和公交线路设置，实现轨道交通与城市交通的无缝衔接。推进312国道快速化改造工程，实施仪禄高速句容段建设，畅通承西联东、沟通南北的公路大动脉。加强沟通对接，有效打通与南京相邻区域的“瓶颈路”。

① 五大地标产业：新能源汽车、集成电路、人工智能、软件和信息服务、生物医药。

② 八大产业链：软件和信息服务、新能源汽车、新医药和生命健康、集成电路、人工智能、智能电网、轨道交通、智能制造装备。

③ 三站三中心：“三站”即院士工作站、博士后科研工作站、企业研究生工作站；“三中心”即工程技术研究中心、企业技术中心、工程中心（工程实验室）。

深化实施“句容福道”建设，持续完善道路配套设施，优化重要节点景观设计，全力打造串联美丽句容的景观彩带。

三要以绣花功夫提升城市品质。落实城市战略品牌规划和建设标准体系，提高城市设计水平，精心做好城市出入口、主要街道、滨水空间等重点区域、重要节点的特色打造，让城市不断彰显历史记忆、延续文脉传承、体现艺术美感。聚焦群众需求，持续开展老旧小区“微改造”，畅通城区路网“微循环”，打造口袋公园“微景观”，推动城市主干道沿街建筑“穿衣戴帽”，高品质建设肖杆河公园，让城市人文情怀既表现于形又浸润于内。坚持“房住不炒”定位不动摇，持续深化房地产供给侧结构性改革，以“标准高于南京、成本低于南京”为取向，扎实推进“两降两提”①，打造更多高品质居住社区。全面建成长江引水暨城区水厂、下蜀水厂工程，切实保障人民群众饮水安全。积极培育新业态新商业模式，加快夜间经济、重点商圈发展，实施1912文化休闲街区、城市规划展示馆等“城市地标”建设，不断激发出新的消费活力。常态长效推进文明城市建设，探索实施背街小巷“巷长制”、问题突出片区“片长制”，推进城市管理精细化、智慧化、人性化。大力弘扬社会主义核心价值观，选树践行新时代句容精神的先进典型，让“温情温暖句容城、向上向善句容人”蔚然成风，让全国文明城市金字招牌成为句容永不褪色的名片。

（三）坚定不移实施乡村振兴，建设潜力更大的福地名城。现代化最艰巨最繁重的任务在农村，最大的潜力和后劲也在农村。要牢牢把握“三农”工作重心的历史性转移，围绕乡村振兴“20字”总要求，坚持“党建引领、规划统筹、产业支撑、人才保障、改革突破、文化浸润、美丽美好”理念，全力打造乡村振兴的句容样板。

一要以产业提质推动农业更强。坚决扛起粮食安全政治责任，系统整合涉农项目和专项资金，稳步推进高标准农田和高效设施农业建设。围绕“整产业链、全绿色化、深融合度、高附加值、强竞争力”，持续推进农业供给侧结构性改革，主攻中高端消费市场，不断丰富绿色有机优质农产品供给，推动大米、鲜果、茶叶等成为都市人群印象句容、感知句容的“时尚潮品”。推进国家现代农业示范区、国家农业科技园区“双区”同建，在品种、品质、品牌升级上下功夫，狠抓农业产业项目招引建设，切实以“龙头引领”串起产业链、靠“品牌塑造”提升价值链、用“产销对接”融通供应链，推动农业全环节升级、全链条增效。

二要以规划引领推动农村更美。坚持“用设计发展农业、用创意点燃乡村”，系统考量山水、田园、村落等要素，编制更加科学系统的乡村振兴战略规划，因地制宜、循序渐进推进试点建设。坚持规划与策划同步、建管与运营同步、环境提升与服务提档同步，推动示范村、特色村、宜居村“三级联建”，村落形态、建筑风貌、人居感受“三维优化”，推动美丽乡村建设从“盆景”到“风景”“全景”。实施乡村建设行动，重点抓好危桥改造、农田水利建设和“四好农村路”提升工程，有序推进农村生活污水处理设施建设，巩固农村人居环境整治成效，建立健全以农民为主体的长效管护机制，持续扮靓村容村貌。深入实施“双抢”② 工程，推动城市战略品牌规划向乡村延伸，让建筑传承历史记忆、乡村充满文化韵味。

三要以改革突破推动农民更富。把改革作为推动农民增收的“最大红利”，不断拓展“戴庄经验”内涵，建立以合作社为核心的现代农业产业体系。创新发展“公司+基地+农户”“大田托管”等新形式，推动家庭农场等新型农业经营主体高质量发展，建立全周期全领域的农业专业化社会化服务体系，促进小农户和现代农业有机衔接，提振农民对脚下土地的信心。持续放大先进典型的示范效应，大力实施“双百双兴”③ 计划和农村“123人才培育工程”④，培养更多“亚夫二代”为农服务人才和“莓二代”“葡二代”等新型职业农民，鼓励他们“把成绩写在大地上”。

① 两降两提：降高度、降容积率，提品质、提配套。
② 双抢：抢救保护古建筑，抢救弘扬老民俗。
③ 双百双兴：选拔100名优秀乡土人才，扶持100个乡土特色项目，推动人才与项目共同发展，促进乡村人才振兴、产业振兴。
④ 123人才培育工程：开展10名定制村官、20名农技专业人员、300名新型职业农民培育工作。

（四）毫不动摇坚持生态优先，建设环境更优的福地名城。生态是句容最宝贵的财富、绿色是现代化最鲜明的底色，必须坚定不移举生态旗、打生态牌、走生态路，打通“绿水青山”与“金山银山”的双向转换通道，努力实现发展高质量和生态高颜值的有机统一。

一要坚决打好污染防治攻坚战。统筹推进山水林田湖草系统治理，以只能进、不能退的极大定力整治突出环境问题，努力绘就青山常在、绿水长流、空气常新的美丽句容新画卷。严格落实“排口长制”“河湖长制”“断面长制”，持续排查管控入江入湖入河排污口，协同推进雨污分流工程和污水处理厂提质增效，建成开发区工业污水处理厂，有效打通断头沟渠、消除黑臭水体、建设清水廊道，确保水清岸绿、河畅景美。落实空气质量“点位长”制，全方位推进降尘、管车、减煤，推动 $PM_{2.5}$ 和臭氧浓度双控双减，确保空气清新、蓝天常在。强化土壤风险全程管控，系统推进餐厨垃圾、固废处理、飞灰应急填埋等项目建设，开展工矿废弃地、采石宕口生态修复，确保净土永驻、家园常美。

二要探索生态价值实现新机制。生态资源是条“金扁担”，一头挑着“绿水青山”，一头挑着“金山银山”。要着眼消费升级、紧盯市场需求，推动农、文、康、体、旅深度融合发展，实现山水风景美向产业“钱景”美蝶变。立足“没有创意就没有生意、不能震撼就徒留遗憾”，全面实施“一山三湖”整体规划，高水平开展创意策划，打造“吸引顶级流量、拥有远程号召力”的大茅山景区，形成句容自己的“流量包”和独特的文旅 IP。要善用市场逻辑、资本力量、专业思维，谋划茅山、宝华山、赤山湖等景区的旅游产品建设，努力打造“不得不去”的特色景点、“不得不买”的文创产品、“不得不住”的网红民宿，全面拉长句容旅游的消费链、价值链，茅山湖创成国家级旅游度假区。聚焦“在南京挣钱、到句容花钱”，加快恒大童世界、康缘养生谷等旅游经济综合体建设，大力发展“十园”① 等美丽经济，吸引更多都市人群到句容“慢下来、停下来、住下来、还想来”，让句容旅游“想看、好看、耐看、回头看”。

三要推动生产生活方式绿色化。坚持慎开发、强保护、善留白，严守生态保护红线、永久基本农田、城镇开发边界三条控制线。落实“碳达峰、碳中和”要求，突出生产方式绿色化，开展对传统产业的资源利用节约化、生产过程清洁化、产业链接循环化改造，实施更严格的环境准入标准、污染物排放标准、能耗限额标准，坚决不要“黑色 GDP”。坚持“亩均论英雄、绿色论豪杰”，围绕提高投入产出率和发展贡献度，更大力度“砸笼换绿”“腾笼换鸟”“开笼引凤”，腾出环境容量、资源要素支持优质项目，真正干好短期有阵痛但能赢得未来的事。大力倡导生活方式绿色化，扎实推进垃圾分类工程，培养公民环保意识，使低碳生活成为社会新风尚。

（五）矢志坚守为民惠民初心，建设生活更美的福地名城。始终把人民放在心中最高位置，着力兜底线、补短板、提品质、促均衡，在办好一件件老百姓操心事、烦心事中，满足群众对高品质生活的美好期待。

一要让百姓生活更富足。落实“四个不摘”② 要求，健全完善防止返贫监测和帮扶机制，让脱贫攻坚成果更加巩固、成效更可持续。实施更加积极的就业政策，建立健全技能培训与产业需求的联动机制，加强对中小企业吸纳就业、灵活就业的政策支持，发展乡村旅游、休闲农业让群众在家门口就业创业，持续拓宽增收渠道，努力让全市人民的“钱袋子”更鼓、“家底子”更厚，全体居民可支配收入与经济增长保持同步。健全覆盖城乡居民的社会保障体系，推进社保扩面提标，完善企业社会保险、失业、工伤保险制度和城乡最低生活保障制度，构建分层分类的社会救助体系，有序扩大救助覆盖面、稳步提高救助标准，牢牢托住民生底线。

二要让公共服务更优质。聚焦更高水平推进“人的一体化”，积极引进南京优质教育资源，推动宁句教育一体化取得突破性进展。持续优化教育布局，谋划实施一批学校新建、改扩建项目，全面完成省句中异地新建工程，大力实施名学校、名校长、名教师“三名工程”，推动学前教育普惠发展、义务教育均衡发展、高中教育优质发展，做优做强特殊教育、职

① 十园：花园、菜园、果园、茶园、田园、家园、健身园、会展园、养生园、养老园。
② 四个不摘：脱贫攻坚摘帽不摘责任、不摘政策、不摘帮扶、不摘监管。

业教育，不断提高教育现代化水平。完善村（社区）公共文化服务设施，打响“福地句容”文化艺术节品牌。全面完成新建市人民医院、市妇幼保健院整体搬迁运营，探索与省中医院等省级优质资源医联体建设，推动镇村医疗卫生机构提档升级，开展县域内紧密型医共体建设，不断完善分级诊疗体系，努力为群众提供全周期健康服务。持续抓好常态化疫情防控，切实用“防得住”保障“放得开”。

三要让社会环境更和谐。注重信息赋能、多元参与、网格支撑，完善“大数据+网格化+铁脚板”机制，加快把制度优势转化为治理效能。推进新一代雪亮技防工程，完善社会治安防控体系，巩固扫黑除恶专项斗争和政法队伍教育整顿成果，深化信访积案攻坚，严密防控化解各类矛盾风险，加强食品药品安全监管，确保社会大局持续和谐稳定。扎实开展安全生产专项整治“三年大灶”，构建从源头到末端的安全生产责任体系，提升执法监管和应急救援能力，全面提高本质安全水平。深入贯彻习近平法治思想，扎实推进“八五”普法，全面提高运用法治思维和法治方式维护稳定、治理社会的能力水平。坚持控增量、减存量，坚决完成政府隐性债务化解任务。

四、筑牢“一福地四名城”建设的坚强政治保障

（一）把牢定盘星，全面加强党的政治建设。坚持把政治建设作为根本性建设，任何时候都必须眼睛特别明亮、头脑特别清醒、立场特别坚定，始终胸怀“国之大者”，不断提高政治判断力、政治领悟力、政治执行力，真正把“四个意识”“四个自信”“两个维护”融入血脉、见诸行动，坚决做到党中央提倡的坚决响应、党中央决定的坚决执行、党中央禁止的坚决不做，确保全市各项事业始终沿着正确的政治方向前进。要建立“不忘初心、牢记使命”主题教育制度，扎实开展党史学习教育，用好句容丰富的红色资源、传承英雄之城的红色基因，努力在历史与现实的贯通中、理论与实践的结合中、传承与发展的统一中赓续精神血脉、锤炼政治品格。

（二）守好主阵地，切实维护意识形态安全。坚持不懈用习近平新时代中国特色社会主义思想武装头脑、指引方向，深刻感悟蕴含其中的强大真理力量、理论力量、实践力量，紧密结合发展中的经验教训、实践中的矛盾问题、担负的责任使命，贯通起来深刻理解、更富创造性落实，真正从规律上学深学透、行动上紧跟紧随、工作上落细落实。依托市委理论中心组学习会和新时代文明实践中心（所、站）、党校等阵地，深化党的创新理论学习宣传普及，不断推动走深走实、入脑入心。深刻认识意识形态工作的极端重要性，紧抓学校、农村、互联网等关键领域，牢牢把握意识形态工作领导权、管理权、话语权。深入推进媒体融合发展，科学把握好时、度、效，精心开展重大主题宣传活动，持续巩固壮大主流舆论，讲好新时代“句容故事”。积极应对形势变化，扎实做好第五届国际道教论坛筹备举办工作。

（三）激励勇担当，着力锻造过硬干部队伍。贯彻落实新时代党的组织路线，严格执行“四硬”标准，突出“政治标准+责任心+斗争精神”，坚持以事择人、人岗相适，持续选优配强“一把手”，分类建强专业型干部队伍库，统筹用好各类型、各年龄段干部。建立完善年轻干部周期性选拔、常态化储备、滚动式管理机制，将年轻干部放到发展前沿练本领、吃劲岗位壮筋骨、基层一线经风雨，把更多的“好苗子”选出来、“千里马”赛出来。强化干部素能提升，加强思想淬炼、政治历练、实践锻炼，不断提升“七种能力”①。坚持严管厚爱结合、激励约束并重，进一步增强“三项机制”的引领力、穿透力，梳理总结通报具体实践案例，切实以有强度的激励、有底线的包容，让能干实干者扬眉吐气、敢闯敢干者暖心提气。充分发挥高质量发展考核“指挥棒”作用，推动指标体系、方法流程、结果运用协同发力，考准考实干部工作实绩，让吃苦者吃香、优秀者优先、有为者有位。

（四）建强硬堡垒，全面夯实基层党建基础。牢固树立大抓基层的鲜明导向，抓紧补齐短板弱项，把基层党建与减负增效、赋权扩能结合起来，基层权力给基层、基层事情基层办，持续推动基层党组织全面进步、全面过硬。积极探索“党建联盟+产业联盟”模式，推动农业产业党建联合体和“两新”领域、园区党建联盟建设，统筹抓好城市社区、国有企业、机关事业单位等各领域党建，织密建强上下贯通、执

① 七种能力：政治能力、调查研究能力、科学决策能力、改革攻坚能力、应急处突能力、群众工作能力、抓落实能力。

行有力的组织体系，培育一批叫得响、立得住、推得开的先进特色典型。着力做好村（社区）“两委”换届“后半篇文章”，深化拓展村书记专职化管理工作，大力实施“名书记”培育工程，提升“头雁项目”质效，落实村干部员额管理和公开招考制度，推动形成“头雁领飞、群雁齐追”的生动局面。

（五）涵养好生态，压紧压实管党治党责任。持续释放全面从严、一严到底的强烈信号，驰而不息落实中央八项规定及其实施细则精神，坚决纠治形式主义、官僚主义。深刻认识腐败问题的政治本质和政治危害，聚焦挥霍群众信任感的“微腐败”、妨碍惠民政策落实的“绊脚石”、资源资金富集的“要害点”，重点治、治重点，反复治、治反复，以正风反腐实际成效增强人民群众获得感。全面实施新一届市委巡察工作，统筹衔接“四项监督”①，细化完善“四责协同”② 机制，推动监督常在、形成常态，教育引导党员干部明大德、守公德、严私德。坚持一体推进“三不”③ 机制，深化监督执纪“四种形态”④ 运用，把惩治的震慑力、制度的约束力、教育的感染力有机统一起来，涵养正气充盈的政治生态。

扛起光荣新使命　奏响产业最强音
奋力谱写“一福地四名城”现代化建设新篇章

——在中共句容市委十三届二次全会上的报告（摘要）

潘　群

2021 年 12 月 30 日

一、“十四五”和现代化建设实现良好开局

2021 年是现代化建设的起步之年、“十四五”发展的开局之年，是党和国家历史上具有里程碑意义的一年。一年来，面对复杂严峻的外部环境和新冠肺炎疫情影响，我们坚持以习近平新时代中国特色社会主义思想为指导，坚持稳中求进工作总基调，坚定不移抓安全、抓统筹、抓协调，全面争先进位、奋力追赶超越，经济社会发展和党的建设取得新成就，实现了“十四五”和现代化建设的良好开局。

——这一年，我们赓续百年初心，昭示绝不动摇的忠诚品质。扎实开展党史学习教育，隆重庆祝党的百年华诞，精心组织系列活动，累计开展主题展览、文艺演出、宣传宣讲等活动 1800 余场次，广大干群听党话、感党恩、跟党走的思想自觉更加坚定。认真学习习近平总书记“七一”重要讲话精神、党的十九届六中全会精神，忠诚捍卫“两个确立”、坚决做到“两个维护”，全市广大党员干部思想受洗礼、灵魂受触动、党性受锻炼，汇聚起了赓续初心、开拓奋进的强大精神力量。

——这一年，我们擘画美好蓝图，标示志不求易的目标追求。坚决扛起 64 万句容人民的重托，紧扣“绘出好蓝图、选出好干部、配出好班子、树立好导向、形成好气象”目标，科学研判宏观大势、发展趋势、自身态势，在市第十三次党代会上进一步描绘了“一福地四名城”的美好愿景，明确了现代化建设的目标路径；精心组织、周密安排，圆满完成市镇党委

① 四项监督：纪律监督、监察监督、派驻监督、巡视（巡察）监督。

② 四责协同：党委要肩负起主体责任，纪委要担负起监督责任，党委书记要履行管党治党第一责任人责任，班子成员要履行“一岗双责”责任。

③ 三不：不敢腐、不能腐、不想腐。

④ 四种形态：经常开展批评和自我批评、约谈函询，让“红红脸、出出汗”成为常态；党纪轻处分、组织调整成为违纪处理的大多数；党纪重处分、重大职务调整的成为少数；严重违纪涉嫌违法立案审查的成为极少数。

换届，有序推进市镇人大、政府和市政协、群团组织换届，为句容高质量发展提供了坚强的政治保障、组织保障。

——这一年，我们矢志追赶超越，展示永不懈怠的争先气象。始终坚持发展第一要务，顶住疫情多点散发、能耗“双控”等因素带来的不利影响，积极应对化解各类重大风险挑战，推动全市经济运行稳中有进、稳中向好。预计全年实现地区生产总值740亿元，同比增长8%；完成一般公共预算收入57.6亿元，同比增长5%；全国综合实力百强县进位至第49位，列全国县级市基本现代化第36位，成为高质量推进基本现代化典型城市。在庆祝建党百年的重要历史节点，我们交出了一份展现“一福地四名城”鲜明特质的高水平全面小康答卷，令人倍受鼓舞、倍感自豪。一年来，我们围绕纵深推进“一福地四名城”建设，重点抓了以下五个方面工作：

（一）*聚焦转型升级系统发力，产业强市积蓄发展动能*。深入实施产业强市“一号战略”，坚定不移抓项目、锲而不舍抓招商、持之以恒育产业，转型升级步伐不断加快，高质量发展基础不断巩固。**产业布局持续优化**。大力实施园区升级工程，积极推进园区整合，发展定位愈发清晰、活力有效释放。按照“启动区+核心区+拓展区”思路，扎实推进枢纽经济区建设，开展产业园区规划及城市设计编制，与中电光谷签署合作协议，枢纽经济核心区建设正式破题起步。积极开展工业企业资源集约利用综合评价，有序推进能耗“双控”，加快实施“腾笼换鸟”，全年累计关停低端低效、“散乱污”企业52家，盘活存量土地近3000亩。**项目建设扎实有力**。牢牢抓住项目建设这个“牛鼻子”，组织开展链群招商、以商引商、“一把手”招商，全年新签约亿元以上项目55个，总投资50亿元的石砀山抽水蓄能电站、30亿元的立邦新材料等一批重大项目签约落户，打响了镇江产业强市的一枪又一枪。深化招商流动红旗、目视化联审等推进机制，全年亿元以上项目新开工30个、新竣工15个。边城抽水蓄能电站超额完成年度建设任务，协鑫4GW太阳能单晶硅切片项目投产达效，容泰半导体、晶度半导体部分投产。预计全年完成固定资产投资260亿元，同比增长5.3%；实现工业应税销售625亿元，同比增长2.8%。骏成电子成功登陆创业板，实现本土企业上市历史性突破。**营商环境有效改善**。出台“福地句才”新政，吸引90余名高层次人才在句落户创业。制定优化营商环境“十条举措”，深入开展企业走访月、民营企业家座谈会等一系列暖企活动，全年预计减税降费18.8亿元，全市普惠金融领域贷款余额220.5亿元，同比增长26.2%，制造业贷款余额74.1亿元，同比增长12.5%。全面推广“拿地即开工”模式，实施企业开办“一次办结”，6个环节半日办结成为常态。“句满意”营商环境品牌不断擦亮，列全国营商环境百强县第30位。

（二）*聚焦宜居宜业精准发力，美丽句容成为鲜明标识*。围绕城市颜值与品质双提升，持之以恒推进美丽句容建设，全国文明城市建设成效持续巩固。**基础设施扎实推进**。坚持“多规合一”，国土空间总体规划形成初步成果，完成基础信息平台及“一张图”建设。宁句城际轨道交通全面开通运营，句容人民“地铁梦”一朝实现，“融入南京、接力镇江”迈出历史性步伐，宁句同城化取得重大战略成果。全面启动立体综合交通枢纽建设，站前广场、市政道路等配套工程有序推进。南沿江城际铁路句容段率先完成“三电”改迁，312国道快速化改造征地拆迁任务基本完成。长江引水暨城区水厂土建主体施工完成、下蜀水厂工程建设过半。开展城市有机更新方案编制研究，强力推进征收扫尾工作，一批持续十年以上的历史遗留问题得到有效解决。**城市形象出新出彩**。始终坚持“标准为王、美感为要、文化为魂、以人为本”，持续推动城市战略品牌规划和建设标准体系精准落地，完成文昌路、华阳北路延伸段“黑改黑”工程，城市主干道文化护栏改造实现全覆盖，完成华阳西路、人民路沿街老旧建筑综合改造，城市品质不断提升。持续优化城市绿色空间，华阳街心公园、万家河、葛洪里等口袋公园投入使用，城市之美更加可观可感。**生态环境持续改善**。推进减污与降碳协同增效、颗粒物和臭氧“双控双减”，$PM_{2.5}$年均浓度34.4微克/立方米，同比下降4.4%，空气质量优良率达81.1%，同比增长2.4%，首次达到环境空气功能区二类标准。坚持以“排口长”制为抓手，持续深化河湖长制、断面长制，完成10个片区雨污分流工程，新建市政污水主管网8千米，国省考断面水质优Ⅲ比例达到92.3%。实施土壤污染防治行动，城北垃圾填埋场封场即将完工，生活垃圾应急填埋厂主体完成，餐厨垃圾集中中转站、建筑垃圾资源化处置中心试运行。

（三）聚焦优先发展集中发力，乡村振兴全面加速领跑。牢牢把握“三农”工作重心的历史性转移，挂牌成立乡村振兴局，系统推进乡村“五大振兴”，农业强、农村美、农民富的成色更足。**试点改革创新示范**。茅山何庄乡村振兴试点实现阶段性收官，9个组团1186栋民房建设完成，水电路气等配套工程即将完工，荣获全国乡村治理示范村，成为苏南丘陵地区乡村振兴的标志性工程。扎实推进农村集体产权制度改革，大力培育新型经营主体，新增国家级示范社2家、省级家庭农场7家，成功入选省第四批农村改革试验区，跻身全国农业科技现代化先行县共建名单。深入实施普惠金融助力乡村振兴，行政村金融服务点实现全覆盖。**产业融合高质高效**。新建高标准农田1.2万亩，粮食生产面积和产量实现双提升，有效筑牢粮食安全防线。深化拓展“戴庄经验”，全市绿色优质农产品基地达到33.2万亩，获评全国农作物病虫害“绿色防控示范县”。大力培育发展高效精品农业，深化电子商务进农村项目建设，应时鲜果销售有效克服疫情影响，丁庄葡萄成功迈出国门，“抢滩”新加坡、马来西亚。深入推进农文旅融合发展，编制完成“一山三湖”旅游发展总体规划，迎客乡村酒店、清境农场民宿等项目正式营业，列全国县域旅游综合实力百强县第19位。**乡村建设美丽宜居**。全面实施乡村建设行动，完成93个自然村生活污水处理设施建设，新建农村中低压燃气管道149千米，全市农村生活垃圾集中收运处理率、无害化卫生户厕普及率均达到100%，新建成美丽宜居乡村30个，下蜀范巷村入选省级特色田园乡村。持续健全“四治融合”乡村治理体系，全市城乡社区民主协商议事会建成率达100%，扎实推进乡村文艺播种计划和农家小书屋建设，文明乡风浸润美丽乡村。

（四）聚焦群众需求重点发力，民生福祉持续改善提升。始终坚持以人民为中心的发展思想，一批群众急难愁盼的问题得到有效解决，全市民生支出占一般公共预算支出比重达84.4%。**民生保障更加有力**。坚持以“首稳”促“六稳”，通过线上+线下招聘相结合、技能培训与创业扶持相促进，全力打好稳就业组合拳，全年城镇新增就业1.6万人，城镇登记失业率控制在2.1%以下。完成特殊困难老年人家庭适老化改造150户，建成黄梅街道省级示范农村留守儿童、困境儿童关爱之家。林地生态葬改革获民政部肯定并在全省推广。城乡居民基本养老金实现“十一连增”，企业退休人员基本养老金实现“十七连增”。**公共服务更加优质**。制定“十四五”教育布局规划，省句中异地新建工程加快推进，水畔新居、贾纪山路幼儿园建成交付，句容中专校获批成立技工学校。全面落实“双减”政策要求，坚持完善课后延时服务与整顿校外培训乱象双管齐下，群众对教育的满意度不断提升。新市人民医院正式运营，通过三级综合医院验收。有序实施医疗保障市级统筹改革，群众异地就医直接结算率达到86%。国家卫生城市通过复审。完成安置房权证发放近3.5万本，已具备发证条件的占任务总数93.5%。**社会治理更加高效**。坚持“以无当有”，众志成城打好疫情防控阻击战，持续保持“三零”佳绩。扎实推进政府隐性债务化解，制定政府投资管理实施细则，新增政府债券22.4亿元，在镇江三个辖市中率先完成债务风险等级“脱红转橙”目标。扎实推动“一年小灶”“三年大灶”无缝衔接，制定安全生产专项整治三年行动方案，开展交通运输、建筑施工、燃气安全等领域大检查，安全生产形势总体平稳。常态化开展扫黑除恶专项斗争，抓获犯罪嫌疑人83人，扣押黑恶资产2亿余元。破获电信网络诈骗案件468起，挽回损失2900余万元。围绕宁句城际轨道执法管理，推动宁镇在全国首创跨区域协同立法。建成市级网格化服务管理中心，市舆情监测及应急指挥中心高效运行，信访考核稳居全省前20，社会大局保持和谐稳定。

（五）聚焦党的建设持续发力，政治生态保持风清气正。市委常委会始终把抓好党建作为最大政绩，持续深入学习习近平新时代中国特色社会主义思想，做到总书记发表的每一篇重要讲话、召开的每一次重要会议，第一时间传达学习、推进落实。示范开展“争先进位年”建设，组织市委理论中心组学习16次，开展十九届六中全会宣讲61次。积极践行新时代句容精神，赵亚夫荣获“全国脱贫攻坚楷模”，刘树安获评“全国优秀党务工作者”，糜林被追授为“全国道德模范”，赵亚夫、刘树安、糜林女儿三位同志获得习近平总书记亲切接见，为句容赢得无上荣光，创造了句容历史。统筹推进“我为群众办实事”、“两在两同”建新功、“学亚夫做亚夫”等实践活动，推出“周六我在岗”“午间值班窗口”等一系列便民利民新举措，累计办理为民实事近600件。创新实施现代农业产业党建联合体建设，打造合作社党建“升级版”。茅山村入选中组部建设红色美丽村庄试点。市人大积极践行全过程人民民主，实施政府民生实事代表票决。市政协在全省率先开展“有事好商量”数字化管理平台建设，创新政治协商与基层民主协商有效衔接新模式。积极构建大统战格局，探索建立全省首家“同心红志愿服务联盟”。坚持党管武装，加速推进国防动员转型发展。深化巡纪联动，积极探索“巡察专报+约谈督办”机制，高效完成换届后市委巡察的转进衔接。全力配合做好省委涉粮问题专项巡视。坚决纠治形式主义、官僚主义突出问题，查处违反中央八项规定精神问题43起63人，对履责不力的15名干部、2个党组织进行问责。一年来，市人大围绕中心、依法履职，市政府担当尽责、狠抓落实，市政协服务大局、咨政建言，市各民主党派、工商联、无党派人士、群团组织、句容乡贤发挥优势、争作贡献，驻句部队和在句单位积极参与地方建设，全市上下谋事一盘棋、干事一股劲、成事一条心，汇聚起了心齐气顺、共同奋斗的澎湃动能。在此，我代表市委常委会，向大家表示衷心感谢和崇高敬意！

在肯定成绩的同时，我们也必须清醒认识到存在的问题和不足。主要表现在：实体经济发展仍然不够充分，制造业基础薄弱仍是最大短板，产业强市任重道远；局部领域的一些风险隐患还有待精准防范化解；优质公共服务供给相对不足，还不能完全满足群众对美好生活的向往；少数干部担当精神、斗争本领、作风效能还需不断提升。解决这些问题我们必须久久为功、持续用力。

二、准确把握明年工作的形势要求

明年工作的总体要求是：**坚持以习近平新时代中国特色社会主义思想为指导，深入贯彻党的十九届六中全会、中央经济工作会议和省第十四次党代会、省委经济工作会议精神，弘扬伟大建党精神，坚持稳中求进工作总基调，完整、准确、全面贯彻新发展理念，融入服务构建新发展格局，统筹疫情防控和经济社会发展，统筹发展和安全，扎实做好“六稳”“六保”工作，切实扛起“争当表率、争做示范、走在前列”的光荣使命，奏响产业强市最强音，奋力谱写“一福地四名城”现代化建设新篇章，以优异成绩迎接党的二十大胜利召开。**

明年经济社会发展的主要目标是：地区生产总值增长8%；一般公共预算收入增长6%；全体居民人均可支配收入增长与经济增长保持同步；全面完成安全、环保、债务管控等约束性指标。具体来说，就是要**“把握一条主线、聚焦四个重点”**：

*把握一条主线：加快推进现代化建设。*当前，现代化建设已经全面起步。我们必须深刻认识到，现代化并不是全面小康的简单升级，没有固定的模式路径。现代化是总量和质量、公平和效率、整体和局部、扬长和补短协同发力的系统性实践，是物的现代化和人的现代化的有机统一、是物质层面现代化和精神层面现代化的有机统一、是人与自然和谐共生的有机统一。对句容来讲，“一福地四名城”美好愿景就是现代化在句容的现实模样。我们必须立足自身发展阶段和资源禀赋，深刻把握现代化建设的特征内涵，以现代化的理念、标准、思路系统谋划推进各项工作，抓住“一福地四名城”建设中最具优势、最需补强的方面，精准发力、提高质效、加快成势，真正以“一福地四名城”建设引领句容现代化新征程。

*聚焦四个重点：坚持以重点突破带动全局提升，抓住主要矛盾和矛盾的主要方面。***一是全力以赴干产业**。产业高度决定城市高度，产业能级决定城市能级。要抢抓产业链供应链重构、消费升级等重大机遇，发挥综合比较优势，以“不破楼兰终不还”的决心实施产业强市“一号战略”，持续提升全市上下对产业发展逻辑规律的系统性认知，强化打造最优营商环境的精准化举措，推动传统产业与新兴产业共兴、优化布局与提升层次并举、去落后产能与增优质要素同进，全面提升主导产业支撑力、传统产业竞争力、战略性新兴产业爆发力、现代服务业引领力，全力推动产业基础高级化、产业链现代化。**二是接续发力干交通**。大交通构建大格局、引领大发展、支撑一体化。要牢牢把握交通是发展先行官的战略定位，继续干好大交通、打通“大动脉”、畅通“微循环”，高标准推进立体综合交通枢纽建设，尤其是要围绕宁句城际轨道，既要发挥其便利出行的基础功能，研究轨道交通站点周边各种交通方式的衔接，更要发挥其优化生产力布局和城市空间结构的引领性作用，谋划好枢纽经济、数字经济、消费经济、城市经济等发展。**三是坚持不懈干美丽**。要把美丽句容建设作为探索现代化实践的关键一招，坚持“美丽环境、美丽经

济、美好生活”“三美”融合，不断丰富美的内涵、拓宽美的路径，最大程度彰显“美丽宜居空间、美丽绿色产业、美丽生态环境、美丽人居生活、美丽文明风尚、美丽人文体验”，努力让美丽句容可观可感可持续，精心绘就绿水青山与金山银山相得益彰的美丽画卷。**四是久久为功干共同富裕**。共同富裕是人民群众的共同期盼，是中国式现代化的重要特征。要在推进高质量发展中促进共同富裕，既不开空头支票，也不吊高胃口，既要把“蛋糕”做大做好，又要把“蛋糕”切好分好，既重视“富口袋”又重视“富脑袋”，着力探索生活富裕富足、公共服务均等普惠、精神自信自强的共同富裕句容路径。要不断促进就业“量”的扩大和“质”的提升，打造更多丁庄葡萄、白兔草莓等优质农产品助农增收。要着力提高基本公共服务均等化，特别是要在宁镇扬公共服务资源的共建共享上取得突破性进展。

三、谱写“一福地四名城”现代化建设新篇章

（一）坚持创新引领，更大力度实施产业强市。深入推进产业强市“一号战略”，全面提升产业创新力、竞争力，加快建设现代化经济体系。**一要以创新转型为驱动**。坚持以创新链推动产业链、耦合人才链、带动供应链、吸引金融链，抢抓G312产业创新走廊、紫东地区创新智谷等建设机遇，扬综合比较优势，避城市能级短板，聚焦创新成果的落地转化，吸纳集聚一批中试级以上创新成果产业化落地。坚持产业数字化、数字产业化协同发力，大力发展“云、大、物、智、移”等数字经济，深入推进“企业上云”，实施单项冠军企业培育提升专项行动，力争新增1家省级智能工厂，创成镇江市级以上专精特新小巨人企业3家。开展首届海外人才创新创业大赛，吸引更多人才资源选择句容、留在句容。**二要以园区升级为载体**。突出园区在产业强市中的主阵地作用，大力推进园区整合，加快形成统计、考核、税收分成等机制，构建“一区五园”集约发展格局。围绕枢纽经济核心区建设，坚持规划统筹、项目引领，加快编制完善产业空间布局规划和城市设计，积极做好与中电光谷的市场化合作运营，全力打造流通效率高、业态模式新、聚合能力强的枢纽经济增长极。大力支持军民融合特色园区、特色平台建设，推动军民融合产业加速成势。**三要以重大项目为引擎**。牢固树立“项目为王、质量为要”的理念，组建产业项目全生命周期服务专班，建立纪委监委全过程监督倒逼机制，加快形成“在谈一批、落地一批、开工一批、投产一批”的火热氛围。紧盯南京“五大地标产业、八大产业链”和镇江“四群八链”，加快引进行业头部项目、强链配套项目、硬核科技项目，推动智能制造、新材料、新能源等主导产业与宁镇相关产业协同联动、链式发展，确保全年新签约亿元以上项目80个。紧盯当年新增投入指标，推动石砀山抽水蓄能电站、中电光谷、恒丰康养等一批重大项目开工建设，确保全年亿元以上项目新开工32个、新竣工17个，制造业投资增长30%，工业应税销售突破700亿元。积极用市场的逻辑、资本的力量，以产业发展基金、股权投资基金等方式，推动金融赋能产业发展。加快企业上市步伐，健全完善动态培育服务机制，推动联博精密、天晟药业等一批企业登陆资本市场。**四要以营商环境为保障**。聚焦打造最优营商环境目标，持续深化“放管服”改革，推动更深层次、更大范围的“一网通办”“一次办结”，全面推行“拿地即开工”模式、“全链条代办”服务，推动各类减税降费、援企纾困政策落地落细，最大限度减事项、优流程、压时限、提效能。要从提升企业获得感、满意度出发，由市委主要领导担任营商环境“一号监督员”，建立党员项目服务帮办机制，部门板块要以“闻过则喜”的态度对待企业反映问题，以“马上就办”的作风解决合理诉求，对给企业“穿小鞋”、打击报复等行为，坚决问责追责、绝不姑息，切实让企业敢用、善用各类监督机制，真正为各类市场主体发展营造如鱼得水的生长环境、建立如约而至的确定预期、提供如沐春风的舒心服务。

（二）坚持统筹协调，更高水平建设精美城市。坚持人民城市人民建、人民城市为人民，牢固树立经营城市理念，持续完善功能、放大特色、彰显魅力，全面提升城市吸引力和承载力。**一要强化基础设施引领**。围绕打造南京东部立体综合交通枢纽，加快推进枢纽广场和市政配套工程，启动南沿江城际铁路句容站建设，做好扬马城际铁路先导段开工准备，有序推进市域郊铁路句茅线前期工作，积极推进312国道快速化改造句容段建设。精心做好宁句城际轨道交通沿线规划完善、土地开发利用等各项工作，发挥“经济黄金线”作用，让南京各类资源更加便利地导入句容，推动科创产业、楼宇经济、消费经济大发展。围

绕轨道交通优化全市交通路网，谋划城市公交多中心建设，推动轨道交通与城市公交、公共自行车等交通方式实现无缝衔接。把握轨道交通开通带来的城市增值效应，不断优化周边商圈打造和业态分布。围绕市场改善型住房需求，突出配套先行、坚持“两降两提”，打造更多高品质居住社区，促进房地产市场平稳健康发展，不断提升土地价值、城市价值。**二要注重功能品质统筹**。坚持规划先行，加快完成国土空间总体规划编制报批，开展控制性详规修编，形成地下管线信息“一张网”。完善城市有机更新规划，坚决不搞大拆大建。加强重点地区风貌管控和沿街店招精细设计，持续推进城市主干道路灯更新，完成海绵城市省级试点建设。加快推进1912文化休闲街区建设，持续开展城市公共空间更新，打造更多有韵味的城市绿色空间、社区街角公园、特色景观小品，让美丽宜居城市更加可观可感。开展宁句城际轨道沿线环境整治，高标准推进绿化美化，打造展示美丽句容的“生态价值线”。加快推进长江引水暨城区水厂、下蜀水厂建设，确保完成土建和设备安装，有序推进管网等相关配套工程建设。**三要提升城市管理温度**。以积极争创全国文明典范城市为抓手，下好绣花功夫、做足精细文章，持续整治“车头、烟头、龙头、纸头、门头”等顽疾，完成50个老旧小区改造，新改建城区公厕6座，不断规范户外广告管理，持续推动城市从“外塑颜值”向“内外兼修”转变。大力弘扬社会主义核心价值观和新时代句容精神，深耕“好人之城”道德沃土，开展“今天我值日”等志愿服务行动，不断拓展文明实践阵地的活动内涵，让“最美的风景是人”成为城市的生动写照。

（三）坚持因地制宜，更富成效推进乡村振兴。围绕实现农业农村现代化，加快实施乡村振兴战略，让乡村成为都市人来到句容、感知句容的特色所在。**一是试点工作要扩面**。围绕茅山何庄乡村振兴试点建好、管好、发展好，扎实做好居民回迁、权证办理等各项工作，在产业融合发展、土地股份合作社运营、人居环境长效管护、乡村社会治理等方面积极探索，力争形成更多可借鉴可推广的经验。全面落实镇村布局规划，加快推进各镇国土空间规划编制，坚持“用设计发展农业、用创意点燃乡村”，强化“经营山水、经营乡愁、经营美丽”的理念，选取一批资源禀赋、产业基础较好的村，通过规划统筹协调、资源要素集中，全力打造更多乡村振兴特色示范点。深入实施农村人居环境整治提升行动，因地制宜推进农村住房改造，加快乡村基础设施提档升级，建成美丽宜居乡村9个，让更多乡村呈现原生风光、原味风情、原乡质感。**二是产业发展要提质**。坚决扛起粮食安全政治责任，严守耕地红线，扎实推进高标准农田建设，确保粮食稳产增产。依托省农林职业学院、镇江农科院、草坪和稻米研究院等平台，推动品种培优、品质提升、品牌打造，实施全过程标准化生产，“白兔草莓”力争创成国家地理标志。深入挖掘农业多种功能、多元价值，大力发展农业公园、乡村旅游、休闲康养、农村电商等新业态新模式，推动一二三产融合、上中下游一体、产供销加互促，以业态创新的叠加效应，激活乡村产业增效增收的乘数效应。筹建线上线下公共农产品营销平台，运用“互联网+”推动农产品出村进城、走出国门，让句容更多优质农产品成为牵动都市人群味蕾的时尚潮品。**三是农村改革要增效**。坚持将深化改革作为“三农”工作的不竭动力、乡村振兴的重要法宝，丰富“戴庄经验”内涵，构建以合作社为核心的现代农业产业体系、以“懂农业爱农村爱农民”为标准的现代农业人才体系、以“三生融合”“三美融合”为理念的规划体系、以村民自治为核心的现代农村治理体系，真正让改革成为农业农村农民发展的最大红利。大力培养新型职业农民，发展壮大亚夫团队，让更多“田秀才”“土专家”“农创客”在希望的田野上携手奔跑，成为农民致富带头人。

（四）坚持“两山”理念，更高质量守护美好家园。牢记“人不负青山，青山定不负人”，高效率解决突出环境问题，高标准推进绿色转型，不断夯实句容“真山真水真生态”的底蕴，切实呵护好生态这一句容最值得珍视的生产力和竞争力。**一要更大力度推进污染防治**。严格落实河湖长制、断面长制、“排口长”制，精准实施雨污分流工程，持续完善道路“主动脉”和小区“微血管”管网体系，扎实推进开发区工业污水处理厂建设，不断提升国省考断面优Ⅲ比例。坚定不移抓好长江大保护，严格落实长江“十年禁渔”任务。聚焦工地扬尘、道路扬尘、工业企业和机动车污染等重点领域，深入开展空气质量攻坚行动，推动$PM_{2.5}$浓度持续压降，让“句容蓝”成为常态。深入开展危废专项整治，提升固废处置能力，推进受污染耕地安全利用、土壤污染修复试点，全面消除环境安全隐患。**二要更大决心推动绿色转型**。科学务实地推进碳达峰碳中和，既不搞“碳冲锋”和运动式“减碳”，又坚决遏制“两高”项目盲目发展。坚持“亩均论英雄”“绿色论豪杰”，严格落实项目准入机制，大力实施重点行业领域减污降碳行动，推动园区循环化改造、企业绿色化转型，真正从源头上让产业结构变轻、发展模式变绿、经济质量变优，切实提高产业发展的“含绿量”“含金量”。深入开展全民节约行动，创建绿色家庭、绿色学校、绿色社区，推动绿色出行、绿色建筑、绿色消费，让低碳绿色理念深入人心、形成风尚，共建共享绿色家园。**三要更实举措活化生态资源**。坚持慎开发、强保护、善留白，把生态资源作为绿色发展的重要增长极，让美丽风景托起一方美丽经济，推动绿色颜值与金色产值共生共赢。加快实施“一山三湖”整体规划，以“三化”模式打造“山水道相映、农文旅融合”的大茅山景区，茅山湖积极争创国家级旅游度假区；不断丰富宝华山旅游产品供给，全面打造“‘氧’生祈福地、最美宝华山”国家森林公园；持续擦亮赤山湖国家级湿地公园金字招牌，让秦淮源头、赤山绿水更具观赏吸引力；加快桃源胜境、葛泉民宿等项目建设，推动赏花游、美食游、采摘游提档升级，实现一日游向多日游、观光游向体验游、景点游向全域游转变。

（五）坚持人民至上，更加扎实推进共同富裕。始终把群众的“表情包”作为工作的“风向标”，围绕民生“八个更”，坚持当期可承受、长期可持续，把好事做实、把实事做好，不断满足人民群众对高品质生活的美好期待。**一要以完善的增收机制促民富**。做好巩固拓展脱贫攻坚成果同乡村振兴有效衔接，深入开展富民强村帮促行动，因村制宜找准集体经济增收模式路径。坚持把就业作为最大民生，实施更加积极的就业政策，不断拓宽就业渠道，健全职业技能培训制度，努力稳定现有就业、积极提升新增就业、促进失业人员再就业、完善扶持体系推动创业，不断增加城乡居民工资性、经营性、财产性和转移性收入，确保全年城镇新增就业 9000 人以上。**二要以优质的公共服务暖民心**。坚持问题导向，聚焦群众所需，着力解决“一老一小”等民生保障问题。围绕办好人民满意的教育，深化“县管校聘”改革和集团化办学成效，加快推进省句中异地新建等重点教育工程，继续对接南京优质教育资源，力争在宁镇扬教育一体化方面取得突破。试点组建医疗集团，推动“院府合作”扩面提质增效，靶向制定“拴心留人”医卫人才政策，完成市妇幼保健院整体搬迁，推进市中医院、市妇幼保健院与省级优质医疗资源共建。深化养老服务供给侧结构性改革，鼓励发展智慧养老新模式新业态，构建居家社区机构相协调、医养康养相结合的养老服务体系。完善重点非遗项目展陈，强化群众性文艺精品生产，着力打造福地句容文化艺术节品牌。完善社会救助、社会福利、慈善事业等制度，织密兜底保障网。**三要以高效的社会治理解民忧**。慎终如始抓好常态化疫情防控和应急处置各项措施，筑牢织密“外防输入、内防风险”的严密防线，持续巩固“三零”佳绩。纵深推进安全生产“三年大灶”专项整治，加快完善长效监管体系，更大力度提升本质安全水平，确保高标准创成省级安全发展示范城市。完善“大数据+网格化+铁脚板”治理机制，不断提高精密预防、精细管理、精微服务、精准治理的能力水平。扎实推进平安句容、法治句容建设，积极开展“八五”普法，持续推进扫黑除恶专项斗争常态化，深化巩固政法队伍教育整顿成果，加大电信网络诈骗等违法犯罪整治打击力度，确保社会大局和谐稳定。严格落实政府隐性债务化解方案，积极运用资产证券化工具，盘活在手资产资源，全力降总量、压成本、优结构，坚决守住不发生系统性风险的底线。

四、扎实推进新时代党的建设新的伟大工程

（一）坚定绝对忠诚的政治自觉。深刻领悟、自觉落实“两个确立”伟大意义和实践要求，增强“四个意识”、坚定“四个自信”，把“两个维护”贯彻到句容现代化建设的各领域全过程，坚定地忠诚核心、拥戴核心、维护核心。始终牢记“国之大者”，不断提高政治判断力、政治领悟力、政治执行力，看任何问题、作任何决策、抓任何工作都要向总书记看齐、听党中央指挥，不讲条件、不搞变通、不做选择，确保党中央定于一尊、一锤定音的权威。巩固拓展党史学习教育成果，用好句容丰富的红色资源，传承英雄之城的红色基因，切实将伟大建党精神融入血液、注入灵魂，不断砥砺在任何时候任何情况下不改其心、不移其志、不毁其节的政治品格。

（二）筑牢意识形态的安全防线。坚持把学思践悟习近平新时代中国特色社会主义思想作为首要政治

任务，在对标对表、入脑入心中校准思想偏差、探寻破题“钥匙”，始终虔诚而执着、至信而深厚，自觉做新思想的坚定信仰者和忠实践行者。严格落实意识形态工作责任制，突出民族宗教、讲座论坛、文化市场、网络空间等重点领域管理，加强党校、融媒体中心等宣教阵地建设，牢牢把握意识形态工作领导权、主动权。创新新闻传播和舆论引导方式，健全全媒体传播格局，扎实做好迎接党的二十大胜利召开系列宣传工作，讲好句容故事、厚植城市精神、彰显城市品格。

（三）锤炼堪当重任的干部队伍。突出“政治标准+责任心+斗争精神”，健全“选育管用”全链条培养体系，统筹使用各层次、各年龄段干部，让更多“四硬”型干部脱颖而出。实施年轻干部墩苗计划，强化镇村基层一线、经济发展前线、攻坚突击火线等岗位实践锻炼，为干部担当履职靶向赋能，全方位锤炼“七种能力”“八种本领”。强化综合考核结果运用，用足用好“三项机制”，以实打实的典型案例，持续释放穿透力引领力，多为干事者“戴红花”、多给担当者“撑好腰”，让躺平式干部躺不住、混日子干部混不了，进一步浓厚“吃苦不吃亏、受累不受气、埋头不埋没”的良好干事创业氛围。事业是干部的年轮，干部的价值是干出来的。全市广大党员干部要坚持事不避难、义不逃责，多一点“百密无一疏”的完美主义，坚决防止因为“细节中的魔鬼”损害大局，高标准把定下来的事做到位、做到极致，坚决防止在“没问题”中出问题，在“差不多”中差很多。

（四）夯实坚强有力的战斗堡垒。牢固树立大抓基层、大抓支部的鲜明导向，不断完善“党委抓牢支部、支部严管党员、党员带动群众”机制，使党的领导“如身使臂、如臂使指”。统筹机关、非公企业、社会组织等领域党建，更大力度探索“共融式”党建模式，持续推动现代农业产业党建联合体和“两新”领域、园区党建联盟建设，充分激活党的肌体的“神经末梢”。持续抓好基层党建标准化新体系落实，着力建强基层党组织骨干队伍，不断完善村书记专职化管理工作，深入实施“名书记”培育工程，落实村干部员额管理和公开招考制度，选优配强引领乡村振兴的最强“雁阵”。

（五）营造风清气正的政治生态。坚定不移把“严”的主基调长期坚持下去，敢抓敢管、严抓严管，持之以恒落实中央八项规定及其实施细则精神，着力纠治“四风”顽瘴痼疾和形式主义、官僚主义突出问题，持续为基层减负松绑。坚持惩治震慑、制度约束、提高觉悟有机结合，一体推进不敢腐、不能腐、不想腐，持续整治群众身边腐败问题和不正之风，查办一批案件、总结一类规律、治理一个领域，让人民群众感受到正风肃纪就在身边。统筹衔接“四项监督”，精准运用监督执纪“四种形态”，探索开展政治生态以及巡察反馈问题整改分析评估、成果运用、推进整改等工作，常态化抓好党员干部警示教育，引导党员干部保持“赶考”的清醒、对“围猎”的警觉，始终做到心有所守、身有所循、行有所止。

政府工作报告（摘要）

——在句容市第十七届人民代表大会第一次会议上

市 长 周必松

2022 年 1 月 12 日

一、五年工作回顾

过去五年，我们坚定不移抓落实，发展路径日益清晰明确。坚持党的全面领导，紧紧围绕市委全局性谋划和战略性布局，全面落实“一福地四名城”城市定位、“1355”战略部署和“美丽句容”关键抓手，句容在高质量发展道路上的前进步伐更加有力。

我们打赢了防范化解重大风险、精准脱贫、污染防治“三大攻坚战”，高水平全面建成小康社会，为全面推进社会主义现代化建设奠定了坚实基础。

过去五年，我们坚定不移谋发展，综合实力实现全面跨越。坚持产业强市不动摇，全面打造“五大经济”①，推动经济增长保持中高速、产业发展迈向中高端。地区生产总值连跨三个百亿台阶达到740亿元，人均GDP超过11万元，一般公共预算收入达到57.64亿元，工业应税销售收入达到636.6亿元，银行业金融机构存贷款余额双双突破千亿大关，全国综合实力百强县排名上升至第49位，列全面小康指数百强县第37位、全国县级市基本现代化第36位、全国县域旅游综合实力百强县第19位，成功摘得第六届全国文明城市桂冠，成为高质量推进基本现代化典型城市。

过去五年，我们坚定不移促融合，城乡格局呈现崭新面貌。坚持“融入南京、接力镇江”，宁句城际轨道交通正式运营，南沿江城际铁路句容站设计规模扩大并具备始发功能，四条轨道交通将在城区交汇，句容的立体综合交通枢纽区位优势更加突出。推动城市战略品牌规划和建设标准体系落地，9条城市主干道“白改黑”“黑改黑”全面完工，新葛仙湖公园全新亮相，句容“福道”全景共赏，城市颜值大幅提升。我们把乡村振兴作为新时代“三农”工作总抓手，镇江国家农业科技园区获批建设，百村万户“双达标”“达新标”脱贫攻坚和省富民强村任务全面完成，农村集体产权制度改革不断深入，丁庄葡萄、白兔草莓等农产品品牌影响力持续扩大，列全国乡村振兴百佳示范县第5位。

过去五年，我们坚定不移优生态，环境质量迎来显著改善。坚持“绿水青山就是金山银山”理念，牢牢守住环境质量只能更好不能变坏的底线。空气质量优良天数较2016年增加15天，$PM_{2.5}$年均浓度下降17.8%；城区黑臭水体全面消除，国省考断面水质总体稳定达标；长江岸线绿化和长江经济带废弃露天矿山生态修复工程全面完成，城北垃圾填埋场综合整治有序实施，美丽句容的生态底色不断擦亮。

过去五年，我们坚定不移办实事，公共服务取得长足进步。坚持以人民为中心的发展思想，始终把句容人民对美好生活的向往作为我们的奋斗目标，把让句容老百姓过上好日子作为我们一切工作的出发点和落脚点，尽力而为，量力而行，一件事情接着一件事情办，一年接着一年干。面对新冠肺炎疫情，坚持疫情就是命令、防控就是责任，坚决打赢疫情防控的人民战争，确保了零确诊、零疑似、零境外输入的“三零”佳绩。我们将一般公共预算支出80%以上用于民生，累计新增就业6.5万人，省句中异地新建工程加快推进，与省人民医院“院府合作”成果丰硕，长江引水暨城区水厂、下蜀水厂工程有序推进，平安句容、法治句容持续深化，社会治理体系更加完善、能力全面提升，城乡居民人均可支配收入年均增长9%以上，人民群众的获得感幸福感安全感明显增强。

各位代表、各位委员，刚刚过去的2021年，为本届政府工作画上了圆满的句号。这一年，我们深入开展党史学习教育，弘扬伟大建党精神，全市上下齐心协力，接续奋斗，各项工作卓有成效。特别是面对突如其来的南京禄口机场聚集性疫情，在市委疫情防控领导小组统一领导下，我们始终坚持科学防控、精准防控，24小时内即参照广州市2021年5月防控德尔塔变异毒株的做法部署从严从紧防控措施，48小时内构筑起联防联控的坚强堡垒，一周内完成56.5万人全员核酸检测压力测试，累计接种新冠疫苗113万针次，全市人民生命健康安全得到有力保障，省政府主要领导给予批示肯定。在保持疫情防控的同时，我们统筹推动疫情防控和经济社会发展，全面落实“六稳”“六保”任务，经济社会持续稳定发展，较好地完成了市人代会确定的目标任务。

（一）经济运行质量效益稳步提升。**转型升级步伐加快。**对全市1个省级开发区和13个工业集中区实施园区优化整合提升，加快产业集聚转型。有序推进“碳达峰、碳中和”②，华电等重点耗煤企业积极实施节能降耗技术改造。全市实际使用外资1.42亿美元，工业战略性新兴产业产值占工业总产值比重达41%。盘活处置批而未供、闲置土地3300亩。骏成电子成为本土企业创业板上市“第一股”，宝华镇、

① 五大经济：枢纽经济、产业经济、城市经济、农业农村经济、消费经济。

② 碳达峰、碳中和：“碳达峰”指到2030年，二氧化碳排放量达到峰值并实现稳中有降；“碳中和”指到2060年，通过建立绿色低碳循环发展的经济体系和清洁低碳安全高效的能源体系，实现二氧化碳“零排放”。

下蜀镇、郭庄镇入选全国千强镇名单，取得历史性突破。**乡村振兴全面推进**。粮食生产面积 56.54 万亩、总产量达 25.83 万吨，实现双提升，1.2 万亩高标准农田项目建设完成。入选省第四批农村改革试验区，列入国家农业科技现代化先行县，成为全省首批农业现代化示范区。推行绿色防控示范区建设，何庄村荣获全国乡村治理示范村，戴庄村创成省级生态循环农业试点示范村。“戴庄经验”深化拓展，“金穗行动”“整村授信”等为全市新型经营主体提供金融助力。新增国家农民合作社示范社 2 家①、全国生态农场 2 家②、全国乡村特色产业亿元村 6 个③，茅山风景区集镇通过省美丽宜居小城镇考核验收。新建成美丽宜居乡村 30 个，下蜀范巷村入选省级特色田园乡村。全面完成 64301 座户厕修缮改造任务，无害化户厕普及率达到 100%。**文化旅游稳步回暖**。“一山三湖”片区旅游发展总体规划编制完成，总投资 5 亿元的得撒迎客乡村酒店正式营业，康缘中医药文化产业园等项目加快推进，茅山风景区创成低碳景区。“走进茅山抗日根据地”入选全省 20 条“永远跟党走”红色旅游线路，茅山镇入选第一批全国乡村旅游重点镇，伏热花海创成全国休闲农业与乡村旅游五星级园区。

（二）产业强市“一号战略”深入实施。**项目建设推进有力**。深化落实招商流动红旗制度，市委书记亲自抓招商、带头谈项目，积极开展小分队招商、以商引商，总投资 50 亿元的石砀山抽水蓄能电站、30 亿元的新加坡立邦新材料等一批重大项目签约落户。全年开展小分队招商活动 212 场次，新签约亿元以上项目 62 个。124 个重点产业项目完成投资 119 亿元，全市完成固定资产投资 272.7 亿元，增长 10.3%。**创新动能持续增强**。全年新增高新技术企业培育入库 43 家，国家科技型中小企业评价入库 297 家，同比增长 177%；技术合同成交额由 2.1 亿元增长为 22 亿元。万城创客盟创成省级众创空间，8 家企业被认定为省星级上云企业，新增省级“星创天地”1 家。句容高新技术创业园和江苏富达创业园创成省级科技企业加速器，实现全市零的突破。制定出台“福地句才”实施意见，新增省“双创”、镇江“金山英才”计划 14 人，新引进高校毕业生 4000 余人，成功举办联想之星创业联盟理事年会暨镇江行活动、“2021 招才引智”句容—长沙专场活动，顺利通过省知识产权强省建设区域示范工作验收。**营商环境更加优化**。擦亮“句满意”营商环境品牌，制定优化营商环境“十条举措”，深化实施“红黑榜”制度。全年减税降费 18.8 亿元，全市普惠金融领域贷款余额 220.5 亿元，同比增长 26.2%。全面推行“拿地即开工”“一窗受理、集成服务”审批模式，实施企业开办 6 个环节“一次办结”，90%以上新设企业实现半个工作日办结。开展优化诚信营商环境专项行动，社会信用水平持续提升，句容位列全国营商环境百强县第 30 位。

（三）美丽句容颜值气质不断彰显，**现代交通体系加速构建**。宁句城际轨道交通开通首日下午乘客超 3.4 万人次，南沿江城际铁路句容段加快施工，扬镇宁马铁路句容段规划积极推进，句容至茅山线市域（郊）铁路规划获国家发改委批复。句容站立体综合交通枢纽建设全面启动，站前广场、市政道路等配套工程有序推进，312 国道宁镇段快速化改造开工建设。**城市功能品质加速提升**。强力推进征收扫尾工作，一批持续十年以上的历史遗留问题得到有效解决。华阳西路、人民路沿街老旧建筑综合改造试点完成，文昌路、华阳北路延伸段路面升级改造全面完工，华阳街心公园、万家河、葛洪里等口袋公园投入使用。长江引水暨城区水厂土建主体施工完成、下蜀水厂工程建设过半，仑山水库除险加固工程基本完成。完成老旧小区改造 13 个，完成都市晴园等 10 个片区雨污分流工程，城市生活垃圾分类试点小区覆盖率达 93.5%，农村生活垃圾集中收运处理率达 100%。积极实施绿化补植治理，城市建成区绿化覆盖率达 38.7%，人均公园绿地面积 11.4 平方米。成功通过国家卫生城市复审，荣获全国健康城市建设样板市称号。**生态环境质量加速改善**。深入实施蓝天、碧水、净土污染防治攻坚行动，扎实开展中央环保督察“回头看”、江苏省环保督察反馈问题销号工作。持续深化河湖长制、断面长制、“排口长”制，加快幸福河湖示范建设暨河长制主题公园建设，城镇污水提质增

① 国家农民合作社示范社 2 家：丁庄万亩葡萄专业合作联社、后白镇道兵农机专业合作社。

② 全国生态农场 2 家：丁庄万亩葡萄专业合作联社、戴庄有机农业专业合作社。

③ 全国乡村特色产业亿元村 6 个：唐庄村、白兔村、永兴村、丁庄村、丁家边村、西冯村。

效6个达标区建设完成，地表水国省考断面水质优Ⅲ比例达到省考核要求。长江经济带露天矿山生态修复工程全面完成，白兔上荣山工矿废弃地复垦项目通过省级验收。林长制省级试点成果进一步巩固深化，经验做法全省推广。$PM_{2.5}$年均浓度34.6微克/立方米，同比下降4.7%；空气质量优良天数比率81.4%，同比上升3个百分点，首次达到环境空气功能区二类标准。

（四）公共服务供给能力显著提升。**民生保障持续加强**。积极推广线上线下相结合的招聘方式，全年城镇新增就业1.6万人，城镇登记失业率控制在2.1%。城乡居民基本养老金实现“十一连增”，企业退休人员基本养老金实现“十七连增”。全面开放社保补贴政策，发放资金1150万元，惠及7千余人。大力推广医保电子凭证，异地就医门诊费用直接结算率86%，重大疾病和住院医保待遇持续提升。开通12345儿童救助保护热线，完成特殊困难老年人家庭居家适老化改造150户，为全市近2.5万名80岁以上老人发放尊老金共计1694万元，80岁以上老人居家养老上门服务率达97%，60岁以上困难老人意外伤害保险政府统保实现全覆盖、参保率100%。林地生态葬改革获民政部肯定并在全省推广。**服务水平持续提高**。水畔新居、贾纪山路幼儿园建成交付，省句中异地新建、福地路小学和宝华新城实验小学有序推进，句容中专获批成立技工学校。认真落实“双减”① 政策，全面开展课后延时服务，积极提升教学质量。扎实推动市域内医共体建设，新市人民医院正式运营、成功转设三级综合医院，市妇幼保健院异地新建项目有序推进，新黄梅社区卫生服务中心投入使用。加快安置房办证进度，全市已具备发证条件安置房套数52715套、占发证任务数比例98%；已发证35058本、发证率65%，农村不动产权籍调查和确权登记发放工作稳步推进。**治理效能持续提升**。全面推进安全生产专项整治三年行动，突出抓好工业企业安全生产风险报告、危化品使用安全专项治理和省级安全发展示范城市创建三项重点工作，认真开展省安全生产巡查和镇江市危化品使用安全治理专项巡查问题的整改销号，在交通运输、危化品使用、城镇燃气安全等领域共排查整改安全隐患6750条，整改率100%。常态化开展扫黑除恶专项斗争，抓获犯罪嫌疑人83人，扣押黑恶资产2亿余元。破获电信网络诈骗案件468起，挽回损失2900余万元，全民反诈宣传入户入心。围绕宁句城际轨道执法管理，推动宁镇在全国首创跨区域协同立法。启动“八五”普法规划，非诉中心实体化运作成效显著。推进“明厨亮灶”② 工程建设，构建重点食品生产企业追溯体系，有力保障人民群众“舌尖上的安全”。**社会和谐持续巩固**。建成市级网格化服务管理中心，市舆情监测及应急指挥中心高效运行。推进信访突出问题化解，信访考核在全省位列前20。赵亚夫荣获“全国脱贫攻坚楷模”，刘树安获评“全国优秀党务工作者”，糜林被追授为“全国道德模范”，省级以上道德模范、“最美”系列人物等先进典型入选数量保持镇江辖市区第一、全省县（市）前列。

这一年，我们深入学习贯彻习近平总书记重要讲话重要指示精神，认真开展“我为群众办实事”实践活动，切实加强政府自身建设。办理市人大代表议案、建议96件、市政协提案158件。严格执行政府常务会议学法制度，完成文件审查78件。这一年，各地各部门树立大局意识，发扬实干作风，展现担当作为：开发区、黄梅街道打好“项目攻坚三年行动”开局首战，全年签约落户16个产业项目、总投138亿元；下蜀镇推动传统产业转型升级，台泥水泥创成全市首个省级绿色工厂，联博精密通过国家两化融合管理体系评定；茅山风景区、茅山湖坚持走市场化、资本化、专业化旅游发展道路，依法依规收回主景区经营权；宝华镇、宝华山深化创新驱动，江苏万城青年人才创业园成功获批国家级科技孵化器；边城镇创新招商思路，推动“零地招商”，做到“增资增效不增地”；白兔镇推动“农业+科技”深度融合，成功创成全省数字化农业农村基地；郭庄镇、赤山湖深入推进“三整合”③ 改革，被确定为全省基层治理体系改革试点示范单位；后白镇打造精致农业，推动产业振兴，福源电子商务创业园入选全国农村创业园区；

① 双减：有效减轻义务教育阶段学生过重作业负担和校外培训负担。

② 明厨亮灶：采取视频技术或透视明档的方式对餐饮食品加工过程进行公示，从而将餐饮经营单位食品加工的关键环节亮出来接受社会监督。

③ 三整合：在乡镇、街道整合审批、服务、执法力量。

天王镇获得世界乡村旅游产业示范乡镇殊荣，成功入选国家农业产业强镇创建名单；茅山镇大力发展生态高效农业，丁庄葡萄卖出镇江市水果远销海外的第一单；华阳街道积极发展枢纽经济，成功签约中电光谷产业园、军民融合产业园；崇明街道累计完成16个老旧小区精美改造，回应“最后一米”民生关切，打造宜居韧性城市社区；句投集团突出主责主业，在生态保护、教育医疗、民生工程等方面作出了重要贡献。

在看到成绩的同时，我们也清醒地认识到：我市实体经济发展还不充分，产业集聚度还不高，产业链创新链结合还不够紧；资源要素约束日益趋紧，一些生态环境问题根治还需久久为功；社会不稳定因素依然存在，部分领域的一些风险隐患有待精准防范化解；公共服务还有一些突出短板，教育、医疗、养老、卫生等领域与人民群众对美好生活的向往还有差距；营商环境建设有待进一步提升，等等。对以上这些问题，我们将在今后工作中认真加以研究，切实予以改进。

二、未来五年发展的目标任务

根据市第十三次党代会部署，今后五年，全市经济社会发展的指导思想是：**坚持以习近平新时代中国特色社会主义思想为指导，深入贯彻落实党的十九大和十九届历次全会精神，坚持稳中求进工作总基调，完整、准确、全面贯彻新发展理念，融入服务构建新发展格局，统筹疫情防控和经济社会发展，统筹发展和安全，切实扛起“争当表率、争做示范、走在前列”的光荣使命，奏响产业强市最强音，奋力谱写“一福地四名城”现代化建设新篇章。**

今后五年，我们要打造主客共享、令人向往的山水田园福地，加快构建绿色低碳的现代产业体系、快联快通的综合交通体系、高品质生活的公共服务体系、安定和谐的社会治理体系，让句容成为长三角地区最令人向往的“诗和远方”。**今后五年，我们要打造开放包容、活力奔涌的创新创业名城，**坚持把做大做强实体经济作为主攻方向，一手抓传统产业转型升级，一手抓战略性新兴产业培育壮大，推动产业链创新链深度融合，努力构建以先进制造业为主体的现代产业集群，全力打造南京创新“高峰”旁的“高原”。**今后五年，我们要打造城景相融、山水相依的宜居宜游名城，**下足绣花功夫，推动生产、生活、生态“三生”融合，美丽环境、美丽经济、美好生活“三美”融合，推进“+旅游”业态融合，丰富“居”的内涵，彰显“游”的特质，建设美丽句容的新时代样板。**今后五年，我们要打造因地制宜、特色彰显的养生养老名城，**依托山水生态和特有的道家养生文化优势，布局发展康复疗养、旅居康养、中草药食疗保健等新业态，构建以居家为基础、社区为依托、机构为补充、医养相结合的多层次养老服务体系。**今后五年，我们要打造匠心独具、别有韵味的历史文化名城，**深入挖掘历史文化遗存、提炼经典元素符号，树立“+文化”理念，全方位展示福地文化、红色文化的深厚底蕴，推动历史文化这张新的城市名片加快转变成经济优势、竞争优势。

今后五年，主要目标任务是：

——综合发展实力迈上新台阶。经济总量持续稳定增长，高质量发展水平和科技创新能力显著提升，数字经济与先进制造业、现代服务业深度融合，现代农业更加优质高效，基础设施现代化水平进一步提升，现代化综合交通运输枢纽格局初步形成、枢纽经济初显成效，营商环境指数在全省持续进位，句容高质量发展的核心竞争力不断增强。

——人民生活品质实现新提升。城乡居民人均可支配收入年均增幅与经济增长同步，公共服务体系和社会保障体系更加完善，教育现代化水平不断提高，医疗服务水平实现新的跨越，“一老一小”得到更好的关爱照护，困难群体得到更好的关心扶助，城乡环境更加美丽宜居，人民群众在高质量发展中更好享受高品质生活。

——生态环境质量取得新突破。持续开展污染防治攻坚行动，努力创造与人民群众美好生活需要相适应的生态环境质量。实现“碳达峰、碳中和”目标迈出关键步伐，能源资源配置更加合理、利用效率大幅提升。打通“绿水青山”与“金山银山”的双向转换通道，努力实现发展高质量和生态高颜值的有机统一。

——社会治理效能彰显新成效。法治句容、平安句容建设向纵深推进，基层治理社会化、法治化、智能化、专业化水平显著提高。应急管理体系和能力现代化加快推进，防范化解重大风险的能力显著提高，本质安全水平实现跃升。“外防输入、内防反弹”疫情防控网扎得更紧更牢，社会治理体系和治理能力现代化水平显著提高，安全发展的底线更加牢固。

三、2022 年主要工作安排

根据市委十三届二次全会提出的“**把握一条主线、聚焦四个重点**”，即加快推进现代化建设，全力以赴干产业，接续发力干交通，坚持不懈干美丽，久久为功干共同富裕，今年将重点抓好五个方面工作：

（一）全力以赴推进产业强市。培育产业优势。瞄准南京五大地标产业、八大产业链和镇江“四群八链”，持续开展专业化招商、产业链招商，进一步补链、延链、强链，打造一批“链主企业”“隐形冠军”。全年开展专题招商 45 场次以上，引进亿元以上产业类项目 80 个。以重大项目为引擎，一切围绕项目转、一切围绕项目干，加快推进石砀山抽水蓄能电站、中电光谷等一批重大项目，确保全年新开工亿元以上产业项目 32 个，新竣工亿元以上项目 17 个。深入推进“产业强链”三年行动计划，继续推动园区整合优化提升，深化闲置低效土地处置，不断提高产业集群整体竞争力。激发创新动能。抢抓 312 国道产业创新走廊建设机遇，持续做好“双招双引”工作，围绕产业链部署创新链，围绕创新链布局产业链。全面实施创新型企业培育工程，深入推进“企业上云”，实施单项冠军培育提升专项行动，力争新增 1 家省级智能工厂，创成镇江市级以上专精特新小巨人企业 3 家。坚持“以产聚才、以才兴产”，深入实施“福地句才”工程，让更多科技领军人才、青年科技人才和创新团队在句容大展身手、创新创业。坚持数字产业化、产业数字化，加快数字经济发展。强化服务保障。深化“句满意”服务品牌，持续开展营商环境提升行动，努力为企业发展和人才成长提供全生命周期保障。一体推进“放管服”改革，深化“一件事”改革，加强事前事中事后全链条全领域监管。继续推进企业“帮办员”制度，进一步畅通政企沟通渠道，了解企业家所思所想、所困所惑，让助企惠企政策更加“合身”“解渴”。强化金融保障，大力发展科技金融、产业链金融、普惠金融、绿色金融。

（二）全力以赴建设精美城市。优化规划布局。坚持多规合一，优化沿宁句城际轨道交通线和 312 国道宁镇段“两带”规划方案，高质量完成国土空间总体规划编制，强化各类专项规划有效衔接。围绕打造南京东部立体综合交通枢纽，加快推进句容站枢纽广场和市政配套工程，确保南沿江城际铁路句容站年底建成使用。积极推进 312 国道句容段快速化改造。扎实开展省级文旅产业融合发展示范区创建，推动“一山三湖”规划细化落地，打造农文旅深度融合全域旅游新格局。提升宜居品质。坚持“房住不炒”定位，着力稳地价、稳房价、稳预期，围绕市场改善型住房需求，突出规划先行、坚持“两降两提”①，支持房地产市场更好满足购房者的合理住房需求，引进高质量物业服务企业，打造更多高品质居住社区。进一步规范房地产市场秩序，重点整治房地产开发、房屋买卖等方面的突出问题，加大对涉嫌违法建设、违规销售、恶意操控房价等违法违规行为打击查处力度，促进房地产市场平稳健康发展和良性循环。完成 40 个老旧小区改造，分类推进老旧小区物业服务全覆盖，建设完成香溪湾南侧口袋公园，加快推进 1912 街区广场建设，持续开展城市公共空间更新，不断提升土地价值、城市价值。完善功能配套。加快推进城镇污水处理提质增效精准攻坚“333”行动，实施葛洪路排口及玉清河上游排口区域雨污分流改造工程，开工建设城区污水处理厂二期、开发区工业污水处理厂一期工程，有序开展主城区易涝点专项整治，完成海绵城市省级试点任务。加快推进 5G 网络部署，新建 5G 基站 600 个以上。切实加强建筑垃圾、餐厨废弃物等领域监管和处置，深化占道经营、户外广告、违章停车、渣土运输等专项整治，加大农贸市场、背街小巷、餐饮油烟等管理力度，持续巩固全国文明城市创建成果。

（三）全力以赴实施乡村振兴。聚力发展现代农业。压实粮食安全责任制，严守耕地红线，开展土地违法违规问题“清零”行动，坚决遏制耕地非农化、非粮化，推进旱涝保收、高产稳产“吨粮田”② 建设，夯实农业发展根基。以争创省级农高区为目标，突出智慧农业和科技农业两大重点，加强园区与高校院所合作，推动基地与产业融合发展。加大农产品地理标志和农产品区域公共品牌培育，丰富大米、鲜果、茶叶等绿色有机农产品供给，开展绿色食品、有

---

① 两降两提：降高度、降容积率，提品质、提配套。

② 吨粮田：周年亩产达到 1000 千克以上的耕地。

机农产品基地认证2万亩以上，规模农产品生产主体可追溯率超85%。新建高标准农田1.3万亩，新培育农业科技示范主体210户，新建省级现代农业产业技术体系示范基地3家，打造省级生态循环农业试点示范村1个。着力优化人居环境。扎实开展农村人居环境整治提升，加强新型农村社区建设，推进特色小镇和特色田园乡村高质量发展。科学开展国土绿化，创建5个省级绿美乡村。加快推进“福道”优化提升工程建设，实施“四好农村路”建设8千米、农路危桥建改6座。加快推进农村污水治理设施建设，实施生态河道、生态灌区、生态清洁小流域建设，完成农村河道疏浚土方50万方，创成省级生态河道10条。倾力推动富民增收。深化“万企联万村共走振兴路”行动，强化村企融合、村企联建，不断拓宽村集体经济增收路径。加大“春风行动”人才招聘力度，鼓励返乡人员回村创业，加强农民专业技能培训，培养新型职业农民900人以上。大力实施“双百双兴”①计划和“123人才培育工程”②，加快电子商务示范县创建，推进“互联网+农业”，推动特色农产品线上线下产销融合对接。

（四）全力以赴促进共同富裕。织密社会保障网络。加大援企稳岗力度，加强职业教育和技能培训，不断促进就业“量”的扩大和“质”的提升，新增自主创业3800人以上。推进养老服务机构星级化管理，以创建第三批省级居家和社区养老服务创新示范地区为契机，加快市养老护理院及救助站建设。提升残疾人托养服务，实施“梦想改造+”关爱计划，推动家庭教育指导服务示范社区建设。提高医保经办服务，实质化运行2个“15分钟医疗保障服务圈”镇江市级示范点，推动镇级医保服务平台业务全城通办。加快推进安置房发证工作。鼓励更多社会主体参与公益事业。优化公共服务供给。认真落实立德树人教育方针，全面实施“双减”政策，加强家校共育，促进学生全面健康发展。加快推进福地路小学及幼儿园、宝华新城小学及幼儿园、省句中异地新建等工程，实施句容中专、崇明中学、市二中运动场消险改造。试点组建医疗集团，完成市妇幼保健院整体搬迁，推进市中医院、市妇幼保健院与省级优质医疗资源共建。健全社会共治格局。巩固扫黑除恶专项斗争成果，全力压降电信网络诈骗发案率，严厉打击食药环违法犯罪行为。提档升级智慧警务建设，增强社会治安管控力。重点开展信访突出问题攻坚化解，切实维护群众合法权益、维护社会稳定。扎实推进“八五”普法，做好农村（社区）“法律明白人”队伍建设，提升基层治理水平。

（五）全力以赴防范化解风险。提升本质安全水平。统筹疫情防控和经济社会发展，落实落细常态化疫情防控各项措施，压实“四方责任”③，落实“四早”措施，强化“人、物、环境”同防，做好新冠疫苗接种工作，持续加强公共卫生应急管理体系建设。坚持“两个不放松”“务必整出成效”，深入开展安全生产专项整治三年行动，努力创成省级安全发展示范城市。强化食品、药品、疫苗监管，切实保障人民群众生命健康安全。持续开展安全生产、防灾救灾宣教活动，不断提高公众安全意识和防范自救互救能力。提升生态治理效能。科学务实推进“碳达峰、碳中和”，坚决遏制“两高”④项目盲目发展，鼓励企业加快发展循环经济和清洁能源，加快实施节能降碳改造升级，推进高耗能行业绿色制造和清洁生产。加强大气环境管控，开展$PM_{2.5}$和臭氧“双控双减”行动，强化“点位长”责任制，抓好工业、交通、建筑、餐饮等多领域协同共治，推动空气质量持续向好。坚决落实长江大保护，压实河湖长制、断面长制、“排口长”制，加强入江、入湖排污口动态管理。实施智慧水务工程，确保污水处理设施稳定运营。深化林长制试点，加强土壤污染源头管控，严厉打击倾倒固危废违法行为。提升风险化解能力。全面推行风险防控“四项机制”⑤，强化重大风险排查预警和化解处置。加强对非法集资全链条治理，严厉打击金融违法行为。健全政府债务管理体系，确保政府性债务风险可控。狠抓工程建设领域欠薪问题源头治理，切实保障农民工权益。

① 双百双兴：选拔100名优秀乡土人才，扶持100个乡土特色项目，推动人才与项目共同发展，促进乡村人才振兴、产业振兴。
② 123人才培育工程：开展10名定制村官、20名农技专业人员、300名新型职业农民培育工作。
③ 四方责任：属地、部门、单位、个人的责任。
④ 两高：高能耗、高污染。
⑤ 四项机制：风险研判机制、决策风险评估机制、风险防控协同机制、风险防控责任机制。

四、全面加强政府自身建设

全面加强政治建设。坚持把党的政治建设摆在首位，把学习习近平总书记重要讲话重要指示精神作为市政府党组、常务会议“第一议题”，忠诚捍卫“两个确立”①，坚决做到“两个维护”，胸怀“两个大局”、心系“国之大者”，不断提高政治判断力、政治领悟力、政治执行力。坚持把党的领导贯穿政府工作全过程，不折不扣执行中央和省、镇江市、句容市委决策部署，严守政治纪律、政治规矩，坚决维护句容市委统揽全局、协调各方的领导作用，做到一张蓝图绘到底。

全面推进依法行政。坚持政务公开，严格按照法定权限和程序行使权力，自觉接受市人大及其常委会监督，接受市政协民主监督，高度重视审计监督、司法监督和社会舆论监督。全面推行政府部门权责清单，严格落实“三重一大”事项决策机制，强化公众参与、专家论证、合法性审查等制度执行，不断提高行政决策科学化水平。

全面提高政府效能。坚持问题导向、目标导向、结果导向，全面提升能力素质，自觉增强“八个本领”②、锤炼“五个过硬”③、提高“七种能力”④，以新思维、新举措开创工作新局面。加大重点工作调度力度，坚持一线工作法，强化跟踪问效、督查督办，坚决整肃“中梗阻”，重拳治理“庸懒散”，决不能表态多调门高、行动少落实差，决不允许占着位子不干事。

全面加强党风廉政建设。坚持全面从严治党，坚决贯彻落实中央八项规定及其实施细则精神，以永远在路上的韧劲，驰而不息整治“四风”，坚决破除形式主义、官僚主义。树牢过“紧日子”的思想，严控“三公经费”和一般性支出，加强公共资金、公共资源交易等重点领域监管。纵深推进政府系统党风廉政建设和反腐败斗争，严格履行“一岗双责”，严查群众身边的不正之风和腐败行为，切实做好涉粮问题专项巡察“后半篇文章”，始终保持清正廉洁的政府形象。

组织机构及领导干部名录

（姓名后标注＊的为兼任）

·中共句容市委员会·

书记

潘　群

副书记

周必松

高庆华（~2021.04）

贾云亮（2021.04~）

常委

宋飞雄（~2021.03）

贾云亮

姚　华（~2021.07）

赵树锋

查兆娣（女）

陈志勇

汪丹宁

侯华锋（2021.01~）

蔡　璟（2021.04~）

高发巧（2021.07~）

郭　江（2021.04~）

王红芳（女，挂职，2021.06~）

办公室

主任

徐哲迅

副主任

丁邦元＊

孙仁军

张广铧＊

时　效（~2021.04）

① 两个确立：确立习近平同志党中央的核心、全党的核心地位，确立习近平新时代中国特色社会主义思想的指导地位。

② 八个本领：学习本领、政治领导本领、改革创新本领、科学发展本领、依法执政本领、群众工作本领、狠抓落实本领、驾驭风险本领。

③ 五个过硬：信念过硬、政治过硬、责任过硬、能力过硬、作风过硬。

④ 七种能力：提高政治能力、调查研究能力、科学决策能力、改革攻坚能力、应急处突能力、群众工作能力、抓落实能力。

冯朝柱
常　云（~2021.05）
成　帅（~2021.11）
戴　伟（2021.07~）
李文永（2021.05~）
郑　超（女，2021.11~）

深改办副主任

郑　超（女，~2021.11）
赵忠源（2021.11~）

市委研究室主任

孙仁军

副主任

李文永

市委机要局

副局长

张广铧
吴　炜（女）

合作交流中心

主任

雍正金（~2021.08）

副主任

金　菊（女，~2021.08）
尹小妹（女，2021.08~）

组织部

部长

汪丹宁*

常务副部长

孙太元

副部长

耿　忠（2021.09~）
阎艳齐（女）
方春喜

市考核办副主任

孔　飞（~2021.05）

市人才办专职副主任

张金陵（~2021.05）

副主任

陈伟辰（挂职，2021.10~）

市电教中心主任

赵　鑫

党建工作领导小组办公室

（在市委组织部挂牌）

主任

张红星（~2021.05）
孔　飞（2021.05~）

非公有制企业和社会组织工作委员会

（在市委组织部挂牌）

书记

阎艳齐（女）

副书记

杨　鹏

公务员局

（在市委组织部挂牌）

局长

孙太元*

市级机关党工委

（在市委组织部挂牌）

书记

吴宗新

宣传部

部长

查兆娣*（女）

常务副部长

庞　勇（~2021.05）
翟德润（2021.05~）

副部长

严道顺（~2021.05）
翟德润（~2021.05）
张红星（2021.05~）
刘　军（2021.05~）

宣传指导员

纪　萍（女）

新闻办副主任

陈利元（~2021.11）
谢志春（2021.11~）

市精神文明建设指导委员会办公室

（在市委宣传部挂牌）

主任

严道顺*（~2021.05）
刘　军（2021.05~）

副主任

刘　军（~2021.05）
陈利元（2021.11~）

市委网络安全和信息化委员会办公室

（设在市委宣传部）

主任

翟德润*（~2021.05）
张红星（2021.05~）

副主任

谢志春（~2021.11）

统一战线工作部

部长

高庆华*（~2021.04）
高发巧（2021.04~）

常务副部长

严建华

副部长

贾良明（~2021.05）
王发顺
唐广智（2021.05~）
周　伟*（2021.08~）

台湾工作办公室

（在市委统战部挂牌）

主任

贾良明*（~2021.05）
唐广智*（2021.05~）

副主任

胡　新（~2021.11）

石少华

市民族宗教事务局

（在市委统战部挂牌）

局长

严建华＊

副局长

谢天成（～2021.12）

张晓晖（女）

政法委员会

书记

姚　华＊（～2021.05）

侯华锋（2021.05～）

常务副书记

经　军

副书记

吴明成＊

王灵飞（～2021.05）

汪四红

吴凌华

倪　儒（2021.05～）

政治处主任

倪　儒（～2021.05）

章志江（2021.05～）

市社会治安综合治理中心

主任

韦　丹

市机构编制委员会办公室

主任

耿　忠

副主任

吴孝海

徐国华（女）

夏文华

市机构编制政务管理中心

主任

市委巡察机构

巡察办主任

滕振林＊（～2021.07）

李兴国（2021.07～）

巡察办专职副主任

袁根富（～2021.08）

孙　晨（女，2021.08～）

曹　伟

巡察组组长

许发毅

袁　健

余立超

巡察组专职副组长

王庆涛

问丽萍（女）

程海荣（2021.11～）

笪　雷（女，2021.10～）

吴荣燕（2021.04～）

唐　慧（女）

刘吉花（女）

万晓忠（～2021.05）

孙　晨（女，～2021.08）

老干部局

局长

方春喜

副局长

贡道金

纪项迪

离退休干部工作委员会

（在市委老干部局挂牌）

书记

方春喜＊

副书记

陆　萍（女）

党校

［挂市行政干部（行政）学校牌子］

党校校长

汪丹宁＊

行干校（行政校）校长

汪丹宁＊

常务副校长

冯家旺（～2021.05）

谢庚明（2021.05～）

副校长

凌建林（～2021.11）

徐　进

刘小青（女，2021.11～）

史志办

（挂市委党史工作办公室牌子）

主任

张　俊

副主任

倪定胜＊

徐彬彬（女）

市档案馆

馆　长

戴晓伟

副馆长

周长兵（～2021.12）

赵　宏（女）

市融媒体中心

党委书记、主任

汪荣春（～2021.05）

庞　勇（2021.05～）

总编辑

汪荣春（～2021.05）

王　芸（女，2021.05～）

副主任

杨言宏

王　芸（女，～2021.05）

张　玮

吴名建

移军霞（女）

党委委员

杨言宏＊

王　芸＊（女）

张　玮＊
吴名建＊
移军霞＊（女）
张冬俊

·句容市人民代表大会常务委员会·

主任
文雁才
党组书记
文雁才（～2021.05）
高庆华（2021.05～）
党组副书记
姚　华（2021.05～）
周春芳
副主任
高庆华（2021.01～）
姚　华（2021.01～）
周春芳
石继刚
黄　培
刘志鹏
党组成员
石继刚＊
徐胜宝
刘志鹏＊
俞小俊＊
刘　宁＊
陈学东＊（～2021.05）
李爱林＊
纪书生＊（～2021.05）
齐兴武＊（～2021.11）
颜利平＊（～2021.05）

办公室

主任
俞小俊
副主任
张金网
韩维娜（女）
信访室主任
张　瑾（女）

人事代表联络工作委员会

主任
刘　宁
副主任
张广新

监察和司法工作委员会

主任
陈学东（～2021.05）
步　玲（女，2021.05～）
副主任
贡永芳（女）

财政经济工作委员会

主任
李爱林
副主任
赵　虎（～2021.05）
包宁华（女，2021.08～）

农业和农村经济工作委员会

主任
纪书生（～2021.05）
许家荣（2021.05～）
副主任
李海涛

社会事业工作委员会

主任
齐兴武（～2021.11）
杨冬梅（2021.11～）
副主任
王广平（～2021.11）
凌建林（2021.11～）

环境资源城乡建设工作委员会

主任
颜利平（～2021.05）
李晓军（2021.05～）
副主任
李晓军（～2021.05）
任　振（2021.04～）

华阳街道人大工委

主任
朱群峰（～2021.04）
秦华成（2021.04～）

崇明街道人大工委

主任
丁学平

黄梅街道人大工委

主任
马久根（～2021.08）
方道宏（2021.08～）

·句容市人民政府·

市　长
周必松
党组书记
周必松＊
常务副市长
宋飞雄（～2021.03）
赵树锋（2021.03～）
党组副书记
宋飞雄＊（～2021.04）
赵树锋＊（2021.04～）
副市长
贾云亮（～2021.04）
侯华锋（～2021.01）
张荣海（～2021.07）
郭　江（2021.04～）
吴明成
凌　华（女）
闵　佳（2021.11～）
徐　飞（2021.01～）
张　凯（2021.04～）

吴亚芹（女，挂职）
李永辉（挂职，~2021.10）
张德超（挂职）

党组成员

贾云亮＊（~2021.07）
侯华锋＊（~2021.05）
张荣海＊（~2021.07）
王大金＊（~2021.04）
郭　江＊（2021.07~）
吴明成＊
闵　佳＊（2021.12~）
徐　飞＊
张　凯＊（2021.05~）
贾良旭（2021.12~）
高志祥＊

办公室

主任

高志祥

党组书记

高志祥

副主任

刘富金（~2021.04）
李　玮
赵　文
杨　钢（~2021.10）
巫建林
戴　伟（~2021.07）
陈　冬
常　云（2021.05~）

党组成员

雍正金＊（~2021.08）
刘富金＊（~2021.04）
李　玮＊
赵　文＊
杨　钢＊（~2021.10）
巫建林＊
戴　伟＊（~2021.07）
陈　冬＊
常　云＊（2021.05~）

外事办公室

（在市政府办公室挂牌）

主任

雍正金（~2021.08）

副主任

杨　钢（~2021.10）

大数据管理局

（在市政府办公室挂牌）

副局长

王中明

侨务办公室

主任

王发顺＊

发展和改革委员会

主任

纪文华

党委书记

纪文华

党委副书记

唐红生（~2021.11）

副主任

唐红生（~2021.11）
徐小明
李云鹏
钱　勇

党委委员

焦桂葆＊（~2021.05）
段续文＊（2021.10~）
徐小明＊
李云鹏＊
钱　勇＊
姚　芬（女，~2021.10）

粮食和物资储备局

（在市发展和改革委员会挂牌）

局长

焦桂葆＊（~2021.05）
段续文＊（2021.10~）

粮食收储中心

（2021.10调整为
市发改委下属事业单位）

党委书记、主任

焦桂葆（~2021.05）
段续文（2021.10~）

副主任

谭红军
朱玉刚

纪委书记

熊金霞（女）

党委委员

谭红军＊
朱玉刚＊
熊金霞＊（女）

教育局

局长

高宏斌

党委书记

高宏斌

党委副书记

杨　钢＊（2021.10~）

副局长

尹小计（女，~2021.11）
徐　燕（女）
谭玉芬（女，2021.11~）
房家义
孔庆俊

党委委员

王泰山＊（~2021.10）
尹小计＊（女，~2021.11）
徐　燕＊（女）
谭玉芬＊（女，2021.11~）
房家义＊
孔庆俊＊
经庆录＊
刘后成＊

市委教育工作委员会
（在市教育局挂牌）

书记
高宏斌＊

市政府教育督导室
（在市教育局挂牌）

主任
王泰山
副主任
杨　钢（2021.10～）
金　荣＊

市教师发展中心

主任
李　歆（～2021.05）
刘后成（2021.07～）

江苏省句容高级中学

党总支副书记
经庆录
常务副校长
经庆录
副校长
汪　涛
胡文靖
年级部主任
张永才
解永平
宣　进

实验高级中学

校长
刘瑞宏
党总支书记
刘瑞宏＊（2021.08～）
党总支副书记
刘瑞宏＊（～2021.08）
副校长
冯义平
薛国强
曾　玮

江苏省句容中等专业学校

校长
赵健康
党总支书记
孔祥富
党总支副书记
赵健康＊
副校长
孔祥富＊
张正珏
陈春华
金　荣

第二中学

党总支书记、校长
蒋　明
副校长
纪争春（～2021.12）
朱建光
徐飞燕

第三中学

校长
蒋龙贵
党总支书记
吴发清（～2021.08）
蒋龙贵（2021.08～）
党总支副书记
蒋龙贵＊（～2021.08）
副校长
严　飞
陈　敏
张　春

实验小学

校长
汤爱军
党总支书记
陈远勇

科学技术局

局长
潘　云（～2021.05）
朱　燕（女，2021.05～）
党组书记
潘　云（～2021.05）
陈　华（2021.05～）
副局长
戴　俊
杜永刚
李　艳（女，～2021.05）
包文谦（女，2021.05～）
郭　勇＊（挂职，～2021.07）
邹宗峰（挂职，2021.10～）
党组成员
戴　俊＊
杜永刚＊
包文谦＊（女，2021.05～）
王慧慧（女）

工业和信息化局

党组书记、局长
沈　政（～2021.05）
孙良俊（2021.05～）
党组副书记
周　伟（～2021.05）
罗元清（2021.05～）
副局长
周　伟（～2021.05）
罗元清
王吉军（2021.04～）
陈高祥
杨　勇
党组成员
王吉军＊（2021.04～）
陈高祥＊
杨　勇＊
姚淦橙

公安局

局长
吴明成＊

党委书记

吴明成＊

督察长

吴明成＊

政治委员

裔玉诚

党委副书记

裔玉诚

副局长

章丽明

蔡成贵（～2021.08）

王世界（～2021.08）

梅新贤

邵兴林

易善智（2021.08～）

潘良军（2021.08～）

党委委员

章丽明＊

蔡成贵＊（～2021.08）

王世界＊

梅新贤＊

邵兴林＊

易善智＊

潘良军＊

王志平＊

刘卫明＊

张　进＊（～2021.11）

刘华国＊

孔庆辉＊

贾　臣＊（2021.08～）

公安局政治处

主任

孔庆辉

公安局情报指挥中心

主任

居　斐（2021.08～）

政治教导员

王泽举（2021.08～）

公安局政治安全保卫大队

大队长

程　飞（2021.08～）

政治教导员

焦　润（2021.08～）

公安局治安警察大队

（挂“水上警察大队”牌子）

大队长

张　进（～2021.11）

政治教导员

许永兵

公安局交通警察大队

大队长

易善智（～2021.08）

汪　龙（2021.08～）

政治教导员

史明春（～2021.08）

王荣金（2021.08～）

公安局刑事警察大队

大队长

潘良军（～2021.08）

潘林桢（2021.08～）

政治教导员

余大伟（～2021.08）

余　伟（2021.08～）

公安局经济犯罪侦查大队

大队长

丁义新

政治教导员

陈明政

公安局禁毒大队

大队长

杜伦国（2021.08～）

政治教导员

杜伦国（～2021.08）

陈治佳（2021.08～）

公安局出入境管理大队

（挂“政务服务大队”牌子）

大队长

黄庆远

政治教导员

陈义芳（女）

公安局网络安全保卫大队

大队长

余大伟（2021.08～）

政治教导员

邵　林（～2021.08）

蒋中敏（2021.08～）

公安局国内安全保卫大队

大队长

黄　平（～2021.08）

政治教导员

王泽举（～2021.08）

公安局法制大队

大队长

刘华国

政治教导员

王　慧

公安局警务督察大队

大队长

刘卫明

政治教导员

吴世红

食品药品和环境犯罪侦查大队

大队长

史明春（2021.08～）

政治教导员

乔　飞（2021.08～）

看守所

所长

张元祥

政治教导员

徐　伟（~2021.08）

吴小军（2021.08~）

华阳派出所

所长

贾　臣

政治教导员

潘林桢（~2021.08）

陈启宏（2021.08~）

下蜀派出所

所长

王克钉

政治教导员

陈顺祥

宝华派出所

所长

杨国正

政治教导员

朱春桥（~2021.08）

巫程刚（2021.08~）

边城派出所

所长

贾晓光（~2021.08）

张方军（2021.08~）

政治教导员

肖兆波

白兔派出所

所长

琚卫军

政治教导员

陈启宏（~2021.08）

陈　诚（2021.08~）

茅山派出所

所长

周巧生（~2021.08）

徐　伟（2021.08~）

政治教导员

丁　晨

郭庄派出所

所长

夏祖明（~2021.06）

叶　宁（2021.08~）

政治教导员

蒋瑞银（~2021.08）

吴　坚（2021.08~）

后白派出所

所长

吴新龙

政治教导员

余　伟（~2021.08）

唐慧琦（2021.08~）

天王派出所

所长

程　飞（~2021.08）

朱华静（2021.08~）

政治教导员

袁　飞

开发区派出所

所长

汪　龙（~2021.08）

贾晓光（2021.08~）

政治教导员

桂　飞

茅山风景区派出所

所长

张方军（~2021.08）

王世界（2021.08~）

政治教导员

居　斐（~2021.08）

郭　庆（2021.08~）

赤山湖派出所

所长

魏旺荣

政治教导员

姜晶晶（2021.08~）

黄梅派出所

所长

陈兴贵

政治教导员

朱华静（~2021.08）

冯　勇（2021.08~）

石狮派出所

所长

闫晓星（女）

政治教导员

蒋瑞银（2021.08~）

直属派出所

所长

陈洪军（~2021.08）

朱春桥（2021.08~）

政治教导员

张宗周

森林派出所

所长

毕海银（2021.08~）

政治教导员

刘　勇（2021.08~）

民政局

党委书记、局长

唐富祥

党委副书记

周大庆

副局长

周大庆

姜建兵（~2021.12）

徐　玮（女）

武益飞

吴　笠（2021. 11～）

党委委员

姜建兵＊（～2021. 12）

徐　玮＊（女）

武益飞＊

吴　笠＊（2021. 11～）

徐贝才＊（2021. 05～）

福利中心主任

孙　青（女，～2021. 04）

徐贝才（2021. 05～）

司法局

党组书记、局长

张　晶

副书记

华恩慧（女，～2021. 08）

副局长

华恩慧（女，～2021. 08）

袁继宏

杨海平

张传军

罗建军

黎立青（2021. 04～）

党组成员

杨海平＊

张传军＊

罗建军＊

黎立青＊（2021. 04～）

财政局

党委书记、局长

陈　刚（～2021. 05）

巫维国（2021. 05～）

副局长

糜　艺（～2021. 11）

笪洪侠（～2021. 05）

许明生

朱　峰

蔡　伟（2021. 07～）

党委委员

糜　艺＊（～2021. 11）

笪洪侠＊（～2021. 05）

许明生＊

朱　峰＊

蔡　伟＊

吴心敏＊（～2021. 10）

刘　沙＊（女，2021. 10～）

国有资产监督管理办公室

主任

陈　刚＊（～2021. 05）

巫维国＊（2021. 05～）

副主任

陆　卫＊

蔡　伟（～2021. 07）

刘　沙（女，2021. 10～）

镇江市住房公积金管理中心句容分中心

主任

吴心敏（～2021. 10）

人力资源和社会保障局

党委书记、局长

蔡家红（～2021. 05）

赵　军（2021. 05～）

党委副书记

滕　静（女）

副局长

滕　静（女）

胡继发

戴志勇

陈　健

徐滕州（挂职，～2021. 07）

吴　磊（挂职，2021. 10～）

人才服务中心

主任

邹志琴（女）

社会劳动保险基金管理中心

主任

卜　俊

劳动就业管理中心

主任

任玉军

住房和城乡建设局

局长

邵国一

党委书记

金　伟（～2021. 11）

邵国一（2021. 11～）

党委副书记

邵国一＊（～2021. 11）

杨　勇（～2021. 05）

副局长

杨　勇（～2021. 05）

李本春

徐正春（2021. 05～）

许厚春

魏胜亚

党委委员

李本春＊

徐正春＊（2021. 05～）

许厚春＊

魏胜亚＊

高　翔＊（～2021. 08）

笪斐斐＊（女，2021. 05～）

施金玉

地震局

（在市住房和城乡建设局挂牌）

副局长

高　翔（～2021. 08）

笪斐斐（女，2021. 05～）

人民防空办公室

（在市住房和城乡建设局挂牌）

主任

金　伟（～2021. 11）

邵国一（2021. 11～）

市政公用事业服务中心

主任

笪兴柏

拆迁安置服务中心

主任

苏安定（~2021.10）

汤思锋（2021.11~）

房产业发展服务中心

主任

赵鹏飞

城市管理局

党委书记、局长

沈雪琦（~2021.05）

严道顺（2021.05~）

党委副书记

王　军

副局长

王　军

徐正春（~2021.05）

陈才俊

陈抗震

张建华

赵文超（2021.05~）

韩继斌（挂职，~2021.07）

党委委员

徐正春*（~2021.05）

陈才俊*

陈抗震*

张建华*

赵文超*（2021.05~）

潘良栋*（2021.07~）

樊苏春

城市管理城区行政执法大队

大队长

潘良栋

城市管理乡镇行政执法大队

大队长

贡　群

交通运输局

党委书记、局长

彭长江（2021.10~）

党委副书记

彭长江（~2021.10）

副局长

彭长江（~2021.10）

吴迎春

秦　健

杨正军

党委委员

吴迎春*

秦　健*

杨正军*

陈　松*

黄庆平*

王爱云*

郭　鑫（2021.07~）

公路事业发展中心

主任

陈　松（2021.07~）

运输管理处

处　长

黄庆平（援陕）

交通运输综合行政执法大队

处　长

陈　松（~2021.07）

港航事业发展中心

主任

王爱云（2021.07~）

航道管理处

处　长

李卫东（~2021.08）

水利局

党委书记、局长

包俊华

党委副书记

刘明祥

副局长

陈智彬

文　伟

杜开连（2021.05~）

党委委员

陈智彬*

文　伟*

杜开连*（2021.05~）

张雨路

长江提水站管理处

主任

刘明祥

副主任

方　雷

农业农村局

党委书记、局长

袁　民

党委副书记

王　勇

副局长

李　祥

张柯华

赵德生

李　艳（女）

党委委员

李　祥*

张柯华*

赵德生*

赵九红*（女）

陈　胜*

束华琴*（女，2021.10~）

夏前德

市政府扶贫工作办公室

（2021年6月更名为市乡村振兴局，在市农业农村局挂牌）

主任

袁　民*（~2021.10）

局长
袁　民＊（2021.10～）
副主任
赵九红（女，～2021.10）
副局长
陈　胜（2021.10～）

市委农村工作领导小组办公室

主任
袁　民＊
副主任
王　勇

农业综合行政执法大队

大队长
陈　胜（～2021.10）
赵九红（女，2021.10～）

农业技术推广中心

主任
束华琴（女）

商务局

党组书记、局长
赵　军（～2021.05）
潘　云（2021.05～）
党组副书记
戴　蓉（女）
副局长
戴　蓉（女）
刘　刚（～2021.11）
吴　珏（女）
党组成员
刘　刚＊（～2021.11）
吴　珏＊（女）
沈　晨＊（～2021.04）
王　斌（2021.07～）

招商中心

主任
沈　晨（～2021.04）
刘　刚＊（2021.07～2021.11）

文体广电和旅游局

党委书记、局长
许家荣（～2021.05）
张世军（2021.05～）
副书记
杨　玲（女，2021.05～）
副局长
陈玉林（～2021.11）
杨　玲（女）
王惠宇（2021.04～）
陈巧根
王海明
蒋苏娜＊（女，2021.11～）
党委委员
王惠宇＊（2021.04～）
陈巧根＊
王海明＊
刘赛民＊（2021.10～）

文化市场综合行政执法大队

大队长
刘赛民（2021.10～）

卫生健康委员会

党委书记、主任
杨春光
副主任
王　丽（女）
梅学伟
曾称荣
蒋雪平
单红浦（挂职，～2021.07）
党委委员
梅学伟＊
曾称荣＊
蒋雪平＊
王　霞（女，2021.11～）
王　波
陈厚月（女，2021.07～）
凌　凯（女，2021.11～）

疾病预防控制中心

主任
刘　敏

人民医院

院　长
孔连宝（外聘）
党委书记
杨春光＊
党委副书记
孔连宝＊
吴晓军
副院长
吴晓军＊
沈　斌（外聘）
刘庆伟
刘业锋
陆振华
刘丽华（女）

中医院

院　长
梁本初（～2021.05）
副院长
李　勇
张传飞
宋应群（女，2021.11～）

退役军人事务局

党组书记、局长
李文富
副局长
周　舟（～2021.11）
牛风华
朱　宾
徐胜松
潘海风（女，2021.04～）
党组成员
周　舟＊（～2021.11）

牛风华＊
朱　宾＊
徐胜松＊
潘海风＊（女，2021.04～）
黄　静（女，2021.07～）

应急管理局

党组书记、局长
方道宏（～2021.05）
贾良明（2021.05～）
党组副书记
唐广智（～2021.05）
副局长
唐广智（～2021.05）
雍　军
吴士军（～2021.11）
周正辉
刘功华（2021.04～）
陶贺龙（2021.11～）
党组成员
雍　军＊（～2021.11）
吴士军＊（～2021.11）
周正辉＊（～2021.11）
刘功华＊（2021.04～2021.11）
朱　波＊（～2021.11）
杨　凌＊（2021.10～2021.11）
党委委员
雍　军＊（2021.11～）
周正辉＊（2021.11～）
刘功华＊（2021.11～）
陶贺龙＊（2021.11～）
朱　波＊（2021.11～）
杨　凌＊（2021.11～）

安全生产监督执法大队

大队长
周正辉＊（～2021.10）
杨　凌（2021.10～）

安全生产委员会办公室

专职副主任
朱　波＊

行政审批局

党组书记、局长
杨金国（～2021.05）
黄建清（2021.05～）
党组副书记
周　云＊（女）
副局长
周　云＊（女）
俞　伟
武　莉（女）
裔建祥
包永祥（～2021.08）
王　政（2021.04～）
党组成员
俞　伟＊
武　莉＊（女）
裔建祥＊
包永祥＊（～2021.08）
王　政＊（2021.04～）
邹　越＊

公共资源交易中心

主任
周　云（女）
副主任
程　伟（～2021.11）
张　琦（～2021.04）
金　菊（女，2021.08～）
郭　旋（2021.11～）

政务服务中心

主任
邹　越

市场监督管理局

党委书记、局长
洪礼荣（～2021.05）
沈雪琦（2021.05～）
副书记
盛金玉（2021.10～）
副局长
盛金玉
陶显忠
卞英军（～2021.08）
王　昕（女）
张　云
夏培龙
党委委员
陶显忠＊
卞英军＊（～2021.08）
王　昕＊（女）
张　云＊
夏培龙＊
华阳分局局长
姜浩林
下蜀分局局长
王圣叶
边城分局局长
周峻玲（女）
白兔分局局长
杭新宇
郭庄分局局长
朱　斌
后白分局局长
张　勇
天王分局局长
卢傲怀（～2021.08）
茅山分局局长
洪泉辉
黄梅分局局长
王秀安
宝华分局局长
邵国滨

统计局

党组书记、局长
胡文成（～2021.11）
刘　刚（2021.11～）
副书记
焦一明（2021.11～）
副局长
焦一明
陈太军

王　荣（女，2021.04～）
胡　炜
党组成员
陈太军＊
王　荣＊（女，2021.04～）
胡　炜＊

医疗保障局

党组书记、局长
欧红卫
党组副书记
张芬清
副局长
张芬清
王　伦
刘丽华＊（女，2021.11～）
党组成员
王　伦＊
彭　忠＊

医疗保险基金管理中心

主任
彭　忠

市信访局

党组书记、局长
丁邦元
副局长
刘寿根
聂家勇
文丰华
党委委员
刘寿根＊
聂家勇＊
文丰华＊
王仕健（2021.07～）

地方金融监督管理局

（挂市政府金融工作办公室牌子）
党组书记、局长
巫维国（～2021.11）
胡文成（2021.11～）
副局长
王小军
张金先
李　晶（～2021.04）
赵　虎（2021.05～）
党组成员
王小军＊
张金先＊
李　晶＊（～2021.04）
赵　虎＊（2021.05～）
方　伟

供销合作总社

主任
谭素平
党委书记
王　勇
副主任
高　昕
王　波
陈崇磊
党委委员
高　昕＊
王　波＊
陈崇磊＊

机关服务中心

党组书记、主任
周法祥
副主任
李开忠（～2021.05）
冯宏国
张传铁
杨雪静（女，2021.10～）
纪检组长
葛　娅（女）
党组成员
李开忠＊（～2021.05）
冯宏国＊
葛　娅＊（女）
张传铁＊
杨雪静＊（女，2021.10～）
张小利（2021.10～）

市属国有资产管理中心

党委书记、主任
陆　卫（2021.07～）
党委书记、总经理
陆　卫（～2021.07）
副主任
程　刚（2021.07～）
朱　军（2021.07～）
副总经理
程　刚（～2021.07）
朱　军（～2021.07）
纪委书记
贡俊丹（女）
党委委员
程　刚＊
朱　军＊
贡俊丹＊（女）
夏卫平

镇江国家农业科技园区

党工委书记
陈　斌＊（～2021.12）
朱庆峰（2021.12～）
主任
袁功前
党工委副书记
袁功前＊
许仪震
副主任
许仪震
周雪松
戴显斌＊
樊　磊＊
李　艳（女）
党工委委员
周雪松＊

审计局

党组书记、局长

马志勇

党组副书记

宋维生（~2021.10）

副局长

宋维生（~2021.09）

梁　涛

吴心敏（2021.09~）

王　群（女，2021.09~）

总审计师

吴心敏（2021.09~）

党组成员

王万青

梁　涛

吴心敏（2021.10~）

句容生态环境局

党组书记、局长

罗　荣

副局长

张玉春

王　明

尤红光

马万荣（2021.12~）

党组成员

张玉春*

王　明*

尤红光*

句容生态环境综合行政执法局

局长

汤　杰

自然资源和规划局

局长

涂长坤

党组书记

涂长坤

党组副书记

程　勇

副局长

程　勇

经　政

王蕴雷

刘　聪

邹云峰

王　洪

余立荣

李新芝（女，挂职，2021.10~）

党组成员

曹晓波*

经　政*

王蕴雷*

刘　聪*

邹云峰*

王　洪*

余立荣*

王晓莉*（女，~2021.12）

许文雯*（女）

朱　辉*（2021.12~）

宝华中心所所长

纪春青

下蜀中心所所长

吕守坤

后白中心所所长

刘　敏

郭庄中心所所长

张　乐

开发区中心所所长

费江泳（2021.05~）

华阳中心所所长

陈　刚（2021.05~）

土地收储中心主任

王晓莉（女，~2021.12）

严　军（2021.12~）

自规监察大队大队长

朱　辉

不动产登记中心主任

严生新

市公益林管理中心

主任

曹晓波

副主任

许文雯（女）

于秉喜

吴　越

江苏句容投资集团有限公司

党委书记、董事长

吉田刚

党委副书记

笪爱华*

总经理

笪爱华

副总经理

周隆进

韩　强

彭　文

纪委书记

杜　鹃（女）

监察专员

杜　鹃*（女）

党委委员

周隆进*

杜　鹃*（女）

郭　嘉（2021.07~）

江苏句容新农控股集团有限公司

董事长

王余进

总经理

吴　玮

纪检监察组组长

徐　萌

副总经理

朱俊伟

茅山风景区

党工委书记

高发巧（~2021.04）

贡月明（2021. 06～）
管委会主任
桑学军
郭　江（～2021. 04）
党工委副书记
贡月明（2021. 05～）
郭　江（～2021. 07）
桑学军＊
吴　清
管委会副主任
王　霞（女，～2021. 05）
万　震（女）
金　峰（2021. 07～）
杨世祥
洪　浩（2021. 04～）
王世界（2021. 08～）
党工委委员、纪工委书记
金　峰（～2021. 07）
朱孝成（2021. 07～）
党工委委员
王　霞（女，～2021. 05）
万　震（女）
金　峰
杨世祥
洪　浩＊（2021. 04～）
王世界＊（2021. 08～）
吴玉伟＊
张　楠＊（女）
经子腾（挂职，2021. 11～）
办公室主任
吴玉伟
党群工作部部长
张　楠（女）
经济发展部部长
程双双（女）
规划建设部部长
笪斐斐（女，～2021. 05）
姚　芬（女，2021. 10～）
景区运营部部长
刘　亚（女，～2021. 04）
刘　洋（女，2021. 08～）
社会事务部部长
王　丽（女）
财务部部长
吴文华（～2021. 05）
周龙喜（2021. 08～）

江苏省句容茅山湖旅游度假区管理办公室

党组书记
高发巧（～2021. 05）
贡月明（2021. 05～）
主任
褚小明（女，～2021. 11）
党组副书记
褚小明＊（女，～2021. 12）
副主任
张　俊
胡基兵
李迎节
朱　燕（女，～2021. 05）
张映旭（2021. 05～）
党组成员
张　俊＊
胡基兵＊
李迎节＊
张映旭＊（2021. 05～）

宝华山国家森林公园

党工委书记
卞云峰＊
管委会主任
谢庚明（～2021. 05）
沈　政（2021. 05～）
副书记
谢庚明＊（～2021. 05）
沈　政＊（2021. 05～）
李新芝（女，挂职，2021. 10～）
管委会副主任
李建权
张远云（2021. 04～）
韩志成（援藏）
王　欣（女）
党工委委员
李建权
张远云（2021. 04～）
韩志成（援藏）
王　欣（女）

赤山湖

党工委书记
谢　兵＊
管委会主任
吕兴齐
党工委副书记
吕兴齐＊
管委会副主任
夏兴华（～2021. 04）
张　琦（2021. 04～）
高　翔
万　笑（女）
党工委委员
夏兴华（～2021. 04）
张　琦（2021. 04～）
高　翔

江苏省句容经济开发区

党工委书记
周　俊
管委会主任
戴兆方（～2021. 11）
党工委副书记
戴兆方＊（～2021. 12）
金　宇（～2021. 05）
孙良俊（～2021. 05）
宋念东（2021. 08～）
林　军（挂职，～2021. 07）
邹宗峰（挂职，2021. 10～）
管委会副主任
许能祥（～2021. 10）
宋念东（～2021. 08）
陈　敏
孔凡峰

徐　进（2021.04～）

党工委委员、纪工委书记

严宜荣（～2021.11）

杨　华（2021.11～）

党工委委员

段续文＊（～2021.10）

许能祥＊（2021.10～）

姜雯荣＊

财政分局局长

姜小网

资产管理中心主任

王　铖（2021.08～）

投资促进中心主任

杨兆鹏

黄梅街道

党工委书记

金　宇（～2021.05）

周　俊＊（2021.05～）

办事处主任

段续文（～2021.10）

许能祥（2021.10～）

党工委副书记

段续文＊（～2021.10）

许能祥＊（2021.10～）

熊满胜

王德臣（挂职，～2021.07）

纪工委书记

严宜荣＊（～2021.11）

杨　华＊（2021.11～）

办事处副主任

陈　华（～2021.05）

刘　迎（女）

万　俊（2021.04～）

张东旭

党工委组织委员

郜广平（女）

党工委宣统委员

高　然

党工委政法委员、人武部长

马国兵（～2021.11）

孔凡峰＊（2021.11～）

党工委委员

陈　华（～2021.05）

段芙蓉（女，挂职，2021.11～）

华阳街道

党工委书记

张　凯（～2021.05）

桑　毅（2021.05～）

办事处主任

桑　毅（～2021.05）

杨　勇（2021.05～）

党工委副书记

桑　毅＊（～2021.05）

杨　勇＊（2021.05～）

吴　勇（～2021.05）

陈兴荣

徐滕州（挂职，～2021.07）

许文雯（女，挂职，2021.05～）

党工委委员、纪工委书记

许　俊

办事处副主任

张映旭（～2021.05）

吴小蕾（女）

徐　峰

宋贤飞（～2021.04）

夏　永

杨建勋

王　益（女，2021.04～）

张金陵（2021.05～）

欧巍巍（女，挂职，2021.10～）

党工委组织委员

魏粮川

党工委宣统委员

吴　敏（女）

党工委政法委员、人武部长

谢　鸣（～2021.04）

陈　超（2021.04～）

崇明街道

党工委书记

戴红梅（女）

办事处主任

佘　俊

党工委副书记

佘　俊＊

戴荣国（～2021.04）

杨　军（2021.04～）

李文湃（挂职，～2021.07）

党工委委员、纪工委书记

盛振华

办事处副主任

吴　文

陈国民

王广成

党工委组织委员

张佩佩（女）

党工委宣统委员

宋康文

党工委政法委员、人武部长

陈兴民

·中国人民政治协商会议句容市委员会·

主　席

章壮钧

党组书记

章壮钧

党组副书记

高发巧＊（2021.08～）

商　震

副主席

商　震

吴小香（女）

倪定胜

王道银（女）

胡现龙

秘书长

王仁俊

党组成员

胡现龙＊

吴兴春

王素俊
王仁俊*
程柏林*（~2021.11）
张腊英*（女，~2021.11）
徐嘉惠*（~2021.05）
王金涛*（~2021.05）
张彦飞（~2021.08）

办公室

主任
王仁俊
副主任
郑晓虎（~2021.04）
张明中
文　飞（2021.05~）

提案联络委员会

主任
程柏林（~2021.11）
糜　艺（2021.11~）
副主任
凌　麓（女）

学习和文史委员会

主任
张腊英（女，~2021.11）
王　丽（女，2021.11~）
副主任
笪　雷（女，~2021.10）
巫　燕（女，2021.11~）

经济科技委员会

主任
徐嘉惠（~2021.05）
陈　健（2021.05~）
副主任
窦鹏飞

社会事业委员会

主任
钟诚柏（~2021.11）
金　伟（2021.11~）
副主任
陈绍林（~2021.08）
曹　丽（女，2021.07~）

港澳台侨和民族宗教委员会

主任
王金涛（~2021.05）
文德忠（2021.05~）
副主任
张金豹

·中共句容市纪律检查委员会·

书记
赵树锋□（~2021.04）
蔡　璟□（女，2021.04~）
副书记
张世海
滕振林
纪委常委
李兴国
朱孝成（~2021.07）
韩学明（2021.07~）
杨　华（~2021.11）
王轶群（女）
办公室主任
赵文超（~2021.05）
夏　蕾（女，2021.11~）
干部管理监督室主任
夏　蕾（女，~2021.11）
宣教室主任
周钰明（~2021.04）
黄　伟（2021.08~）
案件审理室主任
郑　静（女，~2021.04）
王天婷（女，2021.11~）
党风政风监督室主任
赵　祥
信访室主任
杨　华*（~2021.11）
案件监督管理室主任
李兴国*（~2021.08）
孙思佳（2021.11~）
第一纪检监察室主任
陈　勇
第二纪检监察室主任
王白云（2021.07~）
第三纪检监察室主任
韩学明*（~2021.11）
第四纪检监察室主任
崔海峰*（~2021.11）
第五纪检监察室主任
李　波
第六纪检监察室主任
第七纪检监察室主任
黄　超（2021.07~）
第八纪检监察室主任
张爱萍（女，~2021.08）

监察委员会

（与市纪委合署）

主任
赵树锋（~2021.04）
代理主任
蔡　璟（女，2021.04~）
副主任
蔡　璟*（女，2021.04~）
张世海
滕振林
委　员
李兴国
朱孝成（~2021.07）
周宜安（~2021.08）
韩学明
张爱萍（女，2021.07~）
崔海峰（2021.11~）
第一派出监察员办公室主任
李　波*

第二派出监察员办公室主任

第三派出监察员办公室主任

派驻机构

市委办纪检监察组组长
步　玲（女，~2021.05）
程　伟（2021.11~）
市委办纪检监察组第一副组长
王　琴（女）
人大政协机关纪检监察组组长
张秀花（女）
政府办纪检监察组组长
杜　鹃（女，~2021.08）
赵泓宇（2021.10~）
组织部纪检监察组组长
王　挺（~2021.11）
宣传部纪检监察组组长
邰小雪（女）
政法委机关纪检监察组组长
陈　鑫
发改经信委纪检监察组组长
孙平国
发改经信委纪检监察组第一副组长
石学兵（2021.10~）
住建局纪检监察组组长
陈　铭（~2021.11）
王　挺（2021.11~）
住建局纪检监察组第一副组长
伍扣才
农业农村局纪检监察组组长
杜雪美（女，2021.07~）
市监局纪检监察组组长
陈祥福（~2021.08）
袁根富（2021.08~）
市监局纪检监察组第一副组长
顾冬云（女）
公安局纪检监察组组长
王志平
综合监督纪检监察组组长
杜雪美（女，~2021.07）
傅明进（2021.07~）

·句容市人民法院·

院　长
王锁平（~2021.11）
代理院长
唐东升（2021.11~）
党组书记
王锁平（~2021.12）
唐东升（2021.12~）
副书记
张　路（2021.08~）
副院长
唐东升*（2021.12~）
王　蔚（女，~2021.08）
张　路
严卫东
陈　琴（女，2021.08~）
党组成员
王　蔚*（女，~2021.08）
严卫东*
陈　琴*（女）
谭江宇*
王　丽*（女）
赵瑾俊*（2021.08~）
政治部主任
王　丽（女）
审判委员会专职委员
陈　琴（女，~2021.08）
谭江宇
卞英明（2021.08~）
执行局局长
卞英明（~2021.08）
赵瑾俊（2021.08~）

·句容市人民检察院·

检察长
高　鹏（~2021.11）
代理检察长
陈东旭（2021.11~）
党组书记
高　鹏（~2021.12）
陈东旭（2021.12~）
党组副书记
鸦连军
副检察长
陈东旭（2021.12~）
鸦连军
徐光云（女）
党组成员
徐光云*（女）
朱凌雁*（女）
张红兴*
刘昌云*
夏立红*（~2021.08）
政治部主任
刘昌云
检察委员会专职委员
朱凌雁（女）
张红兴
后白检察室
夏立红（~2021.08）

·社会团体·

总工会

主　席
徐胜宝*
党组书记
陈一江
副主席
陈一江*
张　健
曹　丽（女，~2021.07）
方海军
张元慧（女，2021.07~）
胡继发*

刘润华＊（～2021.07）
王立宇（女，挂职，～2021.05）
薛　文＊（2021.07～）
沈春雷（挂职，2021.07～）

党组成员

张　健＊
曹　丽＊（女，～2021.07）
方海军＊
张元慧＊（女，2021.07～）

共青团句容市委员会

书记

蔡　艳（女，～2021.05）
姜雯荣（2021.07～）

副书记

包文谦（女，～2021.05）
姜雯荣（～2021.07）
文　超（2021.08～）
吕小步（挂职）
高　津＊
汪厚俊＊

妇女联合会

党组书记、主席

杨冬梅（女，～2021.11）
尹小计（女，2021.11～）

副主席

陈　梅（女）
夏　敏（女）
华梦丽（女，挂职）
孙　瑜＊（女）
罗先霞＊（女）

党组成员

陈　梅＊（女）
夏　敏＊（女）
张玉红（女）

科学技术协会

主　席

高庆松

党组书记

高庆松（2021.07～）

副主席

张德成
施江华
李　祥＊
房家义＊
蒋雪平＊

党组成员

张德成＊（2021.07～）
施江华＊（2021.07～）

工商业联合会

主　席

王道银＊（女，～2021.12）
朱　燕（女，2021.12～）

党组书记

陈　健（～2021.05）
周　伟（2021.05～）

驻会副主席

蒋苏娜（女）
冯　俊

党组成员

冯　俊＊

不驻会副主席

张小祥（～2021.12）
李　鸣（女，～2021.12）
任春香（女，～2021.12）
徐益盛（～2021.12）
杨志峰（～2021.12）
虞育号（2021.12～）
刘树安
鲁平才（2021.12～）
季　浩（2021.12～）
张秀凤（女，2021.12～）
姚锁平（2021.12～）
汤　槿（女，2021.12～）

文学艺术界联合会

主　席

傅丽莉（女，～2021.11）

副主席

徐　燕（女）

红十字会

会　长

凌　华＊（女）

常务副会长

文德忠（～2021.05）
王　霞（女，2021.05～）

副会长

郑所勤（女，～2021.05）
王立宇（女，2021.05～）

残疾人联合会

主　席

王大金＊（～2021.04）
徐　飞＊（2021.04～）

党组书记

张业华（女）

副主席、理事长

张业华（女）

副理事长

汤继红（女）
张光兵

党组成员

汤继红＊（女）
张光兵＊
刘小燕（女，～2021.05）

归侨侨眷联合会

主　席

王金涛（不驻会，～2021.05）
文德忠（2021.05～）

副主席

郑长明（不驻会）
汪海滨（不驻会）

人口和计划生育协会

会　长

凌　华＊（女）

·各镇党委、人大、政府·

下蜀镇

党委书记

贾良旭（~2021.11）

陈　斌（2021.11~）

党委副书记

徐　明*

朱　斌

陈健兵

王万珺（挂职，~2021.07）

陈伟辰（挂职，2021.10~）

党委委员、纪委书记

殷文宏

党委组织委员

张　馨（女）

党委宣传委员

潘海凤（女，~2021.04）

夏建玲（女，2021.04~）

党委统战委员

王　荣（女，~2021.04）

胥文雯（女，2021.04~）

党委政法委员

许学智（~2021.04）

董存玉（2021.04~）

党委委员、人武部长

刘　浩（~2021.04）

谢　鸣（2021.04~）

党委委员

杨　健*

人大主席

徐　飞（~2021.01）

戴兆方（2021.11~）

镇　长

徐　明

副镇长

杨　健

王吉军（~2021.04）

陈　勇（援疆）

吴荣燕（~2021.04）

丁卫民

冯正平

张波静

许学智（2021.04~）

郑晓虎（2021.04~）

经济发展局局长

徐　洲（2021.05~）

宝华镇

党委书记

卞云峰

党委副书记

金　宇*（2021.05~）

冯义进（~2021.04）

孙洪钰（2021.04~）

邱　俊（挂职，~2021.07）

张录军（挂职，2021.10~）

党委委员、纪委书记

任凌云

党委组织委员

米　玉（~2021.04）

毕道杰（2021.04~）

党委宣传委员

郭心悦（女）

党委统战委员

林　松（~2021.04）

王　欣*（女，2021.04~）

党委政法委员、人武部长

张远云（~2021.04）

林　松（2021.04~）

党委委员

戴　裔（援疆）

宋贤飞*（2021.04~）

人大主席

胥兴华（~2021.04）

冯义进（2021.04~）

镇　长

卞云峰（~2021.05）

金　宇（2021.05~）

副镇长

戴　裔（援疆）

孙洪钰（~2021.04）

宋贤飞（2021.04~）

万　俊（~2021.04）

谭玉芬（女，~2021.11）

朱宏琴（女）

陈　平

李　晶（2021.04~）

马国兵（2021.11~）

边城镇

党委书记

吕长江

党委副书记

吴　勇*（2021.05~）

韦　刚（~2021.04）

周菲菲（女，2021.04~）

王瑞兴（挂职，~2021.07）

钱　静（女，挂职，2021.10~）

党委委员、纪委书记

陈和平（~2021.04）

刘　浩（2021.04~）

党委组织委员

章　伟

党委宣传委员

夏建玲（女，~2021.04）

笪倩倩（女，2021.04~）

党委统战委员

巫玉倩（女）

党委政法委员、人武部长

董存玉（~2021.04）

姚　炜（2021.04~）

党委委员

徐　进*（~2021.04）

刘　凯*（2021.04~）

人大主席

张　虎

镇　长

吕长江（~2021.05）

吴　勇（2021.05~）

副镇长

徐　进（~2021.04）

刘　凯（2021.04~）

周菲菲（女，~2021.04）
王　政（~2021.04）
陈和平（2021.04~）
许　平
沈　晨（2021.04~）

白兔镇

党委书记
陈　斌（~2021.12）
闵　佳*（2021.12~）
党委副书记
朱庆峰*
董　群（~2021.04）
戴荣国（2021.04~）
党委委员、纪委书记
徐　钧
党委组织委员
侯建忠（~2021.04）
卢　力（2021.04~）
党委宣传委员
潘道政（~2021.11）
庄　瑜（女，2021.11~）
党委统战委员
朱小洪（~2021.04）
施佳敏（2021.04~）
党委政法委员
任　振（~2021.04）
朱小洪（2021.04~）
人武部长
杨　军（~2021.04）
朱小洪（2021.04~）
党委委员
杨　军*（~2021.04）
樊　磊*（2021.04~）
人大主席
严　群（~2021.04）
董　群（2021.04~）
镇　长
朱庆峰
副镇长
杨　军（~2021.04）
樊　磊
吴　笠（~2021.11）
刘长珍（女）
侯建忠（2021.04~）
成　帅（2021.11~）

茅山镇

党委书记
侯　伟（~2021.05）
郭　露（2021.05~）
党委副书记
郭　露（~2021.05）
蔡　艳*（女，2021.05~）
戴显斌（~2021.04）
钱　莉（女，2021.04~）
成　聪（挂职，~2021.07）
党委委员、纪委书记
喻　萍（女）
党委组织委员
束　泉（~2021.11）
潘道政（2021.11~）
党委宣传委员
孙怀建（~2021.04）
刘　亚（2021.04~）
党委统战委员
朱明海
党委政法委员、人武部长
方　静
党委委员
刘富金*（2021.04~）
人大主席
陈喜春（~2021.04）
戴显斌（2021.04~）
镇　长
郭　露（~2021.05）
蔡　艳（女，2021.05~）
副镇长
钱　莉（女，~2021.04）
丁国睿（~2021.05）
刘　凯（~2021.04）
刘富金（2021.04~）
陈　杰
孙怀建（2021.04~）
束　泉（2021.11~）

后白镇

党委书记
张明飞
党委副书记
任　刚*
张　博（~2021.04）
余　兵（2021.04~）
于景金（挂职）
党委委员、纪委书记
孔　叶（~2021.04）
沈信志（2021.04~）
党委组织委员
余　俊
党委宣传委员
王　伟（~2021.04）
周钰明（2021.04~）
党委统战委员
樊旭华（女，~2021.04）
王　媛（女，2021.04~）
党委政法委员
马　杰
人武部长
余　兵（~2021.04）
马　杰（2021.04~）
党委委员
靳春亮*（2021.04~）
人大主席
李如祥（~2021.04）
张　博（2021.04~）
镇　长
任　刚
副镇长
靳春亮
余　兵（~2021.04）
刘功华（~2021.04）

张　巍（女）
王　伟（2021.04~）
樊旭华（女，2021.04~）

天王镇

党委书记
贡月明（~2021.05）
侯　伟（2021.05~）
党委副书记
张世军*（~2021.05）
丁国睿*（2021.05~）
洪　浩（~2021.04）
鲁学谦（2021.04~）
党委委员、纪委书记
沈信志（~2021.04）
孔　叶（2021.04~）
党委组织委员
方　晶
党委宣传委员
张映钢
党委统战委员
李家斌（~2021.05）
姚伟超（2021.05~）
党委政法委员
陈江涛
人武部长
张昌华（~2021.04）
陈江涛（2021.04~）
党委委员
范迎春*（2021.04~）
人大主席
高　平（~2021.04）
韦　刚（2021.04~）
镇　长
张世军（~2021.05）
丁国睿（2021.05~）
副镇长
鲁学谦（~2021.04）
范迎春（2021.04~）
王惠宇（~2021.04）
王　莉（女）
张昌华
时　效（2021.04~）
宗树斌（挂职，~2021.07）

郭庄镇

党委书记
谢　兵
党委副书记
黄建清*（~2021.05）
洪礼荣*（2021.05~）
朱华伟（~2021.04）
毛海洋
袁友新（2021.04~）
郭　勇（挂职，~2021.07）
吴　磊（挂职，2021.10~）
党委委员、纪委书记
朱　健
党委组织委员
黎立青（~2021.04）
肖　川（2021.04~）
党委宣传委员
薛珊珊（女）
党委统战委员
沈军伟
党委政法委员
徐原雷
人武部长
杨　荣（~2021.04）
米　玉（2021.04~）
党委委员
杨　荣（~2021.04）
夏兴华*（2021.04~）
米　玉*（2021.04~）
人大主席
秦华成（~2021.04）
朱华伟（2021.04~）
镇　长
黄建清（~2021.05）
洪礼荣（2021.05~）
副镇长
袁友新（~2021.04）
范迎春（~2021.04）
夏兴华（2021.04~）
毛可进
王　益（女，~2021.04）
杨青松
孙　青（女，2021.04~）
杨　荣（2021.04~）

索　引

说　明

一、本索引采用主题分析方法编制。标引词按第一字汉语拼音音序排列；第一字相同，按第二字排列，依次类推。

二、类目、分目（次分目上）名称用黑体字标明。标引词后的阿拉伯数字表示内容所在的页码，数字后的拉丁字母a、b、c表示从左至右第一、二、三栏。标引词后第二个页码起，表示该索引参见内容所在位置。

三、彩色画页未编索引。

A

B

C

Z

图书在版编目（CIP）数据

句容年鉴. 2022 / 句容市史志办公室编. -- 镇江：江苏大学出版社，2022. 12
ISBN 978-7-5684-1884-3

Ⅰ. ①句… Ⅱ. ①句… Ⅲ. ①句容—2022—年鉴
Ⅳ. ①Z525. 34

中国版本图书馆 CIP 数据核字（2022）第 212495 号

句容年鉴（2022）

编　者/句容市史志办公室
责任编辑/任建波
出版发行/江苏大学出版社
地　址/江苏省镇江市京口区学府路 301 号（邮编：212013）
电　话/0511-84446464（传真）
网　址/http://press. ujs. edu. cn
排　版/镇江文苑制版印刷有限责任公司
印　刷/镇江文苑制版印刷有限责任公司
开　本/889 mm×1 194 mm　1/16
印　张/21　插页 24 面
字　数/732 千字
版　次/2022 年 12 月第 1 版
印　次/2022 年 12 月第 1 次印刷
书　号/ISBN 978-7-5684-1884-3
定　价/280. 00 元

如有印装质量问题请与本社营销部联系（电话：0511-84440882）